Albrecht Martiny

Russisch für Historiker und Sozialwissenschaftler

Kurs zum Erwerb der Lesefähigkeit
zeitgeschichtlicher und sozialwissenschaftlicher
Texte

Band II

unter Mitarbeit von
Christa Hiller

Julius Groos Verlag Heidelberg

CIP-Kurztitelaufnahme der Deutschen Bibliothek

Martiny, Albrecht
Russisch für Historiker und Sozialwissenschaftler: Kurs zum Erwerb d. Lesefähigkeit zeitgeschichtl. u. sozialwissenschaftl. Texte / unter Mitarb. von Christa Hiller. – Heidelberg : Groos.
Bd. 2. – 1977
ISBN 3-87276-184-6

ISBN 3-87276-184-6
Bestell-Nummer 184
© 1977 Julius Groos Verlag, D-6900 Heidelberg
Druck: Uni-Druck, Bochum

INHALT   Seite
(II. Band)

G. Inhaltsverzeichnis   285
H. Vokabel- und Formenverzeichnis   287
   Abkürzungsverzeichnis   417
I. Vokabellisten   427
K. Schlüssel zu den Lektionen   521
           zum Aufbaukurs   564
L. Bibliographische Hinweise   599

ANHANG: Grammatikübersichten   605
        Alphabet   607
        Deklination(Substantive)   609
        Deklination(Adjektive, Partizipien)   611
        Konjugation   613
        Deklination(Pronomina)   615
        Präpositionen(Übersicht)   617
        Partizipien(Erkennungsmerkmale)   617
        Konsonantenwechsel   619
        Grundzahlwörter   621
        Transskription   623
        Präfixe und Suffixe   625
        Adverbialpartizip(Übersetzungsmöglichkeiten)   627
        Markierung russischer Substantivformen   629
        Endungskombinationen   631

H. VOKABEL- UND FORMENVERZEICHNIS
   ABKÜRZUNGSVERZEICHNIS

H. VOKABEL- UND FORMENVERZEICHNIS
ABKÜRZUNGSVERZEICHNIS

Zur Benutzung des Vokabelverzeichnisses:

Das Vokabelverzeichnis ist nicht nur als Hilfe im Sinne eines normalen Lexikons gedacht. Vielmehr erschließt es das gesamte sprachliche Material des Lesekurses und ist insofern ein Arbeitsmittel von zentraler Bedeutung. Es enthält:

1. Grundwortschatz von ca. 1500 Wörtern, durch Unterstreichung hervorgehoben. Die Verben sind in der statistischen Zählung mit beiden Aspekten als Einheit behandelt, hervorgehoben ist in der Regel jedoch nur der unvollendete Aspekt,
2. sämtliche in den Texten vorkommenden Wörter, die nicht zum Grundwortschatz gehören,
3. alle Wortformen, die im Kurs vorkommen, soweit sie von der Norm abweichen; eingeschlossen sind an sich regelmäßige Formen, die aber erfahrungsgemäß Schwierigkeiten machen (Lektionen 1-6) mit Verweisen auf die Grundform,
4. alle Internationalismen aus den Lektionen 1-4 und aus der Vorlektion sowie nicht unmittelbar evidente Internationalismen.

Bei der Benutzung ergibt sich folgende Unbequemlichkeit:
Unter dem Stichwort (schwer erkennbare Form)

вы́рос

findet sich lediglich eine Formbestimmung und ein Hinweis auf die Grundform

вы́расти

Dabei handelt es sich um den vollendeten Aspekt des Verbs

расти́

Erst unter diesem Stichwort ist die gesuchte Bedeutung angegeben.
Dieses Strukturprinzip des Vokabelverzeichnisses ist bewußt intendiert.
Es zielt auf die Ermöglichung bestimmter Lernprozesse.
Unter einer großen Zahl von Stichworten (Grundformen) sind Wendungen aufgenommen.

Das Abkürzungsverzeichnis enthält eine Sammlung wichtiger wissenschaftlicher und politischer Abkürzungen und darüber hinaus synthetische Bildungen vom Typ "Совнарком" sowie in den einschlägigen Enzyklopädien gebräuchliche Kürzel vom Typ "пр-во" für "правительство".

Abkürzungsverzeichnis

a	aktiv
adj	Adjektiv; adjektiviert; adjektivisch
adv	Adverb
akk	Akkusativ
ap	Adverbialpartizip
dat	Dativ
dem	demonstrativ
div	diverse
el	Elativ
f	femininum
fut	Futur
gen	Genetiv
glztg	Gleichzeitigkeit
ind	indeklinabel
instr	Instrumentalis
k	Kasus
kf	Kurzform
kj	Konjunktion
kmp	Komparativ
m	masculinum
n	neutrum
p	Passiv
part	Partizip
partikel	Partikel
pl	Plural
poss	possessiv
ppa	Partizip Präsens Aktiv
ppp	Partizip Präteritum Passiv
pr	Pronomen
präp	Präpositiv
präs	Präsens
prp	Präposition
prs	Person, Personal-
prt	Präteritum
rfl	reflexiv
sbst	Substantiv; substantiviert; substantivisch
sg	Singular
sp	Superlativ
uv	unvollendeter Aspekt
v	vollendeter Aspekt
+	mit

Die Zahlen hinter den russischen Wörtern geben die Lektion an, in der das betreffende Wort erstmalig vorkommt, sofern es in die entsprechende Vokabelliste aufgenommen worden ist. "V" bedeutet "Vorlektion".-
Die Wortformen sind außer den Grundformen mit einer Bestimmung versehen. Fehlt bei der Formbestimmung eines Verbs die Angabe der Person, so handelt es sich um die 3. Person Singular oder Plural. Bei Substantiven ist neben der Grundform auch die Genetivform angegeben, wobei der letzte im Wort nicht veränderte Buchstabe wiederholt wird.
см.(=смотри) heißt "siehe".

ALPHABET

kyrillische Zeichen		bibliothekarische Umschrift
groß	klein	
А	а	A
Б	б	B
В	в	V
Г	г	G
Д	д	D
Е	е	E
Ё	ё	E
Ж	ж	Ž
З	з	Z
И	и	i
Й	й	j
К	к	K
Л	л	L
М	м	M
Н	н	N
О	о	O
П	п	P
Р	р	R
С	с	S
Т	т	T
У	у	U
Ф	ф	F
Х	х	Ch
Ц	ц	C
Ч	ч	Č
Ш	ш	Š
Щ	щ	ŠČ
	ъ	-
	ы	y
	ь	'
Э	э	Ė
Ю	ю	ju
Я	я	ja

A

a kj V	und, aber
а также	und auch, aber auch
абсолю́тный adj	absolut
абстра́ктный adj	abstrakt
авантюри́зм,-ма m	Abenteurertum, Neigung zu Abenteuern
авантюристи́ческий adj	abenteuerlich
а́вгуст,-та m	August
австри́йский adj	österreichisch
А́встрия,-ии f 7	Österreich
автарки́я,-ии f V	Autarkie
автобиогра́фия,-ии f	Autobiographie
автокра́тия,-ии f	Autokratie
автоматиза́ция,-ии f	Automatisierung
автома́тика,-ки f	Automatik
автомоби́ль,-ля m	Kraftwagen
автоно́мия,-ии f	Autonomie
а́втор,-ра m 7	Autor
авторите́т,-та m	Autorität
авторите́тность,-ти f	Autorität
авторите́тный adj	autoritativ, maßgebend
аге́нт,-та m	Agent, Vertreter
аге́нтство,-ва n 7	Agentur
агита́тор,-ра m	Agitator
агити́ровать,-рует uv	agitieren
агра́рный adj V	Agrar-, Boden-, landwirtschaftlich
агресси́вный adj	agressiv
агре́ссия,-ии f 3	Agression
агре́ссор,-ра m	Agressor
азиа́тский adj 3	asiatisch
А́зия,-ии f	Asien
акаде́мик,-ка m V	Akademiemitglied
акаде́мия,-ии f V	Akademie
акт,-та m V	Akt; Handlung; Urkunde, Akte
активиза́ция,-ции f	Aktivierung

активизи́ровать, -ует uv/v 3	aktivieren
акти́вный adj	aktiv
акти́вность, -ти f 1	Aktivität
актуа́льный adj	aktuell
акционе́рный adj	Aktien-
алтернати́ва, -вы f	Alternative
америка́нский adj V	amerikanisch
амни́стия, -ии f	Amnestie
ана́лиз, -за m	Analyse
ана́лог, -га m	Analogon
аналоги́чный adj	analog
анало́гия, -ии f	Analogie
анархи́ческий adj	anarchisch
англи́йский adj V	englisch
А́нглия, -ии f 3	England
Анго́ла, -лы f	Angola
анне́ксия, -ии f	Annektion
антиконституцио́нный adj	verfassungswidrig
антилени́нский adj	antileninistisch
аплодисме́нты, -тов m pl	Applaus, Beifall
апре́ль, -ля m	April
ара́бский adj	arabisch
аргуме́нт, -та m	Argument
арестова́ть, -ту́ет uv/v	arretieren
аристокра́тия, -ии f	Aristokratie
а́рмия, -ии f	Armee
армяни́н, -на m pl: армя́не	Armenier
армя́нский adj	armenisch
арте́ль, -ли f	Artel', Genossenschaft
архаи́ческий adj	archaisch
ассамбле́я, -еи f	Versammlung
ассоциа́ция, -ии f 3	Assoziation, Gesellschaft
атланти́ческий adj	atlantisch
а́том, -ма m V	Atom
а́томный adj	atomar, Atom-
африка́нский adj	afrikanisch

Б

б см. бы
баварский adj — bayerisch
база,-зы f — Basis
   на базе — auf der Grundlage
байкалский adj — den Bajkal-See betreffend
банковый adj — Bank-
банкротство,-ва n 1 — Bankrott
бастовать,-тует uv — streiken
бедный adj — arm
без prp + gen V — ohne
   без сомнения — zweifellos
безопасность,-ти f 2 — Sicherheit
безответственность,-ти f — Verantwortungslosigkeit
безответственный adj — verantwortungslos, unverantwortlich
безработный sbst adj — Arbeitsloser
безусловный adj — unbedingt, zweifellos
белогвардеец,-ейца m — Weißgardist
белорус,-са m — Weißrusse
белорусский adj — weißrussisch
Белый дом,-ого -ма m — Weißes Haus (White House)
бельгийский adj — belgisch
Бенгалия,-ии f — Bengalen
берёт sg präs uv см. брать

беседа,-ды f 15 — Gespräch, öffentl. Vortrag mit Diskussion
бесконечный adj — endlos
бесповоротно adv — endgültig
беспощадный adj — unerbittlich, grausam
беспринципность,-ти f — Prinzipienlosigkeit
безработица,-цы f — Arbeitslosigkeit
бессрочно adv — unbefristet
бесстрашный adj — furchtlos
библиотека,-ки f V — Bibliothek
биржа,-жи f 5 — Börse
   биржа труда — Arbeitsamt, Arbeitsvermittlung

биржевой adj	Börsen-
биржевой крах	Börsenkrach
благо, -га n	Wohl, Nutzen
благодаря prp + dat	dank, infolge, durch
благоприятный adj 12	günstig, wohlwollend
благоприятствование, -ия n	Begünstigung
наибольшее благоприятствование	Meistbegünstigung
благоприятствовать, -вует + dat	begünstigen, fördern
благосостояние, -ия n 20	Wohlstand
блестящий ppa adj 10	glänzend, vorzüglich
ближайший sp/kmp см. близкий	
в ближайшем будущем	in allernächster Zukunft
ближе kmp ind см. близкий	
ближний adj	nah, vertraut
близкий adj 11	nah; intim
блок, -ка m V	Block, Gruppe
бог, -га m	Gott
богатство, -ва n 13	Reichtum
богатый adj 6	reich
богаче kmp ind см. богатый	
боевой adj	Kampf-, kämpferisch
боевая дружина	Kampfmannschaft
боеприпасы, -сов m pl	Munition
бой, -оя m	Kampf, Schlacht
более kmp ind см. большой 11	mehr
более того	darüber hinaus
тем более	umso mehr
болезнь, -ни f	Krankheit
больница, -цы f	Krankenhaus
больной adj sbst	krank, heikel; Patient
больше kmp ind (= более) см. большой и см. великий 11	
больше всего	am meisten
большевистский adj	bolschewistisch
больший kmp adj см. большой	
большинство, -ва n 5	Mehrheit
большой adj 2	groß, zahlreich, bedeutend
бомбардировка, -ки f	Beschießung
борется sg präs rfl uv см. бороться	
борец, -рца m	Kämpfer

боро́ться,-рется uv 2	kämpfen
(борт) за бо́ртом	außerhalb
борьба́,-бы́ f 2	Kampf
бо́рются pl präs rfl см. боро́ться	
бо́рясь см. боро́ться	
брак,-ка m	Ehe; Ausschuß
брат,-та m	Bruder
бра́тский adj 5	brüderlich
брать,берёт / взять,возьмёт 15	nehmen
брать старт	starten, beginnen
бра́ться,берётся / взя́ться,возьмётся	eine Sache in Angriff nehmen, zum Vorschein kommen
бра́чный adj	ehelich
брига́да,-ды f V	Brigade
бро́сить,бро́сит v	werfen
бро́шен ppp kf см. бро́сить	
бу́дет sg fut см. быть	
бу́дто (бы) kj	als ob, als wenn; scheinbar
бу́дут pl fut см. быть	
бу́дучи glztg см. быть	
бу́дущее,-его n ppa sbst 4	Zukunft
в ближа́йшем бу́дущем	in allernächster Zukunft
бу́дущий adj 10	zukünftig
бу́рый у́голь m	Braunkohle
буржуази́я,-ии f V	Bourgeoisie, Bürgertum
бу́рный adj	stürmisch, leidenschaftlich
бы (б) partikel zur Markierung des Konjunktivs	
быва́ть uv	vorkommen, geschehen, sich ereignen
бы́вший ppa adj	ehemalig
быстре́е kmp ind см. бы́стрый	
быстре́йший sp/el см. бы́стрый	
бы́стрый adj 11	schnell
быт,-та m 18	Lebensweise
бытово́й adj	Lebens-
бытово́е обслу́живание 17	Dienstleistung
быть V	sein "geben"(=vorhanden sein)
бюллете́нь,-ня m	Bulletin, Bericht; Schein

В

в (во) prp + akk V	in ... hinein, nach; (zur Zeitangabe)
в пе́рвую о́чередь	in erster Linie
в после́днее вре́мя	in letzter Zeit
в после́дние дни	in den letzten Tagen
в противополо́жность + dat	zum Unterschied von, im Gegensatz zu
в си́лу + gen	kraft, auf Grund von
в тече́ние + gen	im Laufe von
в уго́ду + gen	zu Gefallen, zugunsten
в + Zahlenangabe	auf
во вре́мя + gen	zur (in der) Zeit
во и́мя + gen	im Namen, wegen, zu Ehren
в (во) prp + präp 3	in; (zur Zeitangabe)
в 1974 году́	im Jahre 1974
в интере́сах	im Interesse
в отноше́нии + gen 6	zu, gegen(über), in Bezug auf, in Hinsicht
в результа́те	letzten Endes
в са́мом де́ле	tatsächlich, wirklich
в связи́ с + instr	in Verbindung mit
в том числе́	darunter, einschließlich
в це́лях + gen	zwecks, um ... zu
во главе́	an der Spitze, in führender Stellung
важне́йший sp/el adj см. ва́жный	
ва́жность, -ти f	Wichtigkeit, Bedeutung
ва́жный adj 3	wichtig, bedeutend; hochgestellt
валово́й adj	Brutto-
валю́та, -ты f	Währung
валю́тный adj 3	Währungs-
вам prs pr dat см. вы	
Варша́вский догово́р	Warschauer Vertrag, Pakt
вас prs pr gen/akk см. вы	
ваш, -его poss pr m	euer, Ihr
ва́ша, -ей poss pr f см. ваш	
ва́ше, -его poss pr n см. ваш	
ва́ши poss pr pl см. ваш	

Вашингто́н,-на m	Washington
введён,-на́,-но́,-ны́ ppp kf см. ввести́	
введе́ние,-ия n	Einführung, Einleitung
введу́т pl präs v см. ввести́	
ввёл,-ла́,-ло́;-ли́ prt см. ввести́	
ввести́ v см. вводи́ть	
ввиду́ prp + gen	in Anbetracht, wegen
ввод,-да m	Einführen, Einführung, Einsetzung
вводи́ть / ввести́	einführen, einsetzen
ввоз,-за m	Import
ввози́ть / ввезти́ 16	importieren
вглубь adv	in die Tiefe; in das Innere
вдво́е adv	doppelt, zweimal
веде́ние,-ия n 19	Führen, Führung
веде́ние войн	Kriegführung
ведёт sg präs uv см. вести́ 3	
ведётся sg präs uv см. вести́сь	
ве́домство,-ва n 16	Behörde, Amt
веду́т pl präs uv см. вести́	
веду́щий ppa adj см. вести́	führend, leitend
ведь kj	ja, doch
ведя́ ap a см. вести́	
век,-ка m 3	Jahrhundert, Zeitalter
века́ nom pl m см. век	
вёл,-ла́,-ло́;-ли́ prt см. вести́	
вели́к kf m см. вели́кий	
вели́кий adj 6	groß, hervorragend, "der Große"
Великобрита́ния,-ии f 3	Großbritannien
велича́йший sp adj см. вели́кий 6	
величина́,-ны́ f	Größe
Ве́на,-ны f V	Wien
венге́рский adj	ungarisch
Ве́нгрия,-ии f	Ungarn
Венесуэ́ла,-лы f	Venezuela
ве́нский adj 2	wiener(isch)
ве́ра,-ры f	Glaube, Religion
ве́рный adj	richtig; sicher, zuverlässig
вероя́тный adj 11	wahrscheinlich
ве́рующий,-щего m ppa sbst	Gläubiger

верхи́,-о́в m pl	die führenden Kreise
верхо́вный adj 7	oberster, höchster
Верхо́вный Сове́т 7	Oberster Sowjet
верху́шка,-ки f	Spitze (einer sozialen Gruppe)
вес,-са m	Gewicht; Bedeutung
весе́нний adj	Frühlings-, Frühjahrs-
ве́ский adj	gewichtig
весна́,-ны f	Frühling
вести́,-ведёт uv 3	führen, lenken
вести́ борьбу́	einen Kampf führen
вести́ за собо́й	hinter sich haben
вести́сь uv	üblich sein
весы́,-со́в m pl	Waage
весь, всего́ pr V	ganz (pl.: alle)
весьма́ adv 15	sehr, äußerst
ве́ха,-хи f	Meilenstein, Markierungspfahl
ве́чер,-ра m	Abend(veranstaltung)
вещь,-щи f	Gegenstand, Sache, Ding
взаи́мный adj 9	gegenseitig
взаимо-	gegen-, wechselseitig
взаимоде́йствие,-ия n	Wechselwirkung; gegenseitige Unterstützung
взаимозави́симость,-ти f	gegenseitige Abhängigkeit
взаимоотноше́ние,-ия n 6	wechselseitige Beziehung
взаимопо́мощь,-щи f 15	gegenseitige Hilfe
взаимосвя́сь,-зи f	wechselseitige Verbindung
взве́шивать / взве́сить	abwiegen, abwägen
взгляд,-да m	Blick; Meinung
на мой взгляд	nach meiner Meinung
на пе́рвый взгляд	auf den ersten Blick
взро́слый,-лого m adj sbst	erwachsen; Erwachsener
взять v см. брать 3	
взять на себя́	auf sich nehmen
взять под свой контро́ль 4	unter seine Kontrolle nehmen
взя́ться v см. бра́ться	
вид,-да m 11	Äußeres, Aussehen; Absicht; Art
в ви́де + gen	als
име́ть в виду́	an etw. denken, etw. berücksichtigen
ви́деть / уви́деть 14	sehen, begegnen, erfahren
ви́димый adj	sichtbar, sichtlich; scheinbar

ви́дный adj 10	sichtbar, bedeutend
ви́жу 1 sg präs см. ви́деть	
визи́т, -та m	Besuch
вклад, -да m 5	Anlage, Einlage; Beitrag
внести́ вклад 5	einen Beitrag leisten
вкла́дывать / вложи́ть 19	anlegen, investieren; hineinlegen
включа́ть / включи́ть 13	einfügen, einbeziehen
включа́я ap см. включа́ть	
включа́я prp + akk 17	einschließlich, inbegriffen
владе́лец, -льца m	Eigentümer, Besitzer
владе́ние, -ия n 20	Besitz(tum)
владе́ть uv + instr 17	besitzen; beherrschen
власть, -ти f V	(Staats)macht
влива́ться / вли́ться	einströmen; hinzukommen
влия́ние, -ия n 6	Einfluß
влия́ть uv	beeinflussen, einwirken
вложе́ние, -ия n 19	Investition
вме́сте adv 15	zusammen
вме́сте с тем	gleichzeitig, zugleich
вме́сто prp + gen	statt, anstelle
вмеша́тельство, -ва n	Einmischung
вне prp + gen	außerhalb
внедре́ние, -ия n	Einführung, Einbürgerung
внепарла́ментский adj	außerparlamentarisch
внёс, -ла́, -ло́; -ли́ prt см. внести́	
внесён, -на́, -но́; -ны ppp см. внести́	
внесе́ние, -ия n	das Hineintragen, Hineinbringen, Anbringen
внесёт sg präs v см. внести́	
внести́ v см. вноси́ть 5	
внести́ вклад 5	einen Beitrag leisten
внесу́т pl präs v см. внести́	
вне́шне-	außen-
внешнеполити́ческий adj 3	außenpolitisch
внешнеторго́вый adj 4	Außenhandels-
вне́шний adj 1	äußerlich, äußerer, Außen-
внеэкономи́ческий adj	außerökonomisch
внима́ние, -ия n 2	Aufmerksamkeit
принима́ть во внима́ние	beachten, in Betracht ziehen
вновь adv 13	von neuem, wieder

вноси́ть / внести́	hineintragen, hinzufügen
вну́тренний adj 5	innerer
внутри́ adv / prp + gen 14	innen, innerhalb
внутрипарти́йный adj	innerparteilich
внутриполити́ческий adj	innenpolitisch
во см. в V	
вовлече́ние,-ия n	Heranziehung, Hinzuziehung
во́время adv	rechtzeitig
во́все adv	ganz und gar, durchaus
во́все не	gar nicht, keineswegs
во-вторы́х Modalwort	zweitens
вода́,-ды́ f	Wasser (pl Gewässer)
воева́ть uv	kömpfen, Krieg führen
вое́нно-морско́й adj	Kriegsmarine-
вое́нный adj 8	militärisch; Kriegs-
вождь,-дя́ m 5	Führer
возвели́чивание,-ия n	Rühmen, Preisen
возврати́ть v см. возвраща́ть	
возвраща́ть / возврати́ть	zurückerstatten
возвраща́ться / возврати́ться	zurückkehren
возвраще́ние,-ия n	Rückkehr
возглавля́ть / возгла́вить	leiten, führen
возде́йствие,-ия n 14	Einfluß
оказа́ть возде́йствие	Einfluß ausüben
возде́йствовать uv / v	einwirken
возду́шный adj	Luft-
возлага́ть uv	zuschreiben; auferlegen
возмеще́ние,-ия n 15	Ersatz, Entschädigung
возмо́жен,-жна,-жно,-жны kf см. возмо́жный	
возмо́жно adv	es ist möglich, man kann;(+ kmp möglichst)
возмо́жно бо́льший	möglichst groß, größtmöglich
возмо́жность,-ти f V	Möglichkeit
по возмо́жности	nach Möglichkeit
возмо́жный adj 13	möglich, denkbar, zulässig
вознагражде́ние,-ия n	Entgelt, Honorar
возни́к,-кла,-кло,-кли prt см. возни́кнуть	
возника́ть / возни́кнуть 10	entstehen
возни́кнет sg präs v см. возни́кнуть	
возникнове́ние,-ия n 11	Entstehung

возни́кнуть v см. возника́ть	
возни́кши part prt a v см. возни́кнуть	
возобновля́ться / возобнови́ться	erneuert werden
возража́ть / возрази́ть 20	widersprechen, Einwände erheben
во́зраст,-та m	Alter
возраста́ть / возрасти́ 10	anwachsen, größer/stärker werden
возрастёт sg präs v см. возрасти́	
возрасти́ v см. возраста́ть 10	
возрастно́й adj 17	altersmäßig bedingt, Alters-
возрастна́я структу́ра	Altersstruktur
возрожде́ние,-ия n	Erneuerung, Wiedergeburt; Renaissance
возро́с,-сла́,-сло́;-сли́ prt см. возрасти́	
возро́сший part prt a см. возрасти́	
возьмёт präs a v см. взять	
война́,-ны́ f V	Krieg
холо́дная война́	Kalter Krieg
во́йско,-ка n	Streitkräfte, Truppen
войти́ см. входи́ть	
вокру́г adv / prp + gen 14	(ringsherum) um ... herum; wegen
волна́,-ны́ f 18	Welle
во́ля,-ли f 11	Wille; Freiheit
вооб́ще adv 18	im Allgemeinen, überhaupt
вооруже́ние,-ия n 12	Bewaffnung, Rüstung
вооружённый ppp / adj 1	bewaffnet, ausgerüstet
вооружённые си́лы	Streitkräfte
во-пе́рвых Modalwort	erstens
вопреки́ prp + dat 16	ungeachtet, gegen, wider, trotz
вопро́с,-са m V	Frage, Problem
воспита́ние,-ия n 5	Erziehung, Formung
воспита́тель,-ля m	Erzieher
воспита́тельный adj	erzieherisch, Erziehungs-
воспи́тывать / воспита́ть 14	erziehen
воспо́льзоваться см. по́льзоваться	
воспроизво́дство,-ва n	Reproduktion
восстана́вливать / восстанови́ть 15	wiederherstellen
восста́ние,-ия n	(bewaffneter) Aufstand
восстановле́ние,-ия n	Wiederherstellung
восто́к,-ка m V	Osten
восто́чный adj 5	östlich

вот partikel V	hier, jetzt
вотировать,-рует uv/v 3	über etwas abstimmen
впервые adv	zum ersten Mal
вперёд adv 14	vorwärts, künftig
впечатление,-ия n	Eindruck
вплоть Verstärkungspartikel zu до	bis zu
вполне adv	völlig
впоследствии adv	danach, später
вправе prädikativ + Infinitiv	berechtigt sein
впредь adv 14	künftig
враг,-га́ m	Feind
враждебный adj 6	feindlich
врач,-ча́ m 17	Arzt
времена́ nom/akk pl см. время	
времён gen pl см. время	
времени gen/dat/präp sg см. время	
временный adj 3	nichtständig, provisorisch, vorübergehend
Временное правительство	Provisorische Regierung (Rußland 1917)
время,- времени n V	Zeit
в то же время	zur gleichen Zeit
в то время, как	während, obwohl
во время + gen	zur Zeit, während
время от времени	von Zeit zu Zeit, manchmal
всё время	die ganze Zeit über, ständig
до сего времени	bis jetzt
вряд ли adv	schwerlich, kaum
все pr nom/akk pl см. весь	
все-	ein ganzes betreffend, all-
всё pr sg n см. весь	
всё время	die ganze Zeit über, ständig
всё adv V	immer
всё ещё	noch immer
всё же	dennoch, trotzdem
всё лучше	immer besser
всегда́ adv V	immer
всего́ partikel	im ganzen, insgesamt; nur
всего́ gen/akk sg m, gen sg n см. весь	
всей gen/dat/instr/präp sg f см. вся	
всемерный adj 14	größtmöglich

всеми́рный adj 5	die ganze Welt betreffend, Welt-
всеми́рная исто́рия	Weltgeschichte
всенаро́дный adj	das ganze Volk betreffend, Volks-
всео́бщий adj 12	allgemein
всео́бщность,-ти f	Allgemeinheit
всеобъе́млющий adj	allumfassend
всеросси́йский adj	allrussisch
всесою́зный adj 17	Allunions-
всесторо́нний adj 3	allseitig
всё-таки adv 12	doch, trotz allem, immerhin
всех gen pl см. весь	
всецело́ adv	völlig, vollständig, ganz
вско́ре adv	bald
вскрыва́ть / вскрыть	offenbaren, entdecken, finden
всле́дствие prp + gen	infolge, auf Grund
вспомога́тельный adj	Hilfs-
встава́ть / встать	aufstehen, sich erheben
встре́тить v см. встреча́ть	
встре́ча,-чи f 2	Begegnung; Empfang; Zusammenkunft
встреча́ть / встре́тить 6	begegnen, treffen, empfangen
встреча́ться uv	vorkommen
вступа́ть / вступи́ть 3	eintreten
вступи́тельный adj	einleitend, Vor-
вступле́ние,-ия n 16	Eintritt
всю akk sg f см. весь	
вся, всей pr f sg см. весь	
вся́кий pr 20	jeder (beliebige)
во вся́ком слу́чае	in jedem Falle, unter allen Umständen
вся́ческий pr	verschiedener, jeder mögliche
второ́й Numerale 7	zweiter
входи́ть / войти́ 11	hineingehen, eintreten
вчера́ adv V	gestern
вширь adv	in die Breite
вы prs pr 4	ihr; Sie
вы́бор,-ра m 15	Wahl
вы́вести v	herausführen
вы́вод,-да m 12	Schlußfolgerung; Rückzug, Abzug
вы́воз,-за m 5	Ausfuhr, Export
вы́года,-ды f 9	Gewinn, Vorteil

вы́годный adj	nützlich, vorteilhaft
выдава́ть / вы́дать	aushändigen; verfertigen
вы́дача,-чи f	Zurverfügungstellung, Aushändigung
выдвига́ть / вы́двинуть 14	nach vorn bewegen, vorbringen; vorschlagen
выдвиже́ние,-ия n	Heranziehung; Vorschlag
вы́двинуть v см. выдвига́ть	
выделя́ть / вы́делить	herauslösen, hervorheben
вы́зван ppp kf см. вы́звать	
вы́звать v см. вызыва́ть 6	
вы́зовёт präs v см. вы́звать	
вы́зовут pl präs v см. вы́звать	
вызыва́ть / вы́звать 3	hervorrufen
вы́йти v см. выходи́ть	
вы́куп,-па m	Loskaufen
выкупно́й adj	Loskauf-, Löse-
вы́нести v см. выноси́ть	
вы́нести реше́ние	einen Beschluß verkünden
выноси́ть / вы́нести	hinaustragen, ertragen
вы́нудить v см. вынужда́ть	
вынужда́ть / вы́нудить 15	zwingen
вы́нужден ppp см. вы́нудить	
вы́плавка,-ки f	Schmelzung; Schmelzertrag
вы́плата,-ты f	Auszahlen
вы́полнен,-на,-но;-ны ppp kf см. вы́полнить	
выполне́ние,-ия n	Ausführung, Verwirklichung, Erfüllung
вы́полнить v см. выполня́ть	
выполня́ть / вы́полнить 8	erfüllen, verwirklichen
вы́пуск,-ка m 9	Produktionsausstoß; Lieferung, Heft, Folge
вы́пуск произво́дства	Produktion
выпуска́ть / вы́пустить 8	hinauslassen, entlassen; herausgeben
выраба́тывать / вы́работать	herstellen, ausarbeiten
выра́внивание,-ия n	Angleichung
вы́работать v см. выраба́тывать 3	
вы́работка,-ки f	Herstellung, Ausarbeitung
выража́ть / вы́разить 17	ausdrücken
вы́ражен,-на,-но;-ны ppp kf см. вы́разить	
выраже́ние,-ия n	Ausdruck
вы́разить v см. выража́ть	
вы́расти v см. расти́	

вы́рос,-сла,-сло;-сли prt v см. вы́расти	
вырыва́ть / вы́рвать	entreißen
высказа́ть v см. выска́зывать	
выска́зывание,-ия n	Aussprechen, Äußerung
выска́зывать / вы́сказать 4	aussprechen
высо́кий adj 9	hoch
высокора́звитый adj	hochentwickelt
высота́,-ты́ f	Höhe
высоча́йше sp ind см. высо́кий	
высоча́йший sp adj см. высо́кий	
вы́ставка,-ки f	Ausstellung (sort)
выставля́ть uv	darstellen, hinstellen
выступа́ть / вы́ступить 2	öffentlich auftreten, sprechen, hervortreten
выступле́ние,-ия n 2	öffentliches Auftreten; Rede
вы́сший kmp = sp см. высо́кий 11	
вытека́ть / вы́течь 20	hinausfließen; sich ergeben
вы́ход,-да m	Ausscheiden; Erscheinen; Ausgang
выходи́ть / вы́йти 3	hinausgehen, erscheinen
вы́ше kmp ind см. высо́кий	
вышеска́занный adj	obengenannt, früher genannt
вышестоя́щий adj	höherstehend, übergeordnet
вы́шло prt см. вы́йти	
выясне́ние,-ия n	Klarstellung, Aufklärung
выясня́ть / вы́яснить	klarstellen, aufklären
выясня́ться / вы́ясниться	klar werden, hervorgehen, sich herausstellen

Г

газе́та, -ты f V	Zeitung
гара́нтия, -ии f V	Garantie
гармони́чный adj	harmonisch
где adv 8	wo
генера́льный adj	Haupt-, General-, leitend
Генера́льная Ассамбле́я ООН	Vollversammlung der UNO
генера́льная ли́ния па́ртии	Generallinie der Partei
герма́нский adj 5	dem deutschen Staat angehörig; Reichs-; germanisch
герои́ческий adj	heroisch, heldenmütig
ги́бкость, -ти m	Flexibilität
глава́, -вы m 2	Oberhaupt, Chef; Kopf
глава́, -вы f 8	Kapitel, Abschnitt
во главе́ с	an der Spitze; unter
гла́вный adj 15	hauptsächlich, Ober-, Haupt-
гла́вным о́бразом	hauptsächlich
глаз, -за (nom pl глаза́) m 18	Auge
на на́ших глаза́х	vor unseren Augen
гласи́ть uv	verkünden, lauten
гла́сность, -ти f	Öffentlichkeit
глу́бже kmp ind с.1. глубо́кий	
глубо́кий adj 14	tief
гнёт, -та m	Joch, Druck
говори́ть / сказа́ть v	sagen, sprechen
не говоря́ уже́	zu schweigen von, geschweige denn
говори́ться uv 8	heißen
год, -да (gen pl годо́в, лет) m V	Jahr
в э́том году́	in diesem Jahr
годово́й adj	jährlich, Jahres-
годовщи́на, -ны f	Jahrestag
голова́, -вы́ f	Kopf
го́лод, -да m	Hunger
го́лос, -са m 5	Stimme
голосова́ние, -ия n	Abstimmung
го́нка, -ки f	Eile, Hast

го́нка вооруже́ний 12	Wettrüsten
гора́здо adv + kmp	bei weitem
гора́здо лу́чше	viel besser
горизо́нт,-та m	Horizont
горко́м,-ма m = городско́й комите́т	Stadtkomitee
го́рный adj	bergig, Berg-, Bergbau-, Mineral-
го́род,-да (nom pl: города́) 1	Stadt
городско́й adj	städtisch, Stadt-
го́рький adj	bitter
горячо́ adv	heiß, leidenschaftlich
госба́нк,-ка = госуда́рственный банк	Staatsbank
Госпла́н,-на = Госуда́рственный пла́новый комите́т Сове́та Мини́стров	Staatl. Plankomitee
госпо́дство,-ва n 7	Herrschaft
госпо́дствовать,-вует uv	herrschen
госпо́дствующий ppa adj 10	herrschend
гость,-тя m 2	Gast
госуда́рственный adj 1	staatlich, Staats-
госуда́рство,-ва n V	Staat
госуда́рство-уча́стник	Mitgliedsland, -staat
госучрежде́ние,-ия n	staatliche Institution, Behörde
гото́вность,-ти f	Bereitschaft
гото́вый adj 13	bereit, fertig
градострои́тельный adj	städtebaulich
гра́ждан gen pl m см. граждани́н	
гра́ждане nom pl m см. граждани́н	
граждани́н,-на m 7	(Staats)bürger
гражда́нский adj	(staats)bürgerlich, Bürger-
гражда́нская война́	Bürgerkrieg
гражда́нский ко́декс	bürgerliches Gesetzbuch
гра́мота,-ты f	Urkunde; Lese- und Schreibfähigkeit, Grundwissen
грани́ца,-цы f 5	Grenze
гра́фик,-ка m	graphische Darstellung, Plan
грома́дный adj 18	riesig, übergroß
груз,-за m	Last, Ladung
грузи́нский adj 7	grusinisch, georgisch
гру́ппа,-пы f V	Gruppe
группиро́вка,-ки f 5	Gruppierung, Gruppe
губе́рния,-ии f	Gouvernement

Д

да partikel	ja
дава́ть, даёт / дать, даст	geben, erlauben
дать себя знать	sich bemerkbar machen
давле́ние,-ия n	Druck
давно́ adv	längst, schon lange
даду́т pl präs v см. дать	
даёт sg präs uv см. дава́ть	
да́же Partikel 20	sogar, selbst
да́лее (= да́льше) kmp ind см. далёкий	
и так да́лее	und so weiter
далёкий adj 14	fern, weit
далеко́ adv см. далёкий 3	
даль,-ли f	Ferne, Weite
дальне́йший sp/kmp см. да́льний 8	
да́льний adj	fern, weit
да́льше (= да́лее) kmp ind см. далёкий	
даны́ ppp kf pl см. дать	
Да́ния,-ии f	Dänemark
да́нные,-ых pl	Daten, Angaben
да́нный ppp см. дать	gegeben; entsprechend
даст sg präs v см. дать	
дать v см. дава́ть 6	
дать поня́ть	zu verстehen geben
дать по́вод	Anlaß geben
дать себя знать	sich bemerkbar machen
даю́т pl präs uv см. дава́ть	
даю́щий ppa см. дава́ть	
два, двух m/n (+ gen) 13	zwei
две, двух f (+ gen) см. два	
две́сти, двухсо́т Numerale	zweihundert
дви́гать / дви́нуть 16	bewegen, in Marsch setzen
дви́гаться / дви́нуться	sich bewegen, vorwärtskommen
движе́ние,-ия n 1	Bewegung
национа́льно-освободи́тельное движе́ние	nationale Befreiungsbewegung

рабо́чее движе́ние	Arbeiterbewegung
дви́нуть v см. дви́гать	
дворяни́н, -на m	Adliger
дворя́нский adj	adlig
дворя́нство, -ва n	Adel
двусмы́сленный adj	zweideutig; ausweichend
двусторо́нний adj 9	zweiseitig, bilateral
двух gen m/f/n см. два, две	
двухсо́т gen см. две́сти	
деба́ты, -тов m pl 7	Debatte
де́вушка, -ки f	Mädchen (nach der Pubertät)
девя́тый Numerale adj 11	neunter
деграда́ция, -ии f	Degradation, Verfall
де́йственный adj	aktiv, wirksam
де́йствие, -ия n 2	Handlung, Aktion; Wirkung
еди́нство де́йствий	Aktionseinheit
действи́тельность, -ти f 8	Wirklichkeit
действи́тельный adj 19	wirklich; gültig
де́йствовать, -вует uv 15	handeln, funktionieren, (ein-)wirken; gültig sein, gelten
де́йствует sg präs uv см. де́йствовать	
дека́брь, -ря́ m	Dezember
декре́т, -та m V	Dekret
де́лать / сде́лать	tun, machen
делега́т, -та m	Delegierter
делега́ция, -ии f	Delegation
деле́ние, -ия n	Teilen, Teilung
дели́ть / подели́ть	(ver-, ein-)teilen, aufteilen
де́ло, -ла n V	Sache; Arbeit; Angelegenheit; Akte (pl.: Taten)
в де́ле	bei
в са́мом де́ле	wahrhaftig, wirklich
де́ло в том, что	es geht darum, daß
де́ло заключа́ется в сле́дующем	es handelt sich um folgendes
мини́стр иностра́нных дел	Außenminister
на де́ле	in Wirklichkeit
делово́й adj	geschäftlich, Geschäfts-, geschäftsmäßig; erfahren
демокра́т, -та m V	Demokrat
демократи́ческий adj	demokratisch
демонстра́ция, -ии f	Demonstration
демонстри́ровать, -рует uv/v 3	demonstrieren

де́нег gen pl f см. де́ньги
де́нежный adj   reich, Geld-
    де́нежное обраще́ние   Geldumlauf
день, дня m V   Tag
    в тот же день   am gleichen Tag
    день-два   etwa zwei Tage
    день рожде́ния 7   Geburtstag
де́ньги,-нег f pl 12   Geld; Kapital
депута́т,-та m 3   Abgeordneter
депута́тский adj   Abgeordneten-
дере́вня,-ни f 16   (kleineres) Dorf; Land
    противополо́жность ме́жду   Gegensatz zwischen Stadt und Land
    го́родом и дере́вней
держа́ва,-вы f 15   Macht, Staat
    вели́кая держа́ва   Großmacht
    сверхдержа́ва   Supermacht
держа́ть uv   (fest)halten, bewahren
десятиле́тие,-ия n   Jahrzehnt
деся́тка,-ки f   Zehner, Ziffer 10
дета́льный adj   detailliert
де́ти,-те́й pl   Kinder
де́тский adj   Kinder-, kindlich
дешифро́вка,-ки f   Dechiffrierung
де́ятель,-ля m 1   "Tuer", Tätiger, Funktionär
    госуда́рственный де́ятель   Staatsmann
де́ятельность,-ти f 3   Tätigkeit
ди́кий adj   wild, unberührt
диктату́ра,-ры f   Diktatur
дипломати́ческий adj   diplomatisch
дире́ктор,-ра m V   Direktor
дискримина́ция,-ии f   Diskriminierung
диску́ссия,-ии f   Diskussion
дискути́ровать,-рует uv V   diskutieren
дли́тельный adj 19   lang(e andauernd)
для + gen 2   für
дни nom/akk pl m см. день
дня gen sg m см. день
до prp + gen   bis zu (örtlich und zeitlich)
до-   vor-

добиза́ться / добиться +gen 7	erringen; erstreben
добровольный adj	freiwillig
доброжела́тельный adj	wohlwollend
до́брый adj	gut
добьётся sg präs v см. добиться	
добы́ча,-чи f	Gewinnung, (Aus-)Beute
дове́рие,-ия n 18	Vertrauen
доводи́ть / довести́	führen, bringen
довое́нный adj 17	Vorkriegs-
дово́льно adv	genügend; reichlich, recht
догова́риваться / договори́ться 16	übereinkommen, sich einigen
догово́р,-ра m V	Vertrag
договорённость,-ти f	Übereinkunft, Vereinbarung
догово́рный adj	vertragsmäßig, Vertrags-
дока́зывать / доказа́ть 18	beweisen
докла́д,-да m 3	Vortrag; Bericht
докла́дчик,-ка m	Vortragender, Referent
докуме́нт,-та m	Dokument
долг,-га m 7	Pflicht, (Geld-)Schuld
до́лгий adj 13	lang(e andauernd)
долгосро́чный adj	langfristig
до́лжен,-жна́,-жно́;-жны́ 9	müssen; schulden
не до́лжен	nicht dürfen
до́лжность,-ти f 18	Amt, Dienst, Stelle, Funktion, Position
до́лжный adj	gebührend, gehörig
до́ля,-ли f 17	(An-)Teil
дом,-ма m	Haus
домохозя́ин,-на m	Hausbesitzer; Bauer mit eigener Wirtschaft
дополне́ние,-ия n	Ergänzung
дополни́тельный adj	ergänzend, zusätzlich
дополня́ть / допо́лнить	ergänzen
допуска́ть / допусти́ть 15	zulassen; erlauben
допуще́ние,-ия n	Zulassung
допусти́ть v см. допуска́ть	
допу́щенный ppp v adj см. допусти́ть	
дореволюцио́нный adj	vorrevolutionär
доро́га,-ги f	Straße, Weg; Fahrt
дорого́й adj	wert(voll)
доро́же kmp ind см. дорого́й	

досро́чный adj 13	vorfristig
доста́точный adj 18	hinlänglich, genügend
достига́ть / дости́гнуть + gen 10	erreichen
дости́гнет sg präs v см. дости́гнуть	
дости́гнуть v см. достига́ть	
достиже́ние,-ия n 16	Errungenschaft, Erfolg
дости́чь v см. достига́ть	
достове́рность,-ти f	Echtheit, Richtigkeit, Unbestreitbarkeit
достове́рный adj	echt, zuverlässig
досто́инство,-ва n	Wert, Würde, Vorzug
до́ступ,-па m	Zugang, Zutritt
дохо́д,-да m 6	Einkommen, Ertrag
дре́вний adj	alt
друг,-га m 3	Freund
друго́й adj 4	anderer
друг за дру́гом	hintereinander
друг к дру́гу	einander
друг с дру́гом	miteinander
друг дру́гу	einer dem anderen, einander
други́ми слова́ми	mit anderen Worten
дру́жба,-ы f V	Freundschaft
дру́жеский adj 5	freundschaftlich, Freundschafts-
дру́жественный adj 9	freundschaftlich, befreundet
друзе́й gen/akk pl m см. друг	
друзья́ nom pl m см. друг	
ду́ма,-мы f 9	Gedanke; "Duma" (russ. Parlament)
ду́мать uv	denken, überlegen
дух,-ха m 2	Geist
духо́вный adj	geistig; geistlich
душа́,-ши́ f	Seele

E

еврéй,-éя m	Jude
еврéйский adj	jüdisch
Еврóпа,-пы f V	Europa
европéйский adj	europäisch
егó gen/akk sg m/n см. он, онó	
егó poss pr m/n sg 9	sein
единéние,-ия n	Einigung, Einigkeit
едини́ца,-цы f	Einheit; Eins
единоглáсно adv	einstimmig
единодýшный adj	einmütig
еди́нственный adj 15	einziger; hervorragend
еди́нство,-ва n 2	Einheit
еди́ный adj 7	einheitlich, gemeinsam
еди́ный фронт 7	Einheitsfront
её gen/akk sg f см. онá	
её poss pr f 10	ihr
ежегóдный adj	(all)jährlich
ей dat/instr/präp sg f см. онá	
емý dat sg m/n см. он, онó	
éсли kj V	wenn, falls
éсли ..., то ... 8	wenn ..., dann ...
естéственный adj	natürlich, Natur-
есть sg präs см. быть	
ещё adv V	noch, schon
ещё мéньше	noch weniger
ещё ни рáзу 20	noch nicht ein einziges Mal
ещё раз	noch einmal

Ж

жа́лоба, -бы f	Klage, Beschwerde
ждать, ждёт uv 20	(er)warten
же partikel	(verstärkend, identifizierend) eben-; denn
тот же	derselbe
что же?	was denn?
жела́ние, -ия n	Wunsch
жела́тельный adj 18	wünschenswert
жела́ть uv / пожела́ть v 12	wünschen
железнодоро́жник, -ка m	Eisenbahner
железнодоро́жный adj	Eisenbahn-
желе́зный adj	eisern, Eisen-
желе́зная доро́га 13	Eisenbahn
желе́зо, -за n	Eisen
Жене́ва, -вы f V	Genf
же́нский adj 7	weiblich, Frauen-
же́нщина, -ны f V	Frau
же́ртва, -вы f	Opfer
жив, -ва́, -во́; -вы́ kf adj см. живо́й	lebendig
живёт sg präs uv см. жить	
живо́й adj	lebendig
животново́дство, -ва n 16	Viehzucht
живу́т pl präs uv см. жить	
жи́зненный adj 7	Lebens-, lebenswichtig
жи́зненная потре́бность	Lebensnotwendigkeit
жи́зненный у́ровень	Lebensstandard
жизнь, -ни f V	Leben
жило́й adj	bewohnt, Wohn-
жи́тель, -ля m	Bewohner, Einwohner
жить, живёт	leben
журна́л, -ла m 3	Zeitschrift
журнали́ст, -та m V	Journalist

3

за prp + akk 7	hinter (wohin?), bei, während, für
борьба за мир	Kampf für den Frieden
за счёт	auf der Grundlage
взяться за работу	sich an die Arbeit machen
выходить за рамки 3	den Rahmen sprengen, hinausgehen über
за prp + instr	hinter (wo?), nach, auf, infolge
за исключением	mit Ausnahme
за Москвой	außerhalb Moskaus
за последнее время	während der letzten Zeit
за пять дней до срока	fünf Tage vor dem Termin
за работой	bei der Arbeit
год за годом	Jahr für Jahr
забастовка,-ки f 5	Streik
заболевание,-ия n	Erkrankung, Krankheit
забота,-ты f 18	(Für-)Sorge
забывать / забыть	vergessen
заведение,-ия n	Institution, Anstalt
учебное заведение	Lehranstalt
завершать / завершить	beenden
завершить v см. завершать 3	
зависеть uv 3	abhängig sein, abhängen
зависеть от многих факторов	von zahlreichen Faktoren abhängen
зависимость,-ти f 19	Abhängigkeit
завод,-да m V	Werk, Fabrik
заводский adj	Werks-, Betriebs-
завоевание,-ия n	Eroberung
завоёвывать / завоевать	erobern, erringen
завтра adv V	morgen
заготовка,-ки f auch pl 17	Beschaffung; Aufbereitung
заграничный adj	ausländisch, Auslands-
задание,-ия n 19	Aufgabe; Auftrag; Soll
заданный ppp adj	(vor-)gegeben
задача,-чи f V	Aufgabe, Auftrag
задний план	Hintergrund

задо́лженность,-ти f 6	(Ver)schuld(ung)
задуши́ть v	unterdrücken
заём, за́йма m V	Anleihe
вне́шний заём	Auslandsanleihe
заинтересо́ванность,-ти f	Interessiertheit
заинтересова́ть,-су́ет см. заинтересо́вывать	
заинтересо́вывать / заинтересова́ть	jmd. interessieren
за́йма gen sg m см. заём	
за́ймов gen pl m см. заём	
зака́з,-за m	Bestellung
зака́нчивать / зако́нчить	voll-, beenden
зака́нчиваться / зако́нчиться 3	enden
заключа́ть / заключи́ть 8	beenden, einsperren, (ab)schließen
заключа́ться uv	bestehen in
де́ло заключа́ется в сле́дующем	es handelt sich um folgendes
заключе́ние,-ия n	Arrest, Schluß(folgerung), Abschluß
заключённый,-ного sbst m	Häftling
заключи́ть v см. заключа́ть	
заключи́ть догово́р	einen Vertrag schließen
зако́н,-на m V	Gesetz
по зако́ну	in Übereinstimmung mit dem Gesetz
зако́нный adj.	Gesetzes-, gesetzlich, -mäßig, gerecht
законода́тельный adj. 20	gesetzgebend, legislativ
законода́тельство,-ва n	Gesetzgebung
закономе́рность,-ти f 14	Gesetzmäßigkeit
законопрое́кт,-та m	Gesetzentwurf
зако́нчить v см. зака́нчивать 17	
закрепле́ние,-ия n	Festigung, Sicherung
закрепля́ть / закрепи́ть	(be)festigen, sichern
закрыва́ть / закры́ть	(ver)schließen, zudecken
заку́пка,-ки f	Ankauf, Aufkauf; Einkauf
заку́почный adj	Aufkaufs-
зама́лчивать / замолча́ть	verschweigen
замби́йский adj. 3	sambisch (zu: Sambia)
замедле́ние,-ия n	Verlangsamung
заме́длить v	verlangsamen
заме́на,-ны f	Ersetzung, Ersatz, Ablösung
заменён,-на́,-но́;-ны́ ppp kf см. заменя́ть / замени́ть	
заменя́ть / замени́ть	ersetzen, ablösen

заместитель,-ля m 3		Stellvertreter
заметить v см. замечать		
заметно adv zu folgendem 4		
заметный adj		bemerkbar, merklich; bemerkenswert
замечательный adj		bemerkenswert, hervorragend
замечать / заметить		erblicken, bemerken; sich merken; sagen
замолчать v см. замалчивать		
занимать / занять 3		einnehmen; beschäftigen
занимать важное место		einen wichtigen Platz einnehmen
занимать должность		ein Amt bekleiden
заниматься uv 5		sich beschäftigen
заниматься вопросами истории		sich mit Fragen der Geschichte beschäftigen
занятие,-ия n		Beschäftigung
занятость,-ти f		Beschäftigung, Beschäftigtsein
занятый ppp adj см. занять; sbst	6	Beschäftigter, beschäftigt
занять, займёт v см. занимать		
заняться v см. заниматься		sich beschäftigen
запад,-да m V		Westen
западный adj		westlich
запас,-са m		Vorrat
запись,-си f		Eintragen; Aufzeichnung; Urkunde
запретить v см. запрещать		
запретный adj		verboten
запрещать / запретить 20		verbieten
запрещение,-ия n		Verbot
запрещённый ppp v см. запретить		
запрос,-са m		Anfrage, Interpellation; pl: Bedürfnisse
заработная плата f 3		Arbeitslohn
заработок,-тка m		Arbeitslohn, Verdienst
зарплата,-ты см. заработная плата 10		
зарубежный adj		ausländisch
заседание,-ия n 2		Sitzung
заслуживать uv		verdienen
заставлять / заставить		(veran)lassen, zwingen
застенок,-нка m		Folterkammer
застой,-оя m		Stillstand, Stagnation
затем adv		danach; deshalb
затрагивать / затронуть		(schmerzlich) berühren, verletzen
затрата,-ты f 12		Aufwendung, Ausgabe

затра́чивать / затра́тить	aufwenden; verausgaben, ausgeben
захва́т,-та m 15	Eroberung, gewaltsame Besitzergreifung
захва́тывать / захвати́ть	ergreifen, sich bemächtigen
зачасту́ю adv	häufig, oft
защи́та,-ты f 16	Verteidigung, Schutz
защи́тник,-ка m	Verteidiger
защища́ть / защити́ть	verteidigen
заяви́ть v см. заявля́ть	
заявле́ние,-ия n 2	Erklärung
заявля́ть / заяви́ть 6	(offiziell) erklären; beglaubigen
звено́,-на́ n pl: зве́нья,-ьев	Glied; kleinste Einheit, Gruppe
зда́ние,-ия n	Gebäude
здесь adv V	hier
здоро́вый adj 13	gesund
здоро́вье,-ья n 13	Gesundheit
здравоохране́ние,-ия n 17	Gesundheitswesen
земе́ль gen pl f см. земля́	
земе́льный adj	Boden-, Grund-, den Grundbesitz betreffend
землевладе́лец,-льца m 13	Grundbesitzer
землевладе́ние,-ия n	Grundbesitz, Grundeigentum
земледе́лие,-ия n	Ackerbau, landwirtschaftliche Bodenbearbeitung
земля́,-ли́ f 3	Land, Erde
земно́й шар	Erdkugel
зе́мский adj	Landschafts-, die lokale Selbstverwaltung betreffend
зерно́,-на́ n	(Samen)korn; Kern
зерново́й adj	Korn-, Getreide-
зерновы́е adj pl 16	Getreide
зна́менем instr sg см. зна́мя	
зна́мени gen sg n см. зна́мя	
зна́мя,-мени n	Fahne, Banner
зна́ние,-ия n	Wissen, pl: Kenntnisse
знать uv 8	kennen, wissen
значе́ние,-ия n V	Bedeutung
представля́ть практи́ческое значе́ние	praktische Bedeutung haben
придава́ть значе́ние	Bedeutung beimessen
приобрести́ значе́ние	Bedeutung gewinnen
зна́чимость,-ти f	Bedeutung
значи́тельный adj 6	bedeutend
зна́чить uv	bedeuten, Bedeutung haben

э́то мно́го зна́чит	das bedeutet viel
<u>зо́лото</u>,-та n	Gold
золото́й adj	Gold-
золото́й станда́рт	Goldstandard
зонда́ж,-жа m	Sondierung
зо́нтик,-ка m	Schirm
зре́ние,-ия n см. то́чка	

И

и kj V	und; auch
и так да́лее	usw.
и тому́ подо́бное 16	und dergleichen mehr, u.ä.
и про́чее	und anderes mehr
и ... и	sowohl ... als auch
и́бо kj	denn
игнори́рование,-ия n	Ignorierung
игра́ть / сыгра́ть 3	spielen
игра́ть роль V 4	eine Rolle spielen (übertr.)
идеализа́ция,-ия f	Idealisierung
иде́йный adj	Ideen-, ideologisch, ideell
иде́йная борьба́	Kampf der Ideen
идём 1 pl präs см. идти́	
идео́лог,-га m	Ideologe
идеологи́ческий adj	ideologisch
идеоло́гия,-ии f	Ideologie
иде́я,-еи f 5	Idee
идёт sg präs см. идти́	
идёте 2 pl präs см. идти́	
идти́ uv 8	gehen
иду́щий ppa см. идти́	
из (и́зо) prp + gen 2	aus
изба́виться v см. избавля́ться	
избавля́ть / изба́вить	retten, bewahren, verschonen
избавля́ться / изба́виться	sich retten, entgehen
избира́тель,-ля m	Wähler
избира́тельный adj	Wahl-
избира́тельное пра́во	Wahlrecht
избра́ние,-ия n 9	Wahl
и́збранный ppp v см. избра́ть	
избра́ть v 3	(aus-)wählen
избы́ток,-тка m	Überschuß, Überfluß
изве́стие,-ия n	Nachricht, pl: Mitteilungen
изве́стно adv см. изве́стный	

изве́стный adj 13	bekannt, berühmt; bestimmt
в изве́стных слу́чаях	in bestimmten Fällen
извраще́ние,-ия n	Entstellung
изготовле́ние,-ия n	Herstellung, Produktion; Vorbereitung
изда́ние,-ия n	Herausgabe, Veröffentlichung; Auflage
издава́ть / изда́ть	herausgeben, veröffentlichen
изда́тельство,-ва n 9	Verlag
изде́лие,-ия n	Herstellung; Erzeugnis, Ware
изде́ржки,-жек f pl	Ausgaben, Kosten
из-за prp + gen	wegen, infolge; hinter ... hervor
излага́ть / изложи́ть 13	darlegen
изли́шний adj	überflüssig
изло́женный ppp adj v см. изложи́ть	
изложи́ть v см. излага́ть 3	
измене́ние,-ия n 8	(Ver-)Änderung
влечь за собо́й измене́ние	eine (Ver-)Änderung nach sich ziehen
внести́ измене́ния	Änderungen vornehmen
изменя́ть / измени́ть 4	(ver-)ändern, abändern; + dat: verraten
измеря́ть uv	messen
измышле́ние,-ия n	Erfindung
Изра́иль,-ля m	Israel
изуча́ть / изучи́ть 11	untersuchen, studieren; erlernen
изуче́ние,-ия n 7	Studium; Untersuchung
изыска́ние,-ия n	Forschung, Ermittlung; Auffindung
ико́на,-ны f	Ikone, Heiligenbild
и́ли kj V	oder
и́ли ... и́ли 8	entweder ... oder
им instr sg m/n prs pr см. он, оно́	
име́ется sg präs rfl uv см. име́ться	
и́менем instr sg n см. и́мя	im Auftrag, im Namen
и́мени gen/dat/präp sg n см. и́мя	
теа́тр и́мени Че́хова	Čechovtheater
име́ние,-ия n	Besitz, Habe; Landgut
и́менно Partikel 8	gerade, eben
а и́менно 8	und zwar, nämlich
и́менно тем	gerade dadurch
име́ть uv 2	haben
име́ть значе́ние	Bedeutung haben
име́ть пра́во	das Recht haben

име́ть си́лу	Gültigkeit besitzen
име́ться uv	vorhanden sein; existieren; bestehen
по име́ющимся да́нным	nach den zur Verfügung stehenden Unterlagen
импера́тор,-ра m	Kaiser, Imperator
империали́зм,-ма m 3	Imperialismus
империали́ст,-та m	Imperialist
империалисти́ческий adj	imperialistisch
импе́рия,-ии f	1. Kaiserreich
	2. imperialist. Kolonialmacht, Imperium
и́мпульс,-са m	Impuls
иму́щество,-ва n 4	Vermögen, Gut
и́мя, и́мени n	Name
во и́мя	im Namen, namens, zu Ehren, um ..willen
от и́мени	im Namen, namens, im Auftrag
и́на́че adv/kj	adv: anders, kj: sonst
инвента́рь,-ря́ m	Inventar
инвести́ция,-ии f	Investition
индивидуа́льный adj	individuell
инди́йский adj	indisch
Индокита́й,-а́я m	Indochina
Индоста́н,-на m	Hindustan
индустриализа́ция,-ии f	Industrialisierung
индустриа́льный adj	industriell, Industrie-
инду́стрия,-ии f	Industrie
инжене́р,-ра m V	Ingenieur
инжене́рно-техни́ческий adj	ingenieur-technisch
инжене́рный adj	Ingenieur-
инициати́ва,-вы f	Initiative
по его́ инициати́ве	auf seine Initiative
иногда́ adv	manchmal
ино́й adj 16	anderer, mancher
по-ино́му	anders, auf andere Art und Weise
иностра́нец,-нца m	Ausländer
иностра́нный adj 3	ausländisch, fremd
иностра́нные языки́	Fremdsprachen
мини́стр иностра́нных дел	Außenminister (Min. f. auswärtige Angelegenheiten)
инспе́ктор,-ра m	Inspektor
институ́т,-та m V	Institut
интеграцио́нный adj	Integrations-, integrierend

интеллигéнт,-та m	Angehöriger der Intelligenz
интеллигéнция,-ии f	Intelligenz (d.h. soziale Gruppe)
интенси́вный adj	intensiv
интервью́ n ind	Interview
интерéс,-са m V	Interesse
в интерéсах pl	im Interesse
интереснéйший sp = el см. интерéсный	
интерéсно adv/kf adj см. интерéсный	
интерéсный adj	interessant
интересовáться uv + instr	sich interessieren, Interesse haben
интернационáл,-ла m	Internationale
интернационали́зм,-ма m	Internationalismus
интернационáльный adj	international
интерпретáция,-ии f	Interpretation
инфля́ция,-ии f 7	Inflation
информáция,-ии f V	Information
инцидéнт,-та m	Zwischenfall, Vorfall
иска́ть, и́щет uv 6	suchen
исключа́ть / исключи́ть	ausschließen
исключéние,-ия n	Ausschluß; Ausnahme
за исключéнием + gen	mit Ausnahme
исключи́тельный adj	Ausnahme-; außerordentlich, selten, ausschließlich
в исключи́тельных слу́чаях	in seltenen Fällen
искоренéние,-ия n	Ausmerzung
и́скра,-ры f	Funke
и́скренний adj	aufrichtig, offenherzig
иску́сственный adj 20	künstlich
иску́сство,-ва n 6	Kunst
исполко́м,-ма m см. исполни́тельный комитéт 5	
исполнéние,-ия n	Erfüllung, Ausführung
исполни́тельный комитéт	Exekutivkomitee
исполня́ть / испо́лнить	ausführen, erfüllen
испо́льзование,-ия n	Ausnutzung, Verwertung
испо́льзовать,-зует uv/v 6	ausnutzen, verwerten
испо́льзует sg präs см. испо́льзовать	
испрáвник,-ка m	Kreispolizeichef
испы́тывать / испыта́ть 19	erproben, prüfen; fühlen, empfinden
исслéдование,-ия n 12	Untersuchung, Forschung, wiss. Abhandlung
исслéдователь,-ля m	Forscher

иссле́довательский adj 10	Forschungs-
истери́я,-ии f	Hysterie
истече́ние,-ия n	Ab-, Verlauf
по истече́нии сро́ка	nach Ablauf der Frist
и́стина,-ны f	Wahrheit
и́стинный adj	wahr, wirklich, echt, richtig
исто́рик,-ка m V	Historiker
истори́ческий adj	historisch
исто́рия,-ии f V	Geschichte
исто́чник,-ка m 11	Quelle
источникове́дение,-ия n	Quellenkunde
источникове́дческий adj	quellenkundlich
истоща́ть / истощи́ть	entkräften, erschöpfen
истребле́ние,-ия n	Vernichtung
исходи́ть uv 11	stammen, ausgehen
исхо́дный adj	Anfangs-, Ausgangs-
исчеза́ть / исче́знуть	verschwinden, verloren gehen
исче́рпывать / исчерпа́ть	ausschöpfen; erschöpfen; erledigen
исчисле́ние,-ия n	Berechnung
Ита́лия,-ии f	Italien
италья́нский adj 7	italienisch
ито́г,-га m 13	Resultat, Bilanz
итого́ (Aussprache wie gen m adj)	insgesamt
итти́ см. идти́	
их prs pr gen/akk/präp pl см. они́	
их poss pr pl 10	ihr(e)
и́щет sg präs см. иска́ть 6	
и́щущий ppa uv см. иска́ть	
ию́ль,-ля m 3	Juli
ию́нь,-ня m	Juni

К

к (ко) prp + dat V	zu, an, nach; (zeitl.) gegen
к сожалению 7	leider
к счастью	glücklicherweise
ко мне (к ним)	zu mir (zu ihnen)
кадетский adj	kadettisch, die Partei der Konstitutionellen Demokraten betreffend
кадры,-ов pl	Kader, Personalbestand
каждый adj 4	jeder
кажется sg präs см. казаться	es scheint; anscheinend
мне кажется	mir scheint
мне казалось см. казаться	mir schien
казаться / показаться + dat 20	vorkommen, scheinen
казённый adj	staatlich, fiskalisch; bürokratisch
как kj V	wie, als
как бы то ни было	wie dem auch sei, auf jeden Fall, wie auch immer
как можно + kmp	möglichst
как можно проще	möglichst einfach
как ...так и 6	sowohl ... als auch
каков,-ва,-во;-вы pr, prädikativ	welch, was für ein
каковой,-вая,-вое;-вые Relativ pr	welcher, der
каковой бы ни был	welcher auch immer
какой,-кая,-кое;-кие pr 4	was für ein, welcher
в какой бы то ни было форме	in welcher Form auch immer
какой-либо, какой-нибудь pr 20	irgendein(beliebiger)
какой-то pr	irgendein (bestimmter)
канал,-ла m	Kanal
кандидат,-та m	Kandidat
кандидат наук	Kandidat der Wissenschaften (akad. Grad i. d. UdSSR)
кандитатура,-ры f	Kandidatur
канцлер,-ра m	Kanzler
капитал,-ла m V	Kapital
капитализм,-ма m V	Kapitalismus
капиталист,-та m	Kapitalist

капиталовложе́ние,-ия n	angelegtes Kapital, Investition
капита́льный adj	Kapital-
капита́льное вложе́ние	Kapitalinvestition
капри́з,-за m	Laune
Кари́бское мо́ре	Karibische See
карти́на,-ны f 11	Bild; Überblick
каса́ется sg präs uv см. каса́ться	
каса́ться uv + gen 7	etw. berühren, betreffen
ка́стовый adj	Kasten-
катего́рия,-ии f	Kategorie, Klasse
ка́чественный adj	qualitativ
ка́чество,-ва n 1	Qualität
в ка́честве + gen	als, in der Eigenschaft als
в ка́честве председа́теля	in der Eigenschaft als Vorsitzender
квалифика́ция,-ии f	Qualifikation
квалифици́рованный adj	qualifiziert
кем instr sg m см. кто	
Кипр,-ра m	Zypern
кирги́зский adj	kirgisisch
Кита́й,-а́я m 5	China
кита́йский adj	chinesisch
класс,-са m V	Klasse
госпо́дствующий класс	herrschende Klasse
рабо́чий класс	Arbeiterklasse
классифика́ция,-ии f	Klassifizierung
кла́ссовый adj	Klassen-, klassengebunden
кла́ссовая борьба́	Klassenkampf
классообразова́ние,-ия n	Ausbildung von Klassen
клеветни́ческий adj	verleumderisch
кли́мат,-та m	Klima
кни́га,-ги f 8	Buch
ко см. к V	
коали́ция,-ии f	Koalition
когда́ Interrogativ pr / kj 3	wann; als, wenn
когда́ ..., тогда́	wenn ..., dann
кого́ pr gen m см. кто	
кого́-нибудь см. кто́-нибудь	
кого́-то см. кто́-то	
колеба́ние,-ия n 14	Schwanken, Schwankung

количественный adj	quantitativ
количество,-ва n 11	Quantität
коллега,-ги m	Kollege
коллектив,-ва m	Kollektiv
коллективизация,-ии f	Kollektivierung
коллективизировать uv/v	kollektivieren
коллективизм,-ма m	Kollektivismus
коллективный adj	Kollektiv-
коллективная безопасность	kollektive Sicherheit
коллективное хозяйство (= колхоз)	Kollektivwirtschaft
колониальный adj	Kolonial-
колониальные державы	Kolonialmächte
колония,-ии f	Kolonie
колхоз,-за m см.коллективное хозяйство	
колхозник,-ка m	Kolchosbauer
колхозный adj	zum Kolchos gehörend, Kolchos-
командование,-ия n	Kommandieren; Kommandostab
комендатура,-ры f	Kommandantur
комиссар,-ра m	Kommissar
народный комиссар	Volkskommissar, Minister (frühe Sowjetzeit)
комиссия,-ии f	Kommission
коминтерн,-на m (= коммунистический интернационал)	Kommunistische Internationale
комитет,-та m V	Komitee
комментарий,-ия m	Kommentar
комментатор,-ра m V	Kommentator
коммуна,-ны f	Kommune
коммунизм,-ма m V	Kommunismus
коммунист,-та m	Kommunist
коммунистический adj	kommunistisch
компания,-ии f 3	Gesellschaft
компартия,-ии f (= коммунистическая партия)	Kommunistische Partei
комплекс,-са m	Komplex, Gesamtheit
комплексный adj	komplex, umfassend, gesamt
компонент,-та m	Komponente
комсомол,-ла m (= Коммунистический Союз Молодёжи) V	Kommunistischer Jugendverband (in der UdSSR)
комсомолец,-льца m	Komsomolze

комсомо́лка,-ки f	Komsomolzin
конве́нция,-ии f	Konvention
вое́нная конве́нция	Militärkonvention
конгре́сс,-са m	Kongreß
коне́ц,-нца́ m 14	Ende
в конце́ концо́в	schließlich, letzten Endes
коне́чно adv 1d	natürlich, selbstverständlich
коне́чный adj	ein Ende habend, letzter; hauptsächlich
конкре́тность,-ти f	Konkretheit
конкре́тный adj	konkret
конкуре́нция,-ии f	Konkurrenz
консолида́ция,-ии f	Konsolidierung
консо́рциум,-ма m	Konsortium
конститу́ция,-ии f 3	Verfassung, Konstitution
конструи́рование,-ия n	Einrichtung, Schaffung
конструкти́вный adj	konstruktiv
констру́ктор,-ра m	Konstrukteur
ко́нсул,-ла m	Konsul
ко́нсульский adj	konsularisch
консульта́ция,-ии f	Beratung
конта́кт,-та m	Kontakt
контине́нт,-та m	Kontinent
контроли́ровать,-рует uv	kontrollieren
контро́ль,-ля m 3	Kontrolle
конфере́нция,-ии f V	Konferenz
конфли́кт,-та m	Konflikt
конца́ gen sg m см. коне́ц	
концентра́ция,-ии f	Konzentration
конце́пция,-ии f	Konzeption
конча́ть / ко́нчить	beendigen
конча́ться / ко́нчиться	enden, aufhören
конъюнкту́ра,-ры f	Konjunktur
коопера́ция,-ии f	Kooperation
коопери́рованный ppp	genossenschaftlich organisiert
коренно́й adj 14	ursprünglich; grundlegend, radikal
корм,-ма m	Futter
коро́ль,-ля́ m	König
коро́ткий adj	kurz
коро́че kmp ind см. коро́ткий	

коры́стный adj	eigennützig
ко́свенный adj 20	indirekt
кото́рый Relativ pr / adj V	welcher, der
краево́й adj	Gebiets-
край,-а́я m	Gebiet
кра́йний adj 18	äußerster
на кра́йнем се́вере	im hohen Norden
по кра́йней ме́ре	wenigstens
кра́йность,-ти f	Extrem; Äußerste
краси́вый adj	schön
красноарме́ец,-ме́йца m	Rotarmist
кра́сный adj 1	rot
Кра́сная А́рмия V	Rote Armee
кра́ткий adj 14	kurz
крах,-ха m	Krach, Zusammenbruch
креди́т,-та m	Kredit, Geldsumme
кремль,-ля́ m 7	Kreml, Stadtbefestigung
крепи́ть / укрепи́ть	festigen
кре́пкий adj	fest, stark, standhaft
крепостно́й,-о́го adj / sbst m	leibeigen; Leibeigener
кре́пче kmp ind см. кре́пкий	
крестья́не, крестья́н nom/gen pl см. крестья́нин	
крестья́нин,-на m V	Bauer
крестья́нин-единоли́чник,-ка m	Einzelbauer
крестья́нский adj	bäuerlich
крестья́нство,-ва n	Bauernschaft
кри́зис,-са m	Krise
кри́зисный adj 3	Krisen-
крите́рий,-ия m 3	Kriterium
кри́тик,-ка m	Kritiker
кри́тика,-ки f V	Kritik
критикова́ть,-ку́ет uv 3	kritisieren
крити́ческий adj	kritisch
крова́вый adj	blutig
кро́ме prp + gen 17	außer, nebst
кро́ме того́	außerdem
круг,-га́ m 7	Kreis
кругова́я пору́ка f	bäuerliche Solidarhaftung im alten Rußland
кружо́к,-жка́ m	Zirkel, Arbeitsgruppe

крупносери́йный adj [16]	Großserien-
кру́пный adj	grob, groß, wichtig
кру́пная буржуази́я	Großbürgertum
кру́пный капита́л	Großkapital
круто́й adj	plötzlich, jäh; steil
кто, кого́ Interrogativ/Relativ pr V	wer; der
кто́-нибудь, кого́-нибудь pr	irgendein (beliebiger)
кто́-то, кого́-то pr	irgendjemand (bestimmter)
куби́нский adj 3	kubanisch
кула́к,-ка́ m	Kulak, Großbauer
кула́чество,-ва n	Kulakentum
культ ли́чности [14]	"Personenkult"
культу́ра,-ры f	Kultur
культу́рный adj 7	kulturell; kultiviert
купи́ть v см. покупа́ть	
ку́рдский adj	kurdisch
курс,-са m V	Kurs, Kursus, Studienjahr
куста́рь,-ря́ m	Handwerker, Gewerbetreibender

Л

ла́герь, -ря m 3	Lager
ла́герный режи́м m	Lagerordnung
латви́йский adj	lettisch
Лати́нская Аме́рика f	Lateinamerika
латы́ш, -ша́ m	Lette
латы́шский adj	lettisch
ле́вый adj 2	links
лёгкий adj 13	leicht
легко́ adj kf n; adv см. лёгкий	
ле́гче kmp ind см. лёгкий	
лежа́ть uv 19	liegen
лейтена́нт, -та m	Leutnant
ленини́зм, -ма m V	Leninismus
ле́нинский adj	leninistisch, leninsch
лес, -са m	Wald, Holz
лесно́й adj	Wald-, Forst-
лесно́е хозя́йство n	Forstwirtschaft
лет gen pl см. год	
-ле́тие, -ия n	-jahrestag
-ле́тний adj 19	-jahres, -jährlich
ле́то, -та n	Sommer
лече́ние, -ия n	Kur, Behandlung
ли, ль Partikel	ob
ли́бо kj	oder
ли́бо ... ли́бо 20	entweder ... oder
ли́га, -ги f V	Liga
Ли́га на́ций	Völkerbund
ли́дер, -ра m	Führer
ликвида́ция, -ии f	Liquidierung
ликвиди́ровать uv/v	liquidieren, beseitigen
ли́ния, -ии f 5	Linie
по ли́нии + gen	im Bereich; auf dem Wege
лист, -та m	Blatt (Papier), Bogen, Urkunde
листово́й adj	in Blättern, in der Form, im Umfang eines Blattes; -blech

литерату́ра,-ры f V	Literatur
лито́вец,-вца m	Litauer
лито́вский adj	litauisch
лице́нзия,-ии f	Lizenz
лицо́,-ца́ n 6	Person; Gesicht
ли́чность,-ти f	Persönlichkeit
ли́чный adj 6	persönlich
ли́чный соста́в	Personalbestand
лиша́ть / лиши́ть 20	jmd. etw. nehmen, berauben
лишь Partikel 3	nur
ло́зунг,-га m 3	Losung
лома́ть го́лову	den Kopf zerbrechen (übertr.)
лу́чше kmp ind см. хоро́ший 7	
тем лу́чше	umso besser
лу́чший kmp adj = sp см. хоро́ший 7	
ль см. ли	
льго́та,-ты f 16	Privileg, Sonderrecht
льго́тный adj	privilegiert, Vorzugs-
люби́мый ppp / adj см. люби́ть 10	geliebt, Lieblings-
люби́ть uv	lieben, (etw.) gern tun
любо́вь,-ви́ f	Liebe
любо́й adj 20	beliebig
лю́ди nom pl см. челове́к V	
людьми́ instr pl см. лю́ди	

M

май, -а́я m V	Mai
максима́льный adj	maximal
ма́ксимум, -ма m	Maximum
ма́ло adv см. ма́лый	wenig
ма́лый adj	klein
манда́т, -та m	Mandat
манёвр, -ра m	Operation; (pl) Manöver
манифе́ст, -та m	Manifest
мануфакту́ра, -ры f	Manufaktur
мануфакту́рный adj	Manufaktur-
маои́ст, -та m	Maoist
маркси́зм, -ма m	Marxismus
маркси́ст, -та m	Marxist
маркси́стский adj	marxistisch
маркси́стско-ле́нинский adj	marxistisch-leninistisch
март, -та m	März
ма́сса, -сы f V	Masse, große Menge
ма́ссовый adj	massenweise, für die Masse bestimmt, Massen-
това́ры ма́ссового потребле́ния	Massenbedarfsartikel
масшта́б, -ба m V	Maßstab, Ausmaß
матема́тика, -ки f	**M**athematik
ма́тери gen/dat/präp sg / nom pl см. мать	
материа́л, -ла m	Material
материали́ст, -та m	Materialist
материа́льный adj	Material-, materiell
матро́с, -са m	Matrose
мать, -тери f	Mutter
маши́на, -ны f V	Maschine, Auto
машиностро́ение, -ия n	Maschinenbau(industrie)
машинострои́тельный adj	Maschinenbau-
ме́дленный adj	langsam
меж-	inter-, zwischen-
ме́жду prp + instr V	zwischen, unter(einander)
ме́жду про́чим	unter anderem, übrigens

ме́жду тем	unterdessen
междунаро́дный adj 3	international
межимпериалисти́ческий adj	"zwischenimperialistisch"
межконтинента́льный adj	Interkontinental-
Ме́ксика,-ки f	Mexiko
ме́лкий adj	klein, Klein-; unbedeutend
ме́лкий производи́тель	Kleinproduzent
мелкобуржуа́зный adj	kleinbürgerlich
мельча́йший sp см. ме́лкий	
ме́нее (= ме́ньше) kmp ind см. ма́ло 11	
ме́ньше kmp ind см. ма́ло	
меньшеви́к,-ка́ m	Menschewik
ме́ньший kmp adj см. ма́лый	
по ме́ньшей ме́ре	wenigstens, mindestens
меньшинство́,-ва́ n	Minderheit
меня́ gen/akk prs pr sg см. я	
меня́ться / поменя́ться	sich verändern
ме́ра,-ры f V	Maß (-nahme)
в по́лной ме́ре	in vollem Maße
ни в ко́ей ме́ре	keineswegs
по кра́йней ме́ре	wenigstens
по ме́ньшей ме́ре	wenigstens
по ме́ре	gemäß, je nach
по ме́ре возмо́жности	im Rahmen des möglichen
по ме́ре того́, как kj	während; so wie
приня́ть ме́ры	Maßnahmen ergreifen
сверх ме́ры	übermäßig, allzusehr
че́рез ме́ру	übermäßig, allzusehr
мероприя́тие,-ия n 16	Maßnahme
ме́стность,-ти f	Gegend, Gebiet, Bezirk
ме́стный adj	Orts-, lokal, einheimisch
ме́сто,-та n V	Platz, Ort, Posten
к ме́сту	angebracht, am Platz
на ме́сте	sofort, auf der Stelle
на ме́сте + gen	an jemandes Stelle
име́ть ме́сто	stattfinden
ме́сяц,-ца m 13	Monat; Mond
мета́лл,-ла m	Metall
чёрный мета́лл	Eisenmetall

металлообрабатывающий adj	metallverarbeitend
металлургический adj	metallurgisch, Hütten-
металлургический завод	Hüttenwerk
металлургия,-ии f	Hüttenwesen
метод,-да m	Methode
методика,-ки f	Methodik
методология,-ии f	Methodologie
метрополия,-ии f	Staat, der Kolonien hat
механизация,-ии f	Mechanisierung
механизировать uv/v	mechanisieren
мешать + dat 6	stören, hindern
милитаризация,-ии f	Militarisierung
милитаризировать,-рует uv/v	militarisieren
милитаризм,-ма m	Militarismus
милитарист,-та m	Militarist
миллион,-на m V	Million
министерство,-ва n 8	Ministerium
министр,-ра m	Minister
минуть v	vorübergehen, verstreichen
мир,-ра m V	Welt; Frieden
мирный adj 4	friedliebend, Friedens-
мирное сосуществование	friedliche Koexistenz
мирный договор	Friedensvertrag
мировоззрение,-ия n	Weltanschauung
мировой adj 1	Welt-
мировая война	Weltkrieg
миролюбивый adj	friedliebend
миротворческий adj	friedenstiftend
митинг,-га m	öffentliche Massenversammlung, Meeting
миф,-фа m	Mythos
младший kmp/sp adj см. молодой	
мне dat prs pr sg см. я	
мнение,-ия n 6	Meinung
обмен мнениями 7	Meinungsaustausch
общественное мнение	öffentl. Meinung
по мнению	nach Meinung
многие numerale pl adj	viele, manche
много-	viel-
много adv / numerale + gen 4	viel

во мнóгом	in Vielem, in vieler Hinsicht
мнóго раúóты	viel Arbeit
многонационáльный adj	Nationalitäten-
многонациональное государство	Nationalitätenstaat, Vielvölkerstaat
многооúрáзие,-ия n	Mannigfaltigkeit
многосторóнний adj	vielseitig, multilateral
многочи́сленный adj 4	zahlreich
мнóжество,-ва n	Menge, große Anzahl
моúилизáция,-ии f	Mobilisierung
мог, моглá, моглó, могли́ prt uv см. мочь 8	
мóгут pl präs uv см. мочь	
могу́чий adj 14	мächtig, gewaltig
могу́щество,-ва n	Macht, Stärke, Kraft
могу́щий ppa uv см. мочь	
модéль,-ли f	Modell
мóжет sg präs uv см. мочь 6	
мóжно V	es ist möglich, man kann
как мóжно лу́чше	möglichst gut
мóжно сказáть	sozusagen
мой, моя́, моё; мои́ Possessiv pr	mein
молдáвский adj	moldauisch
молодёж,-жи f 10	Jugend
молодóй adj 18	jung
молóже kmp ind см. молодóй	
молокó,-кá n 16	Milch
молóчный adj 16	Milch-
момéнт,-та m V	Moment
в теку́щий момéнт	im gegenwärtigen Augenblick
положи́тельные момéнты	positive Momente
монополи́ст,-та m	Monopolist
монополисти́ческий adj	monopolistisch, Monopol-
монопóлия,-ии f	Monopol
мóре,-ря́ n 3	Meer
Чёрное мóре V	Schwarzes Meer
морскóй adj	Meer-, See-
Москвá,-вы́ f	Moskau
москóвский adj	Moskauer, moskauisch
мотиви́ровать uv/v	begründen
мочь, мóжет / смочь, смóжет 6	können

мо́щность, -ти f	Macht; Leistung; pl: Produktionsobjekte
мо́щный adj 16	sehr stark
мощь, -щи f	Macht, Stärke
муж, -жа m	(Ehe-)Mann
му́жество, -ва n	Mut
мужчи́на, -ны m V	Mann
мы prs pr 1 pl V 7	wir
мы́слить uv	(sich) denken
мысль, -ли f	Denken, Gedanke, Absicht
мышле́ние, -ия n	Denken, Denkweise
мя́со, -са n	Fleisch

Н

на prp + akk V 6	auf, in(wohin?); für(wie lange?); um(wieviel mehr, weniger?), an(wann?)
на восток	nach Osten
на 10 процент больше 6	um 10% mehr
план на год	Plan für ein Jahr
на следующий день	am nächsten Tag
цена на нефть	Erdölpreis
на prp + präp 5	auf, in, an
на базе	auf der Grundlage
на деле	in Wirklichkeit
на основе	auf der Grundlage
на севере	im Norden
на этих днях	in diesen Tagen
наблюдать v 8	beobachten
наблюдение, -ия n	Beobachtung
наведение, -ия n	Richten, Lenken
навстречу prp + dat	entgegen
навсегда adv 5	für immer
навык, -ка m	Fertigkeit, Erfahrung
наглядно adv	anschaulich
над prp + instr 7	über
диктатура пролетариата над буржуазией	Diktatur des Proletariats über die Bourgeoisie
исследование над фашизмом	Untersuchung über den Faschismus
надежда, -ды f	Hoffnung
надел, -ла m	Landanteil, Parzelle
надельный adj	Parzellen-
надеяться на + akk	hoffen, sich verlassen auf
надо prädikativ 19	es ist nötig, man muß, man braucht
надстройка, -ки f	Überbau
надысторический adj	außerhistorisch, unhistorisch
наёмный adj	Lohn-
назад adv 20	(nachgestellt) vor (zeitl.)
название, -ия n	Bezeichnung, Benennung

назва́ть v см. называ́ть	
назнача́ть / назна́чить 18	bestimmen, festsetzen; ernennen
назначе́ние,-ия n	Festsetzung; Bestimmung, Funktion
назна́чить v см. назнача́ть	
назовёт sg präs v см. назва́ть	
назову́т pl präs v см. назва́ть	
называ́емый part präs p см. называ́ть	
так называ́емый 6	sogenannter
называ́ть / назва́ть 15	nennen, bezeichnen; aufzählen
наибо́лее adv 11	am meisten, besonders
наибо́льший sp adj 14	(aller)größter
наилу́чше adv см. наилу́чший	
наилу́чший sp adj	(aller)bester
на́йденный ppp v см. найти́	
найдёт sg präs v см. найти́	
найду́т pl präs v см. найти́	
найти́ v см. находи́ть	
накану́не adv 15	am Vorabend
наконе́ц adv 14	schließlich, endlich
накопле́ние,-ия n 14	Ansammeln, Akkumulation
первонача́льное накопле́ние	ursprüngliche Akkumulation (Marx)
нали́чие,-ия n 12	Anwesenheit, Vorhandensein, Bestehen
нало́г,-га m	Steuer
подохо́дный нало́г	Einkommensteuer
нам prs pr 1 pl dat см. мы 7	
наме́рен,-а,-о,-ы prädikativ + infinitiv	beabsichtigen, vorhaben
наме́рение,-ия n 12	Absicht, Vorhaben
наме́тить v 8	andeuten; vorsehen; sich vornehmen, planen
наме́ченный ppp v см. наме́тить	
на́ми prs pr instr 1 pl см. мы 7	
нанёс,-сла́,-сло́;-сли́ prt v см. нанести́	
нанести́ v	zusammentragen, zufügen
нанести́ уда́р	einen Schlag versetzen
наоборо́т 14	im Gegenteil
нападе́ние,-ия n 20	Überfall, Angriff
напа́дки pl	Angriffe, Beschuldigungen
написа́ть v см. писа́ть 6	
напо́лнить v	anfüllen
напомина́ть / напо́мнить	erinnern (transitiv)

напра́вить v см. направля́ть 11	
направле́ние,-ия n 11	Richtung, Tendenz
напра́вленный ppp v см. напра́вить	
направля́ть / напра́вить 9	(ein)richten; lenken
наприме́р	zum Beispiel
напро́тив Partikel 16	im Gegenteil, durchaus nicht
напряга́ть uv 6	anspannen
напряжённость,-ти f 5	Gespanntheit, Spannung
разря́дка напряжённости	Entspannung
нарко́м,-ма см. наро́дный комисса́р	
наро́д,-да m V	Volk
наро́дность,-ти f	Völkerschaft, Volk; nationale Eigenart
народнохозя́йственный adj	volkswirtschaftlich
наро́дный adj 1	Volks-
наро́дная демокра́тия	Volksdemokratie
наро́дный дохо́д	Volkseinkommen
наро́дный комисса́р 5	Volkskomissar (bis 1946 für: Minister)
наруша́ть / нару́шить	stören, unterbrechen; verletzen
наруше́ние,-ия n 18	Störung, Verletzung, Übertretung
наря́д,-да m	Auftrag
наряду́ с + instr 19	neben; in gleicher Weise wie; gleichzeitig mit
нас prs pr 1 pl gen/akk см. мы	
населе́ние,-ия n 3	Bevölkerung
населя́ть / насели́ть	bevölkern
наси́лие,-ия n	Vergewaltigung, Gewalt, Zwang
наси́льственный adj	gewaltsam, Gewalt-
наста́ивать / настоя́ть	bestehen, beharren auf
насто́йчивый adj	beharrlich, nachdrücklich
насто́лько adv	dermaßen, derart
настоя́щий adj 17	gegenwärtig; wirklich; vorliegend
в настоя́щее вре́мя	gegenwärtig
по-настоя́щему	richtig
настрое́ние,-ия n 18	Stimmung
наступа́тельный adj	offensiv, Angriffs-
наступле́ние,-ия n	Angriff, Offensive
насу́щный adj 11	lebensnotwendig, Lebens-
насу́щные интере́сы	Lebensinteressen, vitale Interessen
насчи́тывать / насчита́ть	(auf)zählen
нау́ка,-ки f V	Wissenschaft

науков́едение,-ия n	Wissenschaft von der Wissenschaft
науч́но-иссĺедовательский adj	wissenschaftlicher Forschungs-
науч́но-техни́ческий adj	wissenschaftlich-technisch
науч́ный adj 1	wissenschaftlich
находи́ть / найти́ 11	finden, antreffen
находи́ться uv 3	sich befinden, sich aufhalten
национализи́рованный adj	nationalisiert
национали́зм,-ма m	Nationalismus
национа́льно-освободи́тельный	die nationale Befreiungsbewegung betreffend
национа́льность,-ти f	Nation(alität), nationale Eigenart
национа́льный adj	national, National-
наци́ст,-та m	Nazi
на́ция,-ии f	Nation
нача́ло,-ла n 3	Anfang, Hauptursache, Grundlage, Prinzip
нача́льник,-ка m	Leiter, Chef
нача́ть v см. начина́ть 2	
нача́ться v см. начина́ться	
начина́ть / нача́ть	(etw.) anfangen, beginnen
начина́ться / нача́ться 14	seinen Anfang nehmen, beginnen
начнёт sg präs a v см. нача́ть	
наш, на́ша, на́ше poss pr 1 pl 3	unser
нашёл prt m см. найти́	
нашла́,-ло́;-ли́ prt f/n/pl см. найти́	
не Partikel V	nicht
не то́лько ... но и 11	nicht nur ..., sondern auch
не- 8'	nicht, un-
небольшо́й adj	klein, unbedeutend
невели́кий adj	nicht groß
невмеша́тельство,-ва n 9	Nichteinmischung
невозмо́жно	es ist unmöglich, man kann nicht
невозмо́жность,-ти f	Unmöglichkeit
невозмо́жный adj	unmöglich; unerträglich
него́ = его́ gen sg m/n см. он	
неда́вно adv	vor kurzem, seit kurzer Zeit
недалеко́ adv	nicht weit, nahe
неде́ля,-ли f	Woche
недово́льство,-ва n	Unzufriedenheit
недооце́нивать / недооцени́ть	unterschätzen
недооце́нка,-ки f	Unterschätzung

недопуще́ние,-ия n	Verbot
недора́звитый adj	unterentwickelt
недоста́тки,-ков pl см. недоста́ток	
недоста́ток,-тка m 18	Fehler, Defekt, Mangel
недоста́точен,-чна,-чно;-чны adj kf см. недоста́точный	
недоста́точный adj	unzureichend, unbefriedigend; unbemittelt
недосто́йный adj	unwürdig
не́жели kj + kmp	als
незавершённость,-ти f	Nichtabgeschlossensein
незави́симо от + gen	unabhängig von
незави́симость,-ти f	Unabhängigkeit
незави́симый adj	unabhängig
незначи́тельный adj	unbedeutend
неизбе́жен,-жна,-жно;-жны adj kf см. неизбе́жный	
неизбе́жность,-ти f	Unvermeidlichkeit, Unausweichlichkeit
неизбе́жный adj	unvermeidlich, unausbleiblich
неизве́стно adv	unbekannt
неизме́нный adj 15	unwandelbar, unveränderlich; ständig
ней prs pr dat/instr/präp sg f см. ей	
нейтра́льность,-ти f 1	Neutralität
нейтра́льный adj	neutral
не́кий pr	ein gewisser
некоопери́рованный ppp	nicht genossenschaftlich organisiert
не́который pr / Numerale 13	ein gewisser; (pl) einige, manche
нельзя́ adv 8	es ist unmöglich, nicht erlaubt, man darf
нельзя́ не	man muß nicht, soll nicht
нелёгкий adj	nicht leicht, schwierig
нём präp m/n sg pr см. он, оно́	
немалова́жный adj	nicht unbedeutend
нема́лый adj	groß, recht bedeutend
неме́дленный adj 15	unverzüglich
не́мец,-мца m	Deutscher
неме́цкий adj 7	deutsch
не́мка,-ки f	die Deutsche
ненападе́ние,-ия n 15	Nichtangriff
пакт о ненападе́нии	Nichtangriffspakt
необосно́ванный adj	unbegründet
необрати́мый ppp adj	irreversibel
необходи́мо adv см. необходи́мый 8	

необходи́мость, -ти f 2	Notwendigkeit, Zwangsläufigkeit
необходи́мый part präs p adj 8	notwendig, zwangsläufig
неограни́ченный adj	unbegrenzt, uneingeschränkt
неоднокра́тный adj 16	mehrfach, wiederholt
неоколониали́стский adj	neokolonialistisch
неоспори́мый adj	unbestreitbar
неотло́жность, -ти f	Dringlichkeit, Unaufschiebbarkeit
неотъе́млемый adj	unverrückbar, unbenehmbar; integrierend
неофаши́ст, -та m	Neofaschist
неофаши́стский adj	neofaschistisch
непо́лный adj	unvollständig; nicht voll
непосре́дственный adj 20	unmittelbar
непра́вильный adj	unrichtig
непреры́вный adj 16	ununterbrochen
неприя́тный adj	unangenehm
непроизводи́тельный adj	unproduktiv
нера́звитость, -ти f	Unterentwicklung
неразруши́мый adj	unzerstörbar
неразры́вный adj 11	unzertrennlich
нераспростране́ние, -ия n 12	Nichtweitergabe, Nichtverbreitung
нерегуля́рно adv	unregelmäßig, irregulär
нере́дко adv 18	nicht selten
несерьёзно adv	unseriös
не́скольких gen pl см. не́сколько	
не́сколько Numerale / adv 13	einige; etwas
несмотря́ на + akk 3	ungeachtet, trotz
несомне́нный adj	zweifellos
несоциалисти́ческий adj	nichtsozialistisch
несравне́нно adv	unvergleichlich; bei weitem, bedeutend
нести́ uv	tragen
нет Partikel V	nein; kein
нет	es gibt nicht
нет сомне́ний	es besteht kein Zweifel
неукло́нный adj	unerschütterlich; fest
неуспе́х, -ха m	Mißerfolg
нефть, -ти f 4	Erdöl
нефтяно́й adj 3	Erdöl-, Erdöl verarbeitend
не́что pr	etwas
нея́сный adj	unklar

ни Partikel d. verstärkten Verneinung	kein einziger, nicht der kleinste,
ни ... ни	weder ... noch überhaupt nicht
ни- Verneinungspräfix	
нивелиро́вка,-ки f	Nivellierung
нигде́ adv	nirgends
ни́же kmp ind см. ни́зкий	(oft:) weiter unten
нижесле́дующий ppa 12	unten folgend
ни́зкий adj 13	niedrig; gering
ни́зший kmp adj см. ни́зкий 13	
никако́й pr	keinerlei; gar nicht
никогда́ adv 6	niemals
нико́й s. folg. Wendungen	
ни в ко́ей ме́ре	keinesfalls, in keiner Weise
ни в ко́ем слу́чае	nie und nимmer, auf keinen Fall
никто́, никого́ pr	niemand
никуда́ adv	nirgendshin, zu nichts
ним instr sg m/n см. он	
ни́ми instr pl wie и́ми см. они́	
них prs pr gen/akk/präp pl см. их	
ничего́ см. ничто́	
ничто́, ничего́ pr	nichts
ничто́жный adj	verschwindend klein, unbedeutend, geringfügig
но kj V	aber, jedoch; (nach Verneinigung) sondern
нова́тор,-ра m V	Neuerer
нового́дний adj 2	Neujahrs-
новостро́йка,-ки f	Neubau
но́вость,-ти f	Neuheit, Neuigkeit
но́вый adj 2	neu
но́жницы pl	Schere; Divergenz
номенклату́ра,-ры f	Nomenklatur
Норве́гия,-ии f	Norwegen
но́рма,-мы f V	Norm
нормализа́ция,-ии f	Normalisierung
норма́льный adj	normal
носи́ть uv 13	tragen
но́та,-ты f V	(diplomatische) Note
нра́вственный adj	sittlich, moralisch; seelisch
нужда́,-ды́ f	Not; Bedarf
нужда́ться в + präp uv 8	benötigen, nötig haben

нýжен,-жнá,-жно;-жны́ adj kf см. нýжный

нýжно (+ dat) V es ist notwendig; (jmd. braucht, benötigt)
нýжный adj   18 notwendig, erforderlich
ны́не adv jetzt, gegenwärtig
ны́нешний adj 9 jetzig, zeitgenössisch
   в ны́нешний момéнт   9 im gegenwärtigen Augenblick

O

о (об, обо) prp + präp V   4   über, um, von, an
    о нём   über ihn
    об этом   darüber
    обо мне   über mich
оба (f: обе) Numerale + gen 6   beide
    обе стороны   beide Seiten
обвинять / обвинить в + präp   beschuldigen, anklagen
обеих gen pl f см. обе
обеспечение,-ия n 8   (Ver)sicherung, Versorgung
обеспечивать / обеспечить   versorgen, versehen mit, versichern,
                                                                    sicherstellen
обеспечить v см. обеспечивать
обесценение,-ия n   Entwertung
обещать uv   versprechen
обидеть v   beleidigen
обиженный ppp v см. обидеть
обком,-ма m = областной комитет   Gebietskomitee
обладать + instr uv 5   besitzen, haben
областной adj 1   lokal; Gebiets-
область,-ти f 1   Gebiet, Zone
    в области   im Bereich, auf dem Gebiet
облегчать / облегчить   erleichtern
обмен,-на m 7   (Aus-)Tausch
    обмен мнениями 7   Meinungsaustausch
обнаруживаться / обнаружиться   sich zeigen
обнищение,-ия n   Verelendung, Verarmung
обновление,-ия n   Erneuerung
обобщать / обобщить 14   zusammenfassen
обобщение,-ия n   Schlußfolgerung, Verallgemeinerung
обобществление,-ия n   Vergesellschaftung
обоих gen pl m см. оба
оборона,-ны f 12   Verteidigung
оборонительный adj   Verteidigungs-
обороноспособность,-ти f   Verteidigungsfähigkeit, -bereitschaft
оборот,-та m   Umlauf, Umsatz

оборудование,-ия n	Ausstattung, Einrichten
обосновывать / обосновать	begründen
обострение,-ия n 2	Verschärfung, Zuspitzung
обострить v см. обострять	
обострять / обострить 10	(ver)schärfen, zuspitzen
обработать v	bearbeiten
обработка,-ки f	Bearbeitung
образ,-за m 17	Gestalt, Typ; Art, Weise
главным образом	hauptsächlich
образ жизни	Lebensweise
следующим образом	in folgender Weise, folgendermaßen
равным образом	gleicherweise
таким образом	so
образец,-зца m	Muster, Vorbild, Typ
образование,-ия n 7	Bildung, Ausbildung
право на образование	Recht auf Bildung
образовать,-зует v	bilden; darstellen; errichten
образует sg präs v см. образовать	
образцы,-цов pl m см. образец	
образчик,-ка m	Stoffmuster, -probe
обратить v см. обращать	
обратный adj 20	umgekehrt, entgegengesetzt
обращать / обратить	wenden, richten, lenken; verwandeln
обращать на себя внимание	die Aufmerksamkeit auf sich lenken
обращение,-ия n 12	Umlauf; Aufruf
товарное обращение	Warenzirkulation, Warenumlauf
обрекать / обречь	verurteilen, verdammen
обряд,-да m	Zeremonie, Ritus
обследование,-ия n	Überprüfung
обследовать uv/v 17	überprüfen
обслуживание,-ия n	Bedienung; Betreuung
бытовое обслуживание	Dienstleistung
обслуживать / обслужить	bedienen, betreuen
обстановка,-ки f 5	Lage, Verhältnisse; Einrichtung
обстоятельство,-ва n 3	Umstand; pl: Verhältnisse, Bedingungen
обсуждать / обсудить 3	besprechen, erörtern, prüfen
обсуждение,-ия n 3	Beurteilung, Erörterung
обсуждённый ppp v см. обсудить	
обувь,-ви f	Schuhwerk

обо - обу

обусло́вить v см. обусло́вливать	
обусло́вленный ppp v см. обусло́вить	
обусло́вливать / обусло́вить 12	bedingen, hervorrufen
обусло́вливаться p	bedingt werden
обуче́ние, -ия n	Unterricht, Ausbildung
обхо́д, -да m	Umgehung
в обхо́д	unter Umgehung
обходи́ть / обойти́	umgehen
обще- 20	gesamt-
общегерма́нский adj	gesamtdeutsch
общегосуда́рственный adj	gesamtstaatlich
общеевропе́йский adj	gesamteuropäisch
обще́ние, -ия n	Verkehr, Umgang
общепри́знанный adj	allgemein anerkannt
общесою́зный adj	die ganze SU betreffend, umfassend
обще́ственно-полити́ческий adj	gesellschaftspolitisch
обще́ственность, -ти f 2	Öffentlichkeit
обще́ственный adj 1	gesellschaftlich, kollektiv
обще́ственное мне́ние	öffentliche Meinung
обще́ственные нау́ки pl	Gesellschaftswissenschaften
обще́ственный строй m	Gesellschaftsordnung
о́бщество, -ва n V	Gesellschaft
общехозя́йственный adj	gesamtwirtschaftlich
о́бщий adj 6	allgemein, gemeinsam, Gesamt-, grundlegend
о́бщий ры́нок	Gemeinsamer Markt (EWG)
о́бщина, -ны f	(s. selbst verwaltende) Organisation, Gesellschaft; Bauerngemeinde (vor 1917)
о́бщинный adj zu vorigem	
о́бщность, -ти f	Gemeinsamkeit
объедине́ние, -ия n 17	Verein(igung)
объединённый ppp / adj см. объедини́ть	
объединя́ть / объедини́ть 11	vereinigen
объединя́ться uv	sich vereinigen
объекти́вность, -ти f V	Objektivität
объём, -ма m V 19	Umfang, Ausmaß
объявля́ть / объяви́ть 12	erklären, (öffentl.) bekanntgeben
объясне́ние, -ия n	Erklärung
объясни́ть v см. объясня́ть	
объясня́ть / объясни́ть	erklären, erläutern
обыча́йный adj	Brauch, Sitte entsprechend

обы́чный adj	gewöhnlich, üblich
обы́чное пра́во n	Gewohnheitsrecht
обя́занность,-ти f 13	(Ver)pflicht(ung)
обя́зателен,-льна,-льно;-льны adj kf	см. обяза́тельный
обяза́тельный adj 12	obligatorisch
всео́бщее обяза́тельное обуче́ние	allgemeine Schulpflicht
обяза́тельство,-ва n 12	Verpflichtung; Schuldverschreibung
обяза́ться v см. обя́зываться 20	
обязу́ется sg präs uv см. обя́зывать	
обя́зывать / обяза́ть 18	verpflichten
овеществлённый ppp adj	materialisiert, vergegenständlicht
овладева́ть / овладе́ть	sich aneignen, sich bemächtigen
овощево́дство,-ва n	Gemüseanbau
о́вощи,-щей pl m 16	Gemüse
ого́нь,-гня́ m 5	Feuer
огражда́ть / огради́ть	schützen vor
ограниче́ние,-ия n	Beschränkung, Einschränkung
ограни́чивать / ограни́чить	begrenzen, be-, einschränken
огро́мный adj 3	riesig, gewaltig, ungeheuer
оде́рживать / одержа́ть	erlangen, gewinnen, erringen
оди́н 2, одна́ 3, одно́; одни́ num/adj 2	eins; allein
одина́ковый adj	gleich, identisch
одна́ко 8	jedoch, dennoch
одно́ n см. оди́н	
одно́ и то же	ein und dasselbe
одновре́менно adv см. одновре́менный	
одновре́менный adj	gleichzeitig
одного́ gen m/n sg см. оди́н, одно́	
одно́й gen/dat/instr/präp см. одна́	
одному́ dat sg m/n см. оди́н, одно́	
односторо́нний adj	einseitig
одобре́ние,-ия n 2	Billigung
одобри́тельный adj	beistimmend, billigend
одобря́ть / одо́брить 11	billigen
ожесточённый ppp adj	hart; erbittert
ожида́ния,-ий pl n 16	Erwartungen, Hoffnungen
ожида́ть uv	erwarten
означа́ть uv 14	bedeuten
ока́жет sg präs v см. оказа́ть 6	

оказа́ние,-ия n 11	Leistung, Erweis
оказа́ть v см. ока́зывать 6	
оказа́ться v см. ока́зываться 5	
ока́зывать / оказа́ть,-а́жет 10	erweisen; leisten
оказа́ть возде́йствие	Einfluß ausüben
оказа́ть по́мощь 10	Hilfe leisten
ока́зываться / оказа́ться	sich erweisen
ока́нчивать / око́нчить 8	beenden, abschließen
око́нчить университе́т	Universität absolvieren
океа́н,-на m	Ozean
о́коло prp + gen / adv 11	neben; fast, annähernd
оконча́ние,-ия n 5	Ende, Beendigung
оконча́тельный adj 15	endgültig
око́нчить v см. ока́нчивать 8	
окра́ина,-ны f 19	Peripherie; Grenzgebiet
о́круг,-га m	Kreis, Bezirk; Gegend
окружа́ть uv	umgeben
окруже́ние,-ия	Umzingelung; Umgebung, Umwelt
Октя́брь (= Октя́брьская револю́ция) 10	Oktober; Oktoberrevolution
октя́брьский adj	Oktober-
оли́вковое ма́сло n	Olivenöl
он, она́, оно́; они́ prs pr V	er, sie, es; sie (pl)
опаса́ться	befürchten
опа́сность,-ти f 12	Gefahr
опа́сный adj 2	gefährlich
опережа́ть uv	umgeben, überholen, übertreffen
опира́ться на + akk uv	sich stützen auf
описа́ние,-ия n	Beschreibung
опла́та,-ты f	Bezahlung
опло́т,-та f	Bollwerk, Hort
опо́ра,-ры f	Stütze, Unterstützung, Sichstützen
оппози́ция,-ии f	Opposition
оппозиционе́р,-ра m	Oppositioneller
оппортуни́ст,-та m	Opportunist
оправда́ние,-ия n	Freispruch, Rechtfertigung
опра́вдывать / оправда́ть	rechtfertigen
опра́шивать / опроси́ть	befragen
определе́ние,-ия n 11	Bestimmung, Festsetzung; Definition
определённый ppp adj 13	bestimmt, festgesetzt

определи́ть v см. определя́ть 8	
определя́ть / определи́ть 8	feststellen, bestimmen, definieren; bedingen
определя́ться uv	klar werden
опро́с,-са m 15	Umfrage, Befragung
опро́с общественного мне́ния 15	Meinungsumfrage
опро́шенный ppp; sbst	befragt; Befragter
опто́вый adj	Großhandels-
опубликова́ть v см. публикова́ть 5	
опуска́ть / опусти́ть	herunterlassen; auslassen
опусти́ть v см. опуска́ть	
опустоши́тельный adj	verheerend
о́пыт,-та m 2	Erfahrung; Versuch
о́пытный adj	erfahren; Versuchs-, experimentell
о́рган,-на m V	Organ
организа́тор,-ра m	Organisator
организацио́нно-правово́й adj	organisatorisch-rechtlich
организа́ция,-ии f V	Organisation
организова́ть,-зу́ет uv/v	organisieren
организова́ться,-зу́ется uv/v	sich organisieren
организу́ет sg präs см. организова́ть	
организу́я adv part glztg см. организова́ть	
органи́ческий adj	organisch
ориента́ция,-ии f 8	Orientierung
ориенти́ровать uv/v	orientieren
ору́дие,-ия n 9	Werkzeug, Mittel
ору́жие,-ия n 12	Waffe
освеще́ние,-ия n	Erklärung, Beleuchtung
освободи́тельный adj 9	Befreiungs-
освобожда́ть / освободи́ть 11	befreien
освобожде́ние,-ия n 9	Befreiung
освое́ние,-ия n	Aneignung
о́сень,-ни f 19	Herbst
о́сенью adv	im Herbst
осла́бить v см. ослабля́ть	
ослабле́ние,-ия n	(Ab-)Schwächung
ослабля́ть / осла́бить 14	(ab-)schwächen
осложни́ться v см. осложня́ться	
осложня́ться / осложни́ться	komplizierter werden
осмотре́ть v	besichtigen

осно́ва,-вы f V	Grundlage
на осно́ве + gen	auf der Grundlage
основа́ние,-ия n 11	Gründung, Fundament, Basis, (pl:) Grundlagen
основа́ть, осну́ет v см. осно́вывать 11	
основа́ться v	sich gründen, sich stützen auf
основно́й adj 3	Haupt-, hauptsächlich, grundlegend
в основно́м	im Wesentlichen
основно́й зако́н	Grundgesetz, Verfassung
осно́вывать / основа́ть 11	(be)gründen
осо́бенно adv см. осо́бенный 11	
осо́бенность,-ти f	Besonderheit
осо́бенный adj	besonders, ungewöhnlich
осо́бый adj 13	besonders; abgesondert
осознава́ть / осозна́ть	begreifen, einsehen; sich vergegenwärtigen
остава́ться, остаётся / оста́ться, оста́нется 4	(übrig)bleiben
оставля́ть / оста́вить	lassen, zurücklassen, verlassen
оста́вшийся part prät rfl см. оста́ться	
остаётся sg präs см. остава́ться	
остально́й adj 18	übrig(geblieben)
оста́нется sg präs v см. оста́ться	
остановля́ться / остановиться	stehenbleiben
оста́ток,-тка m	Rest
оста́ться v см. остава́ться 8	
остаю́сь 1 sg präs rfl uv см. остава́ться	ich bleibe
острота́,-ты́ f	Schärfe
о́стрый adj 13	scharf
осужда́ть / осуди́ть 11	verurteilen, tadeln
осуществи́мый adj	durchführbar, erfüllbar
осуществи́ть v см. осуществля́ть	
осуществле́ние,-ия n 11	Ausführung, Verwirklichung
осуществлённый ppp v см. осуществи́ть	
осуществля́ть / осуществи́ть	durchführen, verwirklichen
от prp + gen V	von; aus; gegen
от и́мени	im Auftrag, im Namen
отбира́ть / отобра́ть, отберёт	weg-, zurücknehmen; auswählen
отбо́р,-ра m	Auswählen, Auswahl
отбо́рный adj	ausgesucht
отверга́ть / отве́ргнуть 19	verwerfen, ablehnen
отве́т,-та m 6	Antwort

отве́тственность, -ти f	Verantwortung, Verantwortlichkeit
отве́тственный adj 11	verantwortlich, äußerst wichtig
отвеча́ть / отве́тить 6	(ver)antworten; entsprechen
отводи́ть / отвести́	zuweisen
отдава́ть / отда́ть 8	zurückgeben; weggeben, hingeben
отда́ть предпочте́ние	bevorzugen, den Vorzug geben
отде́л, -ла m	Abteilung, Rubrik
отдалённый adj	entfernt
отделе́ние, -ия n	Ausscheidung, Loslösung; Abteilung
отде́льный adj 16	einzeln
о́тдых, -ха m	Erholung
оте́ц, -тца́ m 13	Vater
оте́чественный adj	einheimisch, vaterländisch
отка́з, -за m	Absage, Weigerung, Verzicht
отказа́ть v см. отка́зывать	
отказа́ться v см. отка́зываться	
отка́зывать / отказа́ть	absagen
отка́зываться / отказа́ться от + gen 15	ablehnen, verzichten
откла́дывать / отложи́ть	weglegen, aufschieben
отклоне́ние, -ия n	Ablehnung; Abweichung
отклоня́ть / отклони́ть 18	ablehnen
открове́нный adj	offensichtlich; aufrichtig
откро́ет sg präs v см. откры́ть	
открыва́ть / откры́ть	(er)öffnen
откры́т, -та, -то; -ты ppp v kf см. откры́ть	
откры́тый adj 15	offen; aufrichtig
откры́ть v см. открыва́ть	
отлича́ться uv + instr 20	sich unterscheiden; auszeichnen durch
отли́чие, -ия n 19	Unterschied, Auszeichnung
отли́чно adv	ausgezeichnet
отме́на, -ны f 20	Abschaffung, Aufhebung
отменя́ть / отмени́ть	abschaffen, absagen
отме́тить v см. отмеча́ть	
отмеча́ть / отме́тить 4	anmerken, bemerken; hervorheben
отме́ченный ppp v см. отме́тить	
относи́тельно prp + gen 15	hinsichtlich
относи́тельный adj 19	relativ, bedingt
относи́ть / отнести́	beziehen, zurückführen auf
относи́ться к + dat 6	sich beziehen auf

относи́ться / отнести́сь к + dat	sich verhalten; sich wenden an
отноше́ние,-ия n V	Verhalten, Einstellung, Beziehung; Dokument
в отноше́нии + gen 6	zu, gegen, gegenüber, inbezug auf, in Hinsicht
дипломати́ческие отноше́ния n pl	diplomatische Beziehungen
по отноше́нию к + dat	zu, gegen
произво́дственные отноше́ния n pl	Produktionsverhältnisse (Marx)
отны́не adv	von nun an
отню́дь adv vor Negationen	durchaus
отображе́ние,-ия n	Darstellung; Widerspiegelung, Wiedergabe, Abbild
отпа́дать / отпа́сть	wegfallen
отпо́р,-ра m 15	Abwehr, Widerstand
отпра́вка,-ки f	Abtransport, Beförderung
отража́ть / отрази́ть 14	widerspiegeln, zum Ausdruck bringen
отража́ться / отрази́ться	sich (wider)spiegeln, sich auswirken
отраже́ние,-ия n	Widerspiegelung, Reflexion
отраслево́й adj	Branchen-
о́трасль,-ли f V	Branche, Zweig, Wirtschaftsbereich
отрица́тельный adj 14	negativ, verneinend
отрица́ть uv	verneinen, leugnen
отря́д,-да m	Abteilung, Trupp
отсро́чка,-ки f	Stundung, Verlängerung
отстава́ть / отста́ть 19	zurückbleiben
отста́ивать / отстоя́ть	verteidigen, auf etw. bestehen
отста́лость,-ти f	Rückständigkeit
отста́лый adj	zurückgeblieben, rückständig
отстраня́ть / отстрани́ть	beseitigen, entfernen
отступле́ние,-ия n	Abweichen, Abweichung
отсу́тствие,-ия n 14	Abwesenheit, Fehlen
отсю́да adv	von hier aus; hieraus
оттого́ adv	daher
отца́,-цу́ etc. см. оте́ц	
отча́сти adv	teilweise
отчёт,-та m	Rechenschaftsbericht
отчётный 16	Rechenschafts-
отчётный докла́д	Rechenschaftsbericht
отчисле́ние,-ия n	Abziehen, Abrechnen; abgezogene, -gerechnete Summe
отъе́зд,-да m 2	Abreise
офице́рство,-ва n	Offizierscorps
официа́льный adj 8	offiziell, amtlich

охвати́ть v см. охва́тывать	
охва́тывать / охвати́ть 10	umfassen; erfassen
охва́ченный ppp v см. охвати́ть	
охо́тно adv	gern
охра́на, -ны f	Wache, Bewachung, Schutz
оце́нивать / оцени́ть 11	bewerten, einschätzen
оце́нка, -ки f	Bewertung, Einschätzung, Urteil
оце́нок gen pl f см. оце́нка	
очеви́дный adj	offensichtlich, unbestreitbar
о́чень adv 18	sehr
о́чередь, -ди f 17	Reihe(nfolge)
в пе́рвую о́чередь	in erster Linie
в свою́ о́чередь 20	seinerseits
по о́череди	der Reihe nach
о́черк, -ка m	Abriß, Skizze (pl: Studien)
оши́бка, -ки f 5	Fehler, Irrtum
оши́бок gen pl f см. оши́бка	
оши́бочный adj	fehlerhaft, unrichtig

П

па́дать / упа́сть 13	fallen
паде́ние, -ия n	Fallen, Sinken, Sturz
пакт, -та m V	Pakt, Vertrag
пакт о взаимопо́мощи	Beistandspakt
пакт о ненападе́нии	Nichtangriffspakt
пала́та, -ты f	Palast; Amt, Kammer
Наро́дная пала́та	Volkskammer
пала́та депута́тов	Abgeordnetenkammer
пала́та ло́рдов	(engl.) Oberhaus
пала́та о́бщин	(engl.) Unterhaus
торго́вая пала́та	Handelskammer
парла́мент, -та m 7	Parlament
парла́ментский adj	parlamentarisch
парти́йный adj	Partei-, parteilich
па́ртия, -ии f V	Partei
партко́м, -ма m = парти́йный комите́т	Parteikomitee
патрио́т, -та m V	Patriot
па́че adv kmp ind	mehr
тем па́че	um so mehr
педаго́гика, -ки f	Pädagogik
Пеки́н, -на m V	Peking
пеки́нский adj 3	Pekinger, pekinesisch
пенсио́нный adj	Renten-
пенсио́нное обеспе́чение 3	Rentenversicherung
пе́нсия, -ии f	Rente, Pension
перви́чный adj 10	primär, unterst, Grund-
первонача́льный adj	ursprünglich, anfänglich
первонача́льное накопле́ние	ursprüngliche Akkumulation (Marx)
пе́рвый Numerale adj 1	erster
пере-	um-, über-
перебо́и, -ев m	Stockung, Unterbrechung; Unregelmäßigkeit
перево́д, -да m 13	Übersetzung
перево́зка, -ки f	(Hinüber)Beförderung
перевооружи́ть v	umrüsten, umbewaffnen; umstellen

переворо́т,-та m	Umwälzung, Umschwung
перевыполне́ние,-ия n	Übererfüllung
перевыполня́ть / перевы́полнить	übererfüllen
перегово́ры,-ов pl m 2	Verhandlungen, Unterredungen
вести́ перегово́ры	Verhandlungen führen
пе́ред prp + instr 7	vor (zeitl., örtl., Vergleich)
передава́ть / переда́ть	übergeben, weitergeben, überbringen; mitteilen
переда́ть по ра́дио	im Rundfunk senden
переда́ча,-чи f	Übergabe; Sendung (Radio)
переде́л,-ла m	Um-, Neuverteilung
передово́й adj 11	vorderster, Vorder-; fortschrittlich, führend
передова́я,-во́й sbst f	Leitartikel
пережива́ть / пережи́ть 3	durchleben, durchmachen
пережи́ток,-тка m 19	Überbleibsel, Überrest
перейти́ v см. переходи́ть	
переключа́ть / переключи́ть	umschalten; umstellen
перело́м,-ма m	Bruch, Umschwung
переме́на,-ны f 11	Änderung, Wechsel
переоце́нивать / переоцени́ть	umwerten; überscnätzen, überbewerten
переоце́нка,-ки f	Überschätzung; Neubewertung
пе́репись,-си f 17	Zählung; statistische Erhebung
пе́репись населе́ния	Volkszählung
переплёлся prt см. переплести́сь	
переплести́сь v	sich verflechten
перераба́тывать / перерабо́тать	verarbeiten, überarbeiten, umarbeiten
перерабо́тка,-ки f	Verarbeitung, Überarbeitung; Überstunden
перераспределе́ние,-ия n	Neuverteilung
перераста́ть / перерасти́ 11	hinüberwachsen, übergehen
пересели́ться v 10	um-, übersiedeln; auswandern
пересма́тривать(ся) / пересмотре́ть(ся)	überprüfen; abändern
перестава́ть / переста́ть	aufhören
перестро́йка,-ки f 9	Umbau, Veränderung, Umstellung
перехо́д,-да m 8	Übergang
переходи́ть / перейти́ 10	überschreiten, überqueren, übergehen in
перехо́дный adj	Übergangs-
перешёл,-шла́,-шло́;-шли́ prt см. перейти́	
пери́од,-да m 3	Periode
перспекти́ва,-вы f V	Perspektive
перспекти́вный adj 11	perspektivisch; zukünftig; aussichtsreich

печа́тать / напеча́тать 11	drucken
печа́ть,-ти f 2	Druck, Presse
вы́йти из печа́ти	erscheinen (im Druck)
печь,-чи f	(Schmelz-)Ofen
писа́тель,-ля m	Schriftsteller
писа́ть, пи́шет / написа́ть 5	schreiben
пи́сем gen pl n см. письмо́ 11	
пи́сьменный adj 11	schriftlich
письмо́,-ма́ n 11	Brief; Schrift
пита́ние,-ия n 17	Ernährung, Verpflegung
обще́ственное пита́ние	Gemeinschaftsverpflegung, Gemeinschaftsküche
пи́шет sg präs uv см. писа́ть	
пищево́й adj	Lebensmittel herstellend, Nahrungs-
план,-на m	Plan
в теорети́ческом пла́не	auf theoretischer Ebene
плани́рование,-ия n	Planung
плани́ровать / сплани́ровать	planen, anlegen
пла́новый adj	Plan-, plangemäß, geplant
пла́новое зада́ние	Plansoll
пла́новое хозя́йство	Planwirtschaft
планоме́рный adj	planmäßig
пла́та,-ты f	Bezahlung
зара́ботная пла́та	Arbeitslohn
платёж,-жа́ m	Zahlung
плати́ть/за-, уплати́ть	(be)zahlen
пле́мени gen/dat/präp sg см. пле́мя	
племенна́я рознь f	Stammesfehde, Stammeszwist
пле́мя,-мени n	Stamm; Geschlecht, Generation
плодотво́рный adj	produktiv
плохо́й adj	schlecht
по prp + dat 7	auf, in, nach, gemäß, laut
по ме́ре того́, как	während, so wie
по по́воду	anläßlich
по смы́слу	dem Sinne nach
рабо́тать по пла́ну	nach Plan arbeiten
экза́мен по фи́зике	Physikprüfung
по prp + akk 6	bis
по сей день	bis zum heutigen Tage
по prp + präp 5	nach

по истечéнии срóка	nach Ablauf der Frist
по окончáнии рабóты	nach Beendigung der Arbeit
побéда,-ды f 7	Sieg
победи́ть см. побеждáть	
победонóсный adj	siegreich, siegesbewußt
побеждáть / победи́ть	siegen
поведéние,-ия n 6	Verhalten, Benehmen
повéрить v	(an)vertrauen, glauben; überprüfen
повести́ v см. вести́ 9	
повести́ за собóй 9	hinter sich bringen
повéстка дня 13	Tagesordnung
пови́нность,-ти f	Verpflichtung, Leistungspflicht; Abgabe
вóинская пови́нность	militär. Dienstpflicht
повлёк,-кла prt v см. повлéчь	
повлéчь за собóй	nach sich ziehen, zur Folge haben
пóвод,-да m	Anlaß, Veranlassung
поворóт,-та m 14	Wende, jäher Umschwung
повседнéвный adj	alltäglich
повсю́ду adv	überall
повышáть / повы́сить 8	erhöhen, steigern, verbessern
повышéние,-ия n 3	Erhöhung, Steigerung
пограни́чный adj	Grenz-, Grenzschutz-
под prp + akk 3	unter (wohin?), in die unmittelbare Nähe
взять под свой контрóль 3	unter seine Kontrolle nehmen
под prp + instr 7	unter, bei
под влия́нием	unter dem Einfluß
подавлéние,-ия n 8	Unterdrückung, Bekämpfung
подавля́ть / подави́ть	unterdrücken, bekämpfen
пóдать,-ти f	Steuer, Abgabe
подбóр,-ра m	Auswählen, Auswahl
подвергáть / подвéргнуть 14	unterwerfen, -ziehen
подвóрный adj	Hof-
подготáвливать uv= подготовля́ть uv	
подготови́тельный adj	vorbereitend, Vorbereitungs-
подготóвить v см. подготовля́ть	
подготóвка,-ки f 8	Vorbereitung; Ausbildung
подготóвлен,-ена,-ено;-ены ppp kf	см. подготóвить
подготовля́ть / подготóвить 10	vorbereiten; bereitstellen; ausbilden
подготóвок gen pl f см. подготóвка	

подде́рживать / поддержа́ть 4	unterstützen; aufrechterhalten
подде́ржка,-ки f 2	Unterstützung
подели́ть v см. дели́ть	
поджига́ть / подже́чь	in Brand stecken
подлежа́ть uv	unterliegen, unterworfen sein
не подлежи́т сомне́нию	es unterliegt keinem Zweifel
по́длинный adj	echt, authentisch, Original-
поднима́ть / подня́ть 14	erheben, hochheben, anfeuern
поднима́ться / подня́ться	sich begeben, sich erheben, im Ansehen steigen
подоба́ть uv	sich gebühren, sich geziemen
подо́бный adj 13	ähnlich, gleichartig
в подо́бном слу́чае	in solch einem Fall
и тому́ подо́бное	und dergleichen mehr, u.ä.
ничего́ подо́бного	nichts dergleichen
подогре́ть,-гре́ет	anwärmen, erhitzen
подпира́ть / подпере́ть	unterstützen
подписа́ние,-ия n	Unterzeichnung
подписа́ть, подпи́шет v см. подпи́сывать 3	
подпи́сывать / подписа́ть 8	unterschreiben
по́дпись,-си f	Unterzeichnung; Unterschrift
подпи́шет sg präs v см. подписа́ть	
подпо́лье,-ья n	Illegalität, Untergrundbewegung
подразделе́ние,-ия n	Unterteilen; Unterabteilung
подро́бный adj	ausführlich, genau, detailliert
подро́сток,-тка m/f	Halbwüchsige(r)
подсо́бный adj 17	Hilfs-, helfend
подтверди́ть v см. подтвержда́ть	
подтвержда́ть / подтверди́ть 20	bestätigen, bekräftigen
подтверждённый ppp v см. подтверди́ть	
подхо́д,-да m 8	Zugang, Einstellung
подходи́ть / подойти́	herangehen
подчёркивать / подчеркну́ть 3	unterstreichen; betonen, hervorheben
подчеркну́ть v см. подчёркивать 2	
подчине́ние,-ия n	Unterordnung
подчиня́ть / подчини́ть	unterordnen
подъём,-ма m	Aufstieg, Aufschwung
пое́здка,-ки f	Fahrt, Reise, Ausflug
позво́лить v см. позволя́ть 11	
позволя́ть / позво́лить 11	gestatten, erlauben

по́здний adj	spät
по́здно adv см. по́здний 8	
поздравле́ние,-ия n 7	Glückwunsch, Gratulation
по́зже kmp ind см. по́здний	
пози́ция,-ии f 3	Position, Stellung
позна́ние,-ия n	Erkennen, Erkenntnis
По́знань,-ни f	Posen
по́иск,-ка m (meist pl)	Suche(n)
пойдёт sg präs v см. пойти́	
пойти́ v 14	anfangen zu gehen, losgehen
пока́ kj / adv 8	während, solange; einstweilen
пока́ что	unterdessen, mittlerweile, vorläufig
пока́жет sg präs v см. показа́ть	
показа́тель,-ля m	Merkmal, Kennzeichen, Indikator
произво́дственные показа́тели	Produktionsziffern
показа́тельный	bezeichnend, charakteristisch; Schau-
показа́ть v см. пока́зывать 5	
показа́ться v см. каза́ться	
пока́зывать / показа́ть 10	zeigen
поколе́ние,-ия n	Generation
покрыва́ть / покры́ть	bedecken
покупа́ть / купи́ть 12	kaufen
покуше́ние,-ия n	Anschlag
пол,-ла m 17	Geschlecht
полага́ть uv	meinen, glauben
полага́ться uv	sich gehören, gebühren
по́ле,-ля n	Feld; Bereich
поле́зно adv / adj kf	(es ist) nützlich
полеми́ст,-та m	Polemiker
полеми́ческий adj	polemisch
полёт,-та m	Flug
Политбюро́ ind n	Politbüro
поли́тик,-ка m	Politiker
поли́тика,-ки f V	Politik
полити́ческий adj	politisch
полномо́чие,-ия n	Vollmacht
полномо́чный adj 20	bevollmächtigt
по́лностью adv 14	vollständig, völlig
по́лный adj 11	voll(ständig), ganz gesamt

в по́лном соста́ве	vollzählig
с по́лным пра́вом	mit vollem Recht
полови́на,-ны f 14	Hälfte
поло́жен,-на,-но;-ны ppp kf см. положи́ть	
положе́ние,-ия n 5	Lage, Situation, Stellung; Verordnung; These; Position
вое́нное положе́ние	Kriegszustand
положе́ние дел	Sachlage
положе́ние о вы́борах в Верхо́вный Сове́т	Wahlgesetz für den Obersten Sowjet
социа́льное положе́ние	soziale Stellung
положи́тельный adj 11	positiv
положи́ть v 14	legen, machen
по́лон,-лна́,-лно́,-лны́ adj kf см. по́лный	
полу- 19	halb-
полуго́дие,-ия n 13	Halbjahr
полупра́вда,-ды f	Halbwahrheit
полуфаши́стский adj	halbfaschistisch
получа́ть / получи́ть 8	bekommen, erhalten
получе́ние,-ия n	Erhalten
получи́ть v см. получа́ть 11	
по́льза,-зы f 9	Nutzen, Vorteil
в по́льзу + gen 9	zugunsten von, für
по́льзование,-ия n	(Be)Nutzung, Verwendung
по́льзоваться / воспо́льзоваться + instr 5	benutzen, gebrauchen; haben, genießen
по́льзуются pl präs uv см. по́льзоваться	
По́льша,-ши f	Polen
помеще́ние,-ия n	Raum, Gebäude; Anlage
поме́щик,-ка m	Gutsbesitzer
поме́щичий adj	Gutsbesitzer-
поме́щичье хозя́йство	Gutswirtschaft
поми́мо prp + gen	außer, ungeachtet
помога́ть uv	helfen
по́мощь,-щи f 4	Hilfe
при по́мощи	mit Hilfe von, durch
с по́мощью	mit Hilfe von, durch
по-настоя́щему см. настоя́щий	
понеде́льник,-ка m	Montag
понима́ние,-ия n	Verständnis, Verstehen; Auffassung
понима́ть / поня́ть 15	verstehen

поня́тие, -ия n 10	Begriff
поня́ть v см. понима́ть	
поощре́ние, -ия n	Ansporn, Ermunterung, Belohnung
поощря́ть / поощри́ть	ermuntern, fördern
попре́жнему adv	nach wie vor
по́прище, -ща n	Arbeitsfeld, Wirkungskreis, Gebiet
попу́тчик, -ка m	politischer Mitläufer, Weggenosse
попыта́ться v см. пыта́ться	
попы́тка, -ки f 13	Versuch
пора́, -ры́ f	Zeit
в са́мую по́ру	gerade zur rechten Zeit
до поры́ до вре́мени	bis zu einem bestimmten Zeitpunkt, eine gewisse Zeit
до сих пор 15	bis jetzt
до тех пор	bis dahin
с тех пор	seither
пораже́ние, -ия n 18	Niederlage
порожда́ть / породи́ть 17	hervorrufen, verursachen; gebären
пору́ка, -ки f	Bürgschaft, Haftung
поруча́ть / поручи́ть	beauftragen; anvertrauen
поря́дка gen sg m см. поря́док	
поря́док, -дка m	Ordnung
посвяща́ть / посвяти́ть	(ein)weihen, widmen, anvertrauen
посети́ть v см. посеща́ть 4	
посеща́ть / посети́ть 8	besuchen
поско́льку kj 15	in dem Maße, insofern
посла́ gen sg m см. посо́л	
посла́ние, -ия n	(Send-)Schreiben, Botschaft, Brief
приве́тственное посла́ние	Begrüßungsschreiben, Grußbotschaft
посла́ть v см. посыла́ть 7	
по́сле prp + gen 2	nach (zeitl.)
послевое́нный adj	Nachkriegs-
после́дний adj 3	letzter
в после́днее вре́мя 13	in letzter Zeit
в после́дний раз	zum letzten Male
после́довательный adj 9	aufeinanderfolgend; konsequent
после́довать v см. сле́довать	
после́дствие, -ия n 12	Folge(erscheinung), Ergebnis
после́дует sg präs v см. после́довать	
после́дующий ppa adj см. после́довать 12	(darauf)folgend

20

послужи́ть см. служи́ть	
посо́бие,-ия n	Unterstützung, Zuwendung; Lehrbuch
посо́л,-сла́ m 3	Botschafter
посо́льство,-ва n	Botschaft
посре́дство,-ва n	Vermittlung
поста́вить v см. поставля́ть	
поста́вка,-ки f	Lieferung
поста́вленный ppp adj v см. поста́вить	
поставля́ть / поста́вить	zustellen, liefern
поста́вок gen pl f см. поста́вка	
поставщи́к,-ка́ m 16	Lieferant
постанови́ть см. постановля́ть	
постано́вка,-ки f	Organisation
постановле́ние,-ия n 14	Resolution, Beschluß; Verordnung
постановля́ть / постанови́ть	beschließen, bestimmen
постара́ться v см. стара́ться	
постепе́нный adj 11	allmählich, schrittweise
постига́ть / пости́гнуть	begreifen, betreffen, erleben
постоя́нно adv см. постоя́нный	
постоя́нный adj 9	ununterbrochen, permanent, (be)ständig
построе́ние,-ия n 9	Bau, Konstruktion; Lehre
постро́енный ppp adj см. постро́ить	
постро́ить v см. стро́ить 11	
постро́йка,-ки f	Bauen, Gebäude, (Auf)bau
поступа́ть / поступи́ть 3	handeln, vorgehen; eintreten; einlaufen
поступле́ние,-ия n	Eintritt, Eingehen; eingegangene Geldsumme
посту́пок,-пка m	Handlung, Tat, Vorgehen
посыла́ть / посла́ть 7	schicken
потенциа́л,-ла m	Potential
поте́ря,-ри f	Verlust
потеря́ть v см. теря́ть	
пото́м adv 12	dann nachher, später
потому́ adv	deshalb
потому́ что kj 8	da, weil
потреби́тель,-ля m	Konsument
потребле́ние,-ия n 19	Verbrauch, Konsum
това́ры ма́ссового потребле́ния	Massenbedarfsartikel
потре́бность,-ти f 15	Bedürfnis, Bedarf
жи́зненная потре́бность	Lebensnotwendigkeit

потре́бный adj	erforderlich, notwendig
потре́бовать v см. тре́бовать	
похо́д, -да m	Feldzug
похо́же adj kf n см. похо́жий	
похо́жий на + akk adj	ähnlich
по́чва, -вы f	Grundlage, Fundament; Boden
почему́ adv	warum
почерпа́ть / почерпну́ть	schöpfen, entlehnen
почти́ adv 13	beinahe, fast
пошёл prt m v см. пойти́	
пошла́ prt f v см. пойти́	
по́шлина, -ны f	Zoll(gebühr)
поэ́тому adv 8	deshalb
появля́ться / появи́ться 14	erscheinen; auftreten, entstehen
пра́вда, -ды f 6	Wahrheit
пра́вило, -ла n 11	Regel
как пра́вило	in der Regel, gewöhnlich
пра́вильный adj 11	richtig
прави́тельственный adj 3	Regierungs-
прави́тельство, -ва n V	Regierung
правле́ние, -ия n 7	Regieren, Verwalten; Leitung
пра́во, -ва n V	Recht
по пра́ву	von Rechts wegen, zu Recht
правово́й adj 10	Rechts-
правово́е созна́ние	Rechtsbewußtsein
правово́й поря́док	Rechtsordnung
правовы́е но́рмы	Rechtsnormen
правооппортунисти́ческий adj	rechtsopportunistisch
пра́вый adj 13	rechter
они́ пра́вы	sie haben recht
пра́вый укло́н	Rechtsabweichung
пра́вящий ppa adj 7	herrschend
пра́вящие круги́ 7	die herrschenden Kreise
Пра́га, -ги f	Prag
пра́жский adj	Prager (adj)
пра́здник, -ка m	Feiertag
пра́ктик, -ка m 7	Praktiker
пра́ктика, -ки f V	Praxis, praktische Erfahrung
практикова́ть	praktizieren

пребыва́ние,-ия n 5	Aufenthalt
превосходи́ть / превзойти́ 19	übertreffen, übersteigen
превраща́ться / преврати́ться 18	sich verwandeln
превраще́ние,-ия n	Verwandlung, Umwandlung, Umgestaltung
превыша́ть / превы́сить 17	übertreffen, übersteigen; überschreiten
превыша́ть но́рму	die Norm überbieten
прегражда́ть / прегради́ть	hindern, hemmen
преда́тель,-ля m	Verräter
предвари́тельный adj 15	vorhergehend, vorläufig
по предвари́тельным да́нным	nach vorläufigen Angaben
предвари́тельные перегово́ры	Vorverhandlungen
предвари́тельное заключе́ние	Untersuchungshaft
предви́дение,-ия n	Voraussicht
преде́л,-ла m 20	Grenze
в преде́лах СССР	innerhalb der Grenzen der UdSSR
предисло́вие,-ия n 13	Vorwort
предлага́ть / предложи́ть	anbieten, vorschlagen, vorlegen
предложе́ние,-ия n 1	Angebot, Vorschlag; Satz
предложи́ть v см. предлага́ть	
предме́т,-та m 1	Gegenstand, Sache; Thema
предме́т разгово́ра	Gesprächsgegenstand
предназнача́ть uv	im voraus festsetzen
предопределя́ть uv	vorherbestimmen
предоста́вить v	gewähren, überlassen
предоста́вить сло́во	das Wort erteilen
предоста́вить + infinitiv	freistellen, ermöglichen
предоставле́ние,-ия n 18	Gewährung, Bewilligung
предоста́вленный ppp v см. предоста́вить	
предоставля́ть / предоста́вить	zu Verfügung stellen
предотвраща́ть / предотврати́ть 17	verhüten, vorbeugen
предотвраще́ние,-ия n 14	Verhütung, Vorbeugung
предполага́ть uv 6	beabsichtigen, zielen auf, vorhaben; voraussetzen
предполага́ть / предположи́ть 6	annehmen, vermuten
мо́жно предполага́ть	die Annahme liegt nahe
предпосы́лка,-ки f 14	Voraussetzung, Vorbedingung
предпочте́ние,-ия n	Vorzug, Bevorzugung
предпринима́тель,-ля m	Unternehmer
предприня́ть v 11	unternehmen, sich vornehmen
предприя́тие,-ия n 2	Vorhaben; Unternehmen, Betrieb

председа́тель,-ля m V	Vorsitzender
председа́тельство,-ва n 3	Vorsitz
представи́тель,-ля m V	Vertreter, Repräsentant
представи́тельность,-ти f	Repräsentanz
представи́тельство,-ва n 3	Vertretung, Repräsentation
предста́вить v см. представля́ть 11	
представле́ние,-ия n	Vorstellung
дать представле́ние о + präp	eine Vorstellung vermitteln von
предста́вленный ppp adj v см. предста́вить 11	
представля́ть / предста́вить 5	vorzeigen; vorstellen; machen, verursachen; vertreten
пр. практи́ческое значе́ние	praktische Bedeutung haben
пр. собо́й 10	sein, vorstellen
представля́ться / предста́виться	vorschweben, erscheinen; sich (dar)bieten
предстоя́ть uv 15	bevorstehen
предусма́тривать / предусмотре́ть 3	in Betracht ziehen; vorherrschen
предусмо́трен,-на,-но;-ны ppp v kf см. предусмотре́ть 11	
предусмотре́ть v см. предусма́тривать 11	
предше́ствовать,-вует uv 11	vorausgehen
предше́ствующий ppa adj см. предше́ствовать 11	
предыду́щий ppa adj 11	vorherig, vorig
пре́жде adv; prp + gen 6	früher; vor
пре́жде всего́ 15	vor allem, in erster Linie
пре́жний adj 19	vorig, früher
президе́нт,-та m 3	Präsident
прези́диум,-ма m 7	Präsidium
преиму́щественный adj 19	überwiegend, den Vorrang habend
преиму́щество,-ва n 15	Vorzug; Privileg
прейскура́нт,-та m	Preisliste
прекраща́ть / прекрати́ть 6	aufhören, einstellen
прекраще́ние,-ия n 5	Aufhören, Einstellung
прекраще́ние огня́ 5	Feuereinstellung
премье́р-мини́стр,-ра m	Ministerpräsident
пренебреже́ние,-ия n	Geringschätzung, Mißachtung; Vernachlässigung
пре́ния,-ий n	Debatte, Diskussion
преоблада́ние,-ия n	Vorherrschen, Übergewicht
преоблада́ть uv 19	vorherrschen, dominieren
преоблада́ющий ppa	vorherrschend, überwiegend, dominierend
преобразова́ние,-ия n 12	tiefgreifende Reform, Umgestaltung
преобразо́вывать / преобразова́ть	völlig umgestalten, transformieren

преодолева́ть / преодоле́ть	überwinden
преодоле́ние,-ия n 9	Überwindung
преподава́тель,-ля m 12	Lehrer, Professor
препя́тствие,-ия n	Hindernis
препя́тствовать,-вует + dat 6	hindern
пресле́довать,-дует uv	verfolgen, gerichtlich belangen
преступле́ние,-ия n	Verbrechen
престу́пность,-ти f	Kriminalität
претендова́ть,-у́ет uv	Anspruch erheben
преуменьша́ть / преуме́ньшить	verniedlichen, verkleinern
при prp + präp 5	bei, an neben, in
при капитали́зме	im Kapitalismus
при Петре́ Пе́рвом	unter Peter I.
при по́мощи	mittels, dank, mit Hilfe
при слу́чае	bei Gelegenheit
приба́вочный adj	zusätzlich, Zusatz-
приба́вочная сто́имость f	Mehrwert (Marx)
прибега́ть / прибе́гнуть 15	seine Zuflucht nehmen zu
приближе́ние,-ия n	Annäherung
при́быль,-ли f 19	Gewinn, Profit, Vorteil
при́быльный adj	gewinnbringend; vorteilhaft, profitabel
прибы́тие,-ия n 2	Eintreffen
прибы́ть, прибу́дет v 7	ankommen, eintreffen
приведённый ppp v см. привести́	
приведёт sg präs v см. привести́	
приведу́т pl präs v см. привести́	
привёл,-ла́,-ло́;-ли́ prt v см. привести́ 8	
привести́ v см. приводи́ть 6	
приве́тственный adj	Begrüßungs-, Willkommens-
привлека́ть / привле́чь к + dat	heranziehen (z.B. zur Arbeit, zur Verantwortung)
привлече́ние,-ия n	Heranziehen, Belangung
привнесе́ние,-ия n	Einbringen, Ergänzung
приводи́ть / привести́	(ein)führen, anführen; versetzen; zitieren
привести́ в поря́док	in Ordnung bringen
привести́ цита́ту	ein Zitat anführen
привя́занность,-ти f	Sympathie, Anhänglichkeit
приглаше́ние,-ия n 7	Einladung
по приглаше́нию	auf Einladung
пригово́р,-ра m 3	Urteil, Verurteilung

придава́ть, придаёт / прида́ть, прида́ст 6 dazugeben, verleihen, beimessen
    придава́ть большо́е значе́ние   große Bedeutung beimessen
прида́ст sg präs v см. прида́ть
прида́ток,-тка m   Zugabe, Anhängsel
прида́ть v см. придава́ть 6
приде́рживаться / придержа́ться   sich halten, festhalten an
придёт sg präs v см. прийти́
придётся + dat   man (er, sie, es) muß
прие́зд,-да m   13   Ankunft
приём,-ма m V   Empfang; Verfahren
при́зван,-на,-но;-ны ppp kf см. призва́ть
призва́ть v см. призыва́ть
признава́ть,-наёт / призна́ть 11   (an)erkennen, zugeben
при́знак,-ка m   Merkmal, Symbol
призна́ние,-ия n   Eingeständnis; Anerkennung
призна́ть v см. признава́ть 11   anerkennen; halten für
призы́в,-ва m 2   Aufruf, Losung
призыва́ть / призва́ть 16   herbeirufen, auffordern; berufen
прийти́ v см. приходи́ть 8
прикры́тие,-ия n   Schutz, Bedeckung
прилага́ть / приложи́ть   beilegen
прили́в,-ва m   Flut; Andrang; Zustrom
примене́ние,-ия n 12   Anwendung; Anpassung
применя́ть / примени́ть 10   anwenden
приме́р,-ра m 10   Beispiel
приме́рно adv 19   ungefähr; beispielhaft
приме́т sg präs v см. приня́ть
прими́те imperativ pl v см. приня́ть 9
примыка́ть / примкну́ть   sich anschließen
принадле́жность,-ти f   Zugehörigkeit; Bestandteil
принадлежа́ть,-жи́т + dat uv 11   gehören
принести́ v см. приноси́ть 11
принижа́ть / прини́зить   verkleinern, herabsetzen
принима́ть / приня́ть 6   annehmen, aufnehmen, empfangen, zur Kenntnis nehmen, fassen
    приня́ть в па́ртию   in die Partei aufnehmen
    приня́ть во внима́ние 12   beachten, in Betracht ziehen
    приня́ть ме́ры   Maßnahmen ergreifen
    приня́ть про́сьбу об отста́вке   Rücktrittsgesuch annehmen
    приня́ть реше́ние 6   Entscheidung fällen, Beschluß fassen

принять участие	teilnehmen
приниматься uv	sich anschicken, anfangen
приносить / принести 11	(ein)bringen
принудительный adj	zwangsläufig, Zwangs-
принуждение,-ия n	Zwang
принципиальный adj	grundsätzlich, prinzipienfest, prinzipiell
приняв adv part см. принять	
принятие,-ия n 13	Annahme, Aufnahme
принятый ppp adj v см. принять	
принять v см. принимать 2	
приобретать / приобрести	erwerben, erlangen
приобрести значение	Bedeutung gewinnen
природа,-ды f	Natur
природный adj	natürlich, Natur-
природоохранный adj	Naturschutz-
прирост,-та m	Zuwachs
прирост населения	Bevölkerungszuwachs
приспособление,-ия n	Anwendung, Ausnutzung, Anpassung
приступать / приступить к + dat 8	herantreten, sich nähern, sich wenden an, beginnen
приступить к голосованию	zur Abstimmung schreiten
приступить v см. приступать 8	
присущий adj	eigen, charakteristisch
приходилось uv	es war nötig, man mußte
приходится uv	es ist nötig, man muß
приходить / прийти 8	(an)kommen, geraten (in)
приходиться / прийтись 17	(unpers. + infin.) müssen; entfallen auf
причём kj	wobei
причина,-ны f 5	Ursache, Grund
по причине	infolge, durch, -halber
причитаться uv	zustehen; entfallen
пришедший part prt a v см. прийти	
пришёл,-шла,-шло;-шли prt см. прийти	
пришла prt см. прийти 8	
пришлось prt rfl v 12	es war nötig, man mußte
проамериканский adj	proamerikanisch
проблема,-мы f 8	Problem
провал,-ла m	Mißerfolg, Zusammenbruch, Fiasko
проведение,-ия n 9	Durchführung, Verwirklichung
проведён,-на,-но;-ны ppp kf v см. провести	

проведённый ppp v см. провести 11	
провёл,-ла́,-ло́;-ли́ prt см. провести́	
прове́рка,-ки f	Verifizierung
проверя́ть / прове́рить	überprüfen, kontrollieren
провести́ v см. проводи́ть 11	
проводи́ть / провести́ 11	durchführen, ausführen
провести́ в жизнь	in die Tat umsetzen, verwirklichen
провести́ собра́ние	eine Versammlung abhalten
провозглаша́ть / провозгласи́ть 19	verkündigen, verkünden
провока́ция,-ии f	Provokation
програ́мма,-мы f V	Programm
программи́рование,-ия n	Programmierung
прогре́сс,-са m	Fortschritt
прогресси́вный adj	progressiv, fortschrittlich
прогресси́вный нало́г	progressive Steuer
продава́ть,-даёт / прода́ть,-да́ст 10	verkaufen, verraten
прода́жа,-жи f	Verkauf
име́ться в прода́же	zu kaufen sein, zu haben sein
прода́ть v см. продава́ть	
продвиже́ние,-ия n	Fortschreiten
продержа́ть v	halten
продово́льственный adj	Lebensmittel-, Ernährungs-
продолжа́ть / продо́лжить 3	verlängern, fortsetzen, fortfahren
продолжа́ть чита́ть	weiterlesen
продолжа́ться / продо́лжиться 20	(an)dauern
продолже́ние,-ия n 3	Fortsetzung
в продолже́ние всего́ го́да	das ganze Jahr hindurch
продолже́ние сле́дует	Fortsetzung folgt
продолжи́тельный adj 17	lang, anhaltend
продо́лжить v см. продолжа́ть	
проду́кт,-та m	Produkt, Erzeugnis
проду́кты m pl	Lebensmittel
проду́мывать / проду́мать	durchdenken, (reiflich) überlegen
прое́кт,-та m V	Projekt, Entwurf; Plan
проекти́ровать uv	planen
прожива́ть / прожи́ть	leben; verleben
проза́падный adj 8	prowestlich
произведе́ние,-ия n	Werk
произведе́ния Ле́нина	Werke Lenins

произведённый ppp v см. произвести
произвёл,-ла́,-ло́;-ли́ prt v см. произвести́
произвести́ v см. производи́ть
производи́тель,-ля m   Erzeuger, Hersteller
производи́тельность,-ти f 11   Produktivität
производи́тельный adj   produktiv
    производи́тельные си́лы   Produktivkräfte (Marx)
производи́ть / произвести́ 2σ   aus-, durchführen; erzeugen, produzieren
    произвести́ впечатле́ние   Eindruck erwecken
производи́ться uv   erzeugt werden; ausgeführt werden
произво́дственный adj 9   Produktions-, Betriebs-
    произво́дственные отноше́ния   Produktionsverhältnisse (Marx)
произво́дство,-ва n V   Produktion, Herstellung
    сре́дства произво́дства pl n 3   Produktionsmittel (Marx)
произво́л,-ла m 2   Willkür
произойти́ v см. происходи́ть
произошёл,-шла́,-шло́;-шли́ prt v см. произойти́
происходи́ть / произойти́ 5   geschehen, vorsichgehen; herrühren von
происхожде́ние,-ия n   Herkunft
происше́дший part prt a v см. произойти́
про́йденный ppp v см. пройти́
пройти́ v см. проходи́ть 7
прока́т,-та m   Walzen; Walzerzeugnisse
проконтроли́ровать,-рует v см. контроли́ровать
пролета́рий,-ия m (gen pl: пролета́риев) 1   Proletarier
пролета́рский adj   proletarisch
промежу́ток,-тка m   Zwischenraum, Abstand
промежу́точный adj   dazwischenliegend, Zwischen-
промы́шленность,-ти f 1   Industrie
    тяжёлая промы́шленность   Schwerindustrie
    лёгкая промы́шленность   Leichtindustrie
промы́шленный adj 6   Industrie-, industriell
пропага́нда,-ды f   Propaganda
пропаганди́ровать,-рует uv   propagieren
пропаганди́ст,-та m   Propagandist
про́пасть,-ти f   Kluft
просвеще́ние,-ия n 17   Aufklärung, Bildung
проследи́ть / просле́живать   nachspüren; verfolgen
про́сто adv см. просто́й

простó adj 20	einfach
прострáнство, -ва n	Raum, Fläche
протéст, -та m V	Protest
заяви́ть протéст	Einspruch erheben
протестовáть, -тýет uv/v 3	protestieren
прóтив prp + gen 2	gegen; gegenüber
за и прóтив	das Für und Wider
проти́вник, -ка m 8	Gegner
противополóжность, -ти f	Gegensatz
в противополóжность + dat	im Gegensatz zu
противополóжный adj	gegenüberliegend; entgegengesetzt
противопоставля́ть / противопостáвить 9	gegenüberstellen, vergleichen mit, entgegenstellen
противоракéта, -ты f	Antirakete
противоракéтный adj	Antiraketen-
противорéчие, -ия n 5	Widerspruch
клáссовые противорéчия pl n	Klassenwidersprüche
противорéчить uv 8	widersprechen, im Widerspruch stehen
противостоя́ть uv 11	einander gegenüberstehen
протокóл, -ла m	Protokoll
протяжéние, -ия n	Ausdehnung; Zeitraum
профессионáльный adj 3	Berufs-, Gewerkschafts-
профéссия, -ии f	Beruf
по профéссии	von Beruf
профсою́з, -за m = профессионáльный сою́з 3	Gewerkschaft
профсою́зный adj	Gewerkschafts-, gewerkschaftlich
проходи́ть / пройти́	durchgehen, passieren; vergehen; verlaufen; sich verbreiten
проходи́ть воéнную слýжбу	Militärdienst ableisten
проходи́ть с успéхом	erfolgreich verlaufen
процедýра, -ры f	Prozedur
процéнт, -та m	Prozent(satz)
на сто процéнтов бóльше	um 100% mehr
процéнты, -тов pl m	Gewinn, Zinsen
процéсс, -са m 8	Prozeß; Verlauf
вести́ процéсс	einen Prozeß führen
процéсс рóста	Wachstumsprozeß
прóчий adj 17	übriger, anderer
и прóчее 19	und anderes mehr
мéжду прóчим	unter anderem
прочитáть v см. читáть 10	

про́чно adv см. про́чный	
про́чный adj	haltbar, dauerhaft, fest
про́чный мир	dauerhafter Frieden
про́чный фунда́мент	feste Grundlage
проше́дший part prt a v см. пройти́ 8	
прошёл,-шла́,-шло́;-шли́ prt v см. пройти́	
прошла́ prt f v см. пройти́	
про́шлое,-ого sbst n	Vergangenheit
про́шлый adj 5	vergangen, vorig
в про́шлом году́	im letzten Jahr
про́ще kmp ind см. просто́й 20	
прояви́ть v см. проявля́ть	
прояви́ться v см. проявля́ться	
проявле́ние,-ия n	Äußerung, Auftreten, Bekundung; Erscheinung
проявля́ть / прояви́ть 15	zeigen, bekunden, offenbaren
проявля́ться / прояви́ться 10	sich zeigen, hervortreten, zutage treten
пру́сский adj	preußisch
пряди́льник,-ка m	Spinner
пря́мо adv см. прямо́й	
прямо́й adj 20	gerade, direkt
прямы́е вы́боры pl m	direkte Wahlen
пряма́я отве́тственность f	unmittelbare Verantwortung
публикова́ть,-ку́ет / опубликова́ть,-ку́ет	veröffentlichen
пуд,-да m	Pud (= 16,38 kg)
пункт,-та m V	Punkt
исхо́дный пункт	Ausgangspunkt
пове́стка дня состои́т из трёх пу́нктов	die Tagesordnung besteht aus drei Punkten
путём prp + gen 15	durch, mit Hilfe (von), auf dem Wege
путч,-ча m	Putsch
путь,-ти́ m 15	Weg, Strecke, Fahrt
водны́м путём	auf dem Wasserweg
по пути́	auf dem Wege, in Richtung auf
пшени́ца,-цы f	Weizen
пыта́ться / попыта́ться 8	versuchen
пяти́ gen/dat/präp sg f см. пять	
пятиле́тие,-ия n 11	Jahrfünft; fünfter Jahrestag
пятиле́тка,-ки f 10	Fünfjahresplan
пятиле́тний adj 14	fünfjährig

Р

рабо́та,-ты f V	Arbeit
рабо́тать uv 7	arbeiten
рабо́тник,-ка m	Arbeiter
нау́чный рабо́тник	Wissenschaftler
парти́йный рабо́тник	Parteifunktionär
рабо́чий,-его m sbst; adj V	Arbeiter; Arbeiter-
рабо́чее движе́ние	Arbeiterbewegung
рабо́чие и крестья́не	Arbeiter und Bauern
рабо́чий класс	Arbeiterklasse
ра́бство,-ва n	Sklaverei, Knechtschaft
ра́вен,-вна́,-вно́;-вны́ adj kf см. ра́вный	
ра́венство,-ва n	Gleichheit, Gleichberechtigung
равно́ adv; kj	gleich; ebenso wie
равнопра́вие,-ия n 20	Gleichberechtigung
равнопра́вный adj 15	gleichberechtigt
ра́вный adj	gleich
равня́ться uv	gleich sein; sich messen
ра́дио ind n	Rundfunk
радиолокацио́нный adj	Radar-
раз,-за m 13	Mal, -mal
два ра́за	zweimal
ещё ни ра́зу	noch nicht ein einziges Mal
ка́ждый раз	jedesmal
ра́зве partikel	etwa, denn
разверну́ть v см. развёртывать 14	
развёртывание,-ия n 19	Entfaltung, Entwicklung
развёртывать / разверну́ть 14	aufwickeln; entfalten
развёртываться / разверну́ться	aufgehen, sich entfalten, wenden
развива́ть / разви́ть 7	entwickeln
развива́ющиеся стра́ны pl f	Entwicklungsländer
разви́тие,-ия n V	Entwicklung
ра́звитый ppp adj 10	entwickelt
разви́ть v см. развива́ть 10	
развод,-да m	(Ehe-)Scheidung

разгово́р, -ра m	Gespräch
разграни́чивать / разграни́чить	abgrenzen
разгро́м, -ма m	Zerstörung, Zerschlagung
разде́л, -ла m 18	Aufteilung
разделе́ние, -ия n	(Ein-)Teilung
разделе́ние труда́	Arbeitsteilung
разделя́ть / раздели́ть	teilen
раздро́бленность, -ти f	Zersplitterung
разжига́ть / разже́чь	entfachen, verstärken
разли́чие, -ия n 16	Unterschied
разли́чный adj 3	verschieden(artig)
разма́х, -ха m	Umfang, Ausmaß; Schwung
разме́р, -ра m	Ausmaß
в значи́тельных разме́рах	in bedeutendem Maße
размеще́ние, -ия n	Unterbringung, Verteilung
ра́зница, -цы f	Unterschied
разнови́дность, -ти f	Abart, Spielart
разногла́сие, -ия n 15	Meinungsverschiedenheit
разнообра́зие, -ия n	Verschiedenartigkeit, Mannigfaltigkeit
разнообра́зный adj	verschiedenartig, ungleich, mannigfaltig
ра́зный adj	ungleich, verschieden(artig), mannigfaltig
разоблаче́ние, -ия n	Aufdeckung, Entlarvung
разоруже́ние, -ия n V	Abrüstung
разраба́тывать / разрабо́тать	bearbeiten, ausarbeiten, erforschen
разрабо́тать v см. разраба́тывать	
разрабо́тка, -ки f 17	Ausarbeitung, Bearbeitung, sorgfältige Untersuchung
разреша́ть / разреши́ть	lösen; erlauben
разреше́ние, -ия n	Erlaubnis
разруша́ть / разру́шить	zerstören
разруше́ние, -ия n	Zerstörung
разры́в, -ва m 18	Sprengen, Unterbrechen, Abbruch
разря́д, -да m	Kategorie, Klasse; Entspannung
разря́дка, -ки f 6	Entspannung
разря́дка напряжённости 12	Entspannung
ра́зу gen sg см. раз	
разуме́ется sg präs uv 13	es ist natürlich, selbstverständlich
само́ собо́й разуме́ется 13	es versteht sich von selber
разуме́ться см. разуме́ется	
разъясне́ние, -ия n	Erklärung

райко́м, -ма m = райо́нный комите́т	Rayonkomitee
райо́н, -на m V	Gegend, Gebiet
раке́та, -ты f V	Rakete
раке́тный adj	Raketen-
ра́мки pl f 3	Grenzen, Rahmen
в рамках	im Rahmen, in den Grenzen
ра́мок gen pl f см. ра́мки	
ра́нний adj 11	früh
ра́но adv V	früh
ра́но и́ли по́здно	früher oder später
ра́ньше kmp ind см. ра́нний 13	
ра́ньше сро́ка	vorfristig
раско́л, -ла m	Spaltung, Entzweiung
раскрепоща́ть uv	befreien
раскрепоще́ние, -ия n	Befreiung vom Joch
раскрыва́ть / раскры́ть	aufdecken, enthüllen; aufmachen
располага́ть uv + instr 16	verfügen über, besitzen
распоряже́ние, -ия n 15	Verfügen; Anordnung
в распоряже́нии + gen	zur Verfügung
распределе́ние, -ия n 17	Verteilung
распростране́ние, -ия n 19	Verbreitung
распространя́ть / распостани́ть	verbreiten, erweitern
распространя́ться / распространи́ться 12	sich ausdehnen, sich ausbreiten
расска́зывать / рассказа́ть	mündlich mitteilen, erzählen
расслое́ние, -ия n	das Zerfallen in Schichten
рассма́тривать / рассмотре́ть 8	erkennen, beurteilen; prüfen; betrachten
рассмотре́ние, -ия n	Betrachtung; Prüfung, Untersuchung
рассмотре́ть v см. рассма́тривать 8	
расстано́вка, -ки f	Verteilung
расстано́вка сил	Kräfteverteilung
рассужде́ние, -ия n	Überlegung
рассчи́тывать / рассчита́ть 17	be-, ausrechnen
растёт sg präs uv см. расти́ 8	
расти́ / вы́расти 5	(an)wachsen, erstarken
расту́щий ppa adj см. расти́ 11	
расхо́д, -да m 15	Ausgabe, Verbrauch
расхожде́ние, -ия n	Nichtübereinstimmung, Divergenz, Widerspruch
расчёт, -та m	Berechnung; Absicht; Vorteil; Berücksichtigung
расчётный adj	Berechnungs-, Entlassungs-
расчища́ть / расчи́стить	säubern, freimachen

расчлене́ние,-ия n	Aufteilung, Zergliederung
расшире́ние,-ия n 5	Ausweitung, Verstärkung
расши́риться v см. расширя́ться	
расширя́ть / расши́рить 16	erweitern, vergrößern, verstärken
расширя́ться / расши́риться	sich ausweiten, sich ausdehnen
ратифика́ция,-ии f	Ratifizierung
рационализи́ровать 7	rationalisieren
реакцио́нный adj	reaktionär
реа́кция,-ии f	Reaktion
реализа́ция,-ии f	Realisierung
реа́льный adj	real, erreichbar, praktisch
ребёнок,-нка m	Kind
революцио́нный adj	revolutionär, Revolutions-
револю́ция,-ии f V	Revolution
регули́рование,-ия n 6	Regulierung, Regelung
реда́ктор,-ра m	Redakteur
реда́кция,-ии f 3	Redaktion
ре́дкий adj	spärlich, selten
ре́же kmp ind см. ре́дкий	
резе́рв,-ва m 3	Reserve
ре́зкий adj	deutlich, grob, scharf
ре́зко adv см. ре́зкий	
резолю́ция,-ии f	Resolution
результа́т,-та m 10	Resultat
в результа́те	letzten Endes; als Resultat, infolge von, als Folge, Ergebnis
ре́зче kmp ind см. ре́зкий	
рейхста́г,-га m	Reichstag
река́,-ки́ f V	Fluß
рекоменда́ция,-ии f	Empfehlung
рекомендова́ть uv/v	empfehlen
реконструи́ровать uv/v	rekonstruieren
реконстру́кция,-ии f	Rekonstruktion; Umgestaltung
реме́сленник,-ка m	Handwerker
ремесло́,-ла́ n	Handwerk
ремо́нт,-та m	Reparatur
рента́бельность,-ти f	Rentabilität
репре́ссия,-ии f 3	Bestrafung, Repression
респу́блика,-ки f	Republik
ресу́рсы,-сов pl m	Ressourcen, Hilfsquellen

рефере́ндум,-ма m	Referendum
рефо́рма,-мы f V	Reform
реце́нзия,-ии f 5	Rezension
речь,-чи f V	(öffentl.) Rede
речь идёт о	Rede ist von, es geht um
реша́ть / реши́ть 6	beschließen, entscheiden; lösen
решён ppp kf см. реши́ть	
реше́ние,-ия n V	Beschluß; Lösung
реши́тельно adv см. реши́тельный 11	
реши́тельный adj 11	entschieden; entscheidend, entschlossen
реши́ть v см. реша́ть 6	
Рим,-ма m 13	Rom
рискова́ть,-ку́ет / рискну́ть,-кнёт	riskieren
род,-да m 4	Art; Geschlecht
в тако́м ро́де	annähernd so
своего́ ро́да	von eigener Art
тако́го ро́да	derartig, solcher Art
ро́дина,-ны f	Heimat
роди́тели,-лей m	Eltern
роди́ться 13	geboren werden
родно́й adj 17	eigen; heimisch
родно́й язы́к	Muttersprache
родово́й adj	Sippen-, Stammes-
рожда́емость,-ти f	Geburten(an)zahl
рожде́ние,-ия n 7	Geburt
ро́зничный adj	Einzelhandels-
роль,-ли f 3	Rolle
рос,-ла́,-ло́;-ли́ prt см. расти́	
ро́спуск,-ка m	Auflösung
росси́йский adj	zum Russischen Reich gehörig, russisch
Росси́я,-ии f V	Russisches Reich, Rußland
рост,-та m V	(An-)Wachsen, Zunahme
рубль,-ля́ m 6	Rubel
руда́,-ды́ f	Erz
рука́,-ки́ f	Arm, Hand
руководи́тель,-ля m 3	Leiter
руководи́тельница,-цы f	Leiterin
руководи́ть uv + instr 10	führen, leiten
руково́дство,-ва n 8	Leitung, Führung

руководствоваться uv	sich leiten lassen von
руководя́щий ppa adj 15	führend
Румы́ния, -ии f	Rumänien
ру́сло, -ла n	Entwicklungsweg, Richtung
<u>ру́сский</u> adj; sbst V	russisch; Russe
<u>ры́ба</u>, -ы f	Fisch
ры́нка gen sg m см. ры́нок	
<u>ры́нок</u>, -ка m V	Markt
О́бщий ры́нок	Gemeinsamer Markt
<u>рыча́г</u>, -га́ m	Hebel
<u>ряд</u>, -да m 7	Reihe, Linie

С

с(о) prp + gen 4	von ... her, seit
с другой стороны́ 3	andererseits
с одной стороны́ 3	einerseits
со стороны́	von seiten
с ... до	von ... bis
с ... по 6	von ... bis (zeitl.)
с(о) prp + instr 3	mit, durch
с по́мощью	mit Hilfe
с це́лью	mit dem Ziel
сабота́ж,-жа m	Sabotage
сам, сама́, само́, сами́ pr V	selbst
сам по себе́	an und für sich; selbständig
сами́ nom pl см. сам 10	
сами́х gen/präp pl см. сам	
само́ n sg см. сам 13	
само́ собо́й разуме́ется 13	es versteht sich von selbst; selbstverständlich
само- 14	Selbst-
самоизуче́ние,-ия n	Lernen aus Eigeninitiative
самокри́тика,-ки f	Selbstkritik
самолёт,-та m	Flugzeug
самоопределе́ние,-ия n 2	Selbstbestimmung
пра́во на самоопределе́ние	Selbstbestimmungsrecht
самостоя́тельность,-ти f	Selbständigkeit
самостоя́тельный adj 11	unabhängig, selbständig
самоуправле́ние,-ия n	Selbstverwaltung
са́мый pr 4	als solcher; direkt; an sich, derselbe
в са́мом де́ле	tatsächlich, in der Tat
на са́мом де́ле	in Wirklichkeit
с са́мого нача́ла	ganz von Anfang an
са́мый большо́й	(aller)größter
тем са́мым	dadurch
тот же са́мый	eben derselbe, eben dieser
сближа́ться / сбли́зиться	sich nähern, annähern
сближе́ние,-ия n 11	Annäherung

сбор, -ра m	Beitrag, Gebühr, Steuer
сборник, -ка m 5	Sammelband
сбрасывать / сбросить	abwerfen
сбыт, -та m 16	Absatz, Verkauf
сведение, -ия n	Kenntnis(nahme), Nachricht, Rechenschaftsbericht, (pl.) Kenntnisse
свержение, -ия n 18	Sturz, Vernichtung, Beseitigung
сверх prp + gen	über .... hinaus; zusätzlich
сверхдержава, -вы f 6	Supermacht
сверхиндустриализация, -ии f	Überindustrialisierung
свидетельство, -ва n 14	Zeugnis, Beweis
свидетельствовать, -вует о + präp uv $_4$	bezeugen, aussagen, beweisen
свидетельствует sg präs uv	см. свидетельствовать
свидетельствующий ppa uv adj	см. свидетельствовать
свобода, -ды f V	Freiheit
свобода печати	Pressefreiheit
свобода слова	Redefreiheit, Meinungsfreiheit
свободен, -дна, -дно, -дны adj kf	см. свободный
свободный adj	frei
свободно владеть языком	eine Sprache beherrschen, fließend sprechen
сводиться / свестись	hinauslaufen auf, sich zurückführen lassen
своеволе, -ля n	Eigenwille, Eigenmächtigkeit
своевременный adj	rechtzeitig
своеобразие, -ия n 14	Eigentümlichkeit, Eigenart
своеобразный adj	eigenartig, eigentümlich
свой, своя, своё; свои 3	sein; eigen(artig)
своего рода	von eigener, besonderer Art
своего рода проблема	ein Problem besonderer Art
свыше adv; prp + gen 17	von oben; mehr als
связан, -на, -но ppp kf	см. связанный 11
связанный ppp adj 11	gebunden, verbunden
связывать / связать	verbinden, verknüpfen, vereinigen
связь, -зи f 2	Verbindung; Post- und Fernmeldewesen
в связи с + instr 6	in Verbindung mit, infolge von
сговор, -ра m	Absprache, Komplott
сдвиг, -га m 16	Umschwung, Veränderung
сделать v	см. делать 5
сделка, -ки f 15	Abkommen, Vertrag, Geschäft
сдерживание, -ия n	Bremsen, Aufhalten

себе́ rfl pr dat/präp см. себя́	
себесто́имость,-ти f	Selbstkostenpreis
себя́ rfl pr gen/akk m/f/n	sich
се́верный adj 7	nördlich
сего́ gen sg m/n см. сей	
сего́дня adv V	heute; jetzt
сего́дняшний adj	heutig
сей, сия́, сие́; сии́	dieser
в ию́не сего́ го́да	im Juni dieses Jahres
до сих пор	bis jetzt
сейча́с adv 2	jetzt; sofort
секрета́рь,-ря́ m 8	Sekretär
секре́тный adj	geheim, verborgen
село́,-ла́ n	(größeres) Dorf
се́льский adj 10	Dorf-, ländlich
сельскохозя́йственный adj	landwirtschaftlich
семе́й gen pl f см. семья́	
семе́йный adj	Familien-
семиле́тний adj	Siebenjahres-
семья́,-ми́ f	Familie
сентя́брь,-ря́ m 8	September
Се́рбия,-ии f	Serbien
серде́чный adj 5	herzlich
середи́на,-ны f	Mitte
серьёзность,-ти f	Ernsthaftigkeit
серьёзный adj 5	ernst(haft), wichtig
се́ссия,-ии f	Session
сестра́,-ры́ f	Schwester
сеть,-ти f	Netz
сиби́рский adj	sibirisch
Сиби́рь,-ри f 10	Sibirien
си́ла,-лы f V	Kraft, Macht, Stärke
в си́лу + gen	infolge, auf Grund von
войти́ в си́лу	in Kraft treten
производи́тельные си́лы pl f	Produktivkräfte
рабо́чая си́ла	Arbeitskraft
си́лен,-льна́,-льно́ adj kf см. си́льный	
си́льный adj 11	stark, mächtig
си́мвол,-ла m	Symbol

систе́ма,-мы f	System
ситуа́ция,-ии f	Situation
си́тцевый adj	Kattun-
си́тцевая смы́чка	(Metapher für eine best. Konzeption der soz.-ök. Entwicklung der UdSSR)
ска́жем pl präs v см. сказа́ть	
ска́жет sg präs v см. сказа́ть	
сказа́ть,-жет v см. говори́ть	
скепти́ческий adj	skeptisch
ски́дка,-ки f	Rabatt
склад,-да m 20	Speicher, Magazin
скла́дываться / сложи́ться	sich (heraus)bilden, sich festigen
ско́ванный ppp	befangen, gehemmt
скола́чивание,-ия n	Zusammenzimmern, Schaffen
ско́лько pr	wieviel
ско́лько-нибудь adv	etwas, ein wenig
скоре́е kmp ind см. ско́рый	
ско́рый adj 12	schnell, eilig
в ско́ром вре́мени	bald
скот,-та́ m	Vieh
скрыва́ть / скрыть	verbergen
сла́бый adj 11	schwach, schlecht
сле́довало бы (konjunktiv)	es wäre ratsam
сле́дователь,-ля m	Untersuchungsrichter
сле́довательно kj 17	folglich
сле́довать,-дует / после́довать,-дует 3	folgen
сле́дствие,-ия n	Folge, Ergebnis, Schluß; gerichtliche Untersuchung
сле́дует sg präs см. сле́довать	man muß
не сле́дует	man darf nicht
сле́дующий ppa adj см. сле́довать 10	der nächste, folgende
сле́дуя adv part см. сле́довать	
слеже́ние,-ия n	Beobachtung, Verfolgung
сли́ться v	zusammenfließen, sich vereinigen
сли́шком adv	übermäßig, (all)zu
слия́ние,-ия n 18	Vereinigung
слова́рь,-ря́ m	Wörterbuch; Wortschatz
сло́во,-ва n 1	Wort, Rede; Meinung
лиши́ть (+ gen) сло́ва	(jmd.) das Wort entziehen
сло́жен adj kf см. сло́жный	

сложи́ться v см. скла́дываться 19	
сло́жно adj kf	es ist kompliziert
сло́жность, -ти f	Kompliziertheit
в о́бщей сло́жности	im großen und ganzen; insgesamt
сло́жный adj 13	zusammengesetzt, kompliziert, schwierig
слой, -о́я m 17	(Bevölkerungs-)Schicht
сломи́ть v	brechen, überwinden
слу́жащий ppa sbst 10	Angestellter
слу́жба, -бы f	Dienst
служи́ть / послужи́ть + dat 5	dienen, geeignet sein
слу́чай, -ая m	Ereignis, Gelegenheit, (Zu-)Fall
в кра́йнем слу́чае	im äußersten Falle
в отде́льных слу́чаях	manchmal
в проти́вном слу́чае	andernfalls, widrigenfalls
в тако́м слу́чае	wenn es so steht
во вся́ком слу́чае	jedenfalls
на вся́кий слу́чай	auf jeden Fall
ни в ко́ем слу́чае	keinesfalls, niemals
случа́йный adj 14	zufällig
случа́ться / случи́ться	geschehen, sich ereignen
сме́лый adj	mutig, kühn
сме́на, -ны f	Wechsel, Ablösung, Schicht
сме́нность, -ти f	Schichtarbeit
сменя́ть / смени́ть	wechseln, umtauschen, ablösen
сме́ртная казнь	Todesstrafe
смерть, -ти f 13	Tod
смотр, -ра m	Parade, "Heerschau"
смотре́ть / посмотре́ть	sehen, schauen, untersuchen; sich kümmern um
смочь, сможет v см. мочь	
смысл, -ла m	Sinn, Bedeutung, Verstand
смы́чка, -ки f	Verbindung
смяте́ние, -ия n	Verwirrung, Panik
снабжа́ть uv 12	versorgen, ausstatten
снабже́ние, -ия n 17	Versorgung, Ausstattung, Ausrüstung
снижа́ться / сни́зиться	sich senken, sinken
сниже́ние, -ия n	Senkung, Kürzung
сни́зиться v см. снижа́ться	
сноше́ние, -ия n	
собира́ть / собра́ть, -берёт	(ver)sammeln

собира́ться / собра́ться	sich versammeln
соблюде́ние,-ия n 14	Beachtung, Befolgung
собо́й rfl pr instr см. себя́	
само́ собо́й разуме́ется	es versteht sich von selbst, selbstverständlich
собра́ние,-ия n 3	Versammlung
законода́тельное собра́ние	gesetzgebende Versammlung, Legislative
собра́ть v см. собира́ть	
со́бственно adv	eigentlich, letzten Endes
со́бственность,-ти f 3	Eigentum, Besitz
со́бственность на зе́млю	Eigentum an Grund und Boden
со́бственный adj	persönlich, eigen
собы́тие,-ия n V	Ereignis
соверша́ть / соверши́ть	verrichten, vollbringen, vollziehen, begehen
соверша́ться / соверши́ться	geschehen, sich vollziehen
соверше́нно adv/adj kf см. соверше́нный	
соверше́нный ppp/adj см. соверша́ть	durchgeführt, vollbracht; vollkommen, vollständig
совершенствование,-ия n 16	Vervollkommnung
соверши́ть пое́здку	eine Fahrt machen
со́весть,-ти f	Gewissen
сове́т,-та m V	Rat; Sowjet
Верхо́вный Сове́т	Oberster Sowjet
по сове́ту	auf den Ratschlag hin
Сове́т мини́стров	Ministerrat, Kabinett
сове́товать,-тует + dat uv	raten, empfehlen
сове́товаться,-туется с + instr uv	sich beraten, um Rat fragen
сове́тский adj 3	sowjetisch, Räte-
сове́тский сою́з V	Sowjetunion
совеща́ние,-ия n V	Beratung, Konferenz
совме́стный adj 9	gemeinsam
совоку́пность,-ти f	Gesamtheit
совоку́пный adj	Gesamt-, vereint, gemeinsam
совпаде́ние,-ия n	Zusammenfallen, Übereinstimmung
совреме́нно adv/adj kf см. совреме́нный	
совреме́нность,-ти f	Gegenwart, Moderne
совреме́нный adj 7	zeitgenössisch, gegenwärtig; modern
совсе́м adv	ganz, ganz und gar
совхо́з,-за m	(staatliches landwirtschaftliches Unternehmen
согла́сен,-на,-но;-ны adj kf[15]см. согла́сный	
согла́сие,-ия n 2	Zustimmung, Übereinstimmung

в согласии с + instr	in Übereinstimmung
согласиться v см. соглашаться	
согласно prp + dat	entsprechend, laut
согласный adj	bereit; übereinstimmend
соглашаться / согласиться 12	übereinkommen, verabreden
соглашение,-ия n 11	Abkommen, Vertrag
торговое соглашение	Handelsabkommen
содействие,-ия n 9	Mitwirkung, Beistand, Hilfe
содействовать,-вует + dat uv/v 6	unterstützen, beitragen zu, fördern
содействует sg präs см. содействовать	
содержание,-ия n 10	Inhalt; Unterhalt
содержать,-жит uv 13	beinhalten; unterstützen
содержаться,-жится uv 20	sich befinden, enthalten sein
содружество,-ва n 11	Freundschaft, Gemeinschaft
соединение,-ия n	Vereinigung
соединённый adj	vereinigt
Соединённые Штаты Америки (США) V	Vereinigte Staaten (USA)
соединить v	vereinigen
сожаление,-ия n 7	Bedauern
к сожалению 7	leider
созвать v см. созывать	
создавать,-даёт / создать,-даст 10	hervorbringen, gründen, schaffen
создаваться / создаться 16	entstehen
создаёт sg präs uv см. создавать	
создаётся sg präs rfl uv см. создаваться	
создан,-на,-но;-ны ppp kf v см. создать	
создание,-ия n 16	Schaffen, Werk; Gründung; Schaffung
создать v см. создавать 10	
создают pl präs uv см. создавать	
создаются pl präs rfl uv см. создаваться	
сознавать,-аёт / сознать	erkennen, sich bewußt sein
сознание,-ия n	Bewußtsein
классовое сознание	Klassenbewußtsein
сознателен,-льна,-льно;-льны adj kf	см. сознательный
сознательный adj	bewußt
созыв,-ва m	Einberufung; Legislatur
созывать / созвать,-зовёт	einberufen, zusammenrufen
соизмерение,-ия n	
сокращаться / сократиться 3	sich verringern

сокращéние,-ия n	(Ab-)Kürzung
солдáт,-та m V	Soldat
солдáтский adj	soldatisch
солидаризи́роваться,-руется	sich solidarisch erklären
солидáрность,-ти f V	Solidarität
сомнéние,-ия n	Zweifel
соображéние,-ия n	Überlegung, Erwägung
сообщáть / сообщи́ть 6	mitteilen
сообщéние,-ия n V	Mitteilung; Verkehr
соóбщество,-ва n	Gesellschaft, Vereinigung
сообщи́ть v см. сообщáть 3	
сооружéние,-ия n	Errichtung, (Er)bau(ung); Gebäude, Anlage
соотвéтственно adv/prp + dat	entsprechend; gemäß
соотвéтственный adj	angemessen, entsprechend
соотвéтствие,-ия n 16	Übereinstimmung
в соотвéтствии с	in Übereinstimmung mit
соотвéтствовать,-вует + dat uv 7	entsprechen
соотвéтствует sg präs uv см. соответствовать	
соотвéтствующий ppa/adj 10	entsprechend
соотношéние,-ия n 17	Korrelation, Wechselbeziehung
соотношéние сил	Kräfteverhältnis
сопостави́мый adj	vergleichbar
сопровождáться	begleitet werden, versehen werden
сопротивлéние,-ия n 9	Widerstand
сорáтник,-ка m	Kampfgenosse
соревновáние,-ия n	Wettkampf
сортáмент,-та m = сортимéнт	Sortiment, Warenauswahl
сосéдний adj	benachbart, Nachbar-
сосредотóчение,-ия n	Konzentration; Ansammlung; Zusammenfassung
сосредотóчивать / сосредотóчить	konzentrieren, zusammenballen
состáв,-ва m 17	Bestand, Zusammensetzung
в состáве + gen	bestehend aus
клáссовый состáв	klassenmäßige Zusammensetzung
ли́чный состáв	Personalbestand
состáвить v см. составлять	
составлéние,-ия n	Zusammenstellung, Aufstellung, Schaffung, Abfassung
состáвленный ppp v см. составить	
составлять / состáвить 11	zusammenstellen, schaffen, sich belaufen auf bilden, ausmachen
составлáться / состáвиться	sich bilden, entstehen

составно́й adj	Bestand-; zusammengesetzt
составна́я часть 15	Bestandteil
состоя́ние,-ия n 15	Lage; Vermögen; soziale Stellung
с. в бра́ке	Familienstand
с. войны́	Kriegszustand
быть в состоя́нии	imstande sein
состоя́ть из + gen uv 3	bestehen aus (in); sich befinden
состоя́ться v 2	stattfinden
сосуществова́ние,-ия n 4	Koexistenz
ми́рное с.	friedliche Koexistenz
сосуществова́ть uv	koexistieren
со́тня,-ни f	Hundert(schaft)
сотру́дник,-ка m	Mitarbeiter, Angestellter
сотру́дничество,-ва n 6	Zusammenarbeit
сохранён,-на́,-но́;-ны́ ppp kf см. сохрани́ть	
сохране́ние,-ия n	Bewahren, Erhaltung
сохрани́ть v см. сохраня́ть	
сохрани́ться v см. сохраня́ться	
сохраня́ть / сохрани́ть	(auf)bewahren
сохраня́ться / сохрани́ться	erhalten bleiben, gewahrt werden
социали́зм,-ма m	Sozialismus
социали́ст,-та m	Sozialist
социалисти́ческий adj 3	sozialistisch
социа́льно-кла́ссовая структу́ра,-ры f	soziale und klassenmäßige Struktur
социа́льно-профессиона́льный	sozial und beruflich
социа́льный adj	sozial
социнте́рн,-на m	sozialistische Internationale
социо́лог,-га m	Soziologe
социоло́гия,-ии f V	Soziologie
сочета́ние,-ия n	Verbindung
сочета́ться uv/v	sich vereinigen, verbinden
сочине́ние,-ия n 13	Werk
сою́з,-за m 2	Bund, Bündnis, Union, Verband, Vereinigung
сою́зник,-ка m	Verbündeter, Alliierter
сою́зница,-цы f	Verbündete
сою́знический adj	alliiert, Bündnis-
сою́зный adj 1	Unions-, Bundes-, verbündet
сою́зные респу́блики	die Unionsrepubliken (UdSSR)
спа́ивать / спая́ть	fest zusammenschließen

специа́льность,-ти f	Beruf, Fachrichtung
специа́льный adj	speziell, Spezial-
специфи́ческий adj 7	spezifisch
спе́шность,-ти f	Eile, Eiligkeit, Dringlichkeit
сплочённость,-ти f	Geschlossenheit, Einigkeit
сплошно́й adj	dicht, geschlossen; kompakt; durchgängig, vollkommen
спор,-ра m	
спо́рить uv 10	streiten
спо́рность,-ти f	Strittigkeit
спо́рный adj	strittig
спо́соб,-ба m 15	Art, Verfahren, Methode
с. произво́дства	Produktionsweise
спосо́бен,-бна,-бно;-бны adj kf	см. спосо́бный
спосо́бность,-ти f	Fähigkeit, Begabung
покупа́тельная с.	Kaufkraft
спосо́бный adj	fähig, begabt
спосо́бствовать,-вует + dat uv 6	beitragen zu, begünstigen, fördern
спосо́бствует sg präs см. спосо́бствовать	
справедли́вый adj 15	gerecht
спрос,-са m	Nachfrage
спустя́ prp + gen	nach (Verlauf von)
спу́тник,-ка m	künstlicher Erdtrabant
сравне́ние,-ия n 8	Vergleich
в сравне́нии с + instr	im Vergleich zu
по сравне́нию с + instr 8	im Vergleich zu
сравни́тельно adv	verhältnismäßig
сравни́ть v	vergleichen
сра́зу adv 8	sofort; gleichzeitig
среда́,-ды́ f	Milieu, Umgebung; Mittwoch
среди́ prp + gen 8	inmitten, unter
сре́дний adj 1	Mittel-, mittlerer
в сре́днем	durchschnittlich
ни́же сре́днего	unterdurchschnittlich
вы́ше сре́днего	überdurchschnittlich
сре́дство,-ва n V	(Geld-)Mittel
сре́дства произво́дства pl n	Produktionsmittel
срок,-ка m V	Frist; Termin
без сро́ка	unbefristet
до сро́ка	vorzeitig
к сро́ку	termingemäß

срок де́йствия	Gültigkeitsdauer
ссу́да,-ды f	Darlehen
стабилизова́ть uv/v	stabilisieren
ста́вить / поста́вить 13	(hin)stellen
ста́вить на голосова́ние	zur Abstimmung stellen
ста́вить себе́ це́лью	sich zum Ziel setzen
ста́вка,-ки f	Kalkulation, Satz, Tarif; Hauptquartier
ста́вший part prt a см. стать 10	
ста́дия,-ии f 3	Stadium
стаж,-жа m	Dienstalter; Probezeit
партийный стаж	Dauer der Parteizugehörigkeit
стализи́зм,-ма m V	Stalinismus
сталь,-ли f	Stahl
ста́нет sg präs v см. стать	
станови́ться / стать + instr	werden; sich stellen, treten; beginnen
стать за пра́вду	für die Wahrheit eintreten
стать (станови́ться) инжене́ром	Ingenieur werden
стано́к,-нка́ m	Werkbank, Maschine
ста́нут pl präs v см. стать	
ста́нция,-ии f	Station
стара́ться / постара́ться 14	streben, bestrebt sein
старе́ть / устаре́ть	veralten
ста́ро adv см. ста́рый V	
ста́рше kmp ind см. ста́рый	
ста́рший kmp adj = sp см. ста́рый	
ста́рый adj 10	alt
стати́стика,-ки f V	Statistik
статисти́ческий adj	statistisch
стать,ста́нет v см. станови́ться 5	
статья́,-ьи́ f V	Artikel
стаха́новец,-вца m	(Teilnehmer an der Stachanov-Bewegung)
стаха́новка,-ки f	Stachanovarbeiterin
стаха́новский adj	in der Art des Stoßarbeiters Stachanov
ста́чка,-ки f	Streik
сте́пень,-ни f	Grad
до после́дней сте́пени	äußerst, in höchstem Grade
сти́мул,-ла m	Stimulus, Antrieb
сто́имость,-ти f 12	Wert, Preis
сто́имость жи́зни	Lebensunterhaltskosten

сто́ить uv	kosten
стол, -ла́ m	Tisch
за столо́м	am Tisch
столе́тие, -ия n 19	Jahrhundert
столи́ца, -цы f 2	Hauptstadt
столь adv 15	so sehr
сторона́, -ны́ f 2	Seite, Richtung, "Seite" (in Verträgen)
в сто́рону	in Richtung auf, gegen, nach
с обе́их сторо́н	beiderseits
с одно́й стороны́ ... с друго́й стороны́	einerseits .... andererseits
со свое́й стороны́	seiner-, ihrerseits
со стороны́	seitens
сторо́нник, -ка m	Anhänger
стоя́ть uv 13	stehen
страда́ть uv	leiden
страна́, -ны́ f V	Land
развива́ющиеся стра́ны	Entwicklungsländer
с.-член 16	Mitgliedsland
страсть, -ти f	Leidenschaft
страте́гия, -ии f	Strategie
страхова́ние, -ия n	Versicherung
стреми́ться к + dat uv 7	anstreben, streben nach
стремле́ние, -ия n	Streben, Bestrebung
стро́гий adj 14	streng
стро́же kmp ind см. стро́гий	
строи́тельный adj	Bau-
строи́тельство, -ва n 9	(Auf-)Bau; Bauwesen
стро́ить / постро́ить 9	bauen, errichten
строй, -о́я m 8	Bau, Struktur, Formation
обще́ственный строй	Gesellschaftsordnung
стро́йка, -ки f	Bau(stelle); Bauen, Errichten
структу́ра, -ры f V	Struktur
структу́рный adj	strukturell, Struktur-
студе́нт, -та m 7	Student
студе́нтка, -ки f	Studentin
студе́нчество, -ва n	Studentenschaft
ступе́нь, -ни f 18	Stufe; Etappe
суббо́та, -ты f	Sonnabend

субьекти́вный adj V	subjektiv
суверенность,-ти f	Souveränität
суверенный adj	souverän
суд,-да́ m 3	Gericht; Urteil
суде́бный adj	Gerichts-
суди́ть uv	(ver)urteilen, richten
су́дно,-на n	Schiff
судьба́,-бы f	Schicksal, Los, Zukunft
суме́ть v 11	können, vermögen
су́мма,-мы f V	Summe
супру́га,-ги f	Ehefrau, Gattin
суть,-ти f	Wesen, Hauptsache
сухопу́тный adj	Land-, auf das Festland bezogen
суще́ственный adj	wesentlich
существо́,-ва́ n	Wesen, Hauptsache
по существу́ (говоря́) 7	im Grunde (genommen), in Wirklichkeit, im Wesentlichen
существова́ние,-ия n	Existenz
существова́ть,-вует uv 3	existieren
существу́ет sg präs см. существова́ть	
су́щность,-ти f 8	Wesen, Kern
в су́щности (говоря́)	im Grunde (genommen)
сфабрикова́ть,-кует	fabrizieren
сфе́ра,-ры f	Sphäre, Bereich
схе́ма,-мы f V	Schema
счёл,сочла́ prt v см. счита́ть	
счёт,-та m 17	Rechnung
в коне́чном счёте	letzten Endes
за счёт 17	auf Grund von; auf Kosten, zu Lasten
счита́ть /счесть,сочтёт 5	zählen; halten für
счита́ть за + akk	halten für
счита́ть, что ...	der Ansicht sein, daß ....
счита́ть кого́-нибудь вели́ким учёным	jmd. für einen großen Gelehrten halten
счита́ться с + instr uv	in Rechnung stellen, beachten
не счита́ясь	ohne zu berücksichtigen
счита́ться uv 7	gelten für, als
он счита́ется вели́ким учёным	er gilt als großer Gelehrter
съезд,-да m V	Kongreß
съезд па́ртии	Parteitag

сыграть v см. играть 9
сырьё,-ья́ n 1 Rohstoff, Rohmaterial

T

та dem pr f sg см. тот V	
табли́ца,-цы f 17	Tabelle
таджи́к,-ка m	Tadžike
таи́ть в себе́	in sich (ver)bergen, enthalten
та́йный adj	geheim
так adv/kj V	so
и так да́лее	und so weiter, usw.
так как kj	da, weil
так называ́емый 6	sogenannt
та́кже adv/kj	auch, ebenfalls
а также	und auch
таки́е dem pr pl см. тако́й	
тако́в	ein solcher, so ein
таково́й,-ва,-во;-вы prädikativ	ein solcher
как таково́й	als solcher
тако́й dem pr m sg 4	solcher, solch ein
в тако́м слу́чае	in diesem Falle
таки́м о́бразом	auf diese Weise
тако́й же са́мый	genau derselbe
там adv V	dort, da
там же	ebenda
тамо́женный adj	Zoll-
танк,-ка m	Panzer
тата́рин,-на m pl: тата́ры	Tatar
твёрдо adv/adj kf см. твёрдый	
твёрдый adj 9	fest, hart
твой poss pr m sg	dein
тво́рческий adj 14	schöpferisch, Schaffens-
тво́рчество,-ва n	Schaffen, Werk
наро́дное тво́рчество	Volkskunst
те dem pr pl см. тот V	
теа́тр,-ра m	Theater
те́зис,-са m	These, Leitsatz
текст,-та m V	Text

теку́честь,-ти f	Fluktuation
теку́честь рабо́чей си́лы	Fluktuation der Arbeitskräfte
теку́щий adj 11	gegenwärtig, laufend
телеви́дение,-ия n 2	Fernsehen
телевизио́нный adj 5	Fernseh-
телегра́мма,-мы f 8	Telegramm
тем instr sg m/n см. тот, то; kj+kmp 12	dadurch; umso
тем бо́лее	umso mehr
тем не ме́нее	nichtsdestoweniger, trotzdem
тем са́мым 14	dadurch
те́ма,-мы f V	Thema
темп,-па m auch pl 11	Tempo
тео́рия игр	Spieltheorie
тепе́рь adv 14	jetzt, gegenwärtig, nun
теплово́й adj	Wärme-
те́рмин,-на m	Terminus, Fachausdruck
терпе́ть / потерпе́ть	erleiden, ertragen
терро́р,-ра m	Terror
теря́ть / потеря́ть	verlieren
те́сный adj 7	eng; dicht
те́сная связь 9	enge Verbindung
тех gen/präp pl см. тот, та, то	
те́хника,-ки f 7	Technik
те́никум,-ма m	(mittlere technische) Fachschule
тече́ние,-ия n V	Strömung; Verlauf
в тече́ние	im (Ver)laufe
в тече́ние февраля́	im Laufe des Februar
тип,-па m	Typ
ти́хий adj 6	leise, still, ruhig
ти́ше kmp zu vorig. 6	
то dem pr sg n см. тот V	
то korrelativ 7	so, dann
то есть (т.е.)	daß heißt, d.h.
това́р,-ра m V	Ware
това́рищ,-ща m V	Genosse
това́рный adj	Waren-
това́рное обраще́ние	Warenumlauf
това́рное хозя́йство	Warenwirtschaft
товарооборо́т,-та m 16	(Waren)umsatz

тогда́ adv/kj damals, dann
  е́сли ..., тогда́ wenn ... dann
  когда́ ..., тогда́ wenn ... dann
то́ждество, -ва n Identität
то́же adv auch
толка́ть uv vorantreiben
то́лько adv V nur
  не то́лько ..., но и nicht nur ..., sondern auch
  то́лько тогда́ dann erst, nur dann
  то́лько что eben, soeben, gerade
том, -ма m V Band m
тому́ dem pr dat sg m/n см. тот
  год тому́ наза́д vor einem Jahr
то́нна, -ны f Tonne
то́пливо, -ва n Brennstoff, -material
торго́вец, -вца m Händler
торго́вка, -ки f Händlerin
торго́вля, -ли f 7 Handel
  вне́шняя торго́вля Außenhandel
  вну́тренняя торго́вля Binnenhandel
торго́во-промы́шленный adj Industrie- und Handels-
торго́во-экономи́ческий adj handelswirtschaftlich
торго́вый adj 11 Handels-
торже́ственный adj festlich, feierlich
торжество́, -ва́ n Feier(lichkeit); Sieg
тормози́ть / затормози́ть bremsen, hemmen
тот, того́ dem pr m sg 4 jener, derjenige
  бо́лее того́ darüber hinaus
  в тот же моме́нт gerade in diesem Augenblick
  год тому́ наза́д vor einem Jahr
  де́ло в том, что es geht darum, daß
  и без того́ sowieso, ohnehin
  и тому́ подо́бное und dergleichen mehr, u.ä.
  к тому́ же darüber hinaus, außerdem
  и́менно тем gerade dadurch
  ме́жду тем unterdessen, inzwischen
  ме́жду тем как während
  о том, что darüber, daß
  по́сле того́, как nachdem

с тем, чтобы	um ... zu
с тех пор	seitdem
тем самым	gerade dadurch
тем временем	gleichzeitig
тому назад	vor
тот же 4	derselbe
тот же самый	derselbe
тот или иной	der eine oder andere
тоталитарный adj	totalitär
точек gen pl f см. точка	
точка,-ки f	Punkt
точка зрения 13	Gesichts-, Standpunkt
точный adj	genau, exakt
традиционный adj 9	traditionell, herkömmlich
традиция,-ии f V	Tradition
транспорт,-та m	Transport; Verkehrswesen
требование,-ия n 1	Forderung, Ersuchen, Anspruch
отвечать требованиям	den Anforderungen entsprechen
требовать,-бует / потребовать + gen 8	fordern
требоваться / потребоваться	nötig, erforderlich sein, gebraucht werden
требует sg präs uv см. требовать	
требуется sg präs rfl uv см. требоваться	
требующий ppa adj см. требовать	
трест,-та m	Trust
третий numerale adj 16	dritter
третий мир	Dritte Welt
третье сословие	der dritte Stand
третья часть	Drittel
треть,-ти f	Drittel
трёх gen/präp см. три	
три, трёх numerale	drei
труд,-да m 7	Arbeit; Mühe
научные труды pl m	(wissenschaftl.) Werke
общественный т.	gesellschaftliche Arbeit (Marx)
разделение труда	Arbeitsteilung
трудиться uv	arbeiten, sich bemühen
трудно adv/adj kf см. трудный	
трудноосуществимый adj	schwer zu verwirklichen
трудность,-ти f 13	Schwierigkeit

трýдный adj 11	schwer, schwierig
трудовóй adj	Arbeits-
трудовóе населéние	die arbeitende Bevölkerung
трудовóй дохóд	Arbeitseinkommen
трудя́щийся,-щегося ppa sbst/adj 5	Werktätiger; werktätig
трудя́щиеся мáссы	die werktätigen Massen
трýженик,-ка m	arbeitsfreudiger Mensch
ту akk sg f см.та	
тупи́к,-ká m	Sackgasse, ausweglose Lage
Туркменистáн,-на m	Turkmenien
Týрция,-ии f	Türkei
тут adv	hier
тут же	sofort, sogleich
тщáтельный adj	sorgfältig, genau
ты prs pr	du
ты́сяча,-чи f numerale 17	tausend
тя́говый adj	Zug- (v. ziehen)
тяжёлый adj 15	schwer

у

у prp + gen 2	bei, an
у нас	bei uns; wir haben
у него́	bei ihm; er hat
у них бы́ло	sie hatten
убеди́тельный adj	überzeugend
убежда́ть / убеди́ть 10	überzeugen; überreden
убеждён,-на́,-но́;-ны ppp adj kf см. убеди́ть 9	
убежде́ние,-ия n 4	Überzeugung
уби́йство,-ва n	Mord
уби́йца,-цы m	Mörder
убы́ток,-тка m	Verlust, Nachteil, Schaden
уваже́ние,-ия n 20	Achtung
увеличе́ние,-ия n 13	Vergrößerung, Steigerung, Erhöhung
увели́чивать / увели́чить	vergrößern
увели́чиваться / увели́читься 6	sich vergrößern; (an)steigen
уве́ренность,-ти f 14	Sicherheit, Zuversicht
уве́ренный adj	
увольне́ние,-ия n	Kündigung, Entlassung
увольня́ться / уво́литься	
увя́зывать / увяза́ть	in Einklang bringen, koordinieren
углуби́ть v см.углубля́ть	
углубле́ние,-ия n 6	Vertiefung
углублённый adj	gründlich
углубля́ть / углуби́ть	vertiefen
угнета́ть	unterdrücken, unterjochen
угнете́ние,-ия n 3	Unterdrückung, Unterjochung
угнетённый adj	unterdrückt, bedrückt
уго́дье,-ья n	Grundstück, landwirtschaftl. genutztes Land
у́голь,-гля m	Kohle
у́гольный adj 19	Kohle-
угро́за,-зы f 12	Drohung, Gefahr
удава́ться / уда́ться	gelingen
уда́р,-ра m	Schlag
нанести́ уда́р	einen Schlag versetzen

уда́стся 3. sg präs v см. уда́ться
уда́ться v см. удава́ться 8
   не удало́сь + dat 8
уде́льный adj   den Grundbesitz der Zarenfamilie betreffend; spezifisch
   уде́льное ве́домство   Behörde zur Verwaltung der kaiserl. Immobilien
   уде́льный вес 17   Anteil, relatives Gewicht
   уде́льные зе́мли   der Zarenfamilie gehörige Ländereien
уделя́ть / удели́ть 6   zuteilen, zukommen lassen
   уделя́ть внима́ние + dat   Aufmerksamkeit schenken
удешевле́ние, -ия n   Verbilligung
удобре́ние, -ия n   Düngung, Dünger
удовлетворе́ние, -ия n   Befriedigung, Genugtuung
удовлетворя́ть / удовлетвори́ть 6   befriedigen
уе́здный adj   auf die territoriale Einheit "uezd" bezogen
уже́ adv V   bereits, schon
   уже́ давно́ 10   schon lange, längst
узбе́к, -ка m   Uzbeke
уйти́ см. уходи́ть
ука́жет sg präs v см. указа́ть
ука́з, -за m V   Erlaß, Verordnung
указа́ние, -ия n 19   Hinweis, Anleitung, Instruktion
указа́ть v см. ука́зывать 10
ука́зывать / указа́ть 10   zeigen, angeben; eine Anweisung geben, hinweisen
укла́д, -да m   Form, Ordnung, System
уклони́ст, -та m   Abweichler
Украи́на, -ны f 3   Ukraine
украи́нец, -нца m   Ukrainer
украи́нский adj   ukrainisch
укрепи́ть v см. укрепля́ть 4
укрепле́ние, -ия n 7   Stärkung, Festigung
укрепля́ть / укрепи́ть   stärken, festigen, kräftigen
укрепля́ться / укрепи́ться   erstarken, sich festigen
улучше́ние, -ия n 3   (Ver-)Besserung
улу́чшить v   verbessern
уме́ние, -ия n   Fähigkeit, Können, Sachkenntnis
уменьше́ние, -ия n 12   Verringerung, Verkleinerung
уме́ньшить v   verkleinern, verringern
уме́ньшиться v 13   sich verringern, zurückgehen
у́мственный adj   Geistes-

универса́льный adj	universell
университе́т,-та m V	Universität
университе́тский adj	Universitäts-
университе́тский уста́в	Universitätsstatut
университе́тское образова́ние	akademische Bildung
уничтожа́ть / уничто́жить 3	vernichten, zerstören, aufheben
уничтоже́ние,-ия n	Vernichtung, Beseitigung, Abschaffung
унтер-офице́р,-ра m	Unteroffizier
упа́сть,-адёт v см. па́дать	
упла́та,-ты f	(Be)zahlung
уполномо́ченный,-ного ppp sbst m	Bevollmächtigter
уполномо́чивать / уполномо́чить	ermächtigen
упомяну́ть v	erwähnen, nennen
упо́рный adj	beharrlich, ununterbrochen
управле́ние,-ия n 9	Leitung, Verwaltung
управля́ть uv	führen, lenken; regieren
упраздне́ние,-ия n	Abschaffung
упраздня́ть / упраздни́ть	abschaffen
упроче́ние,-ия n 20	Sicherung, Festigung
упроще́ние,-ия n	Vereinfachung
урегули́рование,-ия n	Regulierung
урегули́ровать v	regulieren
у́ровень,-ня m 7	Höhe, Niveau, Stand
жи́зненный у́ровень	Lebensstandard
у́ровня gen m см. у́ровень 7	
урожа́й,-ая m	(gute) Ernte, Ernteertrag
урожа́йность,-ти f	Ertragfähigkeit, Ergiebigkeit
уро́к,-ка m	Lektion
усвое́ние,-ия n	Aneignung
усво́ить v	sich aneignen
усиле́ние,-ия n	Verstärkung
уси́ливать / уси́лить 3	verstärken
уси́лие,-ия n 7	Anstrengung, Bemühung
напра́вить уси́лия на + akk	Anstrengungen richten auf
ускоре́ние,-ия n	Beschleunigung
уско́ренный ppp zu folg.	
ускоря́ть / уско́рить 14	beschleunigen
усло́вие,-ия n 1	Bedingung
при усло́вии	unter der Bedingung

усло́вия pl	Umstände
услу́га,-ги f	Dienst(leistung)
успе́х,-ха m 6	Erfolg
успе́шный adj 6	erfolgreich
уста́в,-ва m V	Statut, Satzung
устана́вливать / установи́ть 13	aufstellen, festsetzen, einrichten; konstatieren
устана́вливаться / установи́ться 20	sich festigen; sich herausbilden
установи́ть v см. устана́вливать 13	
устано́вка,-ки f 19	Einstellung; Richtlinie
установле́ние,-ия n 11	Errichtung, Festsetzung, Konstatierung
установлен,-на,-но,-ны ppp kf см. устанавливать / установить	
устано́вленный ppp adj см. установи́ть	
устаре́вший ppa см. устаре́ть	
устаре́ть v см. старе́ть	
усто́йчивый adj	fest, dauerhaft, zuverlässig
устоя́ть v	standhalten, widerstehen
устране́ние,-ия n	Beseitigung, Entlassung
устраня́ть / устрани́ть	beseitigen
устраше́ние,-ия n	Abschreckung
политика устраше́ния	Abschreckungspolitik
устро́йство,-ва n 10	Aufbau; Einrichtung
госуда́рственное устро́йство	Staatsaufbau
обще́ственное устро́йство	Gesellschaftsordnung
усту́пка,-ки f	Abtretung, Nachgeben; Konzession; Rabatt
усугуби́ть v 13	vergrößern, verstärken
утвержда́ть / утверди́ть 17	bekräftigen, bestätigen; behaupten
утвержде́ние,-ия n 9	Bekräftigung, Bestätigung
уходи́ть / уйти́	weggehen
ухудше́ние,-ия n	Verschlechterung, Verschlimmerung
уху́дшить v	verschlechtern, verschlimmern
уча́ствовать,-вует в + präp uv 10	teilnehmen an
уча́ствует sg präs uv см. уча́ствовать	
уча́ствующий ppa adj см. уча́ствовать 10	
уча́стие,-ия n в + präp 8	Teilnahme, Mitwirkung
принима́ть уча́стие 8	teilnehmen
уча́стка gen sg m см. уча́сток	
уча́стник,-ка m 3	Teilnehmer
уча́стница,-цы f	Teilnehmerin
уча́сток,-тка m	Stück Land, Parzelle

уча́щийся,-щегося ppa sbst m 10	Schüler, Student
учёба,-ы f 5	Studium, Ausbildung
уче́бный adj 5	Schul-, Lehr-
у. год	Studienjahr
уче́бное заведе́ние	Lehranstalt
уче́ние,-ия n 13	Lehre
учени́к,-ка́ m 17	Schüler, Lehrling
учёный sbst/adj 5	Wissenschaftler; akademisch, gelehrt
учёт,-та m	Berechnung, Berücksichtigung
учи́тель,-ля m 17	Lehrer
учи́тельница,-цы f	Lehrerin
учи́ть	lehren
учи́ться	lernen, studieren
учи́тывать / уче́сть 12	berechnen, berücksichtigen
учрежда́ть / учреди́ть	gründen, organisieren, einführen
учрежде́ние,-ия n 11	Institution, Einrichtung
ушла́ prt f см. уйти́	
ущерб,-ба m	Verlust, Schaden, Nachteil

Ф

фа́брика, -ки f V	Fabrik
фабри́чно-заво́дский od. -ско́й adj	Fabriks-, Betriebs-
фа́зис, -са m = фа́за	Phase
факт, -та m V	Tatsache
фа́ктор, -ра m V	Faktor
фальшь, -ши f	Betrug; Unaufrichtigkeit, Heuchelei
фаши́зм, -ма m V	Faschismus
фаши́ст, -та m	Faschist
февра́ль, -ля m 3	Februar
федера́льный ка́нцлер	Bundeskanzler
федерати́вный adj	föderativ
Федерати́вная Респу́блика Герма́нии	Bundesrepublik Deutschland
федера́ция, -ии f	Föderation
феодали́зм, -ма m	Feudalismus
феода́льный adj	feudal
физкульту́ра, -ры f	Körperkultur
финанси́рование, -ия n 1	Finanzierung
фина́нсовый adj 10	Finanz-
финля́ндский adj	finn(länd)isch
фи́рма, -мы f V	Firma
флаг, -га m 7	Flagge
фо́рма, -мы f V	Form, Gestalt; Uniform
форма́льный adj	formell, formal, formalistisch
форма́ция, -ии f	Formation
обще́ственно-экономи́ческие форма́ции	sozialökonomische Formationen
формирова́ние, -ия n	Herausbildung, Formierung
формирова́ть / сформирова́ть	formen, hervorbringen; bilden; zusammenstellen
фо́рмула, -лы f	Formel
формулиро́вка, -ки f 6	Formulierung
Фра́нция, -ии f	Frankreich
францу́зский adj	französisch
фронт, -та m V	Front
фрукт, -та m	Frucht

X

хáос,-са m V	Chaos
харáктер,-ра m V	Charakter
характéрен adj kf см. характéрный	
характеризовáть,-зýет uv/v	charakterisieren
характеризовáться,-зýется uv/v	Gepräge erhalten, sich auszeichnen
хлеб,-за m	Brot, Unterhalt
ход,-да m	Bewegung, Gang, Lauf, Betrieb
в хóде	im Laufe, im Zuge
завóд на ходý	Fabrik in vollem Betrieb
пустúть в ход	in Umlauf setzen
хозрасчётный	die wirtschaftliche Rechnungsführung betr.
хозяйственный	wirtschaftlich
хозяйство,-ва n V	Wirtschaft
лéсное хозяйство	Forstwirtschaft
мировóе хозяйство	Weltwirtschaft
нарóдное хозяйство 13	Volkswirtschaft
сéльское хозяйство	Landwirtschaft
холóдная войнá 14	Kalter Krieg
хорóший adj 11	gut
хорошó adv/adj kf n см. хорóший	
хотéть / захотéть 3	wollen, wünschen
хотя́ kj 15	obwohl, jedoch, aber
хотя́ бы	sogar wenn; z.B.
хóчет sg präs uv см. хотéть 12	
худóжественный adj	künstlerisch, Kunst-
худóжник,-ка m	Künstler
худóй adj	schlecht
хýдший kmp adj = sp см. плохóй, худóй	
хýже kmp ind см. плохóй, худóй	
хýнта,-ты f V	Junta

Ц

цари́зм, -ма m 3	Zarismus
ца́рский adj 1	zaristisch, Zaren-
ца́рствование, -ия n	Regierungszeit eines Zaren
цветно́й adj	farbig, Bunt-
целево́й adj	zielgerichtet
целесообра́зность, -ти f	Zweckmäßigkeit
целесообра́зный adj	zweckmäßig
целико́м adv	ganz, völlig
це́лый adj 13	ganz, vollständig; unversehrt
в о́бщем и це́лом	im allgemeinen
в це́лом 13	im ganzen
цель, -ли f 3	Ziel
в свои́х це́лях	für ihre Ziele
в це́лях	zwecks, um ... zu
в э́тих це́лях	mit diesem Ziel, zu diesem Zweck
с це́лью	zwecks, um ... zu
цена́, -ны́ f 3	Preis, Wert
цензу́ра, -ры f V	Zensur
це́нность, -ти f	Preis, Wert
материа́льные и духо́вные це́нности	materielle und geistige Werte
це́нный adj 11	wertvoll
ценообразова́ние, -ия n	Preisbildung
центр, -ра m V	Zentrum
централиза́ция, -ии f V	Zentralisierung
Центра́льный комите́т m V	Zentralkomitee
церемо́ния, -ии f	Zeremonie
це́рковь, -кви f	Kirche
цех, -ха m	Werksabteilung
цикл, -ла m	Zyklus; Kreislauf

Ч

час, -са m	Stunde, Uhr
частично adv	teilweise, Teil-
частично безработный	Kurzarbeiter
частность, -ти f	Einzelheit, Detail
в частности 11	insbesondere, unter anderem
частный adj 3	privat; Sonder-
частная собственность	Privateigentum
частное лицо	Privatperson
частный случай	Sonderfall
часто adv 5	oft, häufig
частый 6	häufig, wiederholt
часть, -ти f V	Teil, Stück
большей частью	größtenteils
по большей части	größtenteils, z. größeren Teile
составная часть	Bestandteil
третья часть	ein Drittel
чаще kmp ind см. частый 6	
чаще всего sp 6	meistens
чего gen sg pr n см. что	
чей, чья, чьё; чьи	wessen, dessen, deren
человек, -ка m 5	Mensch, (Mann)
человеческий adj	menschlich
человечество, -ва n	Menschheit
чём präp sg pr см. что	
чем instr sg pr см. что 11	
чем kj nach kmp	als
чем + kmp ... тем ...	je ... desto ...
через prp + akk 11	über, durch, mit Hilfe von, nach (zeitl.)
через год	nach Ablauf des (eines) Jahres
чёрный adj	schwarz, dunkel
Чёрная сотня	"Schwarzhunderter" (faschistoide Organisation in Rußland vor 1917, die häufig in Progrome an Juden verwickelt war)
Чёрное море V	Schwarzes Meer
чёрный металл	Eisenmetall

чёрный рынок	Schwarzmarkt
черта́, -ты́ f 16	Strich, Zug, Linie
в о́бщих черта́х	in großen Zügen, im allgemeinen
че́стный adj	ehrlich, aufrichtig
честь, -ти f	Ehre
чёткий adj	deutlich, klar
четы́ре, четырёх numerale	vier
Чехослова́кия, -ии f V	Tschechoslowakei
чехослова́цкий adj	tschechoslowakisch
Чи́ли ind n V	Chile
чили́йский adj 3	chilenisch
чи́сел gen pl n см. число́	
чи́сленно adv	zahlenmäßig
чи́сленность, -ти f 17	Anzahl, Zahl
в о́бщей чи́сленности	unter der Gesamtzahl
по чи́сленности	der Zahl nach
чи́сленность населе́ния	Bevölkerungszahl, Einwohnerzahl
чи́сленный adj	zahlenmäßig
число́, -ла́ n V	Zahl; Datum
в пе́рвых чи́слах января́	Anfang Januar
в том числе́	darunter, einschließlich
сре́дним число́м	im Durchschnitt
чи́стый adj	sauber, rein
чита́ет sg präs a uv см. чита́ть V	
чита́ть / прочита́ть 5	lesen
чита́ть ле́кцию	Vorlesung halten
я чита́ю см. чита́ть	
член, -на m V	Mitglied
чрезвыча́йно adv см. чрезвыча́йный 10	
чрезвыча́йный adj 10	außergewöhnlich, außerordentlich
чрезвыча́йная коми́ссия	außerordentliche Kommission
чрезвыча́йное положе́ние 12	Ausnahmezustand
чрезме́рный adj	übermäßig, äußerst
чте́ние, -ия n	Lesung
пе́рвое чте́ние	erste Lesung (eines Gesetzes im Parlament)
что, чего́ interrogativ pr/kj V	was; daß; das
что́-то	irgendetwas
что́бы (= чтоб) kj 8	damit, um ... zu
вме́сто того́, что́бы	anstatt zu

для того́, что́бы	damit, daß
чу́вство, -ва n 2	Gefühl
чугу́н, -на́ m	Gußeisen
чу́ждый adj	fremd
чужо́й adj 18	fremd
чьё см. чей	

Ш

шаг, -га m 13	Schritt
швейный adj	Konfektions-
Швейцария, -ии f V	Schweiz
Швеция, -ии f V	Schweden
шёл prt m см. идти	
шесть, -ти numerale	sechs
шире kmp ind см. широкий	
широкий adj 11	breit, weit
широчайший sp см. широкий	
школа, -лы f 7	Schule
школьник, -ка m	Schüler
шла, шло, шли prt см. идти	
шовинизм, -ма m	Chauvinismus
штат, -та m	Staat; Stellenplan
шум, -ма m	Lärm

Э

эволюцио́нный adj	Evolutions-
эволю́ция,-ии f V	Evolution
Эквадо́р,-ра m	Equador
эконо́мика,-ки f V	Wirtschaft, Ökonomie
экономи́ст,-та m	Wirtschaft(swissenschaft)ler
экономи́ческий adj 3	ökonomisch, Wirtschafts-
эконо́мия,-ии f	Sparsamkeit, Einsparung
экспа́нсия,-ии f	Expansion
эксплуата́ция,-ии f 9	Ausbeutung; Betrieb
эксплуати́ровать,-рует uv	ausbeuten; ausnutzen
экспортёр,-ра m	Exporteur
экстреми́стский adj	extremistisch
эле́ктрик,-ка m	Elektriker
электрифика́ция,-ии f V	Elektrifizierung
электри́чество,-ва n 1	Elektrizität
электрифици́ровать,-рует uv/v 3	elektrifizieren
эли́та,-ты f	Elite
энерге́тика,-ки f	Energiewirtschaft
энергети́ческий adj	die Energie betreffend
энерги́чный adj	energisch
эне́ргия,-ии f V	Energie
эпо́ха,-хи f V	Epoche
э́ра,-ры f V	Ära
до на́шей э́ры	vor unserer Zeitrechnung (= vor Chr. Geburt)
эсе́р,-ра = социали́ст-революционе́р	3 Sozialrevolutionär (Partei in Rußland z. Beginn des XX. Jht.)
эсто́нский adj	estnisch
эта́п,-па m 7	Etappe
этни́ческий adj	ethnisch
этнографи́ческий adj	ethnographisch
э́тот, э́та, э́то; э́ти dem pr V	dieser, diese, dieses, diese (pl)
для э́того	dafür
за э́то	dafür
к э́тому	dazu
об э́том	darüber

от э́того	davon
по́сле э́того	danach
с э́тим	damit
Эфио́пия, -ии f 5	Äthiopien
эффекти́вность, -ти f 8	Effektivität
эффекти́вный adj	effektiv

Ю

юбиле́й,-е́я m	Jubiläum
юг,-га m V	Süden
на ю́ге	im Süden
юго-восто́чный adj	südöstlich
ю́жный adj 5	südlich
ю́ноша,-ши m 1	Jüngling
юриди́ческий adj V	juristisch, juridisch
юри́ст,-та m V	Jurist

Я

я́ prs pr 4	ich
яви́ть v см. явля́ть	
яви́ться v см. явля́ться	
явле́ние, -ия n V	Erscheinung
явля́ть / яви́ть	zeigen, offenbaren
явля́ться / яви́ться + instr 5	erscheinen, sich erweisen, sein
я́дерный adj 12	Kern-, nuklear
я́дерное оружие	Kernwaffe, Atomwaffe
я́вный adj	offensichtlich
язы́к, -ка́ m 17	Sprache
я́кобы kj/partikel	als ob; angeblich
янва́рь, -ря́ m	Januar
янва́рский adj	Januar-
Япо́ния, -ии f V	Japan
япо́нский adj	japanisch
я́ркий adj 10	hell, leuchtend
я́рко adv см. я́ркий 10	
я́рче kmp ind см. я́ркий	
я́сен, -на́, -но́ adj kf см. я́сный	
я́сный adj 11	klar, deutlich

ABKÜRZUNGSVERZEICHNIS

АВПР	Архи́в вне́шней поли́тики Росси́и Министе́рства иностра́нных дел СССР	Archiv der Außenpolitik Rußlands des Außenministeriums der UdSSR
Азерб.ССР	Азербайджа́нская ССР	Aserbaidschanische SSR
АН	Акаде́мия нау́к	Akademie der Wissenschaften
АПН	Акаде́мия педагоги́ческих нау́к	Akademie der pädagogischen Wissenschaften
АРЕ	Ара́бская Респу́блика Еги́пет	Arabische Republik Ägypten
Арм.ССР	Армя́нская ССР	Armenische SSR
б.	большо́й; бы́вший	groß; gewesen, ehemalig
б. ч.	бо́льшею ча́стью	größtenteils
Бенелюкс		Benelux
б-ка	библиоте́ка	Bibliothek
БКП	Болга́рская Коммунисти́ческая Па́ртия	Kommunistische Partei Bulgariens
БМР	Банк междунаро́дных расчётов	Bank für internationalen Zahlungsausgleich
БССР	Белору́сская ССР	Weißrussische SSR
БСЭ	Больша́я сове́тская энциклопе́дия	Große Sowjetenzyklopädie
в.	Восто́к	Osten
в., вв.	век, века́	Jahrhundert(e)
в т. ч.	в том числе́	darunter, einschließlich
ВВС	вое́нно-возду́шные си́лы	Luftstreitkräfte
ВЕ	Ве́стник Евро́пы	(russ. Zeitschrift vor 1917)
венг.	венге́рский	ungarisch
ВИ (КПСС)	Вопро́сы исто́рии (КПСС)	(sowjetische histor. Zeitschriften)
вкл.	включи́тельно	einschließlich
ВКП (б)	Всесою́зная Коммунисти́ческая па́ртия (большевико́в)	KPdSU (B)
ВЛГУ	Ве́стник ЛГУ́	(Periodikum d. Leningrader Univ.)
ВЛКСМ	Всесою́зный Ле́нинский Коммунисти́ческий Сою́з Молодёжи	Komsomol (sowj. Jugendverband)
ВМГУ	Ве́стник МГУ́	(Periodikum d. Moskauer Univ.)
ВМС	вое́нно-морски́е си́лы	Seestreitkräfte
ВМФ	вое́нно-морско́й флот	Kriegsflotte
ВНГ	Венге́рская Наро́дная Респу́блика	Ungarische Volksrepublik
ВОЗ	Всеми́рная организа́ция здравоохране́ния	Weltgesundheitsorganisation (WHO)

ВПШ	Высшая партийная школа (при ЦК КПСС)	Parteihochschule
ВСМ	Всемирный Совет Мира	Weltfriedensrat
ВСНХ	Высший совет народного хозяйства	Oberster Volkswirtschaftsrat
ВСРП	Венгерская социалистическая рабочая партия	Ungarische sozialistische Arbeiterpartei
вуз	высшее учебное заведение	Hochschule
ВЦИК	Всероссийский Центральный Исполнительный комитет	Allruss. Zentrales Exekutivkomitee
ВЦСПС	Всесоюзный Центральный Совет Профессиональных Союзов	Zentraler Allunionsrat der Gewerkschaften
ВЧК	Всероссийская чрезвычайная комиссия	Allruss. außerordentliche Komission
вып.	выпуск	Heft, Lieferung, Folge
ВФ	Вопросы философии	(sowjet. philos. Zeitschrift)
ВФП	Всемирная федерация профсоюзов	Weltgewerkschaftsbund (WGB)
ВЭ	Вопросы экономики	(sowjet. ökon. Zeitschrift)
ВЭО	Вольное экономическое общество	Freie ökonomische Gesellschaft
г., гг.	год, годы; город	Jahr(e); Stadt
ГБЛ	Государственная ордена Ленина библиотека СССР имени В. И. Ленина	Leninbibliothek (Moskau)
ГДР	Германская Демократическая Республика	DDR
ГК	Гражданский кодекс	Bürgerliches Gesetzbuch
ГКП	Германская коммунистическая партия	DKP
гл.	глава; главный	Kapitel; hauptsächlich
гл. обр.	главным образом	vor allem
ГМК	Государственно-монополистический капитализм	staatsmonopolistischer Kapitalismus "Stamokap"
гос.	государственный	staatlich
гос-во	государство	Staat
ГПУ	Главное политическое управление	(Staatssicherheitsdienst 1922-34)
Груз. ССР	Грузинская ССР	Grusinische (Georgische) SSR
губ.	губерния	Gouvernement (vor 1917)
ГЭС	Гидроэлектрическая станция	Wasserkraftwerk
д.	дело	Akte
дипл.	дипломатический	diplomatisch
док-ты	документы	Dokumente
ДОСААФ	Добровольное об-во содействия Армии, Авиации и Флоту	Freiwillige Gesellschaft zur Förderung v. Armee, Luftfahrt u. Flotte

д-р	до́ктор	Dr.
др.	древне-	alt-
ДРВ	Демократи́ческая Респу́блика Вьетна́м	Demokratische Republik Vietnam (Nordvietnam)
е.(и.)в.	его́ (импера́торское) вели́чество	seine (kaiserliche) Hoheit
ЕАСТ	Европе́йская ассоциа́ция свобо́дной торго́вли	EFTA
ЕВРАТОМ	Европе́йское соо́бщество по а́томной эне́ргии	Euratom
ЕВФ	Европе́йский валю́тный фонд	Europäischer Währungsfonds
ед.	едини́ца	Einheit
ед. хр.	едини́ца хране́ния	Aufbewahrungseinheit (Fachterminus im Archivwesen)
ЕОУС	Европе́йское объедине́ние угля́ и ста́ли	Montanunion
ЕПС	Европе́йский платёжный сою́з	Europäische Zahlungsunion
ЕЭС	Европе́йское экономи́ческое соо́бщество	EWG
ж. д.	железнодоро́жный; желе́зная доро́га	Eisenbahn (-)
жит.	жи́тели	Einwohner
ЖМПН	Журна́л министе́рства наро́дного просвеще́ния	(Periodikum des Volksbildungsministeriums for 1917)
з.	за́пад	Westen
зав.	заве́дующий	Leiter, Verwalter
зам.	замести́тель	Stellvertreter
зап.	за́падный	westlich
ЗЕС	Западноевропе́йский сою́з	Westeuropäische Union (WEU)
и др.	и други́е	u.a.
и пр.	и про́чее	und anderes mehr, u.ä.
и т.д.	и так да́лее	u.s.w.
и т.п.	и тому́ подо́бное	u.ä.
ИА	Истори́ческий архи́в	(histor. Zeitschrift)
ИАН	Изве́стия Акаде́мии Нау́к	(Periodikum der Akademie der Wissenschaften)
ИВ	Истори́ческий Ве́стник	(histor. Zeitschrift)
ИЖ	Истори́ческий журна́л	(histor. Zeitschrift)
ИЗ	Истори́ческие запи́ски	(histor. Zeitschrift)
избр.	и́збранное	ausgewähltes
изд.	изда́ние; и́здан, и́зданный	Ausgabe; herausgegeben
изд-во	изда́тельство	Verlag
ИККИ	Исполни́тельный Комите́т Коммунисти́ческого Интернациона́ла	Exekutivkomitee der Komintern

им.	и́мени	(steht vor Personennamen, die zur Benennung einer Sache dienen)
ин-т	институ́т	Institut
иск-во	иску́сство	Kunst
исп.	испа́нский	spanisch
ИСССР	Исто́рия СССР	(histor. Zeitschrift)
КА	Кра́сный архи́в	(histor. Zeitschrift)
Казах. ССР	Каза́хская ССР	Kasachische SSR
КГБ	Комите́т гос. безопа́сности	Staatssicherheitsdienst
КИМ	Коммунисти́ческий Интернациона́л молодёжи	Komm. Jugendinternationale
Кирг. ССР	Кирги́зская ССР	Kirgisische SSR
КиС	Ка́торга и ссы́лка	(histor. Zeitschrift)
кит.	кита́йский	chinesisch
КЛ	Кра́сная ле́топись	(histor. Zeitschrift)
к.-л.	како́й-либо	irgendein
к.-н.	како́й-нибудь	irgendein
кн.	кни́га; князь	Buch; Fürst
КНДР	Коре́йская Наро́дно-Демократи́ческая Респу́блика	Volksrepublik Korea
КНР	Кита́йская Наро́дная Респу́блика	Volksrepublik China
КПА	Комм. па́ртия А́встрии	KPÖ
КПГ	Комм. па́ртия Герма́нии	KPD
КПД	Комм. па́ртия Да́нии	Komm. Partei Dänemarks
КПК	Комм. па́ртия Кита́я	KP Chinas
КПСС	Комм. па́ртия Сове́тского Сою́за	KPdSU
КПФ	Комм. па́ртия Финля́ндии	Komm. Partei Finnlands
КПЧ	Комм. па́ртия Чехослова́кии	KPC
КПЯ	Комм. па́ртия Япо́нии	Komm. Partei Japans
к-рый	кото́рый	welcher, der (relat. pron.)
л.	листо́к	Blatt
ЛАГ	Ли́га ара́бских госуда́рств	Arabische Liga
Латв. ССР	Латви́йская ССР	Lettische SSR
ЛГИА	Ленингра́дский госуда́рственный истори́ческий архи́в	Leningrader Historisches Staatsarchiv
ЛГУ	Ленингра́дский госуда́рственный университе́т	Leningrader Universität
лит.	литерату́ра, литерату́рный	Literatur, literarisch
Литов. ССР	Лито́вская ССР	Litauische SSR
лит-ра	литерату́ра	Literatur
ЛН	литерату́рное насле́дство	(unregelm. Publikationsreihe für literar.-polit. Quellen)

м.	ма́лый	klein
м.	мо́ре	Meer
МБРР	Междунаро́дный банк реконстру́кции и разви́тия	Weltbank
МВД	Министе́рство вну́тренних дел	Innenministerium
МВФ	Междунаро́дный валю́тный фонд	Internationaler Währungsfond (IWF)
МГПИ	Моск. гос. пед. институ́т им. В. И. Ле́нина	Pädagogische Hochschule Moskau
МГУ	Моско́вский госуда́рственный университе́т	Moskauer Universität
мес.	ме́сяц	Monat
МЖ	Междунаро́дная жизнь	(politische Zeitschrift)
МИД	Министе́рство иностра́нных дел	Außenministerium
мин-во	министе́рство	Ministerium
МКСП	Междунаро́дная конфере́нция свобо́дных профсою́зов	Internationaler Bund Freier Gewerkschaften (IBFG)
МКХП	Междунаро́дная конфере́нция христиа́нских профсою́зов	Internationaler Bund Christlicher Gewerkschaften (IBCG)
млн.	миллио́н	Million
млрд.	миллиа́рд	Milliarde
мн.	мно́гие	viele
МНР	Монго́льская Наро́дная Респу́блика	Mongolische Volksrepublik
Молд. ССР	Молда́вская ССР	Moldauische SSR
МОТ	Междунаро́дн. организа́ция труда́	Internationale Arbeitsorganisation (IAO)
МТС	маши́но-тра́кторная ста́нция	Maschinen- und Traktorenstation
МЭиМО	Мирова́я эконо́мика и междунаро́дные отноше́ния	(politische Zeitschrift)
н. ст.	но́вый стиль	neuer Stil (in Rußland seit 1918 geltendes Datum)
н. э.	на́ша э́ра	unser Zeitalter (n. Christi Geburt)
наз.	называ́ется; называ́емый	heißt; genannt
напр.	наприме́р	z.B.
нас.	населе́ние	Bevölkerung
НВ	Но́вое вре́мя	(politische Zeitschrift)
нек-рый	не́который	ein gewisser, pl. einige
нем.	неме́цкий	deutsch
НКВД	Наро́дный комиссариа́т вну́тренних дел	Innenministerium (frühe Sowjetzeit) Staatssicherheitsdienst

м. - НКВД

НКИД	Наро́дный комиссариа́т иностра́нных дел	Außenministerium
ННИ	Но́вая и нове́йшая исто́рия	(zeitgesch. und histor. Zeitschrift)
НРБ	Наро́дная Респу́блика Болга́рии	Volksrepublik Bulgarien
НТР	нау́но-техни́ческая револю́ция	wissenschaftl.-techn. Revolution
НЭП	Но́вая экономи́ческая поли́тика	Neue ökonomische Politik
о.	о́стров	Insel
ОАЕ	Организа́ция африка́нского еди́нства	Organisation für Afrikanische Einheit (OAU)
об-во	о́бщество	Gesellschaft
обл.	о́бласть	(Verwaltungs-)Gebiet
ок.	о́коло	ungefähr
ОНП	Объедине́ние неме́цких профсою́зов	Deutscher Gewerkschaftsbund, DGB
ООН	Организа́ция Объединённых на́ций	UNO
оп.	о́пись	Inventarliste (Archivwesen)
орг-ция	организа́ция	Organisation
осн.	осно́ван/ный; осново́й	gegründet; grundlegend, Grund-
ОСНП	Объедине́ние свобо́дных неме́цких профсою́зов	Freier Deutscher Gewerkschaftsbund, FDGB
отд.	отде́льный; отде́л	einzeln, gesondert; Abteilung
ОЭСР	Организа́ция экономи́ческого сотру́дничества и разви́тия	OECD
пер.	перево́д	Übersetzung
петерб.	петербу́ргский	St. Petersburger
ПМиС	Пробле́мы ми́ра и социали́зма	(polit. Zeitschrift)
ПНР	По́льская Наро́дная Респу́блика	Volksrepublik Polen
п-ов	полуо́стров	Halbinsel
пол.	полови́на	Hälfte
Полн. собр. соч.	по́лное собра́ние сочине́ний	"Sämtliche Werke"
пом.	помо́щник	Gehilfe
ПОРП	По́льская объединённая рабо́чая па́ртия	Poln. Vereinigte Arbeiterpartei
пост.	постановле́ние	Verordnung
пр.	про́чий	übriger, anderer
пр-во	прави́тельство	Regierung
пред.	председа́тель	Vorsitzender
прибл.	приблизи́тельно	ungefähr, ca.
прим.	примеча́ние	Anmerkung
пром.	промы́шленный	industriell

промфинплан	промы́шленно-фина́нсовый план	Betriebsplan
пром-сть	промы́шленность	Industrie
ПСЗ	По́лное собра́ние зако́нов	Vollst. Sammlung der Gesetze des Russischen Reiches (vor 1917)
р.	река́; ру́бль	Fluß; Rubel
р.	роди́лся	(er wurde) geboren
РА	Ру́сский архи́в	(histor. Zeitschrift)
РАБКРИН	рабо́че-крестья́нская инспе́кция	Arbeiter- und Bauerninspektion
ред.	реда́ктор; реда́кция	Redakteur; Redaktion
РИБ	Ру́сская истори́ческая библиоте́ка	(histor. Zeitschrift)
РИО	Ру́сское истори́ческое о́бщество	Russische Historische Gesellschaft
рис.	рису́нок	Zeichnung
РКП	Румы́нская коммунисти́ческая па́ртия	Kommunistische Partei Rumäniens
РКП(б)	Росси́йская Коммунисти́ческая па́ртия (большевико́в)	Russ. Komm. Partei (Bolscheviki)
р-н	райо́н	Gebiet, Bezirk
РНР	Румы́нская Наро́дная Респу́блика	Volksrepublik Rumänien
РСДРП	Росси́йская Социа́л-демократи́ческая Рабо́чая па́ртия	Sozialdemokratische Arbeiterpartei des Russischen Reiches
РСДРП (б)	РСДРП - (большевики́)	RSDRP (Bolševiki)
РСФСР	Росси́йская Сове́тская Федерати́вная Социалисти́ческая Респу́блика	Russische Sozialistische Föderative Sowjetrepublik
с.	се́вер	Norden
с.	страни́ца; село́	Seite; Dorf
с.-д.	социа́л-демократи́ческий	sozialdemokratisch
С. З.	Собра́ние зако́нов	Gesetzessammlung
С. У.	Собра́ние узаконе́ний	Sammlung von Verordnungen
с.-х.	сельскохозя́йственный	landwirtschaftlich
с. х-во	се́льское хозя́йство	Landwirtschaft
сб.	сбо́рник	Sammelband
СбРИО	Сбо́рник ру́сского истори́ческого о́бщества	Sammelband der Russischen Historischen Gesellschaft
св.	свы́ше	mehr, über
СвДП	Свобо́дная демократи́ческая па́ртия	FDP
СДПГ	Социа́л-дем. па́ртия Герма́нии	SPD
СЕАТО		SEATO
сев.	се́верный	nördlich
сел.	село́; селе́ние	Dorf; Ortschaft

СЕНТО		CENTO
СЕПГ	Социалистическая единая партия Германии	SED
СЗ	Собрание законов СССР	(Gesetzessammlung der UdSSR)
ю.	юг	Süden
СИЭ	Советская историческая энциклопедия	Sowjetische Historische Enzyklopädie
след.	следующий	folgend(er)
см.	смотри(те)	siehe
сокр.	сокращённо	abgekürzt
соч.	сочинение	Werk
СПБ., СПб,	Санктпетербург	St. Petersburg
ср.	сравни; средний	vergleiche; mittlerer
ср.-век.	средневековый	mittelalterlich
СССР	Союз Советских Социалистических Республик	UdSSR
ст.	старший; статья	älter; Artikel
ст. ст.	старый стиль	alter Stil
стлб.	столбец	Spalte (Zeitung, Enzyklopädie)
СТО	Совет труда и обороны	Rat für Arbeit und Verteidigung
стр.	страница	Seite
СФРЮ	Социалистическая федеративная Республика Югославия	Sozialistische Föderative Republik Jugoslawien
США	Соединённые Штаты Америки	USA
СЭВ	Совет экономической взаимопомощи	Rat für gegenseitige Wirtschaftshilfe, RGW, Comecon
т., т.т.	том, тома	Band (m)
т.е.	то есть	das heißt, d.h.
т. к.	так как	weil
т. н.	так называемый	sogenannt
т. о.	таким образом	so, auf diese Weise
табл.	таблица	Tabelle
Тадж. ССР	Таджикская ССР	Tadschikische SSR
ТАСС	Телеграфное Агентство Советского Союза	Telegrafenagentur der SU, TASS
тетр.	тетрадь	Heft
тов.	товарищ	Genosse
тур.	турецкий	türkisch
Туркм.ССР	Туркменская ССР	Turkmenische SSR
тыс.	тысяча	tausend
Узб.ССР	Узбекская ССР	Usbekische SSR

УК	Уголо́вный ко́декс	Strafgesetzbuch
ум.	у́мер	gestorben
ун-т	университе́т	Universität
УПК	Уголо́вно-процессуа́льный ко́декс	Strafprozeßordnung
УССР	Украи́нская ССР	Ukrainische SSR
устар.	устаре́лый	veraltet
ф.	фонд	Fonds
фабзавесткóм	фабри́чно-заводско́й ме́стный комите́т	Betriebsgewerkschaftskomitee
ФКП	Францу́зская коммунисти́ческая па́ртия	Kommunistische Partei Frankreichs
ФНРЮ	Федерати́вная Наро́дная Респу́блика Югосла́вии	Föderative Volksrepublik Jugoslawien
ФРГ	Федерати́вная Респу́блика Герма́нии	BRD
ф-т	факульте́т	Fakultät
ХДС/ХСС		CDU/CSU
х-во	хозя́йство	Wirtschaft
хоз.	хозя́йственный	wirtschaftlich
хорв.	хорва́тский	kroatisch
ЦГАВМФ СССР	Центра́льный госуда́рственный архи́в Вое́нно-Морско́го Фло́та СССР	Zentrales Staatliches Kriegsflottenarchiv der UdSSR
ЦГАДА	Центра́льный госуда́рственный архи́в дре́вних а́ктов	Zentrales Staatliches Archiv alter Akten
ЦГАНХ СССР	Центра́льный госуда́рственный архи́в наро́дного хозя́йства СССР	Zentrales Staatliches Volkswirtschaftsarchiv der UdSSR
ЦГАОР СССР	Центра́льный госуда́рственный архи́в Октя́брьской револю́ции, вы́сших о́рганов госуда́рственной вла́сти и о́рганов госуда́рственного управле́ния СССР	Zentrales Staatliches Archiv der Oktoberrevolution (Moskau)
ЦГВИА СССР	Центра́льный госуда́рственный вое́нно-истори́ческий архи́в СССР	Zentrales Staatliches militärhistorisches Archiv der UdSSR
ЦГИА СССР	Центра́льный госуда́рственный истори́ческий архи́в СССР	Zentrales staatlich-historisches Archiv der UdSSR (Leningrad)
центр.	центра́льный	zentral
церк.	церко́вный	kirchlich
ЦК	Центра́льный Комите́т	Zentralkomitee
ЦРУ	Центра́льное разве́дывательное управле́ние	CIA

ЦСУ	Центра́льное статисти́ческое управле́ние	Statistische Zentralverwaltung
ч.	часть; час	Teil; Uhr
чел.	челове́к	Mensch
четв.	че́тверть	Viertel
чл.	член	Mitglied
чл.-корр.	член-корреспонде́нт	korrespondierendes Mitglied
ЧССР	Чехослова́цкая ССР	ČSSR, Tschechoslowakische SSR
ЭВМ	Электро́нно-вычисли́тельная маши́на	Elektronische Datenverarbeitung, EDV
Эст. ССР	Эсто́нская ССР	Estnische SSR

I. VOKABELLISTEN

I. VOKABELLISTEN

Die Vokabellisten sollen Ihnen bei der Aneignung des Wortschatzes behilflich sein. Sie haben die jeweils neue Lexik einer Lektion zur Grundlage. Die Verarbeitung und Darbietung dieser Lexik erfolgt im wesentlichen unter vier Gesichtspunkten:

1. Sie wiederholt den grammatikalischen (Morphosyntax, Phrasensyntax) und lexikalischen Stoff der Lektion,
2. sie wiederholt - wo immer dies sinnvoll und möglich ist - die Lexik der vorausgegangenen Lektion,
3. sie kontrastiert die für Deutsche ohne Vorkenntnisse erfahrungsgemäß schwer unterscheidbaren Wörter,
4. sie vermittelt - ohne dies zu thematisieren - die wichtigsten Regeln der Wortbildung(serkennung).

Leitgedanke für die Arbeit mit den Vokabellisten ist das "kontextuelle Lernen", i.e. das Lernen von Unbekanntem in einem bekannten oder verständlichen (redundanten) Kontext. Unter Kontext werden hierbei sowohl der Satz und die Wortfügung (Syntagmon) als auch die der jeweiligen Vokabelgruppe zugeordneten Wörter verstanden.

ZUR BENUTZUNG DER LISTEN

Die Lexik ist entsprechend der Reihenfolge ihres Vorkommens in der jeweiligen Lektion verarbeitet. Diese Anordnung dient der Benutzbarkeit und ermöglicht Änderungen am Material, die beim lehrerabhängigen Unterricht im einen oder anderen Fall wünschenswert erscheinen mögen: Die einer Änderung in den Lektionen entsprechende Stelle in den Vokabellisten ist leicht aufzufinden.

Lücken sind dort gelassen, wo es sich um bekannte oder leicht erschließbare Bedeutungen handelt. Das Ausfüllen der Lücken hat <u>keine formale, sondern eine Merkfunktion</u>. Der Schlüssel zu den Vokabellisten befindet sich auf Seite 249.

Prägen Sie sich die Bedeutung der Wörter ein und achten Sie besonders auf die hervorgehobenen Wortfügungen ("MUSTER") am Beginn und Ende der einzelnen Listen. Sie stellen einen wertvollen Fundus redundanter Formen dar, der Ihnen bei der Analyse von Texten sehr nützlich sein kann und der - bei lehrerabhängigem Unterricht - intensiv genutzt werden sollte, weil er den Rekurs auf formale Schemata weitgehend erübrigt.

1. LEKTION: 31 Wörter

Muster

пролета́рии всех стран	Proletarier aller Länder
Ле́нин жил, Ле́нин жив, Ле́нин бу́дет жить.	Lenin lebte, lebt und wird leben. (Majakóvskij)
председа́тель прези́диума Верхо́вного Сове́та СССР	der Vorsitzende des Präsidiums des Obersten Sowjets der UdSSR
по́сле ратифика́ции догово́ра	nach (der) Ratifizierung des Vertrages

интеллиге́нция и пролетариа́т	.....
пролета́рий, -ия m.	Proletarier
пролетариа́т, -та m.	.....
пролета́рская культу́ра	.....
банкро́тство, -ва n.	Bankrott
банкро́тство поли́тики агре́ссоров	.....
Моско́вский Госуда́рственный Университе́т /МГУ/	Moskauer Staatsuniversität
университе́тский уста́в	.....
электри́чество, -ва n.	.....
электрифика́ция Сове́тской страны́	.....
электрифици́ровать райо́н	.....
полити́ческое тече́ние	.....
солида́рность, -ти f.	.....
солида́рный	.....
актуа́льность полити́ческих информа́ций	.....
актуа́льный	.....
нейтра́льность, -ти f.	.....
.....	neutral
конкре́тная возмо́жность	.....
.....	Konkretheit
промы́шленность, -ти f.	Industrie
промы́шленный райо́н	.....
крите́рий, -ия m.	Kriterium
сло́во, -ва n.	Wort
офице́рство, -ва n.	Offizierkorps
тре́бование поли́тиков	eine Forderung .....
сообще́ние прези́диума	.....
отноше́ние	.....
сырьё, -ья n.	Rohstoff

предме́т,-та m.	Gegenstand
Предме́т обще́ственных нау́к - о́бщество.	.....
движе́ние,-ия n.	Bewegung
обще́ственное движе́ние	.....
предложе́ние,-ия n.	Vorschlag
разви́тие,-ия n.	Entwicklung
разви́тие структу́ры офице́рства	.....
сове́тский	.....
ара́бский	.....
ца́рский режи́м	.....
росси́йская социа́л-демокра́тия	.....
ру́сская социа́л-демокра́тия	.....
полеми́ческий вопро́с	.....
сою́зная респу́блика	.....
нау́чный интере́с	.....
наро́дный контро́ль	.....
"Кра́сная профессу́ра"	.....
сре́дние райо́ны	.....
сре́днее ка́чество	mittlere Qualität
мирово́й ры́нок	Weltmarkt
мир,-ра m.	1. ..... 2. .....
вне́шний	äußerer
вне́шняя поли́тика	.....
госуда́рственный эрмита́ж	staatlich .....
госуда́рство	.....
Госуда́рственность и ана́рхия	Staat(lichkeit) und Anarchie (Bakunin)
обще́ственный	..... ; öffentlich
обще́ственный интере́с	.....
о́бщество	.....
обще́ственность	.....
США /Соединённые Шта́ты Аме́рики/	USA (Vereinigte Staaten von Amerika)
де́ятель,-ля m.	jmd., der etw. tut, tätig ist
полити́ческий де́ятель	Politiker
госуда́рственный де́ятель	Staatsmann
обще́ственный де́ятель	jmd., der öffentlich tätig ist
пе́рвый секрета́рь ЦК	erster .....
областно́й комите́т /обко́м/	Gebietskomitee
в о́бласти нау́ки	.....

го́род,-да́ m.	Stadt
год,-да m.	.....

ФРГ /Федерати́вная респу́блика Герма́нии/ BRD

пролета́рии всех стран	.....
Ле́нин жил,Ле́нин жив,Ле́нин бу́дет жить.	.....
председа́тель прези́диума Верхо́вного Сове́та СССР	.....
по́сле ратифика́ции догово́ра	.....

---

2. LEKTION: 52 Wörter

Muster

кла́ссовый антагони́зм	Klassenantagonismus
антагонисти́ческие противоре́чия капиталисти́ческого ми́ра	antagonistische Widersprüche der kapitalistischen Welt
Вся власть Сове́там!	Alle Macht den Räten!

согла́сие,-ия n.	Zustimmung, Einverständnis
согласи́тельная коми́ссия	Vermittlungsausschuß
еди́нство,-ва n.	Einheit
еди́нство па́ртии	.....
заседа́ние,-ия n.	Sitzung
заседа́ние пле́нума Центра́льного Комите́та	Plenumssitzung .....
предприя́тие,-ия n.	Unternehmen
госуда́рственные предприя́тия	staatliche Unternehmen
чу́вство,-ва n.	Gefühl
чу́вствовать	fühlen
усло́вие,-ия n.	Bedingung
Еди́нство па́ртии - усло́вие си́лы.	.....
внима́ние,-ия n.	Aufmerksamkeit
внима́ние аудито́рии	Aufmerksamkeit des Zuhörerkreises
сторона́,-ны́ f.	Seite
сове́тская сторона́	die sowjetische Seite (bei Verhandlungen)
борьба́,-бы́ f.	Kampf
борьба́ пролетариа́та	.....
боро́ться про́тив инфля́ции	.....

связь,-зи f.
    организа́ция свя́зи

    дух ле́нинских при́нципов

обостре́ние,-ия n.
    обостре́ние борьбы́

сою́з,-за m.
    Сове́тский Сою́з
    сою́зные респу́блики

отъе́зд,-да m.
    отъе́зд мини́стра из Москвы́
    съезд па́ртии

заявле́ние,-ия n.
    заявле́ние Инди́ры Га́нди

ле́вый
    ле́вые си́лы

призы́в
прибы́тие

перегово́ры,-ов pl.m.
    Ве́нские перегово́ры

выступле́ние,-ия n.
    Ка́нцлер вы́ступил по ра́дио и телеви́дению.

встре́ча,-чи f.
    встре́ча мини́стров

но́вый
    нова́тор

глава́,-вы́ m.
    глава́ прави́тельства

опа́сный
опа́сность,-ти f.
    Сове́т безопа́сности ООН

подде́ржка,-ки f.

у   (präp.m.gen.)

из (präp.m.gen.)

про́тив (präp.m.gen.)
    про́тив шовини́зма и реа́кции

по́сле (präp.m.gen.)
    по́сле ратифика́ции догово́ра

Verbindung;Nachrichtenwesen
Organisation des Nachrichtenwesens

der Geist .....

Verschärfung
.....

Bund,Bündnis;Union
.....
.....

Abfahrt,Abreise
.....
.....

Erklärung
.....

links
.....

Aufruf
Ankunft

Verhandlungen
.....

Auftreten;öffentliche Rede
.....

Treffen
    Ministertreffen

neu
.....

(Ober-)Haupt,Chef
.....

gefährlich
Gefahr
.....   der UNO

Unterstützung

bei

aus

gegen
.....

nach (zeitl.)
.....

от ... до (präp.m.gen.) von ... bis
   от Москвы́ до Ленингра́да   von Moskau bis Leningrad
   отъе́зд мини́стра из Ки́ева   .....

без (präp.m.gen.) ohne

для (präp.m.gen.) für

произво́л,-ла m. Willkür

прие́м у председа́теля   ..... Vorsitzenden

о́пыт,-та Erfahrung
   из о́пыта идеологи́ческой борьбы́   .....

гость,-тя m. Gast
   го́сти из Москвы́   .....

печа́ть,-ти f. Presse
   заявле́ние для печа́ти   Presseerklärung,(Wörtlich:)

председа́тель,-ля m. .....
предприя́тие .....
предложе́ние .....
   заседа́ние прези́диума Верхо́вного   .....
   Сове́та

Столи́ца ФРГ - Бонн. .....

большо́й,-а́я,-о́е;-и́е groß
   "Большо́й теа́тр"   .....
   большо́е значе́ние   .....
   большеви́зм   .....
   борьба́ про́тив большеви́зма   .....
   большеви́к   .....
   большеви́стская фра́кция   .....

весь наро́д .....
   все мини́стры   alle .....

име́ть haben
   Вопро́с име́л значе́ние.   .....

необходи́мость,-ти f. Notwendigkeit
   необходи́мое реше́ние   .....

де́йствие,-ия n. Handlung,Aktion;Wirkung
   еди́нство де́йствий   .....

подчеркну́ть unterstreichen
   Ки́ссинджер подчеркну́л,что ...   .

самоопределе́ние,-ия n. Selbstbestimmung
   пра́во на́ций на самоопределе́ние   .....

приня́ть annehmen
   Съезд па́ртии при́нял реше́ние.   .....

начáть	anfangen
меньшевикѝ начáли борьбу́	.....
сейчáс /час = Stunde /	jetzt,sofort ("diese Stunde")
состоя́ться	stattfinden
Съезд КПСС состоя́лся в 1956 году́.	..... der KPdSU .....
новогóдний /нóвый,год/	.....
новогóднее выступлéние кáнцлера	.....
одѝн	ein(s)
едѝнство	.....
Соединённые Штáты	.....
клáссовый антагонѝзм	.....
антагонистѝческие противорéчия капиталистѝческого мѝра	.....
Вся власть Совéтам!	.....

3. LEKTION: 61 Wörter

Der Bestand an Wörtern, die Ihnen inzwischen bekannt sind, läßt schon mannigfaltige Möglichkeiten der Gruppierung und assoziativen Verknüpfung der Wörter zu. Die Gruppierung des Wortbestandes soll Ihnen das Einprägen der Vokabeln erleichtern und Sie vor allem in der Fähigkeit üben,- den Wortbildungsregeln folgend - von Bekanntem auf Unbekanntes zu schließen.
Es ist sehr zweckmäßig, wenn Sie in der linken Spalte nach den Kriterien der Zusammenfassung in der jeweiligen Gruppe suchen und diese Kriterien unterstreichen.
Prüfen Sie auch, ob es im Deutschen Entsprechungen gibt, z.B.:

повышéние цен	Preiserhöhung (wörtl.:Erhöhung der Preise)
улучшéние пенсиóнного обеспечéния	Verbesserung der Rentenversorgung

Muster

тот же сáмый аргумéнт	dasselbe Argument
"Лéнин всегдá с нáми."	"Lenin ist immer mit uns."
Пролетáрии всех стран,соединя́йтесь!	Proletarier aller Länder,vereinigt Euch!
Решéние Верхóвного судá вызывáет крѝтику.	Der Beschluß des Obersten Gerichts ruft Kritik hervor.

подписáть	unterschreiben,-zeichnen
подчёркивать/подчеркну́ть	unterstreichen;betonen,hervorheben
поддéрживать	unterstützen
Минѝстр подписáл докумéнт.	.....

уча́стники конфере́нции	Konferenzteilnehmer (wörtlich:) .....
акаде́мик	.....
исто́рик	.....
часть	Teil
ча́стная со́бственность	Privateigentum
уча́ствовать	.....
Чле́ны коми́ссии обсуди́ли пробле́му.	..... erörterten .....
обсужде́ние пробле́мы	.....
Патрио́ты продолжа́ют борьбу́.	Die Patrioten setzen den Kampf fort.
Продолже́ние сле́дует.	..... folgt.
нау́чный докла́д	..... Vortrag, Bericht
догово́р	.....
до Москвы́	.....
де́ятельность	Tätigkeit
обще́ственный де́ятель	.....
пеки́нские руководи́тели	..... Führer
замести́тель председа́теля	der Stellvertreter .....
Чи́ли	Chile
чили́йский	.....
Ве́на	.....
ве́нский	.....
Пеки́н	.....
пеки́нский	.....
Варша́ва	.....
Варша́вский догово́р	..... Pakt
За́мбия	.....
замби́йский	.....
замести́тель	Stellvertreter
председа́тель	.....
представи́тель	.....
посо́л, -сла́ m.	Botschafter
вы́работать	ausarbeiten
вызыва́ть	hervorrufen
выходи́ть	hinausgehen
выска́зывать	aussagen, -sprechen
выступа́ть	hervortreten
выступле́ние Э. Ге́река	.....
изложи́ть	darlegen, erklären
Мини́стр изложи́л програ́мму.	.....
го́сти из Пра́ги	.....
заверши́ть	beenden, vollenden
Заверши́л рабо́ту съезд.	.....
в(о)	in (Richtung und Ort)
в обще́ственной жи́зни	im .....
во вре́мя совеща́ния	während .....
ва́жный	wichtig
Это ва́жный докуме́нт.	Das ist .....

всесторо́ннее обсужде́ние	allseitige Erörterung
со всех сторо́н	von .....
односторо́нняя статья́	ein (der) einseitiger .....
прави́тельственное заявле́ние	Regierungs- .....
прави́тельство	.....
обще́ственный интере́с	.....
о́бщество	.....
суд, -да́ m.	Gericht
Верхо́вный суд	.....
обсужде́ние пробле́мы	Erörterung .....
пережива́ть	durchleben, durchmachen
Страна́ пережива́ет кри́зис.	.....
ве́нские перегово́ры	.....
пригово́р	Urteil, Verurteilung
говори́ть	.....
догово́р о дру́жбе и сотру́дничестве	..... über ..... und Zusammenarbeit
перегово́ры	.....
существова́ть	existieren
Существу́ет лишь одна́ альтернати́ва.	..... nur .....
оди́н, одна́, одно́; одни́	ein(s)
еди́нство прогресси́вных сил	.....
еди́нственный результа́т перегово́ров	einziges .....
далеко́ adv. – далёкий adj.	weit, fern
заме́тно adv. – заме́тный adj.	merklich
опа́сно adv. – опа́сный adj.	.....
ра́мки pl.	Rahmen
Значе́ние визи́та выхо́дит за ра́мки райо́на.	..... geht ..... hinaus.
проте́ст про́тив повыше́ния цен	..... die Erhöhung .....
демонстра́ция за повыше́ние за́работной пла́ты	..... für .....
Чёрное мо́ре	.....
Балти́йское мо́ре	.....
Кари́бское мо́ре	.....
несмотря́ на	ungeachtet
несмотря́ на проте́сты обще́ственности	.....
продолжа́ть	fortsetzen
Продолже́ние сле́дует.	.....
обсуди́ть	erörtern
обсужде́ние докла́да	.....
реши́ть пробле́му	.....
реше́ние Центра́льного Комите́та	.....
уничто́жить ча́стную со́бственность	das Privateigentum aufheben (vernichten)
уничтоже́ние ча́стной со́бственности	.....

улучши́ть полити́ческий кли́мат	..... verbessern
улучше́ние полити́ческого кли́мата	.....
сообщи́ть	mitteilen
сообще́ние ТАСС	.....
Прави́тельство уси́ливает репре́ссии.	.....
усиле́ние репресси́вных мер	.....
проте́ст разли́чных социа́льных групп	..... verschiedener .....
Поступа́ли кри́зисные сообще́ния.	..... liefen ein.
вне́шне-	außen-
внешнеполити́ческий курс	.....
внешнеторго́вый бала́нс	Handelsbilanz
Сове́тские лю́ди хотя́т ми́ра.	..... wollen .....
Се́ссия зака́нчивается 4 ию́ля.	..... endet .....
Валю́тные резе́рвы сокраща́ются.	..... verringern sich.
сокраще́ние валю́тных резе́рв	.....
Вре́менное прави́тельство продолжа́ет вне́шнюю поли́тику цари́зма.	Die provisorische .....
уничтоже́ние ча́стной со́бственности на зе́млю	.... an "Grund und Boden"(d.i.Land)
ча́стная со́бственность на сре́дства произво́дства	.... an Produktionsmitteln
програ́мма предусма́тривает ма́ссовые выступле́ния	..... sieht .... vor
предложе́ние прави́тельства	.....
председа́тель прези́диума	.....
повыше́ние цен	Preiserhöhung (wörtlich:) .....
улучше́ние пенсио́нного обеспе́чения	Verbesserung ....versorgung
Встре́ча име́ет огро́мное значе́ние.	..... gewaltige .....
обще́ственные си́лы	.....
уси́ливать междунаро́дные свя́зи	die internationalen .....
министе́рство иностра́нных дел /МИД/	Außenministerium (wörtlich:) .....
роль иностра́нного капита́ла в Росси́и	.....
населе́ние всего́ ми́ра	.....
вступи́ть в си́лу	..... treten
вступле́ние в си́лу	.....
Собра́ние избра́ло Ста́лина докла́дчиком.	..... вы́брало ..... zum .....
избира́тельный зако́н	.....
профсою́з = профессиона́льный сою́з	Gewerkschaft

нача́ло XX ве́ка	Anfang des 20. Jhd.
после́дняя ста́дия капитали́зма	letztes .....
мой,твой,свой	mein,dein,sein
Це́ли па́ртии - на́ши це́ли.	Die Ziele ..... unsere .....
мой друг,на́ши друзья́	..... Freund, ...
Рома́н состои́т из 2 часте́й.	..... besteht aus .....
Всё зави́сит от обстоя́тельств.	..... hängt ab von .....

тот же са́мый аргуме́нт	.....
"Ле́нин всегда́ с на́ми."	.....
Пролета́рии всех стран,соединя́йтесь!	.....
Реше́ние Верхо́вного суда́ вызыва́ет кри́тику.	.....

4. LEKTION: 34 Wörter

населе́ние всего́ ми́ра	Weltbevölkerung
това́рный фетиши́зм	Warenfetischismus (Marx)
Вся власть Сове́там!	.....

с одно́й стороны́ ... с друго́й стороны́	einerseits .....
ка́ждый	jeder (pl.: alle)
ка́ждый день	.....
ка́ждые 20 мину́т	.....
Это был тот же са́мый аргуме́нт.	..... ebendasselbe .....
Ло́зунг был и остаётся оди́н и тот же.	..... bleibt .....
Крите́рии для реше́ния вопро́са бы́ли таки́е: ...	.....
Аргуме́нты бы́ли тако́го ро́да: ...	..... von ..... Art
основно́й зако́н	Grund .....
осно́ва	.....
вы,вас	ihr;Sie
Кака́я у Вас пробле́ма?	.....
Иностра́нная по́мощь игра́ет большу́ю роль.	..... Hilfe spielt .....

вести́, ведёт; вёл, вела́, вело́; вели́   führen
    Гитле́ровская Герма́ния вела́ войну́.   .....

мир во всём ми́ре   .....
    мирово́й ры́нок   .....
    ми́рный догово́р   .....
    ми́рное сосуществова́ние   .....   Koexistenz

Я - студе́нт.   .....

мно́го   viel
    Они́ мно́го об э́том говоря́т.   .....   darüber.

посети́ть   besuchen
    Делега́ции посети́ли реда́кцию.   .....

свиде́тельствовать   zeugen von, bestätigen
    речь свиде́тельствует о том, что ...   .

нефть, -ти   f.   Erdöl ("Naphtha")
    нефтяна́я компа́ния   .....

Кака́я жизнь!   Was für ein ..... !

настоя́щее и бу́дущее (вре́мя)   Gegenwart und Zukunft
    бу́дущее сове́тско-куби́нской дру́жбы   .....

многочи́сленный   zahlreich
    Они́ мно́го об э́том говоря́т.   .....

отмеча́ть   anmerken, bemerken; hervorheben
    президе́нт отмеча́ет, что ...   .

укрепи́ть свои́ пози́ции   .....   stärken
    укрепле́ние пози́ций   .....
взять под свой контро́ль   unter .....   nehmen
подде́рживать поли́тику ми́рного   .....
сосуществова́ния

вне́шняя поли́тика   .....
внешнеполити́ческий курс   .....
внешнеторго́вый бала́нс   .....

иму́щество   Vermögen, Gut
    иму́щество нефтяны́х компа́ний   .....
    Э́то име́ет значе́ние.   .....
нова́торство   .....
электри́чество   .....
офице́рство   .....
прави́тельство   .....
госуда́рство   .....
банкро́тство   .....
сотру́дничество   .....
еди́нство   .....

укрепи́ть   stärken
    проце́сс укрепле́ния интернациона́ль-   .....
    ного еди́нства социалисти́ческих стран

изменять цены на нефть	.....
изменение конъюнктуры	.....
Министр высказывает своё убеждение.	..... Überzeugung.
убедить товарища	.....
Ассоциация заметно активизировала	.....
свою деятельность.	
Великобритания	Großbritannien
Пётр Великий	Peter .....

население всего мира	.....
товарный фетишизм	.....
Вся власть Советам!	.....

5. LEKTION: 46 Wörter

<u>Muster</u>

Каким будет год?	Wie (=was für ein) wird das Jahr?
эксплуатация человека человеком	Ausbeutung des Menschen durch den Menschen
Народы пользуются правом на само-определение.	Die Völker haben das Recht auf Selbstbestimmung.
Он внёс большой вклад в это дело.	Er leistete einen großen Beitrag zu dieser Sache.
Быть или не быть; вот в чём вопрос. (Шекспир)	.....

Die Verben sind im Folgenden mit beiden Aspekten (unvollendet/vollendet) aufgeführt. Achten Sie besonders auf die Angaben, die Ihnen die Analyse von Wörtern erleichtern.

при präp.+präpositiv	bei,an,in
при социализме	.....
При каких условиях?	.....
прибывать/прибыть	eintreffen
прибытие	.....
придавать/придать	dazugeben,beimessen
Он этому придаёт большое значение.	.....
Президиум принял решение.	.....
по окончании работы	nach Beendigung der Arbeit
по истечении срока	nach Ablauf .....
политическое течение	.....

антисове́тский	.....
антиконституцио́нный акт	.....
проамерика́нский	.....
Учёный пи́шет статью́ о тео́рии игр.	D. Gelehrte schreibt ..... Spiel- .....
Вчера́ Жу́ков писа́л свою́ статью́.	Gestern ..... seinen Artikel (i.S.v. an seinem Artikel)
опа́сное положе́ние в Анго́ле	..... Lage .....
Кита́й	China
Столи́ца Кита́я - Пеки́н.	.....
трудя́щийся /труд = Arbeit /	Werktätiger;werktätig
Пе́рвое ма́я - пра́здник трудя́щихся.	..... Feiertag .....
сове́ты депута́тов трудя́щихся	.....
успе́хи трудя́щегося наро́да	.....
забасто́вка	Streik
прекраще́ние забасто́вки	Beendigung .....
мно́го забасто́вок	.....
забасто́вочный	Streik-
Забасто́вочный комите́т при́нял реше́ние большинство́м голосо́в.	.....
бастова́ть, -у́ет	.....
серде́чный	herzlich
серде́чный приём	.....
серде́чность в отноше́ниях	.....
брат,-та m.	Bruder
бра́тский сою́з сове́тских на́ций	.....
вы́воз и ввоз капита́ла в Росси́ю	Ausfuhr u. Einfuhr von Kapital nach Rußland
грани́ца	Grenze
на афга́но-сове́тской грани́це	.....
грани́чить	.....
Кита́й грани́чит с СССР.	..... an .....
всеми́рный /весь,мир/	die ganze Welt betreffend,Welt-
всеми́рная исто́рия	.....
Всеми́рный Сове́т Ми́ра /ВСМ/	Weltfriedensrat
всеми́рно-истори́ческое значе́ние	.....
всесою́зный	d. ganze SU betreffend,Allunions-
всесою́зный съезд	.....
всенаро́дный	.....
исполко́м	Exekutivkomitee
Исполни́тельный комите́т при́нял реше́ние.	.....
исполня́ть/испо́лнить	ausführen,erfüllen
Сове́т Экономи́ческой Взаимопо́мощи /СЭВ/	RGW,Comecon ("Rat für gegenseitige Wirtschaftshilfe")
оконча́ние /о-,коне́ц,-а́ние/	Ende,Beendigung
по оконча́нии учёбы	..... des Studiums
оканчивать/око́нчить	beend(ig)en
око́нчить перегово́ры	.....

пребывание /пре-,быть,-áние/	Aufenthalt
пребывание Киссинджера в Москве́	.....
публиковáть/опубликовáть	publizieren
Пе́рвый секретáрь пáртии опубликовáл сбо́рник свои́х рече́й.	.....
Редáктор публику́ет статьи́.	.....
Редáкция опубликовáла мно́го журнáлов.	.....
опубликовáние/о-,публиковáть, -овáние/	Veröffentlichung
пу́блика	Publikum
публи́чная библиоте́ка	.....
публици́ст	.....
Юрий Жу́ков рабо́тает публици́стом.	.....
публици́стика	.....
публицисти́ческий	.....
сбо́рник /сб./	Sammelband
сбо́рник докуме́нтов	.....
покáзывать/показáть	zeigen,hinweisen auf
вырабáтывать/вы́работать	ausarbeiten
прибывáть/прибы́ть	eintreffen
окáзываться/оказáться	sich erweisen als
телевизио́нный фильм	..... -film
телеви́дение	.....
дру́жеский	freundschaftlich
дру́жеский визи́т	.....
дру́жба наро́дов	.....
Они́ бы́ли друзья́ми наро́да.	.....
происходи́ть/произойти́	geschehen,entstehen
Это происхо́дит по разли́чным причи́нам.	..... aus .....
социáльное происхожде́ние	..... Herkunft
про́шлый	vergangen,vorig
в про́шлом году́	.....
про́шлое,-ого n.subst.	Vergangenheit
Исто́рики говори́ли о про́шлом заво́да.	.....
ю́жный	südlich
ю́жный - юг	.....
восто́чный - восто́к	.....
нау́чный - нау́ка	.....
техни́ческий - те́хника	.....
восто́чный	östlich
восто́чные догово́ры	.....
восто́чно-европе́йские ре́ки	.....
зáпадно-европе́йские госудáрства	.....
восто́к,зáпад,се́вер,юг	....., ..., Norden,Süden
Владивосто́к	остsibirische Stadt ("Beherrsche den Osten")

начало	Anfang
в начале года	.....
начала pl.	Grundlagen
начала марксизма-ленинизма	.....
начинать/начать	anfangen, beginnen
Гитлеровская Германия начала войну.	.....
обстановка = положение	Lage, Situation
внутренняя обстановка в Эфиопии	die innere .....
международное положение	.....
прекращение /пре-, краткий, -ение/	Beendigung, Einstellung
прекращение огня	Feuereinstellung
прекращение забастовки	.....
прекращать/прекратить забастовку	.....
напряжённость на советской - китайской границе	Spannung .....
напряжённая работа	.....
биржа	Börse
биржа труда	Arbeitsvermittlung, -markt, -amt
товарная биржа	Waren-, Produktenbörse
биржевой крах	.....
расти, растёт (prät. рос, росла)/вырасти	(auf)wachsen
Она растёт далеко от столицы.	.....
Растёт политическая активность масс.	.....
Он рос в городе.	.....
первый	erster
Опубликовали первый сборник речей Л.И.Брежнева.	.....
первое мая /1-ое мая/	der 1. Mai
первого мая /1-ого мая/	am 1. Mai
первомайская демонстрация	.....
первоначальный /первый, начало/	ursprünglich
первоначальный проект	.....
первоначальное накопление	ursprüngliche Akkumulation
учёба	Studieren, Ausbildung, Lernen
быть на учёбе	in der Ausbildung stehen
годы школьной учёбы	.....
учёбный	Schul-, Lehr-
учёбный год	Schuljahr, Studienjahr
учёбный план	.....
учёбный предмет	.....
начинать/начать	anfangen, beginnen
начало войны	.....
5 голосов были за - а 6 против.	.....
голосовать законопроект	abstimmen .....
голосование	.....

большинство́,-ва́	Mehrheit
большинство́м голосо́в	..... der Stimmen
Большо́й теа́тр нахо́дится в Москве́.	.....
бо́льше adv.,komp.	mehr;größer
бо́льше всего́	vor allem ("mehr als alles")
большинство́ - меньшинство́	Mehrheit - Minderheit
большеви́к - меньшеви́к	.....
вноси́ть (unvo.)/внести́,внесёт	hineintragen,hineinbringen,hinzufügen
prät. внёс,внесла́ (vo.)	
внести́ вклад	e. Beitrag leisten
внести́ но́вое усло́вие в догово́р	.....
Он внёс большо́й вклад в э́то де́ло.	..... zu dieser Sache.
челове́к,-ка m.(pl. лю́ди)	Mensch,Mann
эксплуата́ция челове́ка челове́ком	.....
права́ челове́ка	.....
представля́ть	vertreten
представи́тель наро́дного комисса-риа́та	.....
представи́тельный строй	Repräsentativverfassung
оши́бка,-ки f.	Fehler,Irrtum
оказа́ться +instr.	sich erweisen als
Э́то оказа́лось оши́бкой.	.....
по́льзоваться +instr.	gebrauchen;haben,genießen
Он по́льзуется нау́чной литерату́рой.	.....
Наро́ды по́льзуются пра́вом на самоопределе́ние.	.....
облада́ть (unvo.) +instr.	besitzen,haben
Он облада́ет больши́ми тала́нтами.	.....
быть +instr.	.....
Он был крестья́нином.	.....
стать +instr.	.....
Он стал инжене́ром.	.....
явля́ться +instr.	.....
Э́то явля́ется оши́бкой.	.....
счита́ть +instr.	halten für
Она́ счита́ла реше́ние Политбюро́ оши́бкой.	.....
служи́ть +instr.	dienen als
Он служи́л в а́рмии офице́ром.	.....
рабо́тать +instr.	arbeiten als
Она́ рабо́тала на заво́де дире́ктором.	.....
занима́ться +instr.	sich beschäftigen mit
Он занима́лся серьёзными пробле́мами.	.....
де́лать/сде́лать	machen zu
Сде́лали его́ председа́телем.	Man .....
Избра́ли его́ чле́ном ЦК па́ртии.	.....
остава́ться	etw. bleiben
Инфля́ция остава́лась серьёзной пробле́мой.	..... ein ernstes .....

причи́на,-ны f.	Grund, Ursache
Причи́ной всех э́тих полити́ческих оши́бок оказа́лась реше́ние съе́зда па́ртии. (Wortstellung!)	.....
расшире́ние документа́льного материа́ла	die Erweiterung .....
противоре́чие,-ия n.	Widerspruch
про́тив тече́ния	.....
учёный,-ого m.;adj.	Wissenschaftler;akademisch,gelehrt
Вопро́с э́тот занима́ет всех учёных.	.....
уче́ние,-ия n.	Lehre
уче́ние Ка́рла Ма́ркса	.....
учи́ться,учи́ться,учи́ться (Lenin)	lernen,.....
вну́тренний	innerer
министе́рство вну́тренних дел /МВД/	.....
министе́рство иностра́нных дел /МИД/	.....
вну́тренний ры́нок	innerer Markt
вну́треннее сообще́ние	Binnenverkehr (Eisenbahn)
ча́стый	häufig, wiederholt
ча́стые встре́чи мини́стров	.....
Мини́стры ча́сто встреча́лись.	.....
воспита́ние	Erziehung
воспи́тывать (unvo.) /воспита́ть (vo.)	.....
физи́ческое воспита́ние	.....
мора́льное воспита́ние	.....
коммунисти́ческое воспита́ние	.....

Каки́м бу́дет год?	.....
эксплуата́ция челове́ка челове́ком	.....
Наро́ды по́льзуются пра́вом на само-определе́ние.	.....
Он внёс большо́й вклад в э́то де́ло.	.....
Быть и́ли не быть - вот в чём вопро́с.	.....

6. LEKTION: 48 Wörter

Muster

так называ́емый свобо́дный университе́т	sogenannte Freie Universität
поли́тика СССР в отноше́нии Кита́я	die Politik der UdSSR gegenüber China

давать/дать	geben
придавать/придать	dazugeben,verleihen,beimessen
уделять/уделить вопросу много времени	widmen , zuteil werden lassen

óба, обóих m.n. ,óбе, обéих f. +gen.   beide
   Обе стороны подписали мирный   .....
    договор.
   Оба контрагента подписали   .....
    документ.

отвечать/ответить   antworten;verantwortlich sein
   отвечать на вопрос   .....
   отвечать за ошибку   .....
   ответ   Antwort
   ответственный редактор   .....

как ... так и   ebenso wie ..... so auch
   Как Ленин так и Троцкий высту-   .....
    пили против предложения Сталина.

враждебный   feindlich
   враждебность /враждебный,-ость/   .....
   враждебная делу мира пропаганда   .....
   враждебная социалистическим
    государствам политика Запада   .....
   (важный для решения вопроса
    аргумент)   .....
   (богатое информациями сообщение)   eine ..... reiche .....

использовать (unvo. = vo.)   ausnützen, Nutzen ziehen aus
истечение   Ausfluß,Ablauf
   по истечении срока   .....
изменение   (Ver-)Änderung
изменять/изменить   .....
излагать/изложить программу   .....
издавать/издать журналы   ..... herausgeben
издательство политической литературы .....
издатель   Herausgeber
из Варшавы   .....
исполнять/исполнить   ausführen,erfüllen
исполком = исполнительный комитет   .....

так   so
   так называемый /т.наз./   sogenannt
   так называемый свободный
    университет в Западном Берлине   ..... freie .....
   так сказать   sozusagen
   Это было,так сказать,большая   .....
    ошибка.

способствовать/поспособствовать +dat.   jmd. unterstützen,fördern
   способствовать развитию сотруд-   .....
    ничества

содействовать/посодействовать + dat.   jmd. unterstützen;beitragen zu
   Решение будет содействовать   ..... Erfolg .....
    успеху дела.

препя́тствовать/воспрепя́тствовать	hindern, hemmen
Реше́ние социа́л-демократи́ческой па́ртии препя́тствует разви́тию сотру́дничества.	.....
препя́тствие	.....
Реше́ние оказа́лось препя́тствием.	.....
меша́ть/помеша́ть + dat.	jmd. stören, hindern
Свои́м поведе́нием он меша́ет сотру́дничеству.	..... Verhalten .....
встре́ча с мини́стром	..... mit .....
углубле́ние	Vertiefung
улучше́ние полити́ческого кли́мата	.....
укрепле́ние внешнеторго́вых пози́ций	.....
усиле́ние борьбы́ /си́ла/	.....
уси́ливать борьбу́ за мир	.....
уничтоже́ние	Vernichtung
уничто́жить со́бственность на сре́дства произво́дства	.....
приводи́ть/привести́	führen zu
Перегово́ры приведу́т к улучше́нию отноше́ний.	.....
о́бщий	allgemein, gemeinsam, Gesamt-; grundlegend
О́бщий ры́нок	.....
проте́сты прогресси́вной обще́ственности	.....
взаимоотноше́ние	wechselseitige, gegenseitige Beziehung
взаи́мный интере́с сторо́н	.....
поведе́ние, -ия n.	Verhalten, Benehmen
спо́рный вопро́с	strittige .....
спор	.....
спо́рить	.....
Косы́гин при́нял посла́ США.	.....
принима́ть/приня́ть	.....
удовлетворя́ть/удовлетвори́ть	befriedigen
Удовлетвори́ть тре́бования рабо́чих	.....
удовлетворе́ние тре́бований	.....
мне́ние	Meinung
борьба́ мне́ний	.....
заявле́ние Инди́ры Га́нди	.....
заявля́ть/заяви́ть	.....
Прави́тельство заявля́ет об инциде́нте на сове́тско-кита́йской грани́це.	.....
Вопро́с име́ет большо́е значе́ние.	.....
значи́тельный рост	.....

задо́лженность,-ти	(Ver-)Schuld(-ung)
госуда́рственная задо́лженность Росси́и	.....
разря́дка,-ки f.	Entspannung
поли́тика разря́дки	.....
мочь,мо́жет/смочь	können
Это не может быть.	.....
возмо́жность	.....
мо́жно сказа́ть	man kann .....
успе́шный поли́тик	erfolgreicher .....
успе́х на́шей поли́тики	.....
вели́кий	groß,bedeutend
Пётр Вели́кий	.....
увели́чивать/увели́чить	erhöhen
увеличе́ние числа́ рабо́чих	.....
занима́ть/заня́ть	einnehmen;beschäftigen
Жу́ков занима́ет ва́жное ме́сто.	.....
Жу́ков занима́ется му́зыкой,Маркс занима́ется исто́рией.	.....
заня́тие Ма́ркса исто́рией	.....
за́нятый	beschäftigt; Beschäftigter
число́ за́нятых в промы́шленности рабо́чих	.....
с 1907 по 1913	.....
дохо́д,-да m.	Einnahme
бюдже́т дохо́дов и расхо́дов	.....
бюдже́т увеличи́лся на 80 %	..... um .....
реша́ть пробле́му	..... lösen
реше́ние пробле́мы	.....
реше́ние съе́зда па́ртии	.....
никогда́	niemals
Когда́ мини́стр был в Москве́?	.....
пре́жде adv./präp. + gen.	früher;vor
Он пре́жде занима́л другу́ю пози́цию.	.....
пре́жде всего́	.....
предполога́ть/предположи́ть	annehmen,vermuten
ока́зывать/оказа́ть	erweisen
оказа́ть влия́ние	Einfluß .....
иску́сство - иску́сственный	Kunst - .....
напряга́ть/напря́чь	anspannen
напряга́ть все си́лы	.....
напряжённость на сове́тско-кита́йской грани́це	.....

пра́вда,-ды f.	Wahrheit
лицо́,-ца́ n.	Person
ли́чный вопро́с	.....
бога́тый материа́л	reiches .....
бога́тство	.....
отноше́ние	.....
Кри́тика относи́лась к нему́.	.....
Ти́хий Океа́н	Stiller .....
прекраще́ние огня́	Feuereinstellung
прекраща́ть/прекрати́ть	.....
иска́ть, и́щет	suchen
ча́стый	häufig, wiederholt
ча́стые встре́чи мини́стров	.....
ча́ще всего́	"häufiger als alles", meistens

Каки́м бу́дет год?	.....
эксплуата́ция челове́ка челове́ком	.....
так называ́емый свобо́дный универ- ситет в За́падном Берли́не	.....
поли́тика СССР в отноше́нии Кита́я	.....

7. LEKTION: 45 Wörter

Muster	
рост жи́зненного у́ровня	Steigen des Lebensstandards
наро́ды "тре́тьего ми́ра"	Völker der dritten Welt
развива́ющиеся стра́ны	Entwicklungsländer ("sich entwickelnde")
кульминацио́нная то́чка кри́зиса	Kulminationspunkt der Krise
Организа́ция Объединённых На́ций	Organisation der Vereinten Nationen
репорта́ж о пара́де и демонстра́ции на Кра́сной пло́щади	Reportage über Parade und Demonstration auf dem Roten Platz

посыла́ть/посла́ть	schicken, senden
посла́ние,-ия n.	.....
посо́л,-сла́ m.	Botschafter
сове́тское посо́льство	.....

придава́ть/прида́ть	hinzufügen,verleihen
Он э́тому не придаёт значе́ния.	.....
хорошо́ adv.	gut
лу́чше	besser
лу́чше всего́	am besten ("besser als alles")
лу́чший рабо́чий	.....
неме́цкий наро́д	deutsches .....
герма́нский вопро́с	.....
не́мец,-мца m.	.....
правле́ние,-ия n.	Regieren,Verwalten
фо́рма правле́ния	.....
член правле́ния предприя́тия	.....
прави́тельство	.....
соотве́тствовать,-вует + dat.	entsprechen
отве́т Сове́тского прави́тельства	.....
совреме́нный	zeitgenössisch,modern
кри́зис совреме́нного капитали́зма	.....
в своё вре́мя	.....
вре́менное прави́тельство (1917)	.....
приглаше́ние	Einladung
по приглаше́нию профсою́за	auf Einladung der Gewerkschaft
по приглаше́нию председа́теля па́ртии	.....
по приглаше́нию федера́льного ка́нцлера	.....
еди́ный фронт прогресси́вных сил	Einheits- .....
борьба́ за еди́нство рабо́чего движе́ния	.....
граждани́н,-на m.	(Staats-)Bürger
гражда́нский ко́декс	bürgerliches Gesetzbuch
гражда́нство,-ва n.	.....
по мне́нию а́втора	.....
по како́й причи́не?	.....
учео́ник по исто́рии сове́тского пери́ода	Lehrbuch .....
проходи́ть/пройти́	hindurchgehen,sich verbreiten
Демонстра́ции прошли́ по всей стране́.	.....
День рожде́ния Ка́рла Ма́ркса - 5 ма́я.	.....
Ле́нин роди́лся в 1870 году́.	.....
ряд,-да m.	Reihe
А́втор писа́л ряд журна́льных стате́й.	.....
ряд но́вых фа́ктов	.....
второ́й	zweiter
во-вторы́х	zweitens
втора́я мирова́я война́	.....

долг, -га m.	Pflicht, Schuldigkeit; (Geld-)Schuld
государственный долг	.....
женский	Frauen-
8-е марта - международный женский день.	.....
женщина, -ны f.	.....
труд, -да m.	Arbeit; Mühe
научные труды	.....
общественный труд /Маркс/	.....
с трудом	.....
трудовое население	.....
трудящийся народ	.....
сожаление, -ия n.	Bedauern
к сожалению	leider
победа, -ды f.	Sieg
победа над фашистской Германией	.....
победитель, -ля m.	.....
побеждать/победить	.....
школа, -лы f.	Schule
средняя школа	Mittelschule (entspr. z.T. dem westdeutschen Gymnasium, der Höheren Schule)
высшая школа	Hochschule
школьный закон	.....
школьные программы	Lehrpläne
школьник	.....
господство, -ва n.	Herrschaft
господствовать над	..... über
господствующий класс	herrschende .....
перед + instr.	vor
перед войной	.....
грузинский	georgisch
Грузия	.....
грузин	.....
торговля, -ли f.	Handel
торговый капитал	.....
внешняя торговля	.....
прибыть	ankommen, eintreffen
Делегация прибыла в Москву.	.....
прибытие министра	.....
усилие, -ия n.	Anstrengung, Bemühung
прогрессивные силы	.....
усиление	Verstärkung
усилить террор	.....
сильное политическое течение	.....

укрепле́ние	Stärkung, Festigung
укрепле́ние внешнеторго́вых пози́ций	.....
США укрепи́ли свои́ пози́ции.	.....
поздравле́ние, -ия n.	Glückwunsch, Gratulation
Косы́гин посла́л поздравле́ния.	.....
образова́ние, -ия n.	Bildung
наро́дное образова́ние	.....
Парла́мент образова́л коми́ссию.	.....
круг, -га m.	Kreis
пра́вящие круги́	herrschende Kreise
се́верный	nördlich
Се́верная война́ (1700-1721)	.....
се́вер	.....
изуче́ние	Studium; Untersuchung
правле́ние предприя́тия	.....
укрепле́ние пози́ций	.....
те́сный	eng; dicht
те́сный конта́кт	.....
добива́ться/доби́ться + gen.	erringen, erstreben
Она́ доби́лась успе́ха.	.....
каса́ться + gen.	berühren, betreffen
Вопро́с э́тот каса́лся всех.	.....
стреми́ться к + dat.	streben nach
Куби́нский наро́д стреми́лся к свобо́де.	.....
стремле́ние к побе́де	.....
счита́ться + instr.	gelten als
Он счита́ется лу́чшим рабо́чем.	.....
у́ровень, -ня m.	Höhe, Niveau, Stand
жи́зненный у́ровень трудя́щихся	.....
под	unter (wo?)
под фла́гом антикоммуни́зма	.....
Верхо́вный Сове́т	.....
президиум Верхо́вного Сове́та	.....
профсою́з /für: профессиона́льный сою́з/	Gewerkschaft
профсою́зное движе́ние	.....
обме́н	(Aus-)Tausch
обме́н мне́ниями	.....
то kj.	dann
Е́сли э́то так, то я про́тив.	.....

рост жи́зненного у́ровня	.....
наро́ды "тре́тьего ми́ра"	.....
развива́ющиеся стра́ны	.....
кульминацио́нная то́чка кри́зиса	.....
Организа́ция Объединённых На́ций	.....
репорта́ж о пара́де и демонстра́ции на Кра́сной пло́щади	.....

8. LEKTION: 51 Wörter

Muster

за кули́сами капиталисти́ческого ми́ра	hinter den Kulissen der kapitalistischen Welt
кла́ссовая су́щность фаши́зма	Klassencharakter des Faschismus
так называ́емый свобо́дный университе́т	.....
"Ги́тлеры" прихо́дят и ухо́дят, а герма́нское госуда́рство остаётся./Ста́лин/	Die Hitler kommen und gehen, der deutsche Staat aber bleibt.

руково́дство,-ва n.	Leitung, Führung
руководи́тель,-ля	.....
руководи́ть па́ртией	.....
не-	nicht-, un-
несоциалисти́ческие стра́ны	.....
необходи́мые ме́ры	.....
непопуля́рный	.....
борьба́ за незави́симость	.....
нелега́льные це́ли	.....
сравне́ние	Vergleich
по сравне́нию с ним (ней)	im Vergleich zu (mit) ihm (ihr)
сра́внивать/сравни́ть	vergleichen
сра́внивать оди́н фа́ктор с други́м	.....
ра́вный	gleich
ра́венство	Gleichheit; Gleichberechtigung
ра́венство голосо́в	.....
равнопра́вие	Gleichberechtigung
подхо́д	Herangehen; (Art der) Behandlung; Einstellung
маркси́стский подхо́д	marxistische Einstellung
подхо́д Пеки́на к разли́чным стра́нам	.....
подходи́ть/подойти́	herankommen; behandeln
подходи́ть к вопро́су	.....

изменéние	Änderung, Veränderung
общéственные изменéния	.....
изменя́ть/измени́ть	.....
рассма́тривать/рассмотрéть	betrachten
Посо́л СССР в ФРГ рассма́тривает визи́т Брéжнева как успéх.	
смотрéть/посмотрéть	sehen
рассмотрéние	.....
наблюда́ть	beobachten
Наблюда́ются изменéния.	.....
обеспéчение, -ия n.	Sicherung
обеспéчение междунаро́дного ми́ра	.....
обеспéчивать/обеспéчить европéйскую безопа́сность	.....
говори́ть/сказа́ть	sagen, sprechen
в телегра́мме говори́тся	.....
выпуска́ть/вы́пустить	herausgeben; produzieren
Газéта выпуска́ется ЦК па́ртии.	.....
вы́пуск проду́кции	.....
глава́, -вы́ f.	Kapitel
но́вый глава́ прави́тельства	.....
Во второ́й главé кни́ги анализи́руется проблéма разоружéния.	..... des Buches .....
воéнный, -ая, -ое; -ые	militärisch, Kriegs-
втора́я мирова́я война́	.....
воéнный, -ного m.	Militär(person)
воéнно-полити́ческая консолида́ция НАТО	.....
определя́ть/определи́ть	bestimmen, definieren
Поли́тика ФРГ определя́ется капиталисти́ческим хара́ктером э́того госуда́рства.	.....
определéние госуда́рственного до́лга	.....
строй, -о́я m.	Bau, Struktur, Formation
совéтский обще́ственный строй	.....
Рабо́чие стро́ят дом.	.....
уча́стие, -ия n.	(An-)Teilnahme
Принима́ли уча́стие все.	.....
Бы́ло в нача́ле го́да, а и́менно в январé.	..... nämlich, und zwar .....
Поэ́тому нам не удало́сь.	Deshalb gelang .....
ока́нчивать/око́нчить /конéц = Ende/	beenden, abschließen
око́нчить рабо́ту	.....
по оконча́нии рабо́ты	.....

по́здно adv.	spät
по́зже	später
опозда́ть на рабо́ту	.....
с опазда́нием	.....
знать	wissen, kennen
он, она́, оно́ зна́ет	er, sie, es weiß
мы зна́ем	wir wissen
они́ зна́ют	.....
зна́ние	Wissen
выполня́ть/вы́полнить	erfüllen
Вы́полнили план досро́чно.	Man ..... vor- .....
перевыполне́ние пла́на	Über- .....
и́ли ... и́ли	entweder ..... oder
и́ли в ма́рте и́ли в апре́ле	.....
Маркс и́ли Э́нгельс уже́ говори́ли	.....
Вопро́с э́тот, одна́ко, не реши́лся.	..... allerdings (jedoch) .....
ЕЭС /Европе́йское экономи́ческое сообщество/	EWG
проце́сс укрепле́ния ЕЭС	.....
приводи́ть/привести́, -едёт	(ein)führen
Всё э́то привело́ к измене́нию ро́ли ЕЭС.	.....
посеща́ть/посети́ть	besuchen
Громы́ко посети́т 25 сентября́ Кана́ду.	.....
получа́ть/получи́ть	bekommen, erhalten
Рецензе́нт получи́л кни́гу.	.....
Отноше́ния полу́чат дальне́йшее разви́тие.	..... weitere .....
необходи́мо adv., präd.	es ist (unbedingt) notwendig
необходи́мая рабо́та	eine unbedingt notwendige Arbeit
обходи́ть/обойти́	um etwas herumgehen; umgehen
ходи́ть	gehen
приступа́ть/приступи́ть	beginnen, dazu übergehen; schreiten (zu)
Необходи́мо приступи́ть к подгото́вке конфере́нции.	..... Vorbereitung der Konferenz .....
выступа́ть/вы́ступить	hervortreten, auftreten
выступле́ние Э. Ге́река	.....
повыша́ть/повы́сить	erhöhen
Повыша́ется экономи́ческая эффекти́вность автоматиза́ции.	.....
повыше́ние зарпла́ты	.....
высо́кий жи́зненный у́ровень	hoher .....

где   wo
    Это там, где находится мавзолей   .....
    Ленина.
    Где находится министерство   .....
    внешней торговли?

нельзя   man kann(darf)nicht
    нельзя сказать   .....

когда   als,wenn;wann
    Когда Гитлер пришёл к власти?   ..... kam .....?
    Это был период, когда Ленин рабо-   .....
    тал над темой генезиса капи-
    тализма.

намечаться/наметиться   sich abzeichnen
    В это время намечается переход   ..... der Übergang .....
    Маркса от идеализма к материа-
    лизму.

идти/ходить   gehen
    прийти к власти   .....
    переход от капитализма к   .....
    социализму

пока   während,solange
    пока пролетариат ещё нуждается   ..... nötig hat
    в государстве ...

подавление   Unterdrückung
    под давлением крестьянских масс   .....
    Социалистическое государство -   .....
    средство подавления классовых
    противников.
    подавлять/подавить   .....

если ..., то ...   wenn ..... dann
    Если это так, то я против.   .....

потому что   weil
    Он не может идти в кино, потому   .....
    что завтра будет собрание.

среди + gen.   inmitten,unter
    Среди депутатов 31,7% рабочих.   .....
    Парламент состоит из 500 депута-   .....
    тов, среди них 137 крестьян.

заключать/заключить   beenden,einsperren,(ab)schließen
    Стороны заключили договор.   .....
    заключение Брестского мира   .....

сразу   sofort;gleichzeitig
    Председатель комиссии сразу   .....
    выступил против предложения
    Чернова.

отдавать/отдать	zurückgeben, zurückerstatten
отдать власть русской буржуазии	.....
давать/дать	.....
передавать/передать	über ....., übertragen (Radio)
передача по радио	.....
пытаться/попытаться	versuchen
Автор книги пытается выработать проблему советско - китайских отношений.	.....
действительность	Wirklichkeit
действительный	.....
действительный член Академии наук	.....

за кулисами капиталистического мира .....

классовая сущность фашизма .....

так называемый свободный университет .....

"Гитлеры" приходят и уходят, а германское государство остаётся./Сталин/ .....

9. LEKTION: 34 Wörter

Muster

действительный член АН	wirkliches Mitglied der Akademie der Wissenschaften
Он внёс большой вклад в это дело.	.....
товарное производство и товарное обращение	Warenproduktion und Warenumlauf

взаимный	gegenseitig
взаимный интерес	.....
выгода, -ды f.	Vorteil, Gewinn
на основе взаимной выгоды	.....
выгодный договор	.....
невмешательство, -ва n.	Nichteinmischung
договор о невмешательстве	.....
вмешиваться во внутренние дела	.....
преодолевать/преодолеть	überwinden
преодоление анархизма	.....
профессиональное движение	Gewerkschafts .....
преодоление анархизма в профессиональном движении	.....

освободи́тельное движе́ние	Befreiungs- .....
свобо́да печа́ти	.....
"Сою́з освобожде́ния"	.....
освобожда́ть/освобо́ди́ть	.....
Рабо́чие стро́ят но́вый дом.	.....
строи́тельство но́вого о́бщества	.....
перестро́йка организацио́нной структу́ры	Umbau, Veränderung .....
построе́ние организа́ций на осно́ве федерали́зма	.....
повести́ за собо́й рабо́чий класс	..... hinter sich bringen
ору́дие, -ия n.	Werkzeug, Mittel
Госуда́рство есть ору́дие построе́ния социали́зма.	.....
противоставля́ть/противоста́вить	entgegen-, gegenüberstellen
про́тив троцки́зма	.....
ста́вить	stellen
противопоставле́ние, -ия	.....
управле́ние, -ия n.	Verwaltung, Leitung
городско́е управле́ние	.....
фина́нсовое управле́ние	.....
ду́ма, -мы f.	Gedanke; (russ. Parlament)
Госуда́рственная ду́ма /1906-1917/	.....
освобожда́ть/освободи́ть	.....
освобожде́ние	.....
преодолева́ть/преодоле́ть	.....
преодоле́ние	.....
до́лжен, -жна́, -жно́; -жны́	müssen
Прогресси́вные си́лы должны́ протестова́ть про́тив зако́на.	.....
ны́нешний	jetzig, zeitgenössisch
в ны́нешний моме́нт	.....
изда́тельство, -ва n.	Verlag
Изда́тельство "Нау́ка" выпуска́ет мно́го книг по обще́ственным нау́кам.	.....
измене́ние конъюнкту́ры	.....
издава́ть/изда́ть	.....
Коми́ссия избрала́ председа́теля.	.....
избра́ние президе́нта	.....
выпуска́ть/вы́пустить	herausgeben; produzieren
Журна́л выпуска́ется ЦК па́ртии.	.....
вы́пуск проду́кции	.....

Его друг работает в городском управлении.	Sein .....
направлять/направить	(ein)richten;lenken
направить внимание на другой вопрос	.....
направление общественного развития	.....
высокий	hoch
высокий уровень жизни	.....
высокий процент	..... Prozentsatz
дружественный визит	Freundschafts- .....
дружба народов	.....
друг советского народа	.....
строить/построить	bauen,errichten
общественный строй	.....
постоянный	ununterbrochen,permanent,ständig
постоянная работа	.....
последственный	aufeinanderfolgend,konsequent
продолжение следует	.....
следователь,-ля m.	Untersuchungsrichter
проведение,-ия n.	Durchführung,Verwirklichung
проведение политики разрядки	.....
проводить/провести политику	.....
утверждение,-ия n.	Bekräftigung,Bestärkung
твёрдое убеждение	.....
твёрдый характер	.....
твёрдые цены	.....
двусторонний	zweiseitig,bilateral
многосторонний	.....
с одной стороны ...с другой стороны	.....
совместный	gemeinsam
совместные усилия обеих сторон	.....
польза,-зы f.	Nutzen,Vorteil
усилия в пользу мира	.....
Враждебная делу мира пропаганда использует термин "сверхдержава" в отношении Советского Союза.	.....

действительный член АН	.....
товарное производство и товарное обращение	.....
народы "третьего мира"	.....

---

10. LEKTION: 41 Wörter

Muster

пра́вящие круги́	herrschende Kreise
мир без ане́ксий и контрибу́ций	Friede ohne Annexionen und Kontributionen
Соединённые Шта́ты Аме́рики	.....
Организа́ция Объединённых На́ций	.....
госпо́дствующий класс	herrschende Klasse

ви́дный	sichtbar, bedeutend
В истори́ческой науке СССР ви́дное ме́сто занима́ет журна́л "Исто́рия СССР".	.....
иссле́довательский	Forschungs-
иссле́довательский центр	.....
иссле́дователь, -ля m.	.....
иссле́дование, -ия n.	Untersuchung, Forschung, wiss. Abhandlung
Продолже́ние сле́дует.	.....
создава́ть/созда́ть	hervorbringen, gründen, schaffen
со́зданное в 1946 г. иссле́довательское о́бщество	.....
приме́р, -ра m.	Beispiel
наприме́р	zum Beispiel
ука́зывать/указа́ть	zeigen, angeben; Anweisung geben, hinweisen
все ука́занные о́бщества	.....
выска́зывать/вы́сказать убежде́ние	.....
вызыва́ть/вы́звать	.....
Реше́ние вызыва́ет кри́тику.	.....
пока́зывать/показа́ть	zeigen
их poss.pr.plural	ihr
их реше́ние	.....
его́ предложе́ние	.....
её кри́тика	ihre (f.sg.) .....
возраста́ть/возрасти́, -тёт	anwachsen, größer/stärker werden
возро́сший интере́с студе́нческой обще́ственности	.....
расту́щий интере́с	das wachsende .....
рост жи́зненного у́ровня	.....
сам, -ма́, -мо́; -ми́	selbst
Сами́ а́вторы пи́шут об э́той пробле́ме.	.....

молодёжь, -жи f.	Jugend
немецкая молодёжь	.....
коммунистический союз молодёжи /=комсомол/	.....
молодой человек	junger .....
содержание, -ия n.	Inhalt; Unterhalt
содержание книги	.....
содержать	.....; unterstützen
достигать/достигнуть	erreichen
достигнутые социалистическими странами успехи	.....
достижения народного хозяйства	.....
показывать/показать	.....
Успехи СССР показывают великую жизненность социализма.	.....
продавать/продать	verkaufen
продажа товаров	.....
возникать/возникнуть	entstehen
возникающие на производстве изменения	.....
Кризис находится в стадии возникновения.	.....
переходить/перейти	überschreiten, überqueren, übergehen in
Маркс перешёл на позицию материализма.	.....
переход от феодализма к капитализму	.....
перестройка организационной структуры	.....
старый	alt
старый режим	.....
понятие, -ия n.	Begriff
модное понятие	.....
понимать/понять	verstehen, begreifen
учащийся, -щегося m.	Schüler, Student
Увеличивается число учащихся.	.....
учащиеся первого курса	Studienanfänger
служащий, -щего m.	Angestellter
служащие и рабочие	.....
Черчилль служил офицером в Индии.	.....
следующий adj.	folgender, nächster
следующий товарищ	.....
Продолжение следует.	.....
любимый	geliebt, Lieblings-
Любимый автор её - Толстой.	.....
любить	lieben, gern haben

бу́дущий adj.	zukünftig
бу́дущее,-щего n.	Zukunft
устро́йство,-ва n.	Aufbau; Einrichtung
обще́ственный строй	.....
стро́ить/постро́ить дом	.....
госпо́дствующий класс	herrschende Klasse
госпо́дство монопо́лий над коло́ниями	.....
убежда́ть/убеди́ть	überzeugen,überreden
по моему́ убежде́нию	.....
уча́ствовать	sich beteiligen, teilnehmen an
уча́ствующие в демонстра́ции студе́нты	.....
уча́стие президе́нта в конфере́нции	.....
уча́стники совеща́ния	.....
принима́ть уча́стие	.....
давно́ adv.	lange
Он уже́ давно́ рабо́тал на э́том заво́де.	.....
зарпла́та = зарабо́тная пла́та	(Arbeits-) Lohn
повыше́ние зарпла́ты	.....
се́льский	ländlich, Dorf-
се́льское хозя́йство	.....
село́	Dorf
пятиле́тка,-ки f.	Fünfjahresplan
оди́н год	.....
пять лет	fünf Jahre
перевыполне́ние пятиле́тки	.....
охва́тывать/охвати́ть	umfassen,ergreifen
На войне́ сове́тский наро́д был охва́чен па́фосом патриоти́зма.	.....
чрезвыча́йный	außerordentlich,außergewöhnlich
чрезвыча́йный посо́л	.....
обостря́ть/обостри́ть	zuspitzen,verschärfen
Реше́ние съе́зда обостри́ло отноше́ния.	.....
обостре́ние отноше́ний	.....
о́строе положе́ние	.....
применя́ть/примени́ть	anwenden
примене́ние но́вого ме́тода	.....
подготовля́ть/подгото́вить	vorbereiten,bereitstellen; ausbilden
подгото́вка ка́дров	Kaderausbildung
кни́га,подгото́вленная акаде́мией нау́к	.....

представлять собой	sein, vorstellen
Книга представляет собой один из первых трудов о развитом социализме.	.....
яркий	hell, leuchtend
яркий талант	.....
яркий пример	.....
проявляться/проявиться	sich zeigen, hervortreten, zutage treten
У него проявился интерес к вопросу разоружения.	.....
её poss.pron.f.	ihr
его poss.pron.m.	sein
их poss.pron.pl.	ihr
его жизнь	.....
её решение	.....
их друзья	.....
первичный	primär, unterst, Grund-
первичные организации КПСС	.....
первичные выборы в США	.....-wahlen .....

правящие круги	.....
мир без анексий и контрибуций	.....
Соединённые Штаты Америки	.....
Организация Объединённых Наций	.....
господствующий класс	.....

---

11. LEKTION: 69 Wörter

Muster

капиталистический способ производства	kapitalistische Produktionsweise
Империализм - высшая стадия капитализма.	Der Imperialismus ist das höchste Stadium des Kapitalismus
предложение и спрос	Angebot und Nachfrage
переговоры на высшем уровне	"Gipfelgespräche"
шаг за шагом	Schritt für Schritt, allmählich
Ленин жил, Ленин жив, Ленин будет жить.	.....

предпринима́ть/предприня́ть	unternehmen
предпринима́ть изда́ние специа́льной се́рии книг	.....
предприя́тие,-ия n.	.....
предпринима́тель,-ля m.	.....
в ча́стности	insbesondere, unter anderem
Кни́га состои́т из мно́гих часте́й.	.....
1000 люде́й уча́ствовали в демонстра́ции.	.....
возникнове́ние,-ия n.	Entstehung
"Возникнове́ние и разви́тие Сове́тов в Росси́и"/Ю.А́нвайлер/	.....
возника́ть/возни́кнуть	.....
осно́вывать/основа́ть	(be)gründen
Журна́л "Исто́рия СССР" был осно́ван в 1957 году́.	.....
на осно́ве ста́рого зако́на	.....
на основа́нии соли́дных да́нных	.....
исто́чник,-ка m.	Quelle
опубликова́ние исто́чников по исто́рии Росси́и	.....
осо́бенно adv.	besonders
"Осо́бенности империали́зма в Росси́и"	..... (Buchtitel)
письмо́,-ма́ n.	Brief;Schrift
пи́сьменный исто́чник	.....
перепи́ска,-ки f.	Briefwechsel; Abschreiben
писа́ть,пи́шет/написа́ть	.....
Ле́нин писа́л письмо́.	.....
осужда́ть/осуди́ть	verurteilen,tadeln
Пози́ция Изра́иля осуждена́.	.....
находи́ть/найти́	finden
Заявле́ние нахо́дит подде́ржку.	.....
Делега́ция ещё находи́лась на Ку́бе.	.....
широ́кий	breit,weit
широта́	.....
Высо́кий проце́нт населе́ния СССР неру́сские.	
высота́	.....
Пётр Вели́кий	.....
величина́	.....
противостоя́ть	(einander) gegenüberstellen
противоре́чия в систе́ме капитали́зма	.....

содру́жество,-ва n.	Freundschaft,Gemeinschaft
стра́ны социалисти́ческого со- дру́жества	.....
ЕЭС /Европе́йское экономи́ческое соо́бщество/	.....
проводи́ть,-дит/провести́,-едёт	durchführen,anführen,durchsetzen
проведе́ние радика́льных рефо́рм	.....
вести́ перегово́ры	.....
введе́ние а́кций на би́ржу	.....
продава́ть/прода́ть	verkaufen
соглаше́ние,-ия n.	Abkommen,Vertrag
торго́вое соглаше́ние	.....
"Го́лос Аме́рики"	..... (Rundfunksender)
единогла́сно	einstimmig
оказа́ние,-ия	Leistung,Erweis
соглаше́ние об оказа́нии экономи́- ческой по́мощи	.....
ока́зывать/оказа́ть по́мощь	.....
пра́вильный	richtig
Реше́ние пра́вильно.	.....
установле́ние,-ия n.	Errichtung,Festsetzung,Konstatierung
установле́ние дипломати́ческих отноше́ний	.....
установле́ние сове́тской вла́сти	.....
устана́вливать/установи́ть	.....
выполнить рабо́ту в устано́вленные сро́ки	.....
направле́ние,-ия n.	Richtung,Tendenz
направле́ния в америка́нской социоло́гии	.....
направля́ть/напра́вить	(ein)richten;lenken
напра́вленная на укрепле́ние ми́ра поли́тика прави́тельства	.....
изуча́ть/изучи́ть	untersuchen,studieren; erlernen
Исто́рия росси́йского либерали́зма изу́чен сла́бо.	..... schlecht (schwach) .....
неразры́вный	unzertrennlich
неразры́вно свя́зано	.....
о́коло adv.+ gen.	fast,annähernd
о́коло проце́нта	.....
объединя́ть/объедини́ть	vereinigen
ООН: Организа́ция Объединённых На́ций	.....
еди́нство де́йствий	.....
хоро́ший	gut
хоро́ший челове́к	.....

положи́тельный положи́тельный результа́т перегово́ров	positiv .....

осуществле́ние,-ия n.
  Он существу́ет свои́м трудо́м.
  при́нцип ми́рного сосуществова́ния
	Verwirklichung,Ausführung
	.....
	.....

суме́ть vo.	können,vermögen

я́сный
  я́сная ли́ния КПСС
  Ли́ния КПСС ясна́.
	klar,deutlich
	.....
	.....

теку́щие и перспекти́вные зада́чи КПСС полити́ческие тече́ния	die gegenwärtigen (laufenden) ....

изходи́ть/изойти́
  При э́том па́ртия исхо́дит из того́, что ...
  Депута́ты избра́ли председа́теля.
	stammen,ausgehen
	.....
	
	.....

постепе́нный пери́од постепе́нного перехо́да от социали́зма к коммуни́зму	allmählich,schrittweise .....

бо́лее adv.komp.
  бо́лее,чем 20%
  Конце́пция была́ вы́работана бо́лее или ме́нее оригина́льно.
  большинство́м голосо́в
	mehr
	.....
	.....
	
	.....

производи́тельность,-ти f.
  рост производи́тельности труда́
  произво́дство ста́ли
	Produktivität
	.....
	.....

позволя́ть/позво́лить Но́вые информа́ции позволя́ют реши́ть пробле́му.	gestatten,erlauben .....
Петро́в,Ивано́в и др.	.....

девя́тый
  де́вять,-ти f.
  де́вять рабо́чих и де́вять крестья́н
	neunter
	neun
	.....

бы́стрый ("Bistro") Эконо́мика СССР развива́ется бы́стрыми те́мпами.	schnell .....
по́лный по́лная карти́на	voll(ständig),ganz,gesamt ..... Bild

са́мый,наибо́лее + adj.,adv.sup.
  са́мое кру́пное предприя́тие
  наибо́лее вероя́тный кандида́т
	-ster
	.....
	der wahrscheinlich.....

учрежде́ние,-ия n.   Institution, Einrichtung
   Госуда́рственный Сове́т был одни́м   .....
   из наибо́лее консервати́вных
   учрежде́ний в Росси́и до 1917 го́да.

приноси́ть/принести́   (ein)bringen
   Револю́ция принесла́ но́вые иде́и в   .....
   европе́йские стра́ны.

не то́лько ... но и   nicht nur ..... sondern auch
   не то́лько в на́шей стране́, но и   .....
   во всём ми́ре

принадлежа́ть   gehören
   Э́та кни́га принадлежи́т мне.   .....

передово́й adj.   fortschrittlich
   передова́я часть о́бщества   .....
   передова́я,-о́й f.   Leitartikel

оце́нивать/оцени́ть   beurteilen, einschätzen
   высоко́ оцени́ть роль экономи́чес-   .....
   кого фа́ктора
   оце́нка,-ки f.   .....
   повыше́ние цен   .....
   переоце́нка це́нностей   Umwertung der Werte

признава́ть/призна́ть   anerkennen, halten für
   Г. Ро́тфельс - при́знанный глава́   .....
   исто́риков ФРГ.

входи́ть/войти́, войдёт   hineingehen, Eingang finden
   В сбо́рник вошли́ нове́йшие   .....
   статьи́ а́втора.

вид,-да m.   Äußeres, Ansehen; Absicht; Art; Aspekt
   име́ть в виду́   an etw. denken, etw. berücksichtigen
   ви́деть/уви́деть   sehen

ра́нний   früh
   ра́нний феодали́зм   .....

коли́чество и ка́чество   Quantität und Qualität
   /Fragen: ско́лько - wieviel,
   как - wie/
   коли́чественные и ка́чественные   .....
   измене́ния
   коли́чество голосо́в на 70% бо́льше, чем.....   ..... um ..... größer .....

во́ля,-ли f.   Wille; Freiheit
   Во́ля наро́дов сильне́е войны́.   .....

сближе́ние,-ия n.   Annäherung
   полити́ческое сближе́ние СССР с США   .....
   сближа́ться/сбли́зиться   .....

близкий - ближе	..... - .....
частый - чаще	häufig - .....
правило,-ла n.	Regel
как правило	in der Regel, gewöhnlich
самостоятельный	selbständig
противостоять	.....
право на самоопределение	.....
через + akk.	durch
через каждые пять лет	alle 5 Jahre, nach jeweils 5 Jahren
высокий - высший	hoch - .....
широкий - широчайший	..... - .....
предшествующий	voraus-, vohergehend
предшествующие встречи	.....
перемена,-ны f.	Änderung, Wechsel
обмен мнениями	.....
переоценка ценностей	.....
составлять/составить	zusammenstellen, schaffen, sich belaufen auf; bilden, ausmachen
Дефицит торгового баланса составляет около 100 миллионов долларов.	.....
одобрять/одобрить	billigen
Соглашения были одобрены бундестагом ФРГ.	.....
добрый	gut

капиталистический способ производства	.....
Империализм - высшая стадия капитализма.	.....
предложение и спрос	.....
переговоры на высшем уровне	.....
шаг за шагом	.....
Ленин жил, Ленин жив, Ленин будет жить.	.....

12. LEKTION: 34 Wörter

Muster

го́нка вооруже́ний	"Wettrüsten"
нераспростране́ние я́дерного ору́жия	Nichtweiterverbreitung von Kernwaffen
вооружённое восста́ние	bewaffneter Aufstand
далеко́ иду́щие вы́воды	weitgehende Schlußfolgerungen

ору́жие, -ия n.	Waffe
Госуда́рство есть ору́дие построе́ния социали́зма.	.....
ору́дие, -ия n.	.....
вооруже́ние, -ия n.	(Auf-)Rüstung, Bewaffnung
вооружа́ться/вооружи́ться	.....
вооружённые си́лы	.....
вооружённое восста́ние	.....
я́дерное ору́жие	atomare Bewaffnung, Kernwaffen
го́нка вооруже́ний	.....
чрезвыча́йное положе́ние	Ausnahmezustand
объяви́ть чрезвыча́йное положе́ние	.....
приходи́ться/прийти́сь, -идётся	нötig sein, müssen
Ей пришло́сь объяви́ть вое́нное положе́ние.	.....
наме́рение, -ия n.	Absicht, Vorhaben
наме́рение сове́тского посо́льства	.....
наме́ренный	absichtlich, vorsätzlich, bewußt
Она́ наме́рена определи́ть свою́ поли́тику.	.....
угро́за, -зы f.	(Be-)Drohung; Gefahr
Они́ бо́рятся с угро́зой войны́.	.....
Проти́вник угрожа́ет войно́й.	.....
преобразова́ние, -ия n.	tiefgreifende Reform, Umgestaltung
наро́дное образова́ние	.....
о́браз жи́зни	Lebensweise
преобразова́ния Петра́ Пе́рвого	.....
издава́ть, -даёт/изда́ть	herausgeben, veröffentlichen
"Изда́тельство полити́ческой литерату́ры"	.....
отда́ть власть ру́сской буржуази́и	.....
переда́ть письмо́ адреса́ту	.....
придава́ть пробле́ме большо́е значе́ние	.....
выдава́ть де́ньги	..... aushändigen
всё-таки	trotzdem; doch; immerhin
пото́м	dann, nachher, später

распространя́ть/распространи́ть	ausdehnen, verbreiten
Пото́м рабо́чее движе́ние распространи́лось по всему́ ми́ру.	.....
догово́р о нераспростране́нии я́дерного ору́жия	.....
я́дерная война́	.....
после́дствие,-ия n.	Folge(erscheinung), Ergebnis
после́дствия я́дерной войны́	.....
сле́довать/после́довать	.....
Она́ рабо́тает, как сле́дует.	..... wie es sich gehört
после́довательный материали́зм	.....
после́довательность её кри́тики	.....
сле́дующий това́рищ	.....
учи́тывать/уче́сть, учтёт	berechnen, berücksichtigen
учи́тывая свои́ обяза́тельства по статье́ VI	..... auf ihre Pflichten .....
оборо́на,-ны f.	Verteidigung
министе́рство оборо́ны	.....
оборони́тельные ме́ры прави́тельства	.....
опа́сность,-ти f.	Gefährlichkeit, Gefahr
Совеща́ние по безопа́сности и сотру́дничеству в Евро́пе	.....
опа́сный курс Пеки́нского руково́дства	.....
примене́ние,-ия n.	Anwendung, Verwendung
применя́ть/примени́ть	.....
распростране́ние	.....
распространя́ть/распространи́ть	.....
вооруже́ние	Bewaffnung, Rüstung
вооружа́ть/вооружи́ть	.....
благоприя́тный	günstig; wohlwollend
благоприя́тные усло́вия	.....
обяза́тельство,-ва	Verpflichtung
социалисти́ческие обяза́тельства	.....
обя́зательства пе́ред госуда́рством	.....
выполня́ть свои́ обяза́тельства	.....
выполне́ние свои́х обяза́тельств	.....
ско́рый	schnell; baldig
ско́рое реше́ние	.....
ско́рая по́мощь	"Erste Hilfe"
ско́рость автомоби́ля	.....
го́нка вооруже́ний	"Wettrüsten", Rüstungswettlauf
жела́ть/пожела́ть	wünschen
жела́я соде́йствовать разря́дке напряжённости	.....
по жела́нию па́ртии	.....
жела́тельное реше́ние	.....

соглашéние мéжду Болгáрией и СССР	.....
соглашáться/согласи́ться	.....
стóроны согласи́лись о нижеслéдующем	..... unten folgendes
валю́тное соглашéние	.....
двусторóннее соглашéние	bilaterales .....
многосторóннее соглашéние	.....
ни́зкий - ни́же	niedrig - .....
чáстый - чáще	..... - .....
бли́зкий - бли́же	..... - .....
затрáта,-ты f.	Aufwand, Ausgabe
непроизводи́тельные затрáты	.....
затрáчивать/затрáтить мнóго уси́лий	.....
преподавáтель,-ля m.	Lehrer (i. Hochschulbereich)
учи́тель,-ля m.	Lehrer
"Учи́тельская газéта"	.....
вы́вод,-да m.	Schlußfolgerung; Rückzug, Abzug
сдéлать далекó иду́щие вы́воды	.....
введéние в проблéму	.....
исслéдование,-ия n.	Untersuchung, Forschung, wiss. Abhandlung
исслéдователь,-ля m.	.....
исслéдовать,-дует	.....
избрáние на пост президéнта	.....
изменéние социáльной структу́ры	.....
издáтельство полити́ческой литерату́ры	.....
исходи́ть/изойти́ из	.....
исхóдный пункт исслéдования	.....
исходя́ из фáкта, что ...	.....
гóнка вооружéний	.....
нераспространéние я́дерного ору́жия	.....
вооружённое восстáние	.....
далекó иду́щие вы́воды	.....

---

13. LEKTION: 46 Wörter

Muster

Альтернати́вы разря́дке нет.	Es gibt keine Alternative zur Entspannung.
Не изжи́л ли себя́ капитали́зм?	Hat sich d. Kapitalismus nicht über-/lebt?
за кули́сами капиталисти́ческого ми́ра	.....
предложéние и спрос	.....
Репутáция обя́зывает.	.....
переводи́ть/перевести́	übersetzen
перевóд с немéцкого	.....

раз,-за m.(gen. pl.: раз)	mal
в пе́рвый раз	.....
мно́го раз	.....
изве́стный	bekannt, berühmt; bestimmt
изве́стный учёный	.....
в изве́стных слу́чаях	..... Fällen
ито́г,-га m.	Bilanz; Resultat
ито́ги пятиле́тки	.....
ито́ги координа́ции	.....
не́сколько	einige; etwas
не́сколькими дня́ми ра́ньше	.....
подо́бный	ähnlich, gleichartig
и тому́ подо́бное (и т.п.)	.....
подо́бный докуме́нт был подпи́сан	.....
включа́ть/включи́ть	einfügen, einbeziehen
включе́ние но́вой статьи́ в догово́р	.....
заключе́ние догово́ра	.....
то́чка зре́ния	Gesichts-, Standpunkt
исхо́дная то́чка	.....
ме́сяц,-ца m.	Monat; Mond
в ма́е-ме́сяце	.....
ме́сячный журна́л	.....
носи́ть uv.	tragen
Дефици́т но́сит хрони́ческий хара́ктер.	.....
о́стрый	scharf
Противоре́чия ме́жду ни́ми обостри́лись.	.....
обостре́ние конфли́кта	.....
острота́ конфли́кта	.....
стоя́ть	stehen
пробле́мы, стоя́щие пе́ред страно́й	.....
це́лый	ganz, vollständig
В це́лом дефици́т дости́г 1 млрд.ма́рок.	.....
Це́лый год он был в Ашхаба́де.	.....
почти́	beinahe, fast
почти́ три млрд.до́лларов	.....
определённые круги́	gewisse, bestimmte Kreise
определя́ть свою́ поли́тику	.....
определе́ние те́рмина "власть"	.....
приня́тие,-ия n.	Annahme, Aufnahme
принима́ть делега́цию	.....
Косы́гин при́нял посла́ ФРГ.	.....

шаг, -га m.	Schritt
шаг за шáгом	.....
здорóвье, -ья n.	Gesundheit
здорóвый человéк	.....
оздоровлéние международного климата	.....
устанавля́ть/установи́ть	einrichten
установлéние дипломати́ческих отношéний	.....
установи́ть пóлный контрóль	.....
богáтство, -ва n.	Reichtum
богáтый - богáче	..... - .....
востóк - востóчный	..... - .....
"Востóчный вопрóс"	"Orientalische Frage"
попы́тка	Versuch
пытáться/попытáться	.....
нéкоторые	einige, manche
Нéкоторые пáртии пытáются сформировáть нóвое прави́тельство.	.....
стáвить	stellen
стáвить себé цéлью	......
стáвить вопрóс на голосовáние	......
срок	.....
досрóчное выполнéние плáна	.....
лёгкий	leicht
лёгкая атлéтика	.....
возмóжный	möglich
"странá неограни́ченных возмóжностей"	.....
два, две (gen. двух)	zwei
двустороннее соглашéние	.....
Кни́га состои́т из двух частéй.	.....
две кни́ги	.....
два журнали́ста	.....
обя́занность, -ти f.	(Ver-)Pflicht(ung)
взять на себя́ обя́занности главы́ госудáрства	.....
сочинéние, -ия n.	Werk
пóлное собрáние сочинéний В.И.Лéнина	.....
содержáние исслéдования	.....
Егó исслéдование содéржит мнóго нóвых информáций.	.....
излагáть/изложи́ть	darlegen
изложéние проблéмы	.....

сто́имость,-ти f.	Wert, Preis
изложе́ние тео́рии сто́имости	.....
уче́ние	Lehre
уче́ние Ка́рла Ма́ркса	.....
уче́бный год	.....
учёный сове́т	.....
оте́ц,-тца́ m.	Vater
Оте́ц Ма́ркса был адвока́том.	.....
желе́зная доро́га	Eisenbahn
желе́зо,-за n.	.....
забасто́вка железнодоро́жников	.....
желе́зный за́навес	"Eiserner Vorhang"
вели́кий - увеличе́ние	..... - .....
ни́зкий - сниже́ние	niedrig, gering - .....
землевладе́лец,-льца m.	Grundbesitzer
владе́ть землёй	.....
землевладе́ние,-ия n.	.....
ну́жен,-жна́,-жно;-жны́	nötig sein
счита́ть ну́жным	.....
ри́мская ку́рия	.....
пала́та депута́тов	Abgeordnetenkammer
пра́вый	rechts
пра́вые ли́деры социалдемокра́тии	.....
ле́вые си́лы	.....
осо́бый	besonders
"Осо́бенности империали́зма в Росси́и"	.....
внутриполити́ческий	innenpolitisch
внутрипарти́йная демокра́тия	.....
внешнеторго́вый бала́нс	.....
сло́жный вопро́с	schwierige, komplizierte .....
осложне́ние внутриполити́ческого положе́ния в стране́	.....
осложня́ться/осложни́ться	.....
но́вый	.....
обновле́ние полити́ческой жи́зни страны́	.....
аге́нтство печа́ти "Но́вости"	.....
вы́пуск	Ausstoß
вы́пуск проду́кции	.....
кни́га, вы́пущенная в 1928 году́	.....
выпуска́ть/вы́пустить	.....
уменьша́ться/уме́ньшиться	kleiner werden, sich verringern, ab-/nehmen
уменьше́ние проду́кции в 60 %	.....

ни́зкий - ни́зший	niedrig, gering - ....., ...
сниже́ние жи́зненного у́ровня	.....
жи́зненный у́ровень трудя́щихся сни́зился.	.....
па́дать/упа́сть	fallen, sinken
"Паде́ние ца́рского режи́ма"	..... (wichtiges Quellenwerk über die Zeit 1905-1917)
прие́зд делега́ции	Ankunft .....
прибы́тие президе́нта	.....
призы́в па́ртии	.....
проте́ст про́тив пригово́ра	.....
по приглаше́нию сове́тского прави́тельства	.....
вновь	wieder, erneut
но́вая и нове́йшая исто́рия	.....
демократи́ческое обновле́ние страны́	.....
гото́вый	fertig, bereit
Всегда́ гото́в!	.....
пове́стка дня	Tagesordnung
до́лгий	lang
Продолже́ние сле́дует.	.....
задо́лго до прие́зда делега́ции	.....

Альтернати́вы разря́дке нет.	.....
Не изжи́л ли себя́ капитали́зм?	.....
за кули́сами капиталисти́ческого ми́ра	.....
предложе́ние и спрос	.....
Репута́ция обя́зывает.	.....

14. LEKTION: 59 Wörter

Muster

Ло́зунг был и остаётся оди́н и тот же.	.....
эксплуата́ция челове́ка челове́ком	.....
накопле́ние,-ия n.	Ansammeln, Akkumulation
первонача́льное накопле́ние	.....
накопле́ние капита́ла	.....
означа́ть uv.	bedeuten
Что означа́ет его́ вопро́с?	.....
значе́ние	.....
Значе́ние постановле́ния состои́т в том, что ...	..... der Verordnung .....
Что э́то зна́чит?	.....

вперёд adv.	vorwärts
ли́чность,-ти f.	Persönlichkeit
культ ли́чности	.....
да́льше комр.indekl.zu далёкий	weiter
Втора́я резолю́ция шла да́льше пе́рвой.	.....
кра́ткий	kurz
кратча́йший срок	.....
односторо́нний /сторона́/	einseitig
многосторо́ннее соглаше́ние	.....
двусторо́нние перегово́ры	.....
по́лностью adv.	vollständig, völlig
по́лный adj.	.....
полномо́чие /по́лный,мочь/	Vollmacht
вы́полнить план	.....
перевыполне́ние пла́на	.....
отража́ть/отрази́ть	widerspiegeln, zum Ausdruck bringen
Схе́ма отража́ет объекти́вные проце́ссы.	.....
На вы́борах в бу́ндестаг отрази́лось обще́ственное мне́ние.	.... Meinung.
отраже́ние	.....
Лицо́ - отраже́ние ли́чности.	Das Gesicht .....
Иску́сство - отраже́ние жи́зни.	Die Kunst .....
обусло́вливать/обусло́вить	bedingen, hervorrufen
Успе́х де́ла обусло́влен испо́льзованием всех ресу́рсов.	.....
предпосы́лка,-ки f.	Voraussetzung
предпосы́лки Октя́брьской револю́ции	.....
закономе́рность,-ти /зако́н,ме́ра,-ость/	Gesetzmäßigkeit
закономе́рности в обще́ственном разви́тии	.....
зако́н сто́имости	.....
соотве́тствующие ме́ры	entsprechende .....
законода́тель /зако́н,дать,-ель/	.....
законода́тельная де́ятельность	.....
законода́тельное собра́ние	.....
революцио́нная зако́нность	.....
незако́нное де́йствие	.....
та́кже	auch
своеобра́зие,-ия n. /свой,о́браз/	Eigentümlichkeit, Eigenart
своеобра́зие социалисти́ческой револю́ции	.....
своеобра́зный	.....
образова́ть	.....
наро́дное образова́ние	.....
о́браз жи́зни	.....

тво́рческий adj.	Schaffens-, schöpferisch
тво́рческий труд	.....
тво́рчество	Schaffen, Werk
тво́рчество Достое́вского	.....
творе́ние	Werk, Schöpfung
колеба́ние,-ия n.	Schwanken, Schwankung
Колеба́ния в поведе́нии поли́тика	.....
колеба́ться,коле́блется /поколеба́ться	schwanken, unschlüssig sein
авторите́т коле́блется	.....
коле́блющиеся це́ны	.....
отсу́тствие,-ия n.	Abwesenheit, Fehlen
В кни́ге отсу́тствуют статисти́ческие да́нные.	.....
появля́ться/появи́ться	erscheinen, entstehen
появи́лись но́вые труды́ к те́ме	.....
обобще́ние /об-,о́бщий,-ение/	Verallgemeinerung, Schlußfolgerung
обобще́ние результа́тов	.....
обобща́ть/обобщи́ть ча́стные явле́ния	..... Einzelerscheinungen
О́бщий ры́нок	.....
о́бщее явле́ние	.....
общеэкономи́ческие вопро́сы	.....
обще́ственный контро́ль	.....

пятиле́тний план	Fünfjahresplan
75-ле́тие со дня рожде́ния Мори́са Торе́за	.....
пять лет	.....
выдвига́ть/вы́двинуть	vorbringen, zur Kenntnis geben
Съезд вы́двинул ряд но́вых вы́водов и положе́ний.	.....
предотвраще́ние,-ия n.	Verhütung, Vorbeugung
предотвраще́ние войн	.....
предотвраща́ть/предотврати́ть	.....
подверга́ть/подве́ргнуть	unterwerfen, unterziehen
Съезд подве́рг принципиа́льной кри́тике культ ли́чности.	.....
осуществля́ть/осуществи́ть	durchführen, verwirklichen
осуществи́ть культу́рную револю́цию	.....
осуществле́ние на́званных мер	.....
осуществи́мый прое́кт	.....
существо́,-ва n.	Wesen, Hauptsache
существова́ть	.....
при́нцип ми́рного сосуществова́ния	.....
стро́гий	streng
стро́гий вы́говор	..... Verweis

соблюдение,-ия n.	Beachtung, Befolgung
соблюдать/соблюсти	.....
соблюдение ленинских норм партийной жизни	.....
постановление,-ия n.	Resolution, Beschluß; Verordnung
постановление Совета министров	.....
постановление ЦК партии	.....
проявление,-ия n.	Äußerung, Bekundung, Erscheinung, Auftreten
проявление культа личности	.....
проявляться/проявиться	.....
проявился интерес к вопросам разоружения	.....
глубокий	tief
глубокий кризис	.....
холодная война	"Kalter Krieg"
случайный	zufällig
не случайно, что ...	.....
наибольший	der größte
самый известный учёный	.....
наиболее вероятный кандидат	.....
вокруг m.gen.	um ... herum; wegen
вокруг моря	.....
борьба вокруг "восточной политики"	.....
поднимать/поднять	erheben, steigern
поднять производительность труда	.....
наличие,-ия n.	Anwesenheit, Vorhandensein
наличие отрицательных явлений	..... negativer .....
отрицательный adj.	negativ, verneinend
отрицательный ответ	.....
отрицательный результат	.....
отрицать uv.	.....
отрицание	.....
теперь adv.	jetzt, gegenwärtig, nun
видеть,видит/увидеть	sehen, erkennen
Он видел свою ошибку.	.....
видный	sichtbar, bedeutend
видный учёный	.....
видимый p.präs.p.; adj.	sichtbar; scheinbar
ускорять/ускорить	beschleunigen
скорым шагом	.....
ослаблять/ослабить	schwächen

ослаблять позиции капитализма	.....
слабые результаты	.....
положить v.	legen; machen
положить дискуссии конец	...
могучий	mächtig, gewaltig
могучая страна	.....
воздействие,-ия n.	Einfluß
оказать моральное воздействие на товарища	.....
начинаться/начаться	beginnen
трудности начинались с половины 50-х годов	die Schwierigkeiten ..... seit Mitte .....
начало работы	.....
начала марксизма-ленинизма	.....
половина,-ны f.	Hälfte
во второй половине 20-ого века	.....
поворот	Wende, jäher Umschwung
поворот к лучшему	.....
творческий adj.	Schaffens-, schöpferisch
творческий труд	.....
творчество	Schaffen, Werk
творчество Достоевского	.....
творение	Werk, Schöpfung
конец,-нца m.	Ende
в конце 1957 года	.....
наконец	schließlich, endlich
по окончании работы	.....
глубокий кризис	.....
углублять/углубить	.....
углубление экономического кризиса	.....
само-	Selbst-
самокритика	.....
право на самоопределение	.....
самостоятельность	.....
свидетельство,-ва n.	Zeugnis, Beweis
речь Кастро свидетельствует о том, что ...	.....
свидетель,-ля m.	.....
уверенность,-ти f.	Sicherheit, Zuversicht, Vertrauen
уверенность в своих силах	.....
уверенность в себе	.....
уверять/уверить	überzeugen, versichern
наоборот adv.	im Gegenteil

стара́ться/постара́ться	streben, bestrebt sein
Он стара́лся сде́лать всё как сле́дует.	.....
воспи́тывать/воспита́ть	erziehen
КПСС воспи́тана на при́нципах марк-сизма-ленини́зма.	.....
воспита́ние,-ия n.	.....
исключи́тельно adv.	ausschließlich
Она́ чита́ла все статьи́ за исключе́нием лишь одно́й.	..... mit Ausnahme .....
исключа́ть/исключи́ть	.....
исключи́тельные зако́ны	Sonder- .....
соображе́ние,-ия n. /со-,о́браз,-ение/	Überlegung, Erwägung, Verstehen
по э́тим соображе́ниям	.....
сообража́ть/сообрази́ть	.....
коренно́й	ursprünglich, grundlegend
коренно́й вопро́с	.....
ко́рень,-рня m.	Wurzel
впредь adv.	künftig, in Zukunft
вперёд adv.	vorwärts
развёртывать/разверну́ть	entwickeln, entfalten
внутри-	innen-, inner-
развёрнутая внутрипарти́йная демокра́тия	.....
всеме́рный /весь,ме́ра/	größtmöglich
радика́льные ме́ры	.....
исключи́тельные ме́ры	.....
Ло́зунг был и остаётся оди́н и тот же.	.....
эксплуата́ция челове́ка челове́ком	.....

15. LEKTION: 59 Wörter

Muster

опро́с обще́ственного мне́ния	Meinungsumfrage
при́нцип наибо́льшего благоприя́тствования	Prinzip der Meistbegünstigung
догово́р о ненападе́нии	Nichtangriffs"pakt"

брать/взять	nehmen
взять под свой контро́ль	.....
называ́ть/назва́ть	nennen, bezeichnen

назва́ть це́ну	.....
назва́ние	.....
накану́не adv.	am Vorabend
накану́не пе́рвых деба́тов	.....
пора́, -ры f.	Zeit
до сих пор	bis jetzt ("bis zu diesen Zeiten")
до тех пор	.....
с тех пор	.....
весьма́	sehr, äußerst
весьма́ интере́сная статья́	.....
весьма́ ва́жное де́ло	.....
опро́с обще́ственного мне́ния	.....
по ме́ньшей ме́ре	wenigstens
меньшеви́к, -ка́ m.	.....
национа́льное меньшинство́	.....
хотя́ konj.	obwohl
бесе́да, -ды f.	Gespräch
бесе́да Косы́гина с посло́м США	.....
понима́ть/поня́ть	verstehen, begreifen
жонгли́ровать ста́вшими мо́дными поня́тиями	.....
открыва́ть/откры́ть	öffnen
откры́тый	offen; offenkundig
откры́тый вопро́с	.....
откры́тое заседа́ние	.....
откры́тое голосова́ние	öffentliche Abstimmung
откры́тое письмо́	.....
поско́льку adv.	in dem Maße, insofern
неизме́нный	unwandelbar; ständig
Большинство́ остаётся неизме́нным.	.....
оконча́тельный	endgültig; End-
оконча́тельное голосова́ние	.....
по оконча́нии рабо́ты	.....
предстоя́ть	bevorstehen
Им предстои́т тру́дное реше́ние.	.....

относи́тельно	hinsichtlich, in bezug auf; verhältnismäßig, relativ
тео́рия относи́тельности	.....
согла́сный	einig, einverstanden, übereinstimmend
о́ба прави́тельства согла́сны, что ...	.....
Все с э́тим согла́сны.	.....

согла́сно	laut, entsprechend, gemäß
согла́сно догово́ру	.....
в согла́сии с	in Übereinstimmung mit
держа́вы Согла́сия	Ententemächte
разногла́сие	Meinungsverschiedenheit
"На́ши разногла́сия"	..... (Frühschrift von Plechanov)
торго́вое соглаше́ние	.....
валю́тное соглаше́ние	.....
двусторо́ннее соглаше́ние	.....
долгосро́чное соглаше́ние	langfristiges Abkommen
состоя́ние	Zustand, Lage; Vermögen
состоя́ние ры́нка	.....
хозя́йственное состоя́ние	.....
семе́йное состоя́ние	Familienstand
состоя́ние войны́	.....
отка́зываться/отказа́ться	verzichten, sich weigern
Сто́роны отка́зываются от возмеще́ния вое́нных расхо́дов.	..... Ersatz .... -ausgaben
расхо́д	Ausgabe; Verbrauch; pl.: Kosten
бюдже́т дохо́дов и расхо́дов	.....
вое́нные расхо́ды	.....
расхо́ды произво́дства	.....
администрати́вные расхо́ды	.....
расхо́ды на материа́лы	.....
неме́дленный	sofortig, unverzüglich
неме́дленный вы́вод войск	..... Truppenabzug
ме́дленный	langsam
да́лее	weiter, ferner; darauf, nachher
и так да́лее /и т.д./	usw.
де́йствовать,-вует	funktionieren, (ein)wirken; gültig sein
до́лжен де́йствовать при́нцип наибо́льшего благоприя́тствования	.....
срок де́йствия зако́на	.....
еди́нство де́йствий	.....
де́йствующее соглаше́ние	.....
преиму́щество,-ва n.	Vorteil; Privileg
име́ть значе́ние	.....
предоставля́ть/предоста́вить	einräumen, gewähren
предоставля́ть преиму́ществва	.....
предоста́вить пра́во	.....
предоставле́ние преиму́ществ	.....
составна́я часть	Bestandteil
потре́бность,-ти f.	Bedürfnis
хозя́йственные потре́бности обе́их стран	.....

предвари́тельный	vorläufig; vorhergehend
предвари́тельные да́нные	.....
предвари́тельный обме́н мне́ниями	.....
справедли́вый	gerecht
демократи́ческий и справедли́вый мир	.....
восстана́вливать/восстанови́ть	wiederherstellen
восстановле́ние суверените́та	.....
равнопра́вый	gleichberechtigt
равнопра́вие же́нщин	.....
равнопра́вное положе́ние Герма́нии	.....
допуска́ть/допусти́ть	zulassen
не допуска́ть возрожде́ния герма́нского милитари́зма	.....
вы́боры, -ров m.	Wahlen
"общегерма́нские вы́боры"	.....
от и́мени	im Namen
от и́мени всей Герма́нии	.....
путём	durch, mit Hilfe, "auf dem Wege"
путём опро́са населе́ния	.....
путь, -ти́ m.	Weg, Strecke, Fahrt
Министе́рство путе́й сообще́ния	.....
держа́ва, -вы f.	Macht, Staat
"сверхдержа́ва"	.....
за́падные держа́вы	.....
отрица́тельный	negativ
отрица́тельная пози́ция СССР	.....
политру́к = полити́ческий руководи́тель	.....
руководя́щие круги́ США	.....
пре́жде всего́	.....
восстана́вливать суверените́т	.....
вооружённое восста́ние	.....
сде́лка, -ки f.	Vertrag, Abkommen; Geschäft
Мю́нхенская сде́лка	.....
Мю́нхенское соглаше́ние	.....
захва́т, -та m.	Eroberung
"фаши́стские захва́тчики"	.....
тяжёлый	schwer
в э́тих тяжёлых усло́виях	.....
отпо́р, -ра m.	Abwehr
фронт ми́ра для отпо́ра агре́ссии	.....

взаимопо́мощь,-щи f.	gegenseitige Hilfe
пакт о взаимопо́мощи	.....
взаимоотноше́ние	.....
взаи́мная по́мощь	.....
вынужда́ть/вы́нудить	zwingen
СССР был вы́нужден подписа́ть догово́р с Гитлеро́вской Герма́нией.	.....
пакт о ненападе́нии	.....
столь adv.	so(sehr)
в столь тяжёлой обстано́вке	.....
вме́сте adv.	zusammen
вме́сте с тем	"....."; zugleich
прибега́ть/прибе́гнуть	seine Zuflucht nehmen zu
прибе́гнуть к реши́тельным ме́рам	.....
еди́нственный	einzig, hervorragend
еди́нственный путь к освобожде́нию рабо́чего кла́сса	.....
еди́ный фронт	.....
распоряже́ние,-ия n.	Verfügung
име́ть в своём распоряже́нии	.....
спо́соб,-ба m.	Art, Verfahren, Methode
спо́соб произво́дства	.....
сре́дства произво́дства	.....
произво́дственные отноше́ния	.....
гла́вный	hauptsächlich, Haupt-
гла́вный почта́мт	.....
гла́вное управле́ние	.....

16. LEKTION: 47 Wörter

Muster

Сове́т Экономи́ческой Взаимопо́мощи	Rat für gegenseitige Wirtschaftshilfe
О́бщий ры́нок	.....
развива́ющиеся стра́ны	.....
созда́ние,-ия n.	Schaffung, Gründung
предпосы́лки дальне́йшего разви́тия создаю́тся	.....
непреры́вный	ununterbrochen
непреры́вный рост проду́кции	.....

расширя́ть/расши́рить	erweitern, ausweiten
расшире́ние де́ятельности	.....
соотве́тствие,-ия /со-,отве́т,-ие/	Übereinstimmung
в соотве́тствии с соглаше́нием	.....
по́лное соотве́тствие интере́сов	.....
ино́й	anderer, mancher
име́ть ину́ю социа́льную систе́му	.....
иностра́нный /ино́й,страна́/	.....
министе́рство иностра́нных дел	.....
проявля́ть/прояви́ть	zeigen, bekunden
Ме́ксика проявля́ет интере́с к сотру́дничеству.	.....
страна́-член	Mitgliedsland
страна́-уча́стница	Teilnehmerland
стра́ны-экспортёры	.....
стра́ны-импортёры	.....
интегра́ция стран-чле́нов	.....
возраста́ть/возрасти́	anwachsen, größer/stärker werden
его́ значе́ние возросло́	.....
возраста́ющий интере́с	.....
ве́домство,-ва n.	Behörde, Amt
Ве́домство Святе́йшего Сино́да	(staatl. Kirchenamt in Russland vor
ве́домственный	..... /1917)
предполага́ть uv.	beabsichtigen, vorhaben; voraussetzen
Созда́ние ЕЭС предполага́ло организа́цию агра́рного ры́нка.	.....
зако́ны спро́са и предложе́ния	.....
при́зван/ный/	berufen, bestimmt
призыва́ть/призва́ть	.....
Он при́зван к нау́чной де́ятельности.	.....
призва́ние	.....
призы́в па́ртии	.....
защи́та,-ты f.	Verteidigung, Schutz
защи́та агра́рного ры́нка	.....
защи́та прав челове́ка	.....
защища́ть/защити́ть	.....
защи́тник на́ших интере́сов	.....
защи́тная зо́на	.....
льго́тный	Vorzugs-
льго́тные усло́вия	.....
льго́тный тари́ф	.....
льго́тная цена́	.....
льго́та,-ты	.....
сбыт,-та	Absatz, Verkauf
ры́нки сбы́та	......

сбыва́ть/сбыть	.....
сбытовы́е организа́ции	.....
товарооборо́т,-та /това́р/	Warenumsatz
сдвиг,-га	Umschwung, Änderung
структу́рные сдви́ги на ры́нке	.....
и т.п. = и тому́ подо́бный	und ähnlich(es), u.ä.
вопреки́ + dat.	ungeachtet, gegen, wider, trotz
вопреки́ ожида́ниям	..... Erwartungen
напро́тив	im Gegenteil, durchaus nicht
про́тив тече́ния	.....
разли́чие,-ия /раз-,лицо́/	Unterschied
разли́чия в систе́мах образова́ния	.....
У них разли́чные мне́ния.	.....
дере́вня,-ни f.	(kleineres) Dorf
го́род и дере́вня	"....."
электрифика́ция сове́тской дере́вни	.....
жить в дере́вне	.....
неоднокра́тный	mehrfach, wiederholt
неоднокра́тные встре́чи	.....
догова́риваться/договори́ться	übereinkommen, sich einigen
Сто́роны договори́лись о вопро́се разоруже́ния.	.....
дости́гнутая договорённость	.....
"восто́чные догово́ры"	.....
поставщи́к,-ка́	Lieferant
Поставщи́к сырья́ - америка́нский конце́рн.	.....
Фра́нция - основно́й поставщи́к э́тих това́ров.	.....
зерновы́е,-вы́х	Getreide
молоко́,-ка́ n.	Milch
моло́чные проду́кты	.....
животново́дство,-ва n.	Viehzucht
вступле́ние,-ия n.	Eintreten, Eintritt
вступле́ние в О́бщий ры́нок	.....
вступле́ние в па́ртию	.....
вступле́ние в си́лу	.....
догово́р вступи́л в си́лу	.....
вступа́ющие в си́лу соглаше́ния	.....
выступле́ние председа́теля	.....
Он вы́ступил с ре́чью.	.....

ввози́ть/ввезти́	importieren
вы́воз и ввоз капита́ла	.....
тре́тий	dritter
в-тре́тьих	drittens
тре́тье сосло́вие	dritter Stand (=Bürgertum)
"тре́тий мир"	.....
черта́, -ты́	Strich, Zug, Linie
в о́бщих черта́х	in großen Zügen
располага́ть uv.	verfügen über, besitzen
ФРГ располага́ет мо́щным промы́шленным потенциа́лом.	.....
мо́щный	sehr stark
мо́щный промы́шленный потенциа́л	.....
мо́щность госуда́рства	.....
мочь, мо́жет	.....
э́то мо́жет бы́ть	.....
Мо́жно реши́ть вопро́с сейча́с.	.....
мощь, -щи f.	Macht, Stärke
по́мощь, -щи f.	Hilfe
Сове́т Экономи́ческой Взаимопо́мощи	.....
мероприя́тие /ме́ра, приня́ть/	Maßnahme
мероприя́тия но́вого руково́дства	.....
ме́ра	.....
приня́ть ме́ры	.....
наме́тить v.	andeuten, ausersehen, vornehmen
наме́ченные в пла́нах мероприя́тия	.....
отчётный	Rechenschafts-
отчётный докла́д Хрущёва	.....
отчётный год	.....
дви́гать/дви́нуть	bewegen, in Marsch setzen
дви́гаться по пути́ экономи́ческой интегра́ции	.....
обще́ственное движе́ние	.....
отде́льный	einzeln
отде́льные о́трасли промы́шленности	.....
Отде́льные ли́ца протестова́ли.	.....
разделе́ние	(Ein-)Teilung
разделе́ние труда́	Arbeitsteilung
крупносери́йный /кру́пный, се́рия/	Großserien-
крупносери́йное произво́дство	.....
кру́пная буржуази́я	.....
кру́пный учёный	.....
великодержа́вный шовини́зм	.....
народнохозя́йственная стати́стика	.....
высокора́звитая страна́	.....
сельскохозя́йственная проду́кция	.....
законода́тельная де́ятельность	.....

обусло́вливать/обусло́вить	bedingen, hervorrufen
при каки́х усло́виях	.....
достиже́ние,-ия n.	Errungenschaft, Erfolg
народнохозя́йственные достиже́ния	.....
достига́ть/дости́гнуть успе́ха	.....
соверше́нствование,-ия n.	Vervollkommnung
соверше́нствование сотру́дничества	.....
формирова́ние,-ия n.	.....
формирова́ние но́вого ти́па	.....

17. LEKTION: 41 Wörter

Muster

Центра́льное Статисти́ческое Управле́ние	Statistische Zentralverwaltung
пе́репись населе́ния	Bevölkerungszählung
переговоры на вы́сшем у́ровне	"....."

возрастна́я структу́ра	Altersstruktur
во́зраст	.....
рост жи́зненного у́ровня	.....
соста́в	Bestand, Zusammensetzung
ли́чный соста́в	.....
национа́льный соста́в	.....
кла́ссовый соста́в населе́ния	.....
Гру́зия - составна́я часть СССР.	.....
Дефици́т составля́ет 100 миллио́нов ма́рок.	.....
язы́к,-ка́ m.	Sprache
иностра́нные языки́	.....
существова́ние	Existenz
существова́ть	.....
существо́	Wesen, Hauptsache
По существу́, э́то не так.	.....
при́нцип ми́рного сосуществова́ния	.....
всесою́зная вы́ставка	..... - Ausstellung
всеми́рная исто́рия	.....
пе́репись,-си f.	Zählung, statistische Erhebung
писа́ть статью́	.....
настоя́щий	gegenwärtig; wirklich; vorliegend
в настоя́щее вре́мя	.....

зака́нчивать/зако́нчить	vollenden, beenden
по оконча́нии рабо́ты	.....
коне́ц, -нца́ m.	.....
разрабо́тка, -ки f.	Ausarbeitung, Bearbeitung, sorgfältige Untersuchung
о́чередь, -ди f.	Reihe(nfolge)
по о́череди	der Reihenfolge nach
в пе́рвую о́чередь	in erster Linie
в свою́ о́чередь	seinerseits
пол, -ла m.	Geschlecht
соста́в населе́ния по по́лу	.....
дава́ть/дать	geben
статисти́ческие да́нные	.....
чи́сленность, -ти f.	(An-)Zahl
чи́сленность населе́ния сою́зных респу́блик	.....
чи́сленность рабо́тающих	.....
число́	..... ; .....
ты́сяча, -чи f.	tausend
ты́сяча челове́к	.....
5 ты́сяч тонн сырья́	.....
о́браз, -за m.	Gestalt, Typ; Art, Weise
о́браз жи́зни	.....
гла́вным о́бразом	hauptsächlich
Каки́м о́бразом?	.....
физи́ческое образова́ние	.....
образова́ть/, -зу́ет v./ коми́ссию	.....
табли́ца, -цы f.	Tabelle
приходи́ться uv	entfallen
на 1000 за́нятых прихо́дится 158 безрабо́тных	.....
распределе́ние, -ия n.	Verteilung
распределе́ние дивиде́нда	.....
распределе́ние населе́ния СССР по национа́льности	.....
перераспределе́ние	Neuverteilung
перехо́д от капитали́зма к социали́зму	.....
распределя́ть/распредели́ть	.....
родно́й го́род	.....
родно́й язы́к	.....
Маркс роди́лся в 1818 году́.	.....
день рожде́ния	.....
кро́ме + gen.	außer, nebst
кро́ме того́	.....

владе́ть + instr.	besitzen; beherrschen
владе́ть языко́м	.....
колониа́льные владе́ния	.....
в ка́честве	als
владе́ть ру́сским языко́м в ка́честве второ́го языка́	.....

отраже́ние,-ия n.	Widerspiegelung, Reflexion
На вы́борах в бу́ндестаг отрази́лось обще́ственное мне́ние.	.....
коренно́й	ursprünglich, grundlegend
коренны́е преобразова́ния	.....
ко́рень,-рня m.	Wurzel
за + akk.	während
за го́ды социалисти́ческого строи́тельства	.....
уде́льный вес	Anteil, relatives Gewicht
рост уде́льного ве́са механизи́рованного труда́	.....
соотноше́ние,-ия	Wechselbeziehung, Korrelation, Verhält-/nis
измене́ние соотноше́ния городско́го и се́льского населе́ния	.....
соотноше́ние предложе́ния и спро́са	.....
соотноше́ние сил	.....
свы́ше	mehr als
свы́ше полови́ны всего́ населе́ния	.....
вы́ше	.....
выража́ть/вы́разить	ausdrücken, zum Ausdruck bringen
вы́разить своё мне́ние	.....
я́рко вы́раженная тенде́нция	.....
выраже́ние	.....
до́ля,-ли f.	(An-)Teil; Quote, Rate
сниже́ние до́ли за́нятых в се́льском хозя́йстве	.....
до́ля накопле́ния	Akkumulationsrate
до́ля при́были	.....
до́ля уча́стия	.....
до-	vor-
довое́нный пери́од	.....
дома́рксовая филосо́фия	.....
превыша́ть/превы́сить	übertreffen, übersteigen; überschreiten, mißbrauchen
превы́сить реко́рд	.....
превы́сить власть	.....
превыше́ние вла́сти	.....

```
Это превы́сило его́ си́лы.            .....
превыше́ние дохо́дов над расхо́дами    Haushaltsüberschuß
превыше́ние предложе́ния над спро́сом  .....

счёт,-та́  m.                         Rechnen, Zählen; Rechnung
  национа́льный счёт                  volkswirtschaftliche Gesamtrechnung
  за счёт                            auf Grund von;auf Kosten,zu Lasten

учи́тель,-ля  m.                      Lehrer
  учи́ться, учи́ться, учи́ться /Ле́нин/ .....

бытово́е обслу́живание                Dienstleistungsbereich;Dienstlei-
                                     stungen
включа́ть/включи́ть                   einfügen, einbeziehen
  включи́ть но́вую статью́ в догово́р   .....
  всё населе́ние, включа́я нерабо́та-  .....einschließlich .....
  ющих чле́нов семе́й                 Familien- .....

подсо́бный                           Hilfs-, Nebenerwerbs-
  подсо́бное хозя́йство               .....

пита́ние                             Ernährung(swesen)
  обще́ственное пита́ние              .....

снабже́ние,-ия  n.                    Versorgung,Ausstattung,Ausrüstung
  снабжа́ть сепарати́стские движе́ния  .....
  ору́жием

загото́вка,-ки  f.                    Beschaffung, Aufbereitung
  Всегда́ гото́в!                     .....

здравоохране́ние,-ия  n.              Gesundheitswesen

просвеще́ние,-ия  n.                  Bildung
  министе́рство наро́дного просвеще́ния .....

иску́сство,-ва  n.                    Kunst
  иску́сственный                     .....

про́чий                              übriger, anderer
  ме́жду про́чим                      .....
  и про́чее                          und anderes mehr

семья́,-ьи́  f.                        Familie
  нерабо́тающие чле́ны семе́й          .....
  семе́йные обстоя́тельства           .....

поме́щик,-ка  m.                      Gutsbesitzer
колхо́зник                           .....
кри́тик                              .....

кула́к,-ка́  m.                        "Faust"; Großbauer

созна́ние,-ия  n.                     Bewußtsein
  кла́ссовое созна́ние рабо́чих        .....
```

наприме́р /напр./	zum Beispiel (z.B.)
э́то хоро́ший приме́р	.....
живо́й приме́р герои́зма	.....
про́чный	haltbar, dauerhaft, fest
про́чный мир	.....
про́чный фунда́мент	.....
обсле́довать,-дует	überprüfen, untersuchen
сле́дующий това́рищ	.....
сле́довательно	folglich
врач,-ча́ m.	Arzt
до́брый	gut
одобре́ние	Zustimmung, Billigung
коли́чественный	quantitativ; zahlenmäßig
коли́чественный ана́лиз	.....
коли́чество де́нег	Geldmasse, Geldmenge
перехо́д коли́чества в ка́чество	.....
слой	Schicht
слой рабо́чих но́вого ти́па	.....
рассчита́ть	berechnen, errechnen
материа́лы, рассчи́танные на осно́ве математи́ческой моде́ли	.....
утвержда́ть	bekräftigen, bestätigen; behaupten
твёрдое убежде́ние	.....
порожда́ть/породи́ть	hervorrufen, verursachen; gebären
Автоматиза́ция порожда́ет измене́ния в социа́льной структу́ре.	.....
Маркс роди́лся в 1818 году́.	.....
продолжи́тельный	lang(dauernd)
Продолже́ние сле́дует.	.....
продолжи́тельная переквалифика́ция	.....
учени́к,-ка́ m.	Schüler; Lehrling
Вопро́с занима́ет всех учёных.	.....

18. LEKTION: 41 Wörter

Muster

эксплуати́руемые трудя́щиеся ма́ссы	die ausgebeuteten werktätigen Massen
по́льзоваться дове́рием рабо́чих	das Vertrauen der Arbeiter genießen
отме́на крепостно́го пра́ва	Abschaffung der Leibeigenschaft

доста́точный	hinlänglich, genügend
КПГ не располага́ла доста́точными си́лами.	.....
кра́йний	äußerster
на кра́йнем се́вере	.....
по кра́йней ме́ре	wenigstens
кра́йняя ле́вая	.....
март, -та m.	März
в ма́рте-ме́сяце	.....
янва́рский пле́нум	.....
февра́ль, -ля́ m.	.....
апре́льские те́зисы Ле́нина	.....
май, -ма́я m.	.....
ма́йское заседа́ние	.....
13-ое ию́ля	der 13. Juli
ию́льский кри́зис	.....
30-ого а́вгуста	am 30. August
а́вгустовский но́мер журна́ла	.....
дека́брьские собы́тия	.....
5-го ноября́	.....
объедине́ние, -ия n. /об-, оди́н/	Vereinigung
объедине́ние всех антифаши́стских сил	.....
воссоедине́ние /вос-, со-/	Wiedervereinigung
объедини́ть v.	.....
воссоедини́ть v.	.....
Организа́ция Объединённых На́ций	.....
отклоня́ть/отклони́ть	ablehnen
отклоне́ние предложе́ния	.....
пораже́ние, -ия n.	Niederlage
причи́ны пораже́ния рабо́чего кла́сса	.....
предотврати́ть	verhüten, vorbeugen
предотврати́ть установле́ние фаши́стской диктату́ры	.....
предотвраще́ние войн	.....
сверже́ние	Sturz, Vernichtung, Beseitigung
сверже́ние самодержа́вия	.....
борьба́ за сверже́ние фаши́зма	.....
сверга́ть/све́ргнуть	.....
слия́ние, -ия n.	Vereinigung
слия́ние ба́нкового капита́ла с промы́шленным капита́лом	.....
грома́дный	riesig, übergroß
грома́дная концентра́ция капита́ла	.....
чужо́й	fremd
чужи́е стра́ны	.....

охва́тывать/охвати́ть	umfassen, erfassen
Тре́сты охва́тывают це́лые гру́ппы капиталисти́ческих держа́в.	.....
охва́тывающие це́лые гру́ппы капиталисти́ческих держа́в синдика́ты	.....
охвати́вший капиталисти́ческий мир энергети́ческий кри́зис	.....
разде́л /раз-,дели́ть/	Aufteilung
экономи́ческий разде́л ми́ра	.....
разры́в	Sprengen, (Unter-)Brechen, (Ab-)Bruch
разры́в с рабо́чим движе́нием	.....
разгро́м	Zerstörung, Zerschlagung
разгро́м демократи́ческих сил	.....
вообще́ adv. /в,о́бщий/	im Allgemeinen, überhaupt
Он говори́л о вопро́сах разоруже́ния вообще́.	.....
О́бщий ры́нок	.....
ступе́нь,-ни f.	Stufe, Etappe
дости́гнутая ступе́нь интегра́ции	.....
превраща́ться/преврати́ться	sich verwandeln
превраще́ние империалисти́ческой войны́ в гражда́нскую	..... Bürger- .....
волна́,-ны́ f.	Welle
волны́ контрреволю́ции	.....
волна́ забасто́вок	.....
дове́рие,-ия n.	Vertrauen
доверя́ть това́рищу де́ньги	.....
по́льзоваться дове́рием рабо́чих	.....
жела́тельный	wünschenswert
счита́ть о́чень жела́тельным	..... sehr .....
жела́ть/пожела́ть	.....
жела́ние,-ия n.	.....
о́чень adv.	sehr
я счита́ю о́чень жела́тельным, ...	.....
счита́ться	in Rechnung stellen, beachten
Сле́дует счита́ться с си́лами проти́вника.	..... des Gegners .....
настрое́ние,-ия n. /на-,стро́ить,-ение/	Stimmung
Депута́т до́лжен счита́ться с настрое́ниями свои́х избира́телей.	.....
не́сколько /не-,ско́лько/ num.; adv.	einige; etwas
Не́сколько лет он рабо́тал журнали́стом в Пари́же.	.....
Он сказа́л не́сколько слов о собы́тиях в Пра́ге.	.....

в нескольких словах	mit einigen (wenigen) Worten
Настроение несколько падает.	..... fällt (sinkt)
поскольку adv.	insofern, in dem Maße, soweit
настроение масс, поскольку оно выяснилось из сообщений депутатов	.....
сколько	wieviel, soviel
Сколько лет она была в Риме?	.....
Сколько я знаю, он никогда не работал инженером.	.....
Сколько раз?	.....
нужный	notwendig, erforderlich
нужная нам помощь	.....
ЦК считает нужным, ...	.....
конечно adv.	natürlich, gewiß
Журналист, конечно, не знает о численном составе партии.	..... Mitgliederbestand .....
конец, -нца m.	.....
конец войны	.....
в конце концов	schließlich, letzten Endes
наконец	.....
кончать/кончить	beendigen
Невозможно кончить забастовку, не получивши ничего.	.....
кончаться	.....
Переговоры кончались прекращением войны и заключением мирного договора.	.....
окончательный	endgültig
окончательное решение	.....
по окончании учёбы	.....
выдвигать/выдвинуть /вы-,движение/	nach vorn bewegen,vorbringen;vorschla-
выдвижение кандидатуры	..... /gen
выяснять/выяснить /вы-,ясный/	klarmachen, klären
выяснение положения	.....
делить/поделить	(ein-,ver-)teilen
деление	.....
избирать/избрать	(aus)wählen
избрание на пост президента	.....
назначать/назначить	bestimmen, festsetzen; ernennen
назначение нового посла	.....
осуществлять/осуществить	durchführen, verwirklichen
осуществление культурной революции	.....
превращаться/превратиться	sich verwandeln
превращение империалистической войны в гражданскую	.....
предоставление	Gewährung, Billigung
предоставить рабочим право участия	.....
прекращать/прекратить	aufhören, einstellen
прекращение переговоров	.....
проявлять/проявить	zeigen, bekunden, offenbaren
проявление интереса	.....
уничтожение собственности на землю	.....
уничтожать/уничтожить	.....

нарушение	Störung, Verletzung, Übertretung
нарушать/нарушить внутрипартийную демократию	.....
обострение конфликта	
обострять/обострить	.....
остальной	übrig(geblieben)
За это решение выступили 13 лиц - остальные были против.	.....
глаз,-за	Auge
на наших глазах	.....
доказывать/доказать	beweisen
обязывать/обязать	verpflichten
руководящие работники профсоюзов обязаны	.....
открывать/открыть	(er)öffnen
Открываются дебаты по этому вопросу	.....
оказывать/оказать	erweisen; leisten
оказать помощь	.....
охватывать/охватить	umfassen; erfassen
охвативший капиталистический мир кризис	.....
быт,-та m.	Lebensweise
современный быт	.....
бытовое обслуживание	Dienstleistung
комбинат бытового обслуживания	.....
нередко	nicht selten
редкий металл	.....
недостаток,-тка m. /не-,достаточно/	Fehler, Defekt, Mangel
неуспех /не-,успех/	.....
ненападение /не-,нападать/	.....
необходимость /не-,обходить,-ость/	.....
неотложность /не-,отложить/	Dringlichkeit, Unaufschiebbarkeit
нераспространение ядерного оружия	Nichtweiterverbreitung .....
забота,-ты f.	(Für-)Sorge
Сталинская забота о человеке	.....
молодой	jung
молодое поколение	..... Generation
Коммунистический Союз молодёжи	.....
предоставление,-ия n.	Gewährung, Billigung
предоставить рабочим права участвовать	.....
Предоставленные рабочим права отменились.	..... wurden abgeschafft.
должность,-ти f.	Amt,Dienst,Stelle,Funktion,Position
руководящие должности	.....
Он должен переработать статью.	.....

понеде́льник	Montag
Газе́та выхо́дит по понеде́льникам.	.....
неде́ля	Woche
вто́рник	Dienstag
среда́	Mittwoch
четве́рг	Donnerstag
пя́тница	Freitag
суббо́та	Samstag
воскресе́нье	Sonntag

19. LEKTION: 47 Wörter

Muster

неприсоедини́вшиеся стра́ны	die "blockfreien" Länder
переговоры на вы́сшем у́ровне	.....
руководя́щие круги́ США	.....
дли́тельный	lang(e andauernd)
дли́тельная рабо́та	.....
Коллективиза́ция яви́лась дли́тельным проце́ссом.	.....
дли́тельность обрабо́тки	.....
дли́ться/продли́ться	.....
сло́жный	kompliziert, schwierig; zusammenge- /setzt
сло́жная зада́ча	.....
сло́жное положе́ние	.....
Положе́ние осложни́лось.	.....
Де́ло отлича́ется большо́й сло́жностью.	..... ist gekennzeichnet .....
в о́бщей сло́жности	im großen und ganzen; insgesamt
провозглаша́ть/провозгласи́ть	verkünd(ig)en
XV съезд па́ртии провозгласи́л курс на коллективиза́цию се́льского хозя́йства.	.....
осужда́ть/осуди́ть	verurteilen
Правооппортунисти́ческая гру́ппа была́ осуждена́.	.....
Верхо́вный суд СССР	.....
о́сень,-ни f.	Herbst
о́сенью	im Herbst
лежа́ть	liegen
Отве́тственность лежи́т на нём.	.....
указа́ние	Hinweis
все ука́занные о́бщества	.....
игнори́рование указа́ний Ле́нина	.....
то́лько что	(so)eben, gerade
то́лько что при́нятые пла́ны	.....

зада́ние	Aufgabe, Auflage, Soll; Aufgabenstellung
реше́ния о выполне́нии зада́ний пяти- ле́тки по коллективиза́ции	.....
рабо́тать по зада́нию	.....
произво́дственное зада́ние	.....
годово́е зада́ние	.....
зада́ние по сниже́нию сто́имости	Kostensenkungsauflage
наряду́ с + instr.	gleichzeitig mit; neben; in gleicher /Weise
ряд но́вых фа́кторов	.....
действи́тельный	wirklich, tatsächlich; aktiv
действи́тельный член Акаде́мии нау́к	.....
действи́тельность	Rechtsgültigkeit; Echtheit
действи́тельность докуме́нта	.....
отстава́ть/отста́ть	zurückbleiben
отстава́ть в выполне́нии пла́на	.....
превосходи́ть/превзойти́	übertreffen
Он превосхо́дит самого́ себя́.	.....
-ле́тний	.....
пять лет	.....
четы́ре го́да	vier .....
столе́тие	Jahrhundert
испы́тывать/испыта́ть	erproben, prüfen; fühlen, empfinden
испы́танное ору́жие пролетариа́та	.....

скла́дываться/сложи́ться	sich bilden, sich gestalten; zusammengelegt werden, sich zusammensetzen
сложи́вшаяся пра́вая оппози́ция	.....
сло́жный	.....
лёгкий	leicht
лёгкая промы́шленность	.....
лёгкость	.....
облегча́ть/облегчи́ть	.....
облегче́ние труда́	.....
нужда́ться	benötigen
Дере́вня нужда́ется в това́рах широ́кого потребле́ния.	..... des breiten Bedarfs
потребле́ние	Konsum, Verbrauch; Bedarf
предме́ты широ́кого потребле́ния	.....
ли́чное потребле́ние	.....
ма́ссовое потребле́ние	.....
мирово́е потребле́ние	.....
тре́бование рабо́чих	.....
на́до	es ist nötig, man muß
На́до стро́ить тексти́льные заво́ды.	.....
на́до принима́ть во внима́ние, что ...	.....

отвергать/отвергнуть	verwerfen, ablehnen
Предложения оппозиции были отвергнуты.	.....
разрабатывать/разработать	ausarbeiten
разрабатывать проект	.....
разработка планов	.....
установка, -ки f.	Richtlinie; Einstellung
ленинские установки	.....
постановка вопроса	.....
зависимость, -ти f.	Abhängigkeit
борьба за независимость	.....
Всё зависит от обстоятельств.	.....
вложение	Investition, Anlage
вложение капитала	.....
вложение денежных средств	.....
вложенный капитал	.....
вкладывать/вложить деньги	.....
прибыль, -ли f.	Gewinn, Profit
общая прибыль	.....
прибыль-брутто	.....
личная прибыль	.....
чистая прибыль	.....
прибыльное производство	rentable .....
прибыльность производства	.....
полу-	Halb-
полуфабрикат	.....
полугодие	.....
полуфашистский режим	.....
и прочее /и пр./	und ähnliches (u.ä.)
отличие	Unterschied
в отличие от ...	.....
отличать/отличить	.....
прежний	früher, vergangen, ehemalig
в прежнее время	.....
в отличие от прежних кризисов	.....
известный	bekannt, berühmt; bestimmt, festgesetzt; gewiß
всем известный факт	.....
Это дело мне известно.	.....
Вам известный этот человек?	.....
очень известный учёный	.....
в известное время	.....
известное число	.....
в известных случаях	.....
содержание, -ия n.	Inhalt; Unterhalt
содержание книги	.....

социалисти́ческий по содержа́нию и национа́льный по фо́рме	.....
вести́, ведёт	führen
веде́ние войн	.....
проведе́ние поли́тики разря́дки	.....
у́гольный	Kohle-
у́голь, -гля́ m.	.....
столе́тие	Jahrhundert, hundertjähriges Jubiläum
XX столе́тие	.....
столе́тие заво́да	.....
приме́рно	musterhaft, vorbildlich; ungefähr, annähernd
вести́ себя́ приме́рно	.....
приме́рный подсчёт дохо́дов и расхо́дов	..... Überschlag .....
приме́р	.....
желе́зная доро́га	Eisenbahn
забасто́вка железнодоро́жников	.....
распростране́ние	Verbreitung
Вы́воз капита́ла получи́л широ́кое распростране́ние.	Die Ausfuhr .....
догово́р о нераспростране́нии я́дерного ору́жия	.....
относи́тельный	relativ
относи́тельно сла́бое разви́тие производи́тельных сил	.....
тео́рия относи́тельности	.....
пережи́ток, -тка m.	Überbleibsel, -rest
феода́льные пережи́тки в наро́дном хозя́йстве	.....
Не изжи́л ли себя́ капитали́зм?	.....
пережи́ть кри́зис	.....
окра́ина, -ны f.	Grenzgebiet
колониа́льные окра́ины Росси́йской импе́рии	.....
по кра́йней ме́ре	.....
объём вы́воза капита́ла	Umfang .....
подъём наро́дного хозя́йства	Aufschwung .....
госуда́рственный заём	.....
приём у Косы́гина	.....
наём	Miete(n)
наёмный труд	.....
преобла́дать	vorherrschen, dominieren
Ввоз капита́ла в фо́рме за́ймов прави́тельству был преоблада́ющим.	.....

направля́ть/напра́вить	richten, lenken
направле́ние обще́ственного разви́тия	.....
преиму́щественный	überwiegend, den Vorzug habend
преиму́щества, кото́рые предоставля́ет РСФСР друго́й стране́	.....
разме́р, -ра m.	Ausmaß, Dimension; Höhe
Страна́ в значи́тельных разме́рах ввози́ла капита́л.	.....
в небольшо́м разме́ре	.....

20. LEKTION:

Muster

Всеми́рная конфере́нция по разоруже́нию	Weltabrüstungskonferenz
развива́ющиеся стра́ны	.....
в како́й бы то ни́ было фо́рме	in welcher Form auch immer

наза́д adv. (nachgestellt)	vor
год тому́ наза́д	vor einem Jahr
почти́ три го́да наза́д	.....
обще-	All-, allgemein, Gesamt-
общеевропе́йское Совеща́ние	.....
общеизве́стный факт	.....
О́бщий ры́нок	"....."
ещё ни ра́зу	.....
жда́ть, -дёт + gen.	warten
Вопро́сы ждут своего́ рассмотре́ния.	.....
упроче́ние, -ия n.	Festigung
про́чный мир	.....
подтвержда́ть/подтверди́ть	bestätigen, bekräftigen
Пр-во подтверди́ло своё предложе́ние.	Die Regierung .....
подтвержде́ние	.....
вытека́ть/вы́течь	hinausfließen; sich ergeben
вытека́ющие из э́того для де́ла ми́ра угро́зы	.....
содержа́ться	enthalten sein
социалисти́ческий по содержа́нию	.....
заключа́ться	bestehen, liegen in
заключе́ние ми́рного догово́ра	.....
Де́ло заключа́ется в сле́дующем.	.....

равнопра́вие, -ия	Gleichberechtigung
равнопра́вие же́нщин и не́гров	.....
ра́вным о́бразом	.....
уваже́ние, -ия	Achtung
уваже́ние незави́симости	.....
совме́стный	gemeinsam
совме́стная обрабо́тка земли́ в колхо́зах	......
непосре́дственный	unmittelbar
благосостоя́ние /бла́го, со-, стоя́ть, -я́ние/	Wohlstand
благосостоя́ние населе́ния	.....
состоя́ние	Lage; Vermögen, (soziale) Stellung
быть в состоя́нии	"....."

нападе́ние, -ия /на-, па́дать/	Überfall, Angriff
раке́тное нападе́ние	.....
пакт о ненападе́нии	.....
запреща́ть/запрети́ть	verbieten
Догово́р запреща́ет го́нку вооруже́ний.	.....
запрещённые догово́ром систе́мы оборо́ны	.....
запреще́ние	.....
ли́бо...ли́бо	entweder...oder
Систе́мы ли́бо демонти́руется ли́бо уничтожа́ются.	.....
иску́сственное ороше́ние	.....Bewässerung
иску́сство	.....
обра́тный	umgekehrt, entgegengesetzt
доби́ться обра́тного результа́та	.....
любо́й	beliebig
в любо́е вре́мя	.....
Люби́мый а́втор её - Толсто́й.	.....
люби́ть	......
достига́ть	erreichen
Цель достига́ется догово́ром.	.....
обя́зывать/обяза́ть	verpflichten
Соглаше́ние обя́зывает о́бе сто́роны.	.....
обяза́тельство	
обяза́тельный	obligatorisch, unbedingt
всеобщее обяза́тельное обуче́ние	allgemeine Schulpflicht
Репута́ция обя́зывает.	.....
прямо́й	direkt
пря́мо или ко́свенно переда́ть я́дерное ору́жие	......
ко́свенный	.....
пряма́е нало́ги	..... Steuern

владение, - ия n.	(Land-) Besitz
передавать оружие во владение другого государства	.....
владеть m. instr.	besitzen; .....
Он владеет большим имуществом.	.....Vermögen
Она владеет немецким языком.	.....
Он владелец больших имуществ.	.....
Они занимаются проблемами организации науки.	.....
Народы пользуются правом на самоопределение.	.....
Она считала решение Политбюро ошибкой.	.....
обладать ядерным оружием	über Kernwaffen (russ:sg) verfügen
очередь,-ди f.	Reihe(nfolge)
по очереди	.....
Он, в свою очередь, был против этого предложения.	.....seinerseits.....
производить	aus-, durchführen; produzieren
не производить ядерного оружия	.....
повышение производства стали	.....
подготавливать/подготовить	vorbereiten
не производить и не подготавливать производство	.....
производить/произвести	.....
самостоятельный	selbständig
самостоятельное государство	.....
борьба камерунского народа за самостоятельность и независимость	.....
отличаться uv	sich unterscheiden
Советский проект отличается принципиально от соответствующего американского проекта.	.....
отличие,-чия n.	Unterschied
в отличии от	.....
какой-либо /к.-л./	irgendein (beliebiger)
какой-нибудь	irgendein (beliebiger)
какой-то	irgendein (bestimmter)
запрещение какой-либо распространения ядерного оружия	.....
устанавливать/установить	aufstellen, festsetzen, errichten; konstatieren
установить полный контроль	.....
установление дипломатических отношений	.....
предел	Grenze
за пределами города	.....
устанавливать предел	.....

возражать/возразить — widersprechen, Einwände erheben
    Западные державы возразили против предложения Советского пр-ва. — .....

продолжаться — (an)dauern
    продолжавшиеся переговоры — .....
    Переговоры продолжают комментироваться. — .....

полномочный — bevollmächtigt
    полномочный представитель СССР — .....
    полномочие представителя — .....
    мочь, может — .....

последующий — (darauf) folgend
    Учёный работает над решением последующей проблемы. — .....
    последствия ядерной войны для человечества — .....
    следует при этом иметь в виду — man muß ..... berücksichtigen

лишать/лишить — jmd. etw. nehmen, berauben
    Закон лишил рабочих их избирательных прав. — .....
    СССР был лишён возможности участвовать в решении вопроса. — .....

всеобщий — allgemein
    всеобщее избирательное право — .....
    всеобщее обязательное обучение — .....
    Общий рынок — .....

склад, -да m. — Speicher, Magazin

отмена, -ны m. — Abschaffung, Aufhebung
    отмена крепостного права — .....
    изменение социальной структуры — .....

законодательный — gesetzgeberisch, Gesetzgebungs-
    давать/дать — .....
    законодательство УССР — .....

казаться/показаться — scheinen, vorkommen
    Программа может показаться сложной и даже утопичной. — .....
    им кажется невозможным — .....

всякий — jeder(beliebige), mögliche
    Съезд принял всякие призывы. — .....
    во всяком случае — .....

простой - проще — einfach - .....
частый - чаще — ..... - .....

21. LEKTION: 36 Wörter

Muster

мир без анексий и контрибуций	.....
классовая сущность фашизма	.....
опрос общественного мнения	.....
в общей сложности	insgesamt

привлекать/привлечь	(her)anziehen, lenken, richten
Решение Верховного суда привлекает внимание общественности страны.	.....
привлечение президента к ответственности	.....
придавать/придать	dazugeben, verleihen, beimessen
Общественность придаёт решению суда большое значение.	.....
приходить/прийти	(an)kommen, geraten (in)
Он пришёл к убеждению, что ...	.....
приходиться/прийтись (unpers.m.inf.)	müssen; entfallen auf
Ему пришлось участвовать в собрании.	.....
На тыс. занятых приходится 180 безработных.	.....
применять/применить	anwenden
применение новой техники в производстве	.....
содействие развитию интеграции	Mitwirkung, Beitrag
содействовать успеху дела	.....
отрицать	negieren, verneinen
отрицательные и положительные явления	.....
Фашизм есть полное отрицание демократии.	.....
выдвигать/выдвинуть	nach vorn bewegen, vorbringen; vor-/schlagen
Он выдвигает в своё оправдание два аргумента.	.....
рабочее движение	.....
Пр-во выдвинуло план всеобщего и полного разоружения.	.....
глубже/ глубокое убеждение	..... - .....
чаще/ частые встречи	..... - .....
проще/ простое решение	..... - .....
Почему социалисты должны оправдывать капиталистическую форму интеграции?	Warum .....
Товарищ ей сказал, почему он не участвовал в собрании.	.....
защищать жизненные интересы народа	..... schützen; verteidigen
защита аграрного рынка	.....

защи́та го́рода	.....
защи́та прав челове́ка	.....
защи́тник	.....
тако́в	ein solcher, so ein
Второ́й аргуме́нт был тако́в: ...	.....
власть	(Staats)Macht; Behörde
Вся власть Сове́там!	.....
исполни́тельная власть	.....
законода́тельная власть	.....
боро́ться за власть	.....
захва́т вла́сти Ги́тлером	.....
прийти́ к вла́сти	.....
прихо́д к вла́сти	.....
ме́стные вла́сти	..... Behörden
превыше́ние вла́сти	.....
возглавля́ть/возгла́вить	leiten, führen
возглавля́ющие прави́тельство па́ртии	.....
но́вый глава́ пр-ва	.....

иде́йная сплочённость всех коммунисти́ческих па́ртий ми́ра на ба́зе маркси́зма-ленини́зма	ideologische Geschlossenheit ....
боро́ться за иде́ю	.....
входи́ть/войти́	hineingehen, eintreten, Eingang finden
Все э́ти при́нципы вхо́дят в содержа́ние пролета́рского интернационали́зма.	.....
вводи́ть/ввести́	einführen, einsetzen
Вво́дят войска́ в го́род.	..... die Truppen .....
Ввели́ во́инскую обя́занность.	..... militärische Dienstpflicht .....
ввод в эксплуата́цию	Inbetriebsetzung
ввози́ть/ввезти́	importieren, einführen
ввоз сырья́	.....
вноси́ть/внести́	hineintragen, hinzufügen
внести́ законопрое́кт в парла́мент	.....
Внесли́ все да́нные в спи́сок.	..... Liste
Председа́тель сам внёс э́то предложе́ние.	.....
Она́ внесла́ большо́й вклад в э́то де́ло.	.....
вкла́дывать/вложи́ть	anlegen, investieren; hineinlegen
вложи́ть де́ньги	.....
вложе́ние капита́ла	.....
включа́ть/включи́ть	einfügen, einbeziehen
со включе́нием безрабо́тных	.....
с 2-ого по 9-ое ию́ля включи́тельно	.....
вме́шиваться/вмеша́ться	sich einmischen
вмеша́тельство	.....
догово́р о невмеша́тельстве	.....
впечатле́ние	Eindruck
аге́нтство печа́ти ТАСС	.....
вступле́ние	Eintritt
Догово́р вступа́ет в си́лу.	.....
вступи́тельное сло́во	.....

противопоставля́ть/противопоста́вить	gegenüberstellen; vergleichen mit
противопоста́вить пролета́рский интернационали́зм незави́симости, суверените́ту и равнопра́вию компа́ртий	.....
противопоставле́ние	.....
ста́вить/поста́вить	.....
ста́вить вопро́с	.....
ста́вить на голосова́ние	.....
ста́вить себе́ це́лью	.....
миф	Mythos
Афи́ны pl.	.....
Эфио́пия	.....
ра́зный	ungleich, verschieden(artig), mannig-/faltig
ра́зные подхо́ды к реше́нию возника́ющих зада́ч	.....
Это не должно́ вести́ к национали́зму.	.....
физи́ческий труд	.....
у́мственный труд	.....
госпо́дствовать uv.	herrschen
госпо́дствующий класс	.....
госпо́дство кру́пного капита́ла	.....
господи́н Ива́нов	.....
Уважа́емые господа́!	.....
наёмный	Lohn-, Miets-
Возраста́ющее число́ интеллиге́нции превраща́ется в наёмных рабо́тников.	.....
госуда́рственный заём	.....
среда́	Milieu; Mittwoch
рабо́чая среда́	.....
в сре́днем за год	..... pro .....
Среда́ - тре́тий день неде́ли.	.....
в середи́не XX в.	.....
Среди́ сотру́дников институ́та мно́го неру́сских.	.....
мелкобуржуа́зный	kleinbürgerlich
мелкобуржуа́зное влия́ние в компа́ртиях капиталисти́ческих стран	.....
ме́лкий производи́тель	.....
есте́ственно	natürlich
есте́ственные нау́ки	.....
есте́ственный прирост населе́ния	..... -zuwachs
Есте́ственно, что ...	.....
стремле́ние	(Be-)Streben
Для них социали́зм - это всё ещё нея́сное стремле́ние.	.....
стреми́ться	.....

поступа́ть/поступи́ть	..... ; eingehen
Как мо́жно поступа́ть?	.....
поступле́ние де́нег	.....
понима́ть/поня́ть	verstehen
образова́ние но́вого поня́тия	.....
маркси́стское понима́ние исто́рии	.....
чёткий	deutlich, klar
чёткое представле́ние о социали́зме	.....
очеви́дно	offensichtlich, unbestreitbar
Бы́ло очеви́дно, что они́ не́ бы́ли согла́сны.	.....
ви́дный учёный	.....
го́лос приро́ды / го́род Москва́	....
голосова́ние	.....
ста́вить вопро́с на голосова́ние	.....
заме́на	Ersetzung, Ersatz, Ablösung
заме́на ста́рого режи́ма	.....
заменя́ть/замени́ть	.....
Замени́ли секретаря́ но́вым.	.....
слой	(Bevölkerungs-)Schicht
сре́дние слои́ населе́ния	.....
в созна́нии сре́дних слоёв населе́ния	.....
пра́ктика	Praxis, praktische Erfahrung
возвраще́ние к ста́рой пра́ктике	.....
связь тео́рии и пра́ктики	.....
примене́ние но́вой те́хники на пра́ктике	.....
практи́ческий о́пыт	.....
У неё огро́мный практи́ческий о́пыт.	.....

22. LEKTION: 49 Wörter

Muster

охра́на окружа́ющей среды́	"Umweltschutz"
в како́й бы то ни́ было фо́рме	.....
неприсоедини́вшиеся стра́ны	" ..... "

заключе́ние	(Ab-)Schluß
заключи́ть ми́рный догово́р	.....
полити́ческие заключённые	.....
сте́пень, -ни f.	Grad
предложе́ния ра́зной сте́пени ва́жности	.....

обрати́ть предложе́ние к руково́дству	.....
обраще́ние стран-чле́нов НАТО	.....
Фра́кция СДПГ обрати́лась к прав-ву.	.....
исче́рпывать/исчерпа́ть	ausschöpfen; erledigen
исче́рпанная статьёй пробле́ма	.....
содержа́ние	Inhalt; Unterhalten
Содержа́ние э́тих стате́й интере́сно.	.....
содержа́ть а́рмию	.....
содержа́щая мно́го информа́ций кни́га	.....
всеме́рно	größtmöglich; tatkräftig
Необходи́мо всеме́рно углубля́ть страте́гию ми́рного сосуществова́ния.	.....
предви́дение	Voraussicht; Prognose
При́нципы осно́ваны на нау́чном предви́дении.	.....
го́лод	Hunger
борьба́ с го́лодом	.....
голода́ть uv.	.....
"Го́лос Аме́рики"	.....
городско́е управле́ние	.....
безотве́тственный	verantwortungslos, unverantwortlich
безрабо́тный subst.	.....
отвеча́ть за оши́бку	.....
отве́тить на вопро́с	.....
отве́тственность	.....
самоизуче́ние	Selbst - Studium
пра́во наро́дов на самоопределе́ние	.....
самодея́тельность /де́ятельность/	.....
Он самодея́тельный челове́к.	.....
дух	Geist
духове́нство	Geistlichkeit
духо́вная акаде́мия	.....
предусма́тривать/предусмотре́ть	vor(her)sehen, in betracht ziehen
Сами́м зако́ном э́то не́ было предусмо́трено.	.....
мысль,-ли f.	Gedanke
свобо́да мы́сли	.....
Изд-во "Мысль" одно́ из са́мых изве́стных в СССР и нахо́дится в Москве́.	.....
отменя́ть/отмени́ть	abschaffen
отме́на сме́ртной ка́зни	Abschaffung der Todesstrafe
по́лное примене́ние зако́на	.....
отмени́ть все антиконституцио́нные зако́ны	.....

пересмотре́ть v.	revidieren
пересмотре́ть проце́сс	.....
пересмо́тр реше́ния	.....
неме́дленно	unverzüglich
неме́дленно облегчи́ть ла́герный режи́м для полити́ческих заключённых	.....
довести́ до конца́	.....
целесообра́зность	Zweckmäßigkeit
с то́чки зре́ния целесообра́зности	.....

оце́нка	Bewertung, Einschätzung; Urteil
оце́нивать/оцени́ть	.....
переоце́нивать значе́ние вопро́са	.....
ценообразова́ние	.....
це́нность	Preis, Wert
приро́да	Natur
измене́ние ка́чества приро́дной среды́	.....
природоохра́нные мероприя́тия	.....
окружа́ющая среда́	Umwelt
предотвраще́ние деграда́ции окружа́ющей среды́	.....
изве́стный	bekannt
изве́стный учёный	.....
всем изве́стно, что ...	.....
начина́ть/нача́ть	(etw.) anfangen, beginnen
Гитле́ровская Герма́ния начала́ войну́.	.....
Начина́ется земля́, как изве́стно, от Кремля́. /Маяко́вский/	.....
нача́ло войны́	.....
нача́ла маркси́зма-ленини́зма	.....
конча́ть/ко́нчить	beend(ig)en
Всё э́то ко́нчилось биржевы́м кра́хом.	.....
в конце́ концо́в	.....
соображе́ние /о́браз/	Überlegung, Erwägung
сообража́ть/сообрази́ть	überlegen
о́браз жи́зни	.....
допуска́ть/допусти́ть	(zu)lassen, erlauben
Его́ к председа́телю не допуска́ли.	.....
допу́щенная представи́телем оши́бка	.....
допуска́ется, что ...	man räumt ein, gibt zu, daß ...
чи́стый/ чистота́	sauber, rein/ .....
о́стрый/ острота́	scharf/ .....
поколе́ние	Generation
молодо́е поколе́ние	.....

старое поколе́ние ․․․․․
мла́дшее поколе́ние ․․․․․
из поколе́ния в поколе́ние ․․․․․

относи́ться sich beziehen auf
  носи́ть uv. ․․․․․
  дипломати́ческие отноше́ния ․․․․․
  соотноше́ние сил ․․․․․
  разви́тие взаимоотноше́ний ․․․․․
  поли́тика КНР в отноше́нии СССР ․․․․․
  Вы́говор парторганиза́ции относи́лся Der Tadel (Verweis) ․․․․․
    ко мне.

сохрани́ть bewahren, schützen
  сохране́ние приро́дного ко́мплекса ․․․․․
  охра́на окружа́ющей среды́ ․․․․․

смысл Sinn
  в по́лном смы́сле сло́ва ․․․․․
  Нет смы́сла в э́том. ․․․․․

оправда́ть rechtfertigen
  Газе́та "Пра́вда" была́ осно́вана в ․․․․․
    1912 году́.
  Тов. Буха́рин оправда́лся пе́ред ․․․․․
    коми́ссией.
  опра́вданные затра́ты ․․․․․ Aufwendungen, Ausgaben

затра́та Aufwendung, Ausgabe
  затра́ченные в произ-ве капита́лы ․․․․․
  непроизводи́тельные затра́ты ․․․․․

эконо́мия Sparsamkeit
  эконо́мить си́лы ․․․․․
  Я эконо́мно расхо́дую де́ньги. ․․․․․

причём wobei
  Сто́роны согласи́лись принципиа́льно, ․․․․․
    причём заяви́ли об оста́вшихся
    разногла́сиях.

вопреки́ + dat trotz, entgegen
  вопреки́ экономи́ческим сти́мулам ․․․․․
  вопреки́ да́нному сло́ву ․․․․․

наоборо́т im Gegenteil
  обрати́ть внима́ние ․․․․․

соизмере́ние (messendes) Vergleichen, Vergleich
  соизмере́ние затра́т и результа́тов ․․․․․

уще́рб Schaden

отсу́тствие Abwesenheit, Fehlen
  отсу́тствовать ․․․․․
  прису́тствовать ․․․․․
  прису́тствие ․․․․․
  в её прису́тствии ․․․․․

противопоста́вить entgegenstellen
 противопоста́вленные разря́дке напря- .....
  жённости ме́ры пр-ва
 противопоставле́ние .....
 кла́ссовые противоре́чия .....

показа́тель Merkmal; Kennziffer, Indikator, Index
 ка́чественные и коли́чественные .....
  показа́тели
 пока́зывать/показа́ть .....

вполне́ völlig
 Э́то вполне́ невозмо́жно. .....
 По́лное собра́ние сочине́ний Ле́нина .....

разделя́ть/раздели́ть teilen
 разделя́ть взгля́ды учёного .....
 разделе́ние труда́ .....
 три разде́ла По́льши .....

полага́ть uv. meinen, glauben
 положе́ние в Эфио́пии .....
 вое́нное положе́ние .....
 основны́е положе́ния иссле́дования .....

ста́вить/поста́вить stellen
 ста́вить вопро́с .....
 зада́ча, поста́вленная им руково́дст- .....
  вом па́ртией
поставля́ть/поста́вить liefern
 поста́вка сырья́ .....
 Основны́е поста́вщики сельско- .....
  хозя́йственной проду́кции в
  ЕЭС - Фра́нция и Ита́лия.
 срок поста́вки .....

тождество́ Identität
 тождество́ взгля́дов .....

ли́чность,-ти f. Persönlichkeit
 культ ли́чности .....
 ли́чный вопро́с .....
 юриди́ческое лицо́ .....
 Он вы́ступил с ре́чью от лица́ пред- ..... im Namen .....
  седа́теля.

подо́бный ähnlich, gleichartig
 и т.д. .....

поско́льку insofern, in dem Maße
 Поско́льку мы зна́ем, э́то бы́ло .....
  не так.

сувере́нный souverän
 сувере́нные госуда́рства .....
 госуда́рственный суверените́т .....

черта́	Zug, Strich
в о́бщих черта́х	.....
всео́бщность	das Allgemeine
обще́ственность	.....
всеми́рная исто́рия	.....
подъём	Aufstieg, Aufschwung
вы́сший подъём револю́ции	.....
подъём нар. хозя́йства СССР	.....
поднима́ть/подня́ть	.....
Успе́х забасто́вки по́днял настрое́ние масс.	.....
внедре́ние	Einführung, Einbringung
внедре́ние нове́йшей те́хники	.....
преиму́щество/ недоста́ток	...../.....
Тако́е реше́ние име́ет свои́ преиму́щества и недоста́тки.	.....
чрезме́рно /че́рез, ме́ра/	übermäßig, maßlos
Чрезме́рно большо́е ме́сто занима́ет разви́тие тяжёлой пром-ти.	.....
чрезвыча́йный посо́л	Sonderbotschafter
потреби́тель	Verbraucher
потреби́тельные това́ры	.....
потреби́тельная коопера́ция	..... -Genossenschaft, -Kooperative
предме́ты ма́ссового потребле́ния	.....
при́быль	Gewinn, Profit
чи́стая при́быль	.....
при́быльность произ-ва	.....
рыча́г	Hebel
экономи́ческие рычаги́	.....
ценообразова́ние /цена́, образова́ние/	.....
профессиона́льное образова́ние	.....
образова́ть коми́ссию	.....

23. LEKTION: 29 Wörter

Muster

Не изжи́л ли себя́ капитали́зм?	.....
далеко́ иду́щие вы́воды	.....
по́льзоваться дове́рием рабо́чих	.....

ходи́ть uv.	gehen
переходи́ть	überschreiten, überqueren, übergehen in
перехо́д от капитали́зма к социали́зму	.....

обходить	herumgehen, umgehen
движение к социализму в обход капитализма	.....
проходить военную службу	Militärdienst ableisten, durchlaufen
сходить с горы	vom Berg herabsteigen
выходить	herauskommen, hinausgehen, erscheinen
Он вышел из состава комиссии.	.....
входить	hineingehen, eintreten
Она уже в 1973 г. вошла в комиссию.	.....
союз	..... ; ..... ; .....
союзник	.....
союзнические обязательства	.....
без сомнения	.....
несомненно	.....
национально-освободительное движение	.....
двигать, движет/двинуть, двинет	bewegen, in Marsch setzen
Двинули 7-ого флота в Индийский океан.	.....
давление	Druck
Сильный давит слабого.	..... den Schwachen
под давлением обстоятельств	.....
впечатление	Eindruck
Она находилась под впечатлением встречи.	.....
Китайская Народная Республика /КНР/	.....
изменять/изменить m.akk./m.dat.	(ver)ändern; verraten
возникающие на производстве важные изменения	.....
изменить родине	die Heimat .....
изменник	.....
цена	..... ; .....
Он внёс ценный вклад в дело разрядки.	.....
материальные и духовные ценности	.....
отсталый	zurückgeblieben, rückständig
отсталая страна	.....
преодоление культурной отсталости	.....
Это было особенно важно для развития научно-технического прогресса.	.....
"Об особенностях империализма в России"	(Titel eines Sammelbandes) .....
следовать, -дует uv.	.....
следовательно	folglich
следственная комиссия бундестага	.....
Следует думать о том, как ...	man muß .....
не следует забывать	..... vergessen

Движе́ние к социали́зму в обхо́д капитали́зма соверша́лось в МНР.	.....
Заверши́л рабо́ту съезд КПА.	.....
стоя́ть	stehen
стоя́щий пе́ред на́ми вопро́с	.....
Сове́тский Сою́з стои́т за мир во всём ми́ре.	.....
опира́ться/опере́ться	sich stützen auf
Она́ опира́ется на подде́ржку това́рищей.	.....
побежда́ть/победи́ть	siegen
победи́вшая социалисти́ческая револю́ция	.....
побе́да интерве́нтов	.....
принужде́ние	Zwang
аппара́т непосре́дственного принужде́ния	.....
принужда́ть/прину́дить	.....
нужда́	Not; Bedarf
Ему́ ну́жно 30 рубле́й.	.....
поми́мо präp.m.gen.	außer, ungeachtet
Поми́мо полити́ческих и этни́ческих фа́кторов игра́ют ва́жную роль экономи́ческие фа́кторы.	.....
Револю́ция как такова́я не влия́ла на ход собы́тий.	..... als solche .....
ввиду́ präp.m.gen.	in Anbetracht, wegen
Она́ при э́том не име́ла в виду́, что...	.....
ввиду́ отсу́тствия организо́ванных полити́ческих сил	.....
Кни́га вы́шла в 1975 году́, т.е. пе́рвое изда́ние её.	.....
прав-во поме́щиков и буржуази́и	.....
поме́щичьи зе́мли	Guts- .....
"Кру́пное поме́щичье хозя́йство в нача́ле XX в."	(Titel einer Monographie) .....
заме́на ста́рого режи́ма	.....
Ста́рая поли́тика должна́ быть заменена́ но́вой.	.....
исполко́м	.....
исполня́я во́лю съе́здов сове́тов	.....
исполни́тельная власть	.....
ра́вный	gleich
равнове́сие	Gleichgewicht
равноси́льный	.....
равноме́рность	.....
равнопра́вие же́нщин	.....

"самоопределе́ние вплоть до отделе́ния"	..... bis zur Loslösung (Lenin)
отделе́ние	.....; .....
тре́тье отделе́ние мин-ва	.....
Отде́льные ли́ца голосова́ли про́тив, но большинство́ за.	.....
меньшинство́	.....
большинство́	.....
большинство́м голосо́в	.....
отсю́да adv.	von hier aus, hieraus

K. SCHLÜSSEL ZU DEN LEKTIONEN
   UND ZUM AUFBAUKURS

SCHÜLERSCHLÜSSEL (VORLEKTION BIS LEKTION 23, AUFBAUKURS)

VORLEKTION:

Ü 6: Die Welt, Stern, Welt der Arbeit, Reichskanzler, Staatssekretär, BMW, Neue Rhein-Zeitung, Hollywood, Honecker, Hitler, Wall Street Journal, Know-how, Kölner Stadtanzeiger, Marketing, BBC, Outsider, Figaro, Aurore Humanité, Blitzkrieg, Spiegel, Lufthansa, General-Anzeiger, Westfälische Rundschau, Frankfurter Allgemeine, Bundeswehr, Reichsminister, Boom, Volksstimme, Streikbrecher, International Herald Tribune.

Ü 7: Feminina: a) -ция, b) -ия , c) -а. Maskulina: a) konsonantischer Auslaut, b) weiches Zeichen im Auslaut, c) -рий. Neutra: a) -ство, b) -ирование.

Ü 8: a) -ный, b) -ический , c) -ский.

Ü 9: das,(ein) zentrales Archiv (Zentralarchiv), der,(ein) bayrischer Extremist, die, (eine) nationale Front, das,(ein) politisches System, sozialistische Gesellschaft, der abenteurliche Kurs Pekings.

Ü 10: protestieren, agitieren, kontrollieren, militarisieren, organisieren, elektrifizieren.

Ü 11: Ökonomie, ökonomisch. Energetik, energetisch. Kapitalismus, kapitalistisch. Sozialismus, sozialistisch. - Demokratie, Demokrat. Aristokratie, Aristokrat. - Ideologie, Ideologe. Soziologie, Soziologe. - Technik, Techniker. Geschichte, Historiker. Politik, Politiker. Kritik, Kritiker. Akademie, Akademie-Mitglied. - neutral, Neutralität. aktuell, Aktualität. aktiv, Aktivität. prinzipiell, Grundsätzlichkeit. solidarisch, Solidarität. - Agitation, agitieren. Militarisierung, militarisieren. Organisation, organisieren. Elektrifizierung, elektrifizieren. Protest, protestieren. Kontrolle, kontrollieren.- Agitation, Agitator. Agression, Agressor. Organisation, Organisator. Kommentar, Kommentator. - Revolution, revolutionär. Evolution, evolutionär. - Propaganda, Propagandist. Imperialismus, Imperialist. Kommunismus, Kommunist. Marxismus, Marxist. Terror, Terrorist. - Kultur, kulturell. Literatur, literarisch. - Industrie, industriell, Industrialisierung. Nation, national, Nationalisierung. Zentrum, zentral, Zentralisierung.

1. LEKTION:

Ü 6: a-Laut: 1. nom. sg. f., 2. nom. pl. n. e-Laut: 1. nom. pl. m., 2. nom. pl. f.

Ü 7: движение, решение, право, общество, предмет, машина, договор, традиция, срок, партия, критерий.

Ü 8: 1. -ский. 2. -ный.

Ü 11: партия, Азия, Армии, политики. фронт, деятель, журналист, востока. Со.за. право, условие, качества, общества. науки, факторы, финансов, наций, Штатов, наук.

Ü 12: Singular: -и, -А. Plural: - -, -ов , -ий.

Ü 13: Erlaß des Präsidiums des Obersten Sowjets der RSFSR über die Einberufung des Obersten Sowjets der RSFSR. Das Präsidium des Obersten Sowjets der RSFSR ordnet auf der Grundlage des Art. 39 der Verfassung der RSFSR an: Einzuberufen die erste Session des Obersten Sowjets der Russischen Sowjetischen Föderativen Sozialistischen Republik der 9. Legislaturperiode am 15. Juli 1975 in der Stadt Moskau. Der Vorsitzende des Präsidiums des Obersten Sowjets der RSFSR M. Jasnov, der Sekretär des Präsidiums des Obersten Sowjets der RSFSR Ch. Neškov. Moskau, am 19. Juni 1975.

Ü 14: gen. pl., gen. pl., gen. sg. m./n., gen. sg. f., nom. pl., gen.
pl., gen. pl., nom. pl., 1. nom. sg. m., 2. gen. sg. f., gen. sg. m./n.,
gen. pl., gen. sg. f., gen. sg. m./n., nom. pl., gen. sg. m./n., gen.
sg. f., gen. pl., gen. sg. f., gen. pl., gen. pl., gen. sg. m./n., nom.
pl., nom. pl., gen. sg. f., gen. sg. f..

Ü 15: die Unionsrepubliken, das Zaristische Regime, der radikalen
Reformen, das Universitätsstatut, der Unionsrepublik, die ökonomischen
Faktoren, der aktuellen Probleme, die radikale Reform, die politischen
Beziehungen, des anarchistischen Agitators, des Mittleren Ostens, der
politischen Grundlage, die konkreten Möglichkeiten, die soziale Forderung,
der ökonomischen Faktoren, die archaische Struktur, die radikale Lösung,
die aktuellen Mitteilungen, der Außenpolitik, der politischen Agitatoren,
die politische Rede, der konkreten Möglichkeit, der sozialen Forderungen,
der Unionsrepublik, der konkreten Möglichkeit, der Weltmarkt, das Gebietskomitee.

Ü 16: Die Sowjetunion ist das erste sozialistische Land in der Welt.
Die Politik der KPČ ist eine Politik des Volkes. Die Abrüstung ist die
Aufgabe der Aufgaben (= die wichtigste Aufgabe). Die nationale Frage ist
eine weltweite Erscheinung. Der Oberbürgermeister von Nazareth ist ein
Kommunist. Moskau ist eine Stadt. Die Wolga ist ein Fluß. Die UdSSR ist
ein sozialistischer Staat. Die Wolga, der Don und der Dnepr sind russische
Flüsse. Die USA, die BRD und Kanada sind föderative Staaten. Er ist Mitglied der Partei. Dort ist der Osten. Wer ist dort? Dort ist der Genosse.
In vielen Gebieten Uzbekistans gibt es ein freies Arbeitskräftepotential
(= freie Ressourcen der Arbeitskraft). Die Soziologie ist die Wissenschaft
von der Gesellschaft.

2. LEKTION:

Ü 3: хунта , вопрос , интеллигенция , съезд , согласие , основа , сто-
рона, университет, внимание, борьба, единство, связь, революция, область,
значение, работа, страна.

Ü 4: a-Laut: 1. nom. sg. f., 2. nom. pl. n., 3. gen. sg. m., 4. gen. sg.
n.. i-Laut: 1. nom. pl. m., 2. nom. pl. f., 3. gen. sg. f..

Ü 6: das (ein) Programm der belgischen Kommunisten; Manöver der reaktionären Kräfte; im Geiste der Leninschen Prinzipien; die (eine) Analyse
der aktuellen Probleme der Arabischen Länder; die Verschärfung der libysch-
ägyptischen Beziehungen; die Aufgaben der Kommunisten Italiens.

Ü 7: союз, Сербия, чувство, товарищ . вопрос, председатель, предложение, рост, отношение, борьба. визит, событие, решение, отъезд. чувство,
пленум, общество. съезд, предложение, вопрос. общественность, план, тре-
бование. встреча, отъезд, визит.

Ü 8: Der Terror der Junta; der Besuch des Präsidenten U.K. Kekkonen;
das Manifest der Kommunistischen Partei Großbritanniens; Sondierungen der
NATO; Erklärung der linken Parteien Chiles; Erklärung Indira Ghandis; Aufruf des Plenums; Ankunft der Delegation; die Wiener Verhandlungen und die
Position des Westens; die Aufgaben des ideologischen Kampfes; das Plenum
des ZK der Kommunistischen Partei Equadors; der Kongreß der Sozialistischen
Partei Österreichs; die öffentliche Rede E. Giereks; das Anwachsen der
Städte; das Treffen der Minister; der neue Regierungschef (= der neue Chef
der Regierung); der Beschluß des Sicherheitsrats der UNO (= der Beschluß
des Rates der Sicherheit der UNO); gefährliche Pläne Washingtons; der Protest der demokratischen Öffentlichkeit; das Plenum des ZK des Bundes der
Kommunisten Serbiens; die Unterstützung der chilenischen Patrioten.

Ü 9: Am 19. Juni empfing der Stellvertreter des Vorsitzenden des Rates
der Minister der UdSSR N.A. Lesečko den Botschafter der Volksrepublik
Bulgariens in der UdSSR D. Žulev auf dessen Bitte hin. "Der stellvertretende Ministerpräsident der UdSSR".

Ü 10: Gegen die Willkür der Monopole; Empfang bei Kosygin; gegen Chauvinismus und Reaktion; nach der Kritik; aus der Erfahrung des ideologischen Kampfes; Gäste aus Prag; Friede ohne Annexionen und Kontributionen; für die Studenten Kievs; gegen die Militarisierung des Indischen Ozeans; aus dem Zentralkomitee der KPdSU; gegen die Diskriminierung der Araber; Informationen aus den Ländern des Sozialismus; Nach Ratifikation des Vertrages; von Moskau bis Leningrad; eine Erklärung für die Presse (= eine Presseerklärung); Repressionen gegen das Volk; Terroristen aus Israel; ein Empfang beim Vorsitzenden des Präsidiums des Obersten Sowjets; Republik ohne Republikaner.

Ü 11: Leningrad ist eine Stadt. Bonn ist die Hauptstadt der BRD. Die Bundesrepublik Deutschland ist ein föderativer Staat. Afrika, Europa und Asien sind Kontinente. - Sie sind Gäste Leningrads.

Ü 14: Die Frage der Sicherheit wird große Bedeutung haben. Dieses Problem wird eine große Rolle spielen. Der Journalist wird in Moskau arbeiten. Minister Genscher wird auch in Leningrad sein. Alle Minister werden in Brüssel sein.

Ü 17: быть, сказать, дать, стать, иметь, говорить, зависеть, начать, заявить, советоваться, организоваться, принять, следовать, почеркнуть, представлять, играть, жить.

Ü 18: Eine öffentliche Rede des Ch. Florakis, Athen, 22. (TASS). Die Notwendigkeit der Aktionseinheit aller demokratischen Kräfte des Landes unterstrich der 1. Sekretär des Zentralkomitees der Kommunistischen Partei Griechenlands Ch. Florakis. - Wann war der Journalist Ju. Žukov in Kuba? Das war im Jahr 1972. - Genf. Heute fand ein Treffen der Delegationen der UdSSR und der USA statt. - Bonn, 1. (TASS) Der Kanzler der BRD H. Schmidt trat gestern im Westdeutschen Radio und Fernsehen mit einer Neujahrserklärung auf. - Wo waren die Matrosen? Sie waren in Leningrad. - Nach der sozialistischen Oktoberrevolution kämpfte A.W. Pešechonov gegen die Sowjetmacht. - Die Sowjetische Föderation ist ein Resultat der Selbstbestimmung der Völker der UdSSR. - Die Agrarreform ist eines der Symbole der Portugiesischen Revolution. - Am 22. August fand im Kreml ein Treffen der Parlamentarier statt (= Parlamentariertreffen). - Der Minister der Kultur der UdSSR P.N. Demičev empfing eine Delegation mongolischer Kulturschaffender. - Die Menševiki begannen eine antisowjetische Arbeit (= mit ihrer antisowjetischen Arbeit) sofort nach der Oktoberrevolution.

3. LEKTION:

Ü 1: Ministertreffen (= Treffen der Minister), öffentliches Interesse, zentrales Gebiet (= Zentralgebiet), Protest der fortschrittlichen Öffentlichkeit, Vorsitzender des Präsidiums des Obersten Sowjets der UdSSR, nach Ratifizierung des Vertrages, eine Ware mittlerer Qualität, "Lenin lebte, Lenin ist lebendig, Lenin wird leben".

Ü 2: народ, общество, пролетарий; центральный, комитет; политический, течение; конструктивный, решение; вопрос, энергетический, политика; дипломатический, отношение; президиум, верховный, совет; антагонистический, противоречие, капиталистический, мир.

Ü 3: Die Delegation unterzeichnete den Vertrag. Die Mitglieder der staatlichen Kommission unterzeichneten die Dokumente. Die Teilnehmer der Konferenz erörterten den Bericht des Politbüromitglieds (= des Mitglieds des Politbüro). Der Chef der Delegation hob die Bedeutung der Wiener Verhandlungen hervor. - Der Sekretär des ZK der KPÖ Genosse E. Scharf kritisierte die Tätigkeit der Pekinger Führer. Der Bundeskanzler der BRD, W. Brandt, empfing den stellvertretenden Ministerpräsidenten der UdSSR, V.N. Novikov, (= den Stellvertreter des Vorsitzenden des Rates der Minister der UdSSR). Die (eine) französische Zeitung kritisierte die Pekinger Führer. Kosygin empfing den Botschafter der Demokratischen Republik Vietnam in der UdSSR. - Die Kommission arbeitete eine Resolution aus. Der Premierminister der Türkei legte das (ein) Wirtschaftsprogramm (= wirtschaftliche Programm) der neuen Regierung dar. - Der Parteitag der KPÖ beendete seine Arbeit. Die große Rolle der sambischen Frauen im gesellschaftlichen Leben des Landes hob der Präsident Sambias Kenneth Kaunda hervor. Eine wichtige Bedeutung hatte die allseitige Erörterung der ökonomischen, technischen und kulturellen Verbindungen während (= in der Zeit) der Verhandlungen der sowjetischen Regierungsdelegation.

Ü 5: Der Chef der Delegation hebt die Bedeutung der Verhandlungen hervor. Der Beschluß des Obersten Gerichts ruft Kritik hervor. Das Land durchlebt eine Krise. - Die Öffentlichkeit des Landes protestiert gegen die Verurteilung. Es existiert nur eine Alternative. Der Kongreß kritisiert den Beschluß des Vorsitzenden. - Die Bedeutung des Besuches geht weit über den Rahmen der Region des Karibischen Meeres hinaus. - Die Patrioten setzen ungeachtet des Terrors ihren Kampf fort. Aus verschiedenen Gebieten der Vereinigten Staaten laufen Krisenmeldungen ein. Reaktionäre Kräfte treten gegen den außenpolitischen Kurs der Regierung Indiens hervor. Die reaktionären Kräfte protestieren. Die Zeitungen kritisieren die Konzeption der amerikanischen Delegation. Die Sowjetmenschen (= sowjetischen Menschen) wollen Frieden. - Die Session endet am 4. Juli. Die (eine) Delegation des Obersten Sowjets befindet sich auf Kuba. Die Währungsreserven Englands verringern sich noch (weiter).

Ü 7: Die Provisorische Regierung setzte die imperialistische Politik des Zarismus fort. Die Oktoberrevolution hob das Privateigentum an Land und an Produktionsmitteln auf (vernichtete das private Eigentum an Land). Das Programm sieht Massendemonstrationen gegen die Inflation und den Preisanstieg vor (= massenhafte Auftritte gegen Inflation und Anwachsen der Preise), für eine Erhöhung des Lohns und eine Verbesserung der Rentenversorgung. Die Kommunistische Partei und die revolutionäre Regierung Kubas unterstreichen die gewaltige internationale Bedeutung des außenpolitischen Kurses der Sowjetunion. Die chilenischen Faschisten verstärken (ihre) Repressionen. Fortsetzung folgt. Die Verfassung trat in Kraft: Havana, 24. (TASS). Heute trat in der Republik Kuba eine neue sozialistische Verfassung in Kraft.

Ü 8: резолюция, программа, большой, роль, критика, работа, империалистический, война, борьба, внешний, политика.

Ü 10: Er hat ein Auto. Sie hatte Dokumente (i.S.v.-Papiere). Der Minister hatte einen Plan. Sie werden eine Forderung haben.

Ü 12: -его, -ого sg m/n, akk sg m(beseelt); -ей, -ой:gen/dat/instr/präp sg f;-ий,-ый:nom/akk m;-ее,-ое:nom/akk sg n; -им,-ым:instr sg m/n,dat pl;-ие,-ые: nom/akk pl;-их,-ых:gen/akk(beseelt)/präp pl.

Ü 13: Der XII. Parteitag der RKP (B) wählte ihn zum Mitglied des Zentralkomitees der Partei. Die Deputierten kritisierten sie auf dem 5. Kongreß der Gewerkschaften. Die ganze Stadt vernichten. Was liest sie? Die Geschichte unserer Freundschaft. Der Vorsitzende trat auf der Versammlung gegen seine Freunde auf. Der Empfang unseres Präsidenten. Zu Beginn des 20. Jahrhunderts trat der Kapitalismus in das letzte Stadium seiner Entwicklung, den Imperialismus, ein. Unser Leben. Woraus besteht ein Wort? Eine Sache des ganzen Volkes. Das Wachstum unserer Industrie. Die Bevölkerung der ganzen Welt. Unser Recht auf Arbeit. Den ganzen Bezirk elektrifizieren. Wovon hängt die Lösung der Frage ab? Die Organisation unseres Verbindungswesens. Eine Sache des ganzen Landes. Er liest unseren Artikel. Das ganze sozialistische Lager. Alle Macht den Räten! Die Bevölkerung unseres Landes.

Ü 14: Vorsitz, Vertretung (= Repräsentanz), Ministerium.

4. LEKTION:

Ü 2: Die Hauptpositionen in den Räten der Ukraine nahmen in jener Periode

die Menschewiki und Sozialrevolutionäre ein. Die Lösung einer wichtigen
Frage. Er kritisiert alle und jeden. Ein Argument solcher Art. Vorschläge
einer anderen politischen Gruppe. Einen wichtigen Platz in der Wirtschaft
des Landes nimmt die ausländische Hilfe ein, die seit den 50er Jahren eine
entscheidende Rolle bei der Finanzierung des wirtschaftlichen Wachstums
und der Entwicklung dieses asiatischen Staates spielt. Was für ein Empfang!
Es existiert nur eine Alternative. Ein Mitglied der Delegation ist aus
Moskau, die anderen aus Leningrad. Wer von den Abgeordneten stimmte gegen
die Gesetzesvorlage? Was für ein Problem haben Sie? Die Politik der Sowjetunion und der anderen sozialistischen Länder. Einerseits ... andererseits..
Die Regierung der BRD setzte denselben Kurs fort. Bedeutung hatte auch
jener Umstand, daß .... Die Bevölkerung dieses Landes protestiert gegen die
Preiserhöhungen (= gegen die Erhöhungen der Preise). Beides (= sowohl
jenes als auch ein anderes). Argumente von großer Bedeutung. In demselben
Augenblick. Wer begeht (= führt) eine Agression in Angola? Unsere Losung
war und bleibt ein und dieselbe: friedliche Koexistenz mit anderen Regierungen. Die Kriterien für eine solche Entscheidung. Im selben Jahr. Das
hängt von den Umständen ab. Die Frage des Journalisten ging weit über den
Rahmen dieses Problems hinaus. Ereignisse jener Periode. Was für einen Vorschlag nahmen sie auf der Versammlung an? Die Rolle, die der Vorsitzende
spielte. Von wem hing dieser Beschluß ab? Der Vorschlag, gegen den der
Industrieminister stimmte. Dasselbe Argument. Gegen wen demonstrierten die
Studenten? Eine solche Entwicklung der Ereignisse. Beschlüsse, die die Versammlung faßte.

Ü 3: Aus was für Teilen besteht dieser Artikel? Die Zukunft unserer
Freunde. In allen Unionsrepubliken. Der Protest dieser Genossen. Proletarier
aller Länder. Lenin kritisierte all jene, die gegen den Beschluß des ZK der
Partei auftraten. Die Politik der anderen europäischen Länder. - Was ist
das? Das ist meine Zeitung. Was ist das? Das sind meine Zeitschriften. Das
ist eine andere Sache.

Ü 4: Ich erhielt die Zeitung von ihm. Sie sprechen viel darüber. Am
gleichen Tag besuchten die Mitglieder der Delegation die Redaktion der Zei-
tung. Die Rede Fidel Castros macht eine Aussage darüber, daß die Regierung
Kubas die Politik der UdSSR unterstützt. (= sagt aus, beweist, zeigt).
Die Regierung Venezuelas faßte den Beschluß, im Laufe des Februar dieses
Jahres den Erdölpreis (= die Preise auf Erdöl) nicht zu verändern. Darüber
machte der Industrieminister eine Mitteilung. Die sowjetisch-kubanische
Freundschaft hat eine große Zukunft - diese Überzeugung äußern zahlreiche
Kommentatoren. Der Präsident hebt hervor, daß die Vereinigten Staaten ihre
Außenhandelspositionen verbessert haben.Die Regierung nahm den gesamten Be-
sitz der ausländischen Erdölgesellschaften unter ihre Kontrolle. Die Gesellschaft "Großbritannien - UdSSR" hat in der letzten Zeit ihre Tätigkeit
merklich aktiviert.

Ü 5: 1. Mitteilung der Presseagentur. Der Industrieminister teilte mit.
2. Der Beschluß des ZK der Partei hat große Bedeutung. Der Besitz der ausländischen Gesellschaften. 3. Den Erdölpreis verändern. Veränderung der
Konjunktur. 4. Die Kommentatoren sprechen die Überzeugung aus. Die Äußerung
des Journalisten. 5. Die USA haben ihre Positionen verstärkt. Verstärkung
der Positionen. 6. Die kubanische Regierung unterstützt die Politik der
UdSSR. Die Unterstützung der ausländischen Interventen. 7. Die Regierung
faßte einen Beschluß. Der Parteikongreß löste dieses Problem.

Ü 6: Treffen der Minister: Das Mitglied des Politbüros des ZK der KPDSU,
der Landwirtschaftsminister (= der Minister für die Landwirtschaft) der UdSSR,
D.S. Poljanskij, empfing am 27. August den Minister für außenwirtschaftliche
Beziehungen Dänemarks Ivar Nørgård ..... An dem Gespräch nahm der Bot-
schafter Dänemarks in der UdSSR V.U. Hammersheimb teil.
Der Besuch wird fortgesetzt: Der Vorsitzende der parlamentarischen Gruppe
der UdSSR, A.P. Šitikov, empfing am 24. September den Vorsitzenden der
CDU, den Premierminister des Landes Rheinland-Pfalz(BRD), H. Kohl. An dem

Gespräch nahmen der Außenminister der RSFSR, F.E. Titov, und andere offizielle Personen teil. Am gleichen Tag besuchte der Gast die staatliche Tret'jakov-Galerie. (TASS).

Ü 8: народ; член, делегация; газета; решение, конференция; событие; промышленность; год; контакт; нефтяной, кампания; цена; Куба; Франция; страна.

5. LEKTION:

Ü 1: 1. Kosygin empfing den Botschafter der Demokratischen Republik Vietnam in der UdSSR. 2. Die Kommission arbeitete eine Resolution aus. 3. Der Premierminister der Türkei legte das Programm seiner Regierung dar. 4. Die Genossen haben eine Forderung. 5. Ich erhielt die Zeitung von ihm. 6. Sie sprechen darüber viel. 7. Das ganze sozialistische Lager. 8. Jeder Gondoliere hat seine eigene Art (= Manier).

Ü 2: Dieses Institut wurde eines der Hauptzentren der antisowjetischen Propaganda.

Ü 4: Friede auf der ganzen Welt. Dekret über den Frieden. Über eine wissenschaftliche Frage sprechen. Über ein ernstes Problem sprechen. In diesem Jahr. Im April 1956. Im 1. Weltkrieg. In einer neuen Entwicklungsetappe (Etappe der Entwicklung). Auf der ersten Session der UNO. Im Kapitalismus. Unter dem Vorsitz (= unter dem Vorsitzenden).

Ü 5: Der Parteitag nahm eine Resolution zur (= über) nationalen Frage an. In Krakau und Poronin schreibt Lenin die programmatische Arbeit "Über das Recht der Nationen auf Selbstbestimmung" (1914). Die Regierung begann die Verhandlungen über die Unterzeichnung eines Friedensvertrages. Ju. Žukov ist Autor vieler Artikel zur (= über) Außenpolitik.

Ü 6: Treffen im Weißen Haus. Lage in China. Im Kampf für die Interessen der Werktätigen. Streik in Westberlin. In herzlicher Atmosphäre. In den Bruderländern (brüderlichen). Im Jahr 1968. Friede auf der ganzen Welt. Sein oder Nichtsein, das ist hier die Frage. (Hamlet). - Abreise des Ministers nach China. Ausfuhr von Kapital nach Rußland.

Ü 7: Westeuropa: Probleme am ökonomischen Horizont. Zwischenfall an der irakisch-iranischen Grenze. Auf der Session des WSM(des Weltfriedensrates). Auf der Sitzung des Exekutivkomitees des RGW. Auf den Devisenmärkten. - Nach Moskau, Recht auf Selbstbestimmung, Erdölpreis, Recht auf Arbeit.

Ü 8: Im Sozialismus, unter Peter dem Großen, Konferenz beim Direktor, unter der Bedingung.

Ü 9: In der Zeitung ist ein Artikel über den Aufenthalt des Präsidenten der Finnischen Republik U.K. Kekkonen in der Sowjetunion. Die ukrainische Zeitschrift veröffentlichte eine Rezension über den neuen Sammelband von Reden L.I. Brežnevs. In den Moskauer Kinos zeigte man den Fernsehfilm über den Freundschaftsbesuch des Genossen Brežnev in der Republik Kuba. In der Fabrik existierte ein Klub. Das vollzog sich unter Peter I. Im vergangenen Jahr fand eine Konferenz über Energiefragen in Washington statt. Die Zeitung schrieb über die Politik Pekings in Süd- und Südostasien. Die Stadt Rostov am Don befindet sich im Süden Rußlands. Es war im Jahre 1903. Am Beginn des Studienjahres lasen die Studenten intensiv alle Zeitungen. In der Zeitschrift war ein Artikel über die Lage in Äthiopien. An der Waffenstillstandslinie (= auf der Linie der Einstellung des Feuers) fand ein Treffen der Delegationen statt. Der Kongreß faßte den Beschluß auf der Grundlage der Prinzipien des proletarischen Internationalismus. Die Spannung an den Börsen des Westens nimmt zu. Das war auf der in der Welt ersten Konferenz aller kommunistischen Parteien. Nach Beendigung des Studiums begann er in der Fabrik zu arbeiten. An dem Gespräch nahm der Botschafter Dänemarks in der UdSSR teil.

Ü 10: 1. Die Kongresse der KPDSU faßten ihre Beschlüsse immer mit der Mehrheit der Stimmen. Durch ihre Tätigkeit leistete sie einen Beitrag zur Lösung des Problems. Die sozialistische Gesellschaft hat für immer die Ausbeutung des Menschen durch den Menschen aufgehoben (= vernichtet). 2. Die Regierung der UdSSR wird vertreten durch den Volkskommissar Čičerin, und die Reichsregierung durch Dr. Walter Rathenau.Die neue Entwicklungsphase (= Etappe der Entwicklung) der historischen Wissenschaft nach dem XX. Parteitag der KPDSU wird charakterisiert durch eine Verbreiterung des Dokumentenmaterials (= des dokumentarischen Materials).

Ü 11: Dobroljubov war ein utopischer Sozialist (= ein Sozialist-Utopist). Im Jahr 1936 arbeitete Kosygin als Ingenieur. Man hielt ihn für einen Militaristen. Die Lage in China zeigte sich (= erwies sich) als gespannt. Der Gelehrte befaßte sich häufig mit Musik. Im Jahr 1906 wurde Clemenceau Vorsitzender des Ministerrates. Die Preiserhöhung (= Erhöhung der Preise) ist Ursache des Streiks. 1897-98 diente Churchill als Offizier in Indien. Der Präsident der Republik genießt große Autorität. Die Koalition verfügt im Bundestag über 256 Mandate. Seine Begabung machte Dombrovskij zu einem der populärsten Führer der Pariser Kommune (= die Talente Dombrovskijs machten ihn zu einem von den populärsten Führern ...). Auf dem XII. Parteitag der RKP (B) wählte man ihn zum Mitglied des ZK der Partei. Die Inflation bleibt weiterhin (= setzt fort zu bleiben) für die Länder des Westens ein ernstes Problem.

Ü 12: 1972 wurde die Republik Kuba Mitglied des RGW. Die "Ostpolitik" verfügt im Lande über die Unterstützung von 70% der Bevölkerung. Die Ideen des Dekrets über den Frieden waren Programmforderungen der bolschewistischen Partei. Masaryk war Vertreter der liberal-bürgerlichen Gruppierung "Grad". Die Aggression Hitler-Deutschlands ist Ursache des Krieges. Zu dieser Zeit war er Student. Die Marxisten halten die Klassenwidersprüche für die Ursachen innerer und äußerer Konflikte. Der Marschall der Sowjetunion, Budjonnyj, diente in der zaristischen Armee als Unteroffizier. Der Beschluß des Kongresses erwies sich als Fehler. L.I. Brežnev hat große Autorität in der internationalen kommunistischen Bewegung. Zu dieser Zeit befaßte sich Krupskaja mit Fragen der Erziehung.

Ü 13: Horizont, Äthiopien, Fernseh-, Gouvernement, Athen, Stadium, bourgeois, Spanien, Hygiene, Helsinki, Luftfahrt, Haag, Erdöl, Manöver, Musik, Formulierung, Kontrahent, Zypern, Laune, Klima, Forcierung, Zyklus, Türkei, Idee, Pathos, spanisch.

6. LEKTION:

Ü 2: Das Ministertreffen gab der sowjetisch-französischen Zusammenarbeit einen neuen Impuls. Gestern teilte man den Journalisten die Resultate (= über die Resultate) des Treffens mit. In den Verhandlungen widmete (= teilte zu) man viel Zeit der Konferenz über Sicherheit und Zusammenarbeit in Europa. Beide Seiten messen den sowjetisch-amerikanischen Handels- und Industrie-Beziehungen eine wichtige Bedeutung bei. Die Londoner Presse schenkt (= teilt zu) dem 1. Ministertreffen in Moskau große Aufmerksamkeit. Diese Zusammenarbeit entspricht den Interessen sowohl des sowjetischen, als auch des französischen Volkes. Die der Sache des Friedens feindliche Propaganda nutzt den sogenannten Terminus "Supermacht" in Bezug auf die Sowjetunion aus. Die Zeitung schenkt der Außenpolitik der BRD große Aufmerksamkeit.

Ü 4: Das Treffen wird die Aktivierung der Arbeit der Konferenz über Sicherheit und Zusammenarbeit in Europa fördern. Das Treffen L.I. Brežnevs mit G. Pompidou wird zur Vertiefung der Zusammenarbeit beitragen. Die Verhandlungen werden zur Verbesserung der sowjetisch-französischen Beziehungen führen und werden die allgemeine Verbesserung des politischen Klimas in Europa fördern. Der Besuch wird beitragen zur Entwicklung friedlicher gegenseitiger Beziehungen. Dieses politische Verhalten behindert die Regulierung der strittigen Fragen. Durch sein Verhalten stört er die Zusammenarbeit beider Länder.

Ü 5: Der Vorsitzende wird sprechen. Er wird auf der Versammlung auftreten. Sie wird einen Beschluß fassen. Die Monopolisten werden die Forderungen der Werktätigen befriedigen. - Er sprach mit dem Vorsitzenden der Gesellschaft. Sie sprach mit ihm. Das hatte Bedeutung. Sie sprachen mit ihr. - Der Vertreter der Partei unterstützt den Beschluß des Kongresses. Der Vertreter der Arbeiter äußert seine Meinung (= spricht aus). Die neue Regierung legt ihre Politik fest (= bestimmt ihre Politik). Die Minister erklären ihre Pläne.

Ü 6: Der Kongreß faßte einen Beschluß, aber er löste diese Frage nicht. Die Arbeiter bauten ein Haus (= sie waren mit dem Bau beschäftigt). Die Arbeiter erbauten ein Haus (= das Haus ist fertig).

Ü 7: A: verschiedene Wörter, B: a-Laut / i-Laut, C: ohne Präfix / mit Präfix, D: mit Infix / ohne Infix, E: Lautwandel.

Ü 8: 1: unvollendeter Aspekt, 2: unvollendeter Aspekt, 3: vollendeten Aspekt.

Ü 9: Der russisch-japanische Krieg rief ein bedeutendes Anwachsen der staatlichen Verschuldung Rußlands hervor. - Die Verhandlungen werden zu einer Verbesserung der sowjetisch-französischen Beziehungen führen und werden die allgemeine Verbesserung des politischen Klimas in Europa fördern. - Die Kommunistische Partei und die Revolutionsregierung (= revolutionäre Regierung) Kubas unterstreichen die enorme internationale Bedeutung des außenpolitischen Kurses der Sowjetunion. - Die große Rolle der sambischen Frauen im gesellschaftlichen Leben des Landes unterstrich der Präsident Sambias Kenneth Kaunda. - Der Generalsekretär der Kommunistischen Partei Spaniens S. Carillo sagte, daß die spanischen Kommunisten die Entspannung unterstützen und meinen, daß ohne sie nicht erfolgreich sein kann der Kampf für Demokratie in Spanien. - Die sowjetisch-kubanische Freundschaft hat eine große Zukunft - diese Überzeugung äußern zahlreiche Kommentatoren. - Der Präsident hebt hervor, daß die Vereinigten Staaten ihre Außenhandelspositionen gestärkt haben. - Zu Beginn des 20. Jahrhunderts trat der Kapitalismus in das letzte Stadium seiner Entwicklung, den Imperialismus, ein. - Gestern hat man den Journalisten die Resultate (= über die Resultate) des Treffens mitgeteilt. - In Verbindung mit der Kritik der Führer der Eisenacher Partei hat Marx die "Kritik des Gothaer Programms" geschrieben. - Von 1907 bis 1913 haben sich die Einnahmen des Haushaltes Rußlands von 2,5 auf 3,5 Mrd. Rubel oder um 40% erhöht. - Der Kongreß beschloß, hat aber die Frage nicht gelöst. - Im Zusammenhang mit dem Anwachsen der Industrieproduktion erhöhte sich die Zahl der in ihr beschäftigten Arbeiter. - Im Sozialismus hat die Wissenschaft einen solchen Platz erobert (= eingenommen), wie sie ihn niemals vorher hatte (= einnahm). - A.A. Ždanov hat viel im Bereich der marxistisch-leninistischen Theorie der Literatur und Kunst getan. - Wir nahmen an, daß die Formulierung unserer Frage Einfluß auf den Charakter der Antworten haben werde. -

Ü 11: Freundschaft der Völker, Freundschaftsbesuch. Ein Freund des russischen Volkes. - Spannung in Europa. Alle Kräfte anspannen. - Südfront der Armee. Im Süden Rußlands. - Er wird alles sagen. Die Wahrheit sagen. - Energiefrage. Die Energetik ist ein Bereich der Technik. - Der östliche Bezirk Preußens. Im Osten. - Ministertreffen, den Präsidenten treffen. Breznev wird Pompidou treffen. - Die Zahl der Arbeiter erhöhen. Peter der Große. - Persönliche Frage. Wichtige Person. - Die UdSSR ist reicher als China. Krupp ist ein reicher Kapitalist. - Die Arbeiter protestieren. Wissenschaftliche Arbeiten. - Wissenschaftliche Probleme. Verwaltung der Wissenschaft. - Žukov schreibt einen Artikel. Einen Bericht schreiben. - Internationale Beziehungen. Das bezieht sich auf das Thema. - Der Vorsitzende sagt: Leiser! Stiller Ozean. - Eine erfolgreiche Lösung des Problems. Das

Buch hat Erfolg. - Einstellung des Feuers. Die Verhandlungen beenden. - Er sucht eine Lösung. Die Wahrheit suchen. - Meistens (= häufiger als alles). Häufige Treffen. -

7. LEKTION:

Ü 1: Dekret über den Boden. Streik in Frankreich. Sie befaßte sich mit Problemen des Gemeinsamen Marktes. Sein oder Nichtsein, das ist hier die Frage. Die Ausbeutung des Menschen durch den Menschen. Die Völker haben (genießen) das Recht auf Selbstbestimmung. Dąbrowski wurde einer der Führer der polnischen demokratischen Emigration. In diesem Jahr.

Ü 2: Der Autor mißt dieser Frage große Bedeutung bei. Die Erfahrung des vergangenen Jahres zeigte uns allen, daß man besser arbeiten kann. Der Beschluß des Kontrollrates entsprach den Lebensinteressen des deutschen Volkes. Der Beschluß der Leitung des Unternehmens entspricht den wirtschaftlichen Forderungen der Gewerkschaften. Wem nützt (= dient) der moderne Trotzkismus? - An die Leitung der Gesellschaft "Irland - Sowjetunion". An den Generalsekretär der Kommunistischen Partei Chiles, den Genossen Luis Corvalan. An Samdek Norodom Sihanouk, an das Staatsoberhaupt, den Vorsitzenden der Nationalen Einheitsfront Kambodschas. An die Teilnehmer des internationalen Treffens "Bandung und die afro-asiatische Solidarität". An die Gesellschaft der ungarisch-sowjetischen Freundschaft. An das Zentralkomitee der Sozialistischen Einheitspartei Deutschlands, den Staatsrat der Deutschen Demokratischen Republik, den Ministerrat der DDR. Freiheit für Luis Corvalan. Für Europa - Friede und Zusammenarbeit. Freiheit für die chilenischen Demokraten. Die Akademie der Wissenschaften unseres Landes ist 250 Jahre alt. Die Außenhandelsbank ist 50 Jahre alt. An alle Bürger Rußlands!

Ü 3: Diese Kommissionen waren die ersten Volkskommissariate.

Ü 4: Zu den Verhandlungen G. Fords in Peking. Der stellvertretende Ministerpräsident der UdSSR, der Vorsitzende des Staatskomitees des Ministerrats der UdSSR für Wissenschaft und Technik, empfing den stellvertretenden Außenminister Italiens. Nach Mitteilung der Agentur Reuter. Sie arbeiten nach einem neuen Plan. Zum Besuch des Premierministers der Französischen Republik Jacques Chirac in der UdSSR. Meetings und Protestdemonstrationen verbreiteten sich im ganzen Land. Zum 75. Geburtstag von Maurice Thorez (= zum 75. Jahrestag seit dem Tag der Geburt von M. Th.). Auf Einladung des ZK der Partei. Lappo-Danilevskij ist Verfasser einer Reihe von Arbeiten zur sozial-ökonomischen Geschichte Rußlands der Periode des Feudalismus. Nach Meinung des Autors war Rußland schon zu Beginn des 20. Jahrhunderts das zweite Land in der Welt nach Größe der Staatsschuld. Anläßlich des Geburtstags Lenins. Anläßlich des Internationalen Frauentages. Öffentliche Rede des Gen. L.I. Brežnev im Fernsehen und Radio."Forschungen zur Geschichte Osteuropas". Dieses Institut wurde leider eins der Hauptzentren der antisowjetischen Propaganda. Aufruf der UNO-Menschenrechtskommission (= der Kommission der UNO zu den Rechten des Menschen). Zu neuen Siegen! (Aufruf der Partei). Ein Buch zur Geschichte Chinas. Im Grunde genommen ist das nicht so. Eine Broschüre zur Geschichte der sowjetischen Schule.

Ü 6: Das Treffen A.N. Kosygins mit dem Außenminister Kuwaits. Die Herrschaft der Monopole über die Kolonien. Unter der Flagge des Antikommunismus. Verhandlungen mit dem Botschafter. Freundschaft mit allen Völkern. Vor uns ist ein interessantes Faktum. Verhandlungen Brežnevs und Gromykos mit Kissinger. Der Kampf mit den radikalen Kräften. Das Treffen des Gen. Brežnev mit den Führern der Georgischen SSR. Beziehungen zwischen der UdSSR und Norwegen. In Moskau begann unter dem Vorsitz des Ministers für Außenhandel Patoličev ihre Arbeit die Session der sowjetisch-österreichischen Kommission für wirtschaftlich-wissenschaftlich-technische Zusammenarbeit. Auf Einladung des Zentralrats der Gewerkschaften traf eine Delegation der Gewerkschaften in

Moskau ein. Anstrengungen der Regierung zur Festigung der Verbindungen der Gelehrten mit den Praktikern. Nach Meinung einer Reihe von Presseorganen. Kosygin schickte an die Führer der Nationalen Einheitsfront Kambodschas, an alle fortschrittlichen Kräfte des Landes Glückwünsche in Verbindung mit dem 5. Jahrestag der Bildung der Nationalen Einheitsfront. Hinter den Kulissen der kapitalistischen Welt.

Ü 7: Verhandlungen in Peking: Bonn, 17. (TASS) Wie das Organ der Industrie- und Finanzkreise der BRD, die Zeitung "Handelsblatt", mitteilt, fanden in Peking Verhandlungen zwischen dem größten westdeutschen Luftfahrt- und Raketenkonzern "Messerschmidt-Bölkow-Blohm" und der Industriegesellschaft "Nordchina" statt. Ziel der Verhandlungen war "die Untersuchung der Möglichkeiten einer engen Zusammenarbeit beider Gesellschaften".

Ü 9: Wie haben Sie diesen großen Erfolg erreicht? Er gilt als der beste Arbeiter. Heute findet im italienischen Parlament die Debatte zum Regierungsprogramm statt. Ein für die gegenwärtige Etappe spezifischer Faktor ist der bedeutende Anstieg des kulturellen Niveaus der Arbeiterklasse. Die Studenten sind bestrebt zu arbeiten in einer Produktion mit moderner Technik und besten Arbeitsbedingungen. Im Kreml fand unter dem Vorsitz Podgornyjs eine Sitzung des Präsidiums des Obersten Sowjets der UdSSR statt. Es fand ein Meinungsaustausch des Gen. Bayreuther mit dem Mitglied des Politbüros des ZK der KPDSU, dem Vorsitzenden des Zentralrats der Gewerkschaften, A.N. Šelepin, statt. (der Meinungsaustausch .... fand statt). Die Kritik des Vorsitzenden bezog sich auf mich. Die Zusammenarbeit zwischen der UdSSR und Österreich entwickelt sich. Die Gewerkschaft kämpft für die Einheit der internationalen Gewerkschaftsbewegung. Die Inflation bleibt weiterhin (= setzt fort zu bleiben) ein ernstes Problem für die Länder des Westens. Was Stalin betrifft, so war er gegen den Vorschlag Trockijs. Unter den Bedingungen des staatsmonopolistischen Kapitalismus sind die herrschenden Kreise der USA bestrebt, die Staatsmaschine zu stärken und zu rationalisieren. Die "Ostpolitik" hat im Lande die Unterstützung von 70% der Bevölkerung.

Ü 10: Entwicklung, entwickeln, sich entwickeln. Arbeit, arbeiten. Leben, leben, Lebens-, Einwohner. Bedeutung, bedeutend, bedeuten. Das Treffen, treffen.

8. LEKTION:

Ü 2: Die Arbeiter organisieren eine Demonstration .Die Arbeiter organisieren sich. Die Demonstration wird von Arbeitern organisiert.

Ü 3: Der Vertrag wird von beiden Seiten unterzeichnet. Das Problem wird von der Führung der Partei gelöst. Die Arbeit der Konferenz wird fortgesetzt. 1972 erhöhte sich der Export der nichtsozialistischen Welt im Vergleich mit 1971 um 18,5%. In den 70er Jahren werden in der Einstellung Pekings zu verschiedenen Gruppen afrikanischer Länder Veränderungen beobachtet: merklich wächst das Interesse zu Ländern der prowestlichen Orientierung. Die Resultate der Verhandlungen des Generalsekretärs des ZK der KPDSU, Brežnev, mit dem Präsidenten der USA Nixon, dem Präsidenten Frankreichs Pompidou, dem Kanzler der BRD Brandt und Führern einer Reihe anderer Länder werden beurteilt als e in bedeutender Beitrag zur Sicherung des internationalen Friedens und der Sicherheit und zur Fortsetzung des Prozesses der Entspannung. Ich betrachte den Besuch in der UdSSR, heißt es im Telegramm Kosygins, als wichtige Möglichkeit zur Festigung der Zusammenarbeit zwischen unseren Ländern. Die Zeitschrift "Probleme des Friedens und des Sozialismus" wird herausgegeben von 51 Bruderparteien. In den Arbeiten Sartres, Camus', Merleau-Pontis, von S. de Beauvoir wird der Klassencharakter des Faschismus vernachlässigt. In dem Kapitel "Westeuropa und die USA" werden die Beziehungen zwischen Westeuropa und den USA untersucht, die Politik des "Atlantismus", die militärpolitische Konsolidierung des nordatlantischen Bündnisses, die westeuropäische Integration. Eine positive Entwicklung: der offizielle Besuch des

Präsidenten der Portugiesischen Republik S. da Costa Gomes in der Sowjetunion wird weiterhin kommentiert in der portugiesischen Presse (= setzt fort ... kommentiert zu werden). Die Außenpolitik der UdSSR wird bestimmt durch den sozialistischen Charakter der sowjetischen Gesellschafts- und Staatsordnung (= des sowjetischen gesellschaftlichen und staatlichen Aufbaus).

Ü 4: Der Kanzler der BRD Schmidt gab gestern im Radio und Fernsehen eine Erklärung ab (= trat mit einer Erklärung hervor). Teil nahmen alle, und zwar Petrov, Ivanov und Sidorov. Gerade deshalb gelang uns die Lösung des Problems nicht. Wir beendeten die Arbeit, denn es war schon spät. Was aber den Produktionsplan betrifft, so muß man darüber noch sprechen. Sowohl er als auch sie wissen dies. Sein oder Nichtsein, das ist hier die Frage. An den Protest-Meetings nahmen nicht nur Arbeiter, sondern auch Studenten teil. Der Plan wird erfüllt entweder im November oder im Dezember des Jahres. Allerdings führte der Prozeß der Stärkung der EWG zu einer Veränderung der Rolle Westeuropas in der gesamten kapitalistischen Welt. Er sprach auch mit einem Juristen. Man beschäftigt sich mit der Frage der europäischen Sicherheit auch in der BRD. Er arbeitet im Außenhandelsministerium und sie im Außenministerium. Die Partei der Bol'ševiki betrachtete den Kampf des spanischen Volkes nicht als eine private Angelegenheit der Spanier, sondern als eine allgemeine Angelegenheit der gesamten fortschrittlichen Menschheit.

Ü 5: Über den Besuch Gromykos in Kanada: auf Einladung der kanadischen Regierung wird das Mitglied des Politbüros des ZK der KPDSU, der Außenminister der UdSSR A.A. Gromyko am 25./26. September Kanada zu einer offiziellen Visite besuchen. - Der Verfasser des Buches arbeitete von 1968 bis 1973 als (= in der Qualität) Stellvertreter des Generalsekretärs der UNO für politische Fragen und Angelegenheiten des Sicherheitsrates. - Ein Gast aus der BRD: auf Einladung des Ministerrates der RSFSR traf am 22. September in Moskau der Vorsitzende der CDU, der Premierminister des Landes Rheinland-Pfalz(BRD), H. Kohl ein. Auf dem Flughafen begrüßten (= trafen) ihn der Stellvertreter des Vorsitzenden des Ministerrates der RSFSR Demčenko, der Außenminister der RSFSR Titov, weitere (= andere) offizielle Personen. -

Ü 6: In den Telegrammen heißt es (= wird geschrieben), daß die sowjetisch-kamerunischen Beziehungen eine weitere Entwicklung erfahren werden (= erhalten werden). Nach Meinung des ZK der KPF, heißt es in der Erklärung des Plenums (= wird gesagt), ist es notwendig zur Vorbereitung der Konferenz der Kommunistischen Parteien Europas zu schreiten (= heranzutreten), um die neue Lage in Europa zu prüfen (= zu untersuchen). O. Volkov sprach in seinem Bericht davon (= über jenes), wie die ökonomische Effektivität der Automatisierung zu erhöhen sei. Der Agitator bemühte sich in seiner Rede (= strebte zu jenem), daß die Arbeiter ihre Einstellung zum Streik änderten. Bedeutend gestärkt haben sich die Positionen der Kommunisten in der städtischen Versammlung Kopenhagens, wo die KP Dänemarks 7 von 55 Abgeordnetensitzen (= -plätzen) erhalten hat. Man kann nicht sagen, daß im Nordatlantischen Block nach Helsinki alles ohne Veränderungen geblieben ist. Die Arbeitsperiode Marxens in der "Rheinischen Zeitung" charakterisiert Lenin als eine Periode, als sich der Übergang Marx' vom Idealismus zum Materialismus und vom revolutionären Demokratismus zum Kommunismus abzeichnete. Solange das Proletariat noch den Staat nötig hat, hat es ihn nicht im Interesse (pl.) der Freiheit nötig, sondern im Interesse der Unterdrückung seiner Gegner. Während (wenn) die herrschenden Kreise der kapitalistischen Länder die polnische Frage für eine internationale Frage hielten, existierte die böhmische Frage als internationale (Frage) in den 70er Jahren des 18. Jahrhunderts nicht. Genosse Petrov kann nicht ins Theater gehen, weil morgen eine Versammlung in der Fabrik sein wird. Während (wenn) im Jahr 1962 unter den Abgeordneten des Obersten Sowjets 23,5% Arbeiter waren, so (waren es) im Jahre 1970 31,4%.

Ü 7: Es ist notwendig, die Vorbereitung der Konferenz zu beginnen. Man kann nicht sagen ....man kann sagen. Man wird können ... man konnte nicht. Volkov sprach in seinem Vortrag darüber, wie man die Effektivität erhöhen könne.

Ü 8: Die Losung würde dem Kurs der Partei auf eine friedliche Entwicklung der Revolution widersprechen. Wenn sie könnte, so käme sie zu uns. Nach Meinung des Journalisten wäre es interessant, über die Frage der europäischen Sicherheit zu sprechen. Wenn wir nicht den Brester Frieden geschlossen hätten, so hätten wir sofort die Macht an die russische Bourgeoisie (der russischen Bourgeoisie) zurückgegeben. Der Plan fordert, daß man die Normen erfüllt. Die Gewerkschaften der Druckereiarbeiter fordern eine solche Erhöhung des Lohns, die den Preisanstieg (das Anwachsen der Preise) in der vergangenen Periode kompensiert(kompensieren würde).

Ü 9: Hat diese Frage große Bedeutung? Beeinflußt dieser Faktor die Lösung des Problems? In seiner Arbeit versucht der Autor festzustellen (zu bestimmen), ob diese Theorie der Wirklichkeit entspricht.

Ü 10: Trauer-Meeting in Peking: Peking 16. TASS. Hier fanden eine Trauer-Zeremonie und ein Meeting anläßlich des Ablebens des Premiers des Staatsrates der Volksrepublik China, Tschou En Lai, statt. Die "Hitler" kommen und gehen, aber das deutsche Volk und der deutsche Staat bleiben. In dem Maße, in dem sich der Kampf Martin Luther Kings für die Gleichberechtigung der Neger intensivierte (aktivierte), verstärkte sich der Haß der Reaktion ihm gegenüber (zu ihm). Die Kapitalisten kämpften nicht nur gegen die wirtschaftlichen Forderungen der Arbeiter, sondern sie halfen auch dem Zarismus, den politischen Kampf mit der revolutionären Avantgarde zu führen. Die Entspannung ist die einzige Alternative für die nukleare Konfrontation (der nuklearen Konfrontation, dat.).

9. LEKTION

Ü 1: Die Kritik des Vorsitzenden bezog sich auf mich. Heute findet (russ:pl.) im italienischen Parlament die Debatte zum Regierungsprogramm statt. Ein für die gegenwärtige Etappe bezeichnender Faktor ist das bedeutende Anwachsen des kulturellen Niveaus der Arbeiterklasse. Der Vertrag wird von beiden Seiten unterzeichnet. Das Problem wird von der Parteiführung (der Führung der Partei) gelöst. Die "Hitler" kommen und gehen, aber das deutsche Volk und der deutsche Staat bleiben. Nach Meinung des Journalisten wäre es interessant, über die Frage der europäischen Sicherheit zu sprechen.

Ü 2: Lenin schrieb ein Protokoll der Sitzung. Der Minister unterzeichnete das Dokument.

Ü 3: In dem Kapitel "Die Überwindung des Anarchismus in der Gewerkschaftsbewegung" wird die Position der Anarchisten in der Frage der Rolle der Gewerkschaften im Befreiungskampf der Arbeiterklasse und beim Aufbau einer neuen sozialistischen Gesellschaft untersucht. Die Umgestaltung (der Umbau) der organisatorischen Struktur der Gewerkschaften nach dem Produktionsprinzip auf der Grundlage der Prinzipien des demokratischen Zentralismus stieß auf (traf auf) aktiven Widerstand von seiten der Anarchisten, der Men'ševiki und der Sozialrevolutionäre. Die Anarchisten agitierten für die Dezentralisierung der Gewerkschaftsbewegung, für den Aufbau von Massenorganisationen der Arbeiter auf der Grundlage des Föderalismus. Wie der Autor feststellt, gelang es ihnen aber nicht, die Arbeiterklasse hinter sich zu bringen. Die Anarchisten traten gegen einen Einsatz des proletarischen Staates als eines Werkzeugs für den Aufbau des Sozialismus ein (traten auf) und stellten die Gewerkschaften den Sowjets entgegen, den staatlichen Organen der Lenkung der Volkswirtschaft und der herrschenden kommunistischen Partei. - Die Erweiterung der internationalen Zusammenarbeit auf der Grundlage der Gleichberechtigung, des gegenseitigen Nutzens und der Nichteinmischung in die inneren Angelegenheiten ist ein sehr wichtiger Faktor für die Entspannung, für die weitere Festigung des Friedens und der Sicherheit zwischen den Völkern. - Hauptaufgabe der sozialdemokratischen Fraktion in der Staatsduma ist (ihre) Mitwirkung bei der klassenmäßigen Erziehung und dem Klassenkampf des Proletariats sowohl zur Befreiung der

-533-

Werktätigen von der kapitalistischen Ausbeutung, als auch zur Ausfüllung der Rolle eines politischen Führers durch das Proletariat (durch es), (einer Rolle,) die es (das Proletariat) spielen muß in der gegenwärtigen bürgerlich-demokratischen Revolution in Rußland.- Im Jahr 1974 setzte sich die Erweiterung und Vertiefung des Prozesses der Spezialisierung und Koordinierung ("Kooperierung") in den Mitgliedsländern des RGW fort.

Ü 5: Seiner Exzellenz Herrn Valéry Giscard d'Estaing, dem Präsidenten der Französischen Republik: Verehrter Herr Präsident, ich richte an Sie herzliche Glückwünsche zu Ihrer Wahl zum Präsidenten der Französischen Republik. ("In Verbindung mit dem Sie-Wählen auf den Posten des Präsidenten ....."). In der Sowjetunion schätzt man hoch (ein), daß die traditionellen freundschaftlichen Beziehungen zwischen unseren Ländern eine immer fruchtbarere und vielseitigere Entwicklung sowohl im politischen Bereich als auch im Bereich (russ: pl.) der ökonomischen und Handels-, der wissenschaftlich-technischen und kulturellen Zusammenarbeit erfahren. Die Politik d. Einvernehmens zwischen der UdSSR und Frankreich, die sich gründet auf beiderseitiges Interesse an der Stärkung der europäischen und internationalen Sicherheit, wurde zu einem beständigen Element des internationalen Lebens, zu einem Faktor des Friedens. Die konsequente Weiterführung dieser Politik ist ein bedeutender Beitrag zur Sache der Vertiefung des Entspannungsprozesses, zur Bekräftigung der Prinzipien der friedlichen Koexistenz als einer Norm der gegenseitigen Beziehungen von Staaten mit unterschiedlicher Gesellschaftsordnung. Wir sind fest (davon) überzeugt, daß - wenn man diesem Kurs folgt, der eine Bekräftigung erfahren (erhalten) hat in den grundlegenden sowjetisch-französischen Dokumenten, den "Prinzipien der Zusammenarbeit zwischen der UdSSR und Frankreich" und dem "Protokoll über politische Konsultationen" (daß dann) unsere Länder noch gewichtigere Resultate bei der weiteren Entwicklung (in der Sache der weiteren Entwicklung) einer für beide Seiten nützlichen bilateralen Zusammenarbeit, bei (der Sache der) Aktivierung gemeinsamer Anstrengungen zum Nutzen des Friedens und der Sicherheit in Europa und auf der ganzen Welt erreichen werden. Nehmen Sie, Herr Präsident, meine (die) besten Wünsche für Erfolge bei Ihrer neuen Tätigkeit, (und) Wünsche für Wohlergehen und Gedeihen des französischen Volkes (Wünsche dem Volke Frankreichs). N. Podgornyj.

10. LEKTION:

Ü 1: Die westdeutschen Institute unterhalten eine enge Verbindung mit den Instituten der USA und Englands, die sich mit der Geschichte der UdSSR beschätigen.- Im System der westdeutschen Ostforschung nimmt der Göttinger Arbeitskreis, der im Jahr 1946 gegründet wurde, einen bedeutenden Platz ein.- Als Beispiel der Nichtbeachtung (Ignorierung) der welthistorischen Bedeutung der Großen Oktoberrevolution (des Großen Oktobers) kann dienen die große (fundamentale) Jubiläumsarbeit zur Geschichte der Labour Party, die im Jahr 1925 herausgegeben wurde.- Alle angeführten Gesellschaften erfüllten die von den englischen Gesetzen geforderten Bedingungen bei ihrer Konstituierung (Bildung) und wurden im Handelsministerium registriert.- Das angewachsene Interesse der studentischen Öffentlichkeit der BRD am Marxismus-Leninismus (davon schreiben die Autoren des Sammelbandes selbst) wird ausgenutzt zur Kultivierung eines Gefühls der Feindseligkeit zum sowjetischen Volk in der deutschen Jugend (bei der dt. Jugend). Dasselbe kann man auch über einen Kurs von Vorlesungen zum Marxismus, die in der Tübinger Universität gehalten worden sind.- Hauptinhalt unserer Epoche ist der Übergang vom Kapitalismus zum Sozialismus, der begonnen worden ist durch die Große Oktoberrevolution in Rußland.- Die großen Erfolge der Sowjetunion im Bereich der Wirtschaft, der Wissenschaft und Technik, (und) die Resultate, die von den anderen sozialistischen Ländern erreicht worden sind, zeigen die große Vitalität der Sozialismus.- Der Kontrahent überträgt der Gesellschaft den Verkauf in Rußland und im Ausland (in dem Fall, der in § 15 dieses Vertrages vorgesehen ist) (den Verkauf) der vom Kontrahenten zum Verkauf hergestellten Gegenstände seiner Produktion.

Ü 5: Die Bücher erscheinen im Verlag "Nauka". Die im Verlag "Nauka" erscheinenden Bücher. Die im Verlag "Nauka" erscheinenden Bücher werden in besonderen Buchläden verkauft.- Die Institute befassen sich mit der Geschichte der UdSSR. Die sich mit der Geschichte der UdSSR befassenden Institute. Die westdeutschen Institute unterhalten eine enge Verbindung mit den Instituten der USA und Englands, die sich mit der Geschichte der UdSSR beschäftigen.- In der Produktion entstehen wichtige Veränderungen. Die in der Produktion entstehenden wichtigen Veränderungen. Die in der Produktion entstehenden wichtigen Veränderungen haben gewaltige wirtschaftliche Bedeutung.- Das war die Konzeption eines Bourgeois, der übergeht auf die Positionen der Labour-Ideologie (des Labourismus), der Front macht gegen die alte Führung der Fabian Society und der mit den nach der Oktoberrevolution modisch gewordenen Begriffen jongliert.

Ü 6: Das war eine wichtige Entscheidung über die Zukunft des Landes.- Die Werktätigen protestieren gegen die Inflation.- Im August arbeiten viele Schüler in Sibirien.- Angestellte und Arbeiter sind zwei wichtige Gruppen der Gesellschaft.- Der nächste Genosse. Ein glänzendes Resultat. Ein Lieblingsautor. Die zukünftige Struktur der Gesellschaft. Die herrschenden Klassen.

Ü 7: Die Prinzipien der friedlichen Koexistenz wurden zu einer Rechtsnorm, die die Beziehungen zwischen den Staaten regelt. Mit ihren Argumenten überzeugten sie ihre Kollegen, die am Streik teilnahmen. Die Volkskommissare stritten sich über eine Frage, die schon längst vom Parteitag entschieden war. Die Arbeiter erhielten eine Erhöhung des Lohns, die ihren Forderungen entsprach. Die ländliche und städtische Bevölkerung nahm an der Erfüllung des Fünfjahresplanes teil, der von der Versammlung des Obersten Sowjets angenommen worden war. Die eine Rolle spielenden Argumente waren folgende. Die uns Hilfe erweisenden Organisationen waren folgende. Ein Teil der im Moskauer Gouvernement lebenden Bauern siedelte nach Sibirien über. Der Kongreß der Arbeiter- und Soldatendeputierten ergriff Maßnahmen, die den Forderungen der russischen sozialdemokratischen Arbeiterpartei entsprachen. Die Energiekrise, die die kapitalistische Welt ergriffen hat, verschärfte die Beziehungen zwischen den Ländern des Gemeinsamen Marktes und den Vereinigten Staaten außerordentlich. Beim Bau des Kanals wurden neue Maschinen eingesetzt, die von unserer Industrie hergestellt werden. Das zu rezensierende Buch, (das rezensiert werdende Buch), das von der Akademie der Gesellschaftswissenschaften beim ZK der KPdSU vorbereitet worden ist, ist (stellt dar) eine der ersten Arbeiten über den entwickelten Sozialismus. Die führende und mobilisierende Rolle unserer Partei tritt leuchtend in der Tätigkeit ihrer Grundorganisationen hervor.

11. LEKTION

Ü 1: Unter-, heraus-, aus-, (hin)ein-, um-. Die sich mit der Geschichte der UdSSR beschäftigenden Institute. Die Energiekrise, die die kapitalistische Welt ergriffen hat. Die im Moskauer Gouvernement lebenden Bauern. Das von Breznev dargelegte Programm. Der vom Kongreß gefaßte Beschluß. Das zu rezensierende Buch, das von der Akademie der Gesellschaftswissenschaften beim ZK der KPdSU vorbereitet worden ist, ist (stellt dar) eine der ersten Arbeiten über den entwickelten Sozialismus.

Ü 2: In Zusammenarbeit mit Historikern anderer bürgerlicher Länder (USA und Italien) unternahmen die westdeutschen Historiker die gemeinsame Herausgabe einer besonderen Reihe von Büchern zur Geschichte der Oktoberrevolution ("Forschungen zur Geschichte Osteuropas"). In ihr (der Reihe) sind herausgegeben insbesondere die Arbeiten W. Hahlwegs "Die Rückkehr Lenins nach Rußland im Jahre 1917", P. Scheiberts "Von Bakunin zu Lenin" und O. Anweilers "Die Entstehung und Entwicklung der Räte in Rußland 1905-1925".- Alle angeführten Firmen (Gesellschaften) erfüllten die von den englischen Gesetzen geforderten Bedingungen (gefordert werdenden Bedingungen) bei ihrer Konstituierung (Bildung) und wurden im Handelsministerium registriert.- Im Jahr 1929 wurde von den französischen fortschrittlichen Historikern N. Blok und L. Fèvre die Zeitschrift

"Annales d'histoire économique et sociale" gegründet, die zu der bedeutendsten (nach der Revue Historique) französischen historischen Zeitschrift geworden ist.- In diesen Zeitschriften "Russisches Archiv", "Russisches Altertum", "Historischer Bote" wurden viele wertvolle schriftliche Quellen zur Geschichte Rußlands, insbesondere Memoiren, Briefe, Tagebücher, Akten und Dokumente veröffentlicht.- Der erste Abschnitt (Etappe) der Diskussion ist abgeschlossen. Die Position Israels ist entschieden verurteilt worden. Die Erklärung der sowjetischen Regierung findet breite Unterstützung.- Den sich immer mehr verstärkenden Widersprüchen zwischen den Ländern des Imperialismus steht eine wachsende Einheit der Länder der sozialistischen Gemeinschaft gegenüber.- Am 4. Dezember wurde in Moskau als Ergebnis (im Ergebnis) der geführten Verhandlungen ein Abkommen über die Gewährung technischer Unterstützung an die Volksrepublik Bulgarien (russ: dat) beim Bau von Industrieunternehmen und anderen Objekten in den Jahren 1976 bis 1980 unterzeichnet.

Ü 3: Ein ausgearbeiteter Plan. Der Plan ist ausgearbeitet. Die durchgeführte Bevölkerungszählung. Die Bevölkerungszählung wird durchgeführt sein im Jahr 1984.- Eine veröffentlichte Mitteilung. Die Mitteilung ist veröffentlicht worden. Die gewonnenen Resultate. Die Resultate sind gewonnen.- Eine schwierige Aufgabe. Die Aufgabe ist schwierig. Ein hohes Haus. Das Haus ist hoch. Eine richtige Entscheidung. Die Entscheidung ist richtig. Schwierige Aufgaben. Die Aufgaben sind schwierig. Ein lebendiges Beispiel des Heroismus. Lenin ist lebendig.

Ü 4: Lourenco-Marques, 27. (TASS). Hier ist ein Kommuniqué über die Einrichtung diplomatischer Beziehungen und (über) den Austausch diplomatischer Vertreter zwischen der Sowjetunion und der Volksrepublik Mosambik unterzeichnet worden.- In dem Buch sind die Hauptrichtungen der wissenschaftlichen Interessen A.L. Sidorovs dargestellt.- Geplant (vorgesehen) ist die Möglichkeit einer Einführung von Aktien der Russisch-Baltischen Gesellschaft an der Pariser Börse. - Der Beschluß wurde mit Mehrheit der Stimmen gefaßt.- Die Geschichte des russischen Liberalismus (des Liberalismus im Russischen Reiche) zu Beginn des 20. Jahrhunderts ist schlecht (mangelhaft) untersucht.- Das Interview mit dem Direktor und verantwortlichen Redakteur der jugoslawischen Zeitung wurde publiziert.- Gestern ist die Übereinkunft erzielt worden.- Die Entwicklung des staatsmonopolistischen Kapitalismus ist untrennbar mit der Entwicklung eines bürokratisch-technokratischen Apparats verbunden.- Das Friedensprogramm ist vom 24. Parteitag der KPdSU angenommen worden.- Befreit sind fast 70% des Territoriums des Landes.- Morgen werden die Materialien des Kongresses gedruckt sein.- Die Außenpolitik der UdSSR ist auf die Erreichung des Friedens gerichtet.- Wenn alle Kräfte des Friedens auf der Erde sich vereinigen, um all das Gute und Positive irreversibel zu machen, das erreicht worden ist als (im) Resultat der Verwirklichung des Friedensprogrammes, das vom 24. Parteitag der KPdSU beschlossen worden ist, so können wir uns für immer vor Kriegen retten und eine neue Welt aufbauen.- Bei der Bestimmung der gegenwärtigen und zukünftigen Aufgaben der ökonomischen und sozialpolitischen Entwicklung geht die Partei davon aus, daß in unserem Land geschaffen (aufgebaut) ist eine entwickelte sozialistische Gesellschaft, die allmählich in die kommunistische (Gesellschaft) hinüberwächst.- Die Linie der KPdSU gegenüber der Volksrepublik China ist klar und konsequent.

Ü 5: встретить, обидеть, повысить, ослабить, поставить, возвратить, освободить, опускать/опустить, купить

Ü 7: Eine schnellere (weniger schnelle) Entscheidung, ein höherer (weniger hoher) Preis, eine wichtigere (weniger wichtige) Frage, kürzere (weniger kurze) Fristen.- Wir müssen den Gemeinsamen Markt moderner machen.

Ü 8: Ein höheres Niveau der Arbeitsproduktivität (der Produktivität der Arbeit) im Dąbrova-Bassin ist charakteristisch für die gesamte untersuchte Periode (1880-1913).- In den Jahren des Ersten Weltkrieges hatte die Ukraine schon eine Arbeiterklasse von mehr als 1 Mio. (mehr als Millionen-Arbeiterklasse).- Nicht weniger wichtig sind die gedruckten Reden des Delegierten des

4. Komintern-Kongresses Francisco Pintos, die in der Zeitschrift Justicia veröffentlicht wurden.- Die Arbeiten der genannten Autoren (Ljaščenko, Gefter u.a.) erlauben es auf überzeugendere Weise, auf der Grundlage solider dokumentarischer Angaben über die gegenseitigen Beziehungen der Monopole mit der zaristischen Regierung zu urteilen.- Die Wirtschaft des Sowjetischen Turkmenistan entwickelt sich im 9. Fünfjahresplan in schnellerem Tempo (russ: pl.) als in dem vorhergehenden Jahrfünft.- Gibt es bei uns ein Buch, das uns ein mehr oder weniger vollständiges Bild vom Platz und der Rolle des nationalen Momentes im gegenwärtigen Weltprozeß gibt? Leider nein.

Ü 9: Die interessanteste Frage, das größte (bedeutendste) Unternehmen, die schnellsten Entscheidungen, der wahrscheinlichste Kandidat.

Ü 10: F. Pintos ist der bedeutendste uruguayische Historiker der Oktoberrevolution.- Der Staatsrat war einer der reaktionärsten und konservativsten Institutionen des zaristischen Rußland.- Die Oktoberrevolution brachte neue Ideen in das größte lateinamerikanische Land, Brasilien.- Die Arbeiterklasse des Russischen Reiches war schon zu Beginn des 20. Jahrhunderts die revolutionärste Klasse nicht nur in unserem Land sondern auf der ganzen Welt.- Den stärksten Einfluß unter den Parteiführern hatte Stalin.- Die Woche Asiens - das ist eine neue Form des Kampfes von Millionen und Abermillionen von Menschen für die wesentlichsten Interessen der asiatischen Völker.- Diese Stadt gehört zu dem bedeutendsten Industriegebiet des Landes.- Die fortschrittlichsten Vertreter der brasilianischen Öffentlichkeit begrüßten und schätzten hoch ein die Rolle und Bedeutung der Oktoberrevolution.- Hans Rothfels bedarf nicht ausführlicher Empfehlung: er ist der anerkannte Chef der einflußreichsten Gruppe der bürgerlichen Historiker der BRD.

Ü 12: In den Sammelband fanden in überarbeiteter Form alle früher veröffentlichten Arbeiten zu dem genannten Problem Eingang.- Die Zahl der Stimmen im Jahr 1974 ist um 70% größer als im Jahr 1970.- Nach dem Buch D.Nehrus "Sowjetrußland", das im Jahr 1928 herausgegeben worden ist, begannen in den Zeitungen und Zeitschriften Indiens Korrespondentenberichte über Rußland öfter gedruckt zu werden.- Der Wille der Völker ist stärker als der Krieg.

Ü 14: In nächster Zeit, die Erörterung sehr wichtiger Probleme (der wichtigsten), eine sehr zügige Realisierung der Verordnungen, sehr interessante Bücher. Volkswagen ist der größte Automobilkonzern in der BRD.- Die wichtigste Etappe bei der Entwicklung der Agrartheorie nach der Großen Oktoberrevolution war der leninsche Kooperativplan.- P.N. Miljukov hielt "die politische, wirtschaftliche und finanzielle Annäherung an die USA für eine der wichtigsten nächsten Aufgaben".

Ü 15: Der weiterer Gang der ökonomischen Entwicklung.

Ü 16: Peter arbeitet schneller als Irina.- Sie erfüllten den Plan früher als die Frist.- Er liest am schnellsten. Am meisten liebt sie ihre Heimat.

Ü 17: Größere Bedeutung, größtenteils. Kleinerer Mensch, zumindest. Der höchste Prozentsatz, höhere Mathematik, Hochschule. Das niedrigste Niveau, die niederste Rasse. Die beste Lösung. Die schlechteste Situation. Der älteste Bruder, Oberleutnant. Die jüngste Schwester, die jüngere Generation.- Der jüngere wissenschaftliche Mitarbeiter bearbeitet in der Regel ein selbständiges Thema (führt ...) und kann eine Gruppe von Mitarbeitern leiten.- Der ältere wissenschaftliche Mitarbeiter wird alle 5 Jahre für eine neue Frist gewählt.

Ü 18: Die Gipfelgespräche zwischen Brežnev und Nixon fanden im Mai 1972 und im Juni 1973 statt. Sie hatten größere Bedeutung als die vorhergehenden Treffen. Zwischen beiden Ländern vollzieht sich eine Änderung des politischen Klimas zum Besseren.- Eine ernste Krise macht die Wirtschaft Uruguays durch. Das Defizit der Handelsbilanz des Landes wuchs in den 9 Monaten dieses Jahres um mehr als 71% und beläuft sich auf etwa 103 Mio. Dollar.- Eine wichtige Entscheidung. Bonn, 12. (TASS). Heute ratifizierte der Bundesrat (die Kammer der Länder des westdeutschen Parlaments) einstimmig die im Oktober des vergangenen Jahres unterzeichneten Abkommen zwischen der BRD und der Volksrepublik Polen, die eine weitere Normalisierung und Entwicklung der Beziehungen zwischen beiden Ländern vorsehen.

12. LEKTION

Ü 1: Der Beschluß wurde mit Mehrheit der Stimmen gefaßt.- Moskau ist ein bedeutenderes Industriezentrum als Leningrad.- встречать/встретить- Die erreichte Übereinkunft - Die Übereinkunft ist erreicht worden. Das von einem Ingenieur geleitete Unternehmen.- Diese Variante ist besser als die andere.- Um 20% weniger als im Jahr 1960.- Möglichst schnell.- Die Herrschaft des Kapitals ist international.

Ü 2: Der Autor geht auf die Politik der chinesischen Führung gegenüber Indien ein und weist darauf hin, daß China separatistische Bewegungen im Nordosten Indiens unterstützt, indem es sie mit Waffen versorgt und sie in den Methoden der Führung eines Partisanenkrieges unterweist.- Der Premierminister Indira Gandhi erklärte bei seinem Auftritt im Radio, daß der Ausnahmezustand deshalb erklärt werden mußte, weil die Absicht der Oppositionsparteien Unruhen zu organisieren eine ernste Gefahr für die Demokratie heraufbeschworen (geschaffen) hatte.- Lima: Der Präsident Perus, Francisco Morales Bermudes, ging auf die wirtschaftliche Lage des Landes ein und erklärte: Eine der wichtigsten Aufgaben der Regierung ist die Durchführung radikaler Reformen, die auf die Anhebung des Lebensstandards der Peruaner gerichtet sind.

Ü 4: Die UdSSR und die USA, ausgehend davon, daß ein Atomkrieg für die ganze Menschheit verheerende Folgen haben würde, in Rücksicht darauf, daß effektive Maßnahmen zur Begrenzung von Systemen der Antiraketenabwehr zu einer Verminderung der Gefahr der Entstehung eines Krieges unter Einsatz von Kernwaffen führen würden, ausgehend davon, daß die Begrenzung von Systemen der Antiraketenverteidigung die Schaffung günstigerer Bedingungen für nachfolgende Verhandlungen über Begrenzung der strategischen Rüstungen fördern würde, in Rücksicht auf ihre Verpflichtungen gemäß Art. 6 des Vertrages über die Nichtweiterverbreitung von Kernwaffen, in der Absicht (eine Erklärung über ihre Absicht abgebend), möglichst schnell eine Beendigung des atomaren Wettrüstens zu erreichen, und in dem Wunsch, zur Entspannung beizutragen, sind in folgendem übereingekommen:

Ü 7: Der Minister trat im Parlament auf und erklärte folgendes.- Antwortend auf Fragen von Journalisten sagte Kissinger.- Das ZK hält die Lage für sehr gefährlich und erklärt folgendes.-

Ü 8: Bei seinem Auftritt im Parlament erklärte der Minister folgendes.- Als Antwort auf die Fragen der Journalisten sagte Kissinger.- Da das ZK die Lage für sehr gefährlich hält, gibt es folgende Erklärung ab.-

Ü 12: Mit der Herausgabe eines Informationsbulletins teilt die Agentur die Abreise des Ministers aus Moskau mit. Die Agentur gibt ein Informationsbulletin über die Verhandlungen heraus. Darin teilt sie die Abreise des Ministers aus Moskau mit.- Nach ihrer Entstehung zu Beginn des 19. Jahrhunderts in England hat sich später die Arbeiterbewegung über die ganze Welt verbreitet. Zu Beginn des 19. Jahrhunderts entstand die Arbeiterbewegung in England. Danach breitete sie sich über die ganze Welt aus.- Mit der Ausarbeitung des Plans wird die Kommission die Entwicklung der Zusammenarbeit zwischen beiden Ländern fördern. Die Kommission wird einen Plan ausarbeiten. Dadurch wird sie die Entwicklung der Zusammenarbeit zwischen beiden Ländern fördern.- Nachdem er das erste Problem gelöst hat, arbeitet der Ingenieur nun an der Lösung des darauffolgenden (Problems). Der Ingenieur hat das erste Problem erfolgreich gelöst. Jetzt arbeitet er an der Lösung des darauffolgenden.- Noch während sie sich auf Kuba aufhielt, gab die Delegation eine Erklärung über die Resultate der Treffen ab. Die Delegation befand sich noch auf Kuba. Sie gab eine Erklärung über die Resultate der Treffen ab.- Nachdem sie die Universität in Moskau absolviert hat, will die armenische Studentin einstweilen nicht in den Kaukasus zurückkehren. Die armenische Studentin hat die Universität in Moskau absolviert.

Sie will einstweilen nicht in den Kaukasus zurückkehren. Trotz der Lohnerhöhung wird der Arbeiter dennoch nicht die Enzyklopädie kaufen. Der Arbeiter erhielt eine Lohnerhöhung. Trotzdem aber wird er die Enzyklopädie nicht kaufen.- Obwohl (indem) sie sich schnell entwickelt, hat die Volkswirtschaft Algeriens schon große Erfolge errungen. Die Volkswirtschaft Algeriens entwickelte sich schnell. Sie hat schon große Erfolge errungen.-

Ü 13: Nachdem der Wissenschaftler alle Bücher zum Thema durchgelesen hatte, begann er einen Artikel zu schreiben. Weil er Ingenieur werden wollte, trat er in das Technikum ein. Obwohl er die Militärakademie absolviert hatte, wurde er dennoch nicht Offizier. Wenn man das Minimum der Aufwendungen für das neue Produktionsprogramm findet, kann man das optimale Produktionsprogramm bestimmen. Indem er auf die Fragen der Journalisten antwortete, machte der Minister einen Fehler.- Nachdem er das Pädagogische Institut absolviert hat, arbeitet er (jetzt) als Lehrer.- Ohne die neuesten Resultate der Wissenschaft zu berücksichtigen, zog der Soziologe weitgehende Schlußfolgerungen aus seiner Untersuchung.

Ü 14: Das Geld im Sozialismus: das Geld im Sozialismus ist - wie auch in den vorhergehenden ökonomischen Formationen - ein allgemeines Äquivalent, d.h. es dient als allgemeines Maß der gesellschaftlichen Arbeit, die zur Herstellung von Waren aufgewendet worden ist. Die objektive Notwendigkeit des Geldes in der sozialistischen Gesellschaft ist bedingt durch das Vorhandensein der Warenproduktion und des Warenumlaufs und durch die Wirkung des Wertgesetzes. Quelle: Wörterbuch für Finanz und Kredit, 1, Moskau 1961, S. 376.

13. LEKTION

Ü 1: John Hobson, Imperialismus. Übersetzung aus dem Englischen mit einem Vorwort zur russischen Ausgabe von V.B. Belenko. Leningrad 1927.- Die Arbeit ist abgeschlossen. Das Ziel ist nicht erreicht. Die Pläne werden erfüllt werden. Der spanisch-amerikanische Vertrag ist unterzeichnet worden. Die Pravda hat sich geäußert. Was ist (inzwischen) geschehen (gemacht worden)? Sie sind zu Delegierten des Kongresses gewählt worden.- Die Zeitschrift "Istorija SSSR" ist im Jahr 1957 gegründet worden und erscheint sechs Mal im Jahr.- Die Rezension ist von einem berühmten sowjetischen Wirtschaftswissenschaftler verfaßt.- Das Buch ist mit Photographien von Münzen illustriert.- Koordination der Pläne: am 21. August ist in Moskau das Protokoll über die Ergebnisse der Koordinierung der volkswirtschaftlichen Pläne zwischen der UdSSR und der ČSSR für die Jahre 1976-1980 unterzeichnet worden. (Um) einige Tage früher war ein ähnliches Dokument zwischen der Sowjetunion und der Volksrepublik Polen unterzeichnet worden.- Eine wachsende Unruhe bestimmter Kreise im Westen ruft (die Tatsache) hervor, daß sich Länder in die antimonopolistische Front immer aktiver einreihen, die - von deren Standpunkt aus (= vom Standpunkt bestimmter Kreise im Westen aus) - als "loyal" galten.- Ottawa. Mehr als 1 Mrd. Dollar betrug im 2. Quartal dieses Jahres das Außenhandelsdefizit Kanadas. Das Defizit der Handelsbilanz hat (trägt) schon einige Monate chronischen Charakter und verschärft damit zugleich die ökonomischen Probleme, vor denen das Land steht (die vor dem Lande stehen). Nach Angaben des Kanadischen Statistischen Büros, erreichte es (das Defizit) während des ersten Halbjahres fast 2,6 Mrd. Dollar.

Ü 2: Alle angeführten (Aktien-)Gesellschaften erfüllten die von den englischen Gesetzen geforderten Bedingungen bei ihrer Konstituierung (Bildung) und sind registriert im Handelsministerium.- Mit ihren Argumenten überzeugten sie ihre Kollegen, die am Streik teilnahmen.- Die führende und mobilisierende Rolle unserer Partei tritt leuchtend in der Tätigkeit ihrer Grundorganisationen zutage.- Karl Marx wurde am 5. Mai 1818 in Deutschland in der Stadt Trier geboren. Sein Vater war Advokat.- Eine vollständige Kontrolle über seinen Erdölreichtum (russ: pl.) hat Venezuela eingerichtet.

Ü 3: Hat sich der Kapitalismus nicht überlebt?- Sie haben sich das Ziel gesetzt, den Plan vorfristig zu erfüllen.- Man kann sich vorstellen, daß das eine nicht leichte Aufgabe ist.- Es versteht sich von selbst, daß es nicht möglich ist, alle Daten im Laufe zweier Monate zu bearbeiten.- Die Versuche einiger Parteien,eine Regierung nach Formeln zu bilden, die sich überlebt haben, lösen die Probleme der Krise nicht.- Madrid, 20. (TASS). Hier wurde offiziell der Tod des Diktators Franco bekanntgegeben. Die Pflichten des Staatsoberhauptes nahm vorläufig auf sich der Regentschaftsrat.- Das Werk von Marx "Zur Kritik der politischen Ökonomie" enthielt (in sich) die erste systematische Darlegung der Marxschen Werttheorie, die Geldlehre (die Lehre über das Geld).- Im Sozialismus arbeiten die Menschen nicht für die Ausbeuter, sondern für sich selbst, für ihren (eigenen) Staat.

Ü 4: 20 Tage lang führten die indischen Eisenbahner, die eine Erhöhung des Lohns und eine Verbesserung der Arbeitsbedingungen forderten,(ihren) Kampf. Ihr Streik war gegen die Monopolisten und Grundbesitzer gerichtet. Allerdings verstärkte dieser Streik, an dem zunächst (= in den ersten Etappen) fast 2 Mio. Menschen teilnahmen, in bedeutendem Ausmaß die wirtschaftlichen Schwierigkeiten im Lande. Mit Rücksicht hierauf (= dieses berücksichtigend) faßte das Komitee den Beschluß über seine (des Streiks) Beendigung.

Ü 5: Entschlossene Maßnahmen notwendig: Rom, 19. (TASS). Für die Ergreifung entschlossener Maßnahmen gegen dieProvokationen d. Neofaschisten sprach sich auf der Sitzung der Abgeordnetenkammer des italienischen Parlaments der kommunistische Abgeordnete A. Malagugini aus. Er stellte fest, daß in der letzten Zeit als (im) Ergebnis von Schachzügen rechter Kräfte, (als Ergebnis) terroristischer Aktionen extremistischer Gruppierungen, insbesondere (als Ergebnis) der besonderen Aktivität der neofaschistischen "Aktionstrupps Mussolini", sich die innenpolitische Lage im Land kompliziert hat. A. Malagugini wies auf die Notwendigkeit eines entschiedenen Kampfes aller progressiven Kräfte Italiens für eine demokratische Erneuerung des Landes hin.- In der metallverarbeitenden Industrie der kapitalistischen Welt ging der Produktionsausstoß um 2,3% zurück, im gesamten Maschinenbau 4,1% (der Rückgang vom höchsten Punkt im Mai 1970 bis zum niedrigsten im Mai 1971 betrug 8,3%). Das Absinken der Produktion in diesem Bereich vollzog sich in allen Ländern außer Japan. In Westeuropa sank sie (die Produktion) von Dezember 1970 bis August 1971 um 31,9%. Insgesamt senkte sich das Wachtumstempo (= die Tempi des Wachstums) der Industrieproduktion in der kapitalistischen Welt von 8% im Jahr 1969 auf 2,7% im Jahr 1970.- Die Produktion sank auf 90% im Vergleich mit dem vorhergehenden Jahr, d.h. sie sank um 10%.- Vom 21. bis 25. Mai 1974 fand in Posen (Volksrepublik Polen) die 26. Sitzung der Ständigen Kommission des RGW für Währungs- und Finanzfragen statt.- Seit dem Tag seiner Ankunft ist viel Zeit vergangen.- Einerseits hat er recht, andererseits berücksichtigt er nicht alle Umstände.- In einem Jahr werden sie sich erneut versammeln.- Er kehrte nach einem Monat zurück.- Gen. Sidorov kam 5 Minuten vor Beginn der Sitzung.- Während dieser Frist konnte alles fertig sein.- Lenin wurde im Jahr 1870 geboren.- Die Konferenz fand Anfang Oktober statt.- Am Sonnabend arbeitet er nicht.

Ü 6: Er ist nicht Vorsitzender der Partei, er ist Stellvertreter des Vorsitzenden.- Er hat das Buch nicht erhalten.- Die Fragen der Autonomie fanden nicht ihre Lösung.- Waren Sie auf der Versammlung? Nein.- Ich habe keine Zeit.- Es gibt keine Alternative zur Entspannung.-

Ü 7: Er sagte kein einziges Wort.- Kein Tag ohne Überraschung.- Er wird weder heute noch morgen kommen.- Weder Carr noch die anderen Historiker schreiben ein einziges Wort darüber, daß die Ideen des Dekrets über den Frieden Programmforderungen der Bolschewistischen Partei waren und formuliert sind in den Arbeiten V.I. Lenins und in den Beschlüssen der Partei lange vor dem Sieg der Revolution.- Niemand teilte ihm die Tagesordnung der Konferenz mit.- Er weiß darüber nichts.- Er traf niemanden.- Er spricht mit niemandem.- Sie sprach niemals darüber.- Im Sozialismus hat die Wissenschaft einen Platz eingenommen, wie sie ihn früher niemals eingenommen hatte.

14. LEKTION

1. Text:

In den darauffolgenden Jahren (bis 1956) kam eine große Anzahl von Arbeiten zu verschiedenen Fragen der Geschichte der Oktoberrevolution heraus. Insbesondere wurden viele Dissertationen geschrieben. In diesen Jahren erfolgte ein Ansammeln von Faktenmaterial, und die Problematik der (wissenschaftlichen) Untersuchungen wurde erweitert. Aber insgesamt bedeutete die Literatur jener Jahre keine merkliche Bewegung vorwärts in der Untersuchung der Geschichte der Oktoberrevolution. Die Arbeiten wurden unter dem Einfluß des Personenkultes Stalins geschrieben und trugen in ihrer Mehrheit kompilativen Charakter. Die Historiker gingen nicht über die Hauptthesen hinaus (weiter als die Hauptthesen), die im 7. Kapitel des "Kurzen Lehrgangs" und in den Arbeiten Stalins über die Oktoberrevolution formuliert sind, in denen er (Stalin) ein einseitiges Schema ihrer Entwicklung geschaffen hat, das nicht völlig die objektiven sozioökonomischen Prozesse zum Ausdruck bringt, die den Sieg der Revolution, ihre Hauptetappen bedingt haben. In den Arbeiten der Historiker, die unter dem Einfluß des Personenkults Stalins geschrieben worden sind, wurde keine allseitige objektive Beleuchtung der Rolle Lenins, der Rolle der Kommunistischen Partei, ihres ZK und der lokalen Parteiorganisationen gegeben, man deckte schlecht die sozioökonomischen Voraussetzungen der sozialistischen Revolution auf, (sowie) die allgemeinen Gesetzmäßigkeiten, die ihre siegreiche Entwicklung bestimmt haben, und (man deckte schlecht) auch die Eigentümlichkeit der sozialistischen Revolution (auf), die mit den historischen Bedingungen Rußlands verbunden ist. Das revolutionäre Schaffen des Volkes wurde nicht in gebührender Weise (gehöriger Art) gezeigt, es fand eine Abweichung von den historischen Fakten statt zugunsten der Verherrlichung Stalins, seine Fehler und Schwankungen (März 1917, auf dem 6. Parteitag, in den Oktobertagen) wurden verschwiegen. Für viele Arbeiten jener Zeit waren Schematismus, Dogmatismus und eine bei der Verwertung von Faktenmaterial auf das Illustrative gerichtete Haltung und das Fehlen von Historiographie (i. eigentl. Sinne) und von Analyse der Quellen charakteristisch.

Ein entscheidender Umbruch auf dem Gebiet der Erforschung der Geschichte der Oktoberrevolution ging nach dem 20. Parteitag der KPdSU vor sich, der entschiedenen Kurs auf die Ausmerzung des Personenkults Stalins nahm. Zusammenfassende Arbeiten erschienen, monographische Abhandlungen, darunter Arbeiten zur Geschichte der Oktoberrevolution.

2. Text:

Vom 14.-25. Februar 1956 fand der 20. Parteitag der KPdSU statt, der die politische Linie und die praktische Tätigkeit des ZK der Partei billigte und die Direktiven über den 6. Fünfjahrplan der Entwicklung der Volkswirtschaft (1956-60) bestätigte. Der Parteitag gab die Richtung(en) zur Lösung der ökonomischen Hauptaufgabe der UdSSR an. Indem sich der 20. Parteitag auf die Analyse und Verallgemeinerung der neuen gesellschaftlichen Erscheinungen der Weltentwicklung gründete, schlug er eine Reihe neuer Schlußfolgerungen und Thesen vor: über die Durchführung des Leninschen Prinzips der friedlichen Koexistenz von Staaten mit unterschiedlicher Gesellschaftsordnung zum gegenwärtigen Zeitpunkt; über die Möglichkeit der Verhütung von Kriegen bei den gegenwärtigen internationalen Bedingungen; über die Mannigfaltigkeit der Formen des Übergangs verschiedener Länder vom Kapitalismus zum Sozialismus. Einen wichtigen Platz in der Arbeit des 20. Parteitages nahm die Frage der (über die) Überwindung des dem Marxismus-Leninismus fremden Personenkults Stalins und seiner Folgen ein. Der Parteitag unterwarf die mit dem Personenkult Stalins verbundenen Fehler und Entstellungen einer prinzipiellen Kritik und schlug dem ZK vor, konsequent Maßnahmen durchzuführen, die eine vollständige Überwindung des Personenkults, die Liquidierung seiner Folgen und eine strenge Beachtung der Leninschen Normen des Parteilebens und des Prinzips der kollektiven Führung gewährleisten. In dem Bericht für den 20. Parteitag und in dem Beschluß des ZK der KPdSU vom 30. Juli 1956 "Zur (über die) Überwindung des Personenkults und seiner Folgen" wurde(n) eine Erklärung(en) für die Ursachen der Entstehung und für den Charakter der Erscheinung des Personenkults und seiner schweren Folgen abgegeben.

3. Text:

Die Beschlüsse des 20. Parteitages, die Innen- und Außenpolitik der Sowjetregierung riefen in den imperialistischen Kreisen der USA und anderer Staaten Verwirrung hervor.

Die mutige und konsequente Außenpolitik der UdSSR zur Sicherung des Friedens und der Zusammenarbeit zwischen den Staaten, unabhängig von ihrer Gesellschaftsordnung, findet Unterstützung in sehr breiten Volksmassen aller Länder der Welt, (sie) verbreitet die Front der friedliebenden Staaten und ruft eine tiefe Krise der Politik des "kalten Krieges" hervor, einer Politik des Zusammenzimmerns von Militärblöcken und des Wettrüstens. Es ist nicht zufällig, daß den allergrößtenLärm über den Kampf mit dem Personenkult in der UdSSR die imperialistischen Kreise in den USA erhoben. Für sie war das Vorhandensein negativer Erscheinungen, die mit dem Personenkult verbunden sind, (deshalb) nützlich, um gegen den Sozialismus zu kämpfen, indem sie von diesen Tatsachen Gebrauch machten. Nun, da unsere Partei mutig die Folgen des Personenkults überwindet, sehen die Imperialisten darin einen Faktor, der die Bewegung unseren Landes vorwärts zum Kommunismus beschleunigt und die Positionen des Kapitalismus schwächt.

4. Text:

Der 20. Parteitag der KPdSU legte den Grundstein zu einem plötzlichen Umschwung im Leben unseres Landes. Seine Beschlüsse übten gewaltigen Einfluß auf die Entwicklung aller Gesellschaftswissenschaften, darunter auf die Entwicklung der Geschichtswissenschaft aus. ...

Eine neue Etappe begann auch in der Untersuchung der Wirtschaftsgeschichte Rußlands (in) der Periode des Imperialismus. Im Rahmen der von uns zu betrachtenden Problematik wird die Etappe, die in der zweiten Hälfte der fünfziger Jahre begonnen hat, (folgendermaßen) charakterisiert:

vom Gesichtspunkt der Untersuchung der Problematik - durch eine Wendung zur schöpferischen Erforschung der leitenden Prozesse und Erscheinungen, die sich auf das Problem der materiellen Voraussetzungen der Großen Sozialistischen Oktoberrevolution beziehen;

vom Gesichtspunkt der quellenkundlichen Basis - durch eine bedeutende Ausweitung des Dokumentenmaterials, das von den Historikern gewonnen (erhalten) wird als (im) Ergebnis eines breiten Zugangs zu den Archiven des Landes und der Ausweitung der Publikationsarbeit;

vom Gesichtspunkt der Koordination der wissenschaftlichen Forschungsarbeit - durch die Gründung (Ende 1957) eines wissenschaftlichen Rates unter dem Vorsitz von A.L. Sidorov;

schließlich vom Gesichtspunkt der Methodologie der Forschungen - durch ein vertieftes Studium der Arbeiten V.I. Lenins.

5. Text:

Die mutige Selbstkritik in der Frage des (über den) Personenkult(s) war ein neuer klarer Beweis für die Kraft unserer Partei und der sowjetischen sozialistischen Ordnung. Man kann mit Sicherheit sagen, daß keine einzige der herrschenden Parteien der kapitalistischen Länder es jemals riskiert hätte, sich zu einem ähnlichen Schritt bereit zu finden. Im Gegenteil, sie wären bestrebt gewesen, solche unangenehmen Fakten zu verschweigen und vor dem Volk zu verbergen. Aber die KPdSU, die nach den revolutionären Prinzipien des Marxismus-Leninismus erzogen wurde, sagte die volle Wahrheit, wie bitter sie auch immer sein mochte. Die Partei fand sich zu diesem Schritt ausschließlich auf eigene Initiative bereit, wobei sie sich von prinzipiellen Erwägungen leiten ließ. Sie ging davon aus, daß, wenn das Auftreten gegen den Stalinkult

auch einige vorübergehende Schwierigkeiten hervorrufen wird, dies (doch) auf
längere Sicht (in der Perspektive) vom Gesichtspunkt der grundlegenden Interessen der Arbeiterklasse ein gewaltiges positives Resultat geben wird. Gerade dadurch werden dauerhafte Garantien dafür geschaffen, daß niemals künftig in unserer Partei und im Land Erscheinungen auftreten können, die dem
Personenkult ähnlich sind, daß künftig die Führung der Partei und des Landes
kollektiv durchgeführt (verwirklicht) wird unter den Bedingungen einer entwickelten innerparteilichen Demokratie unter aktiver schöpferischer Teilnahme
von Millionen Werktätiger, unter größtmöglicher Entwicklung der Sowjetdemokratie.

15. LEKTION

1. Text:

In diesen Tagen beginnt im Bundestag der Prozeß der Ratifizierung. Die
Regierung Brandt-Scheel legte dem Parlament entsprechende Gesetzentwürfe vor.
Am 23. Februar werden die "Ostverträge", wie man sie hier oft nennt, in
erster Lesung in einer (der) Plenarsitzung des Bundestages erörtert werden.
Der Bundeskanzler Willy Brandt wird eine Regierungserklärung abgeben (mit
einer Regierungserklärung auftreten). Der Außenminister W. Scheel wird einen
Bericht geben (mit einem Bericht auftreten), der die Notwendigkeit und Zweckmäßigkeit der Ratifizierung der Verträge der BRD mit der UdSSR und Polen begründet.

Die Kräfteverteilung im Parlament und im Land hat sich am Vorabend der
ersten Debatte (russ: pl.) nicht verändert. Die Regierungskoalition - SPD und
FDP - verfügt im Bundestag über 251 Mandate. Ihre parlamentarische Mehrheit
ist nicht groß - nur 6 Stimmen, - aber bis jetzt hat sie ihre Beschlüsse erfolgreich durchgeführt. Äußerst wichtig für die Mehrheit ist auch die außerparlamentarische Unterstützung. Die Meinungsumfragen, die durchgeführt werden,
zeigen, daß die realistischen Tendenzen (in) der Ostpolitik der SPD-FDP-Regierung und die zur Ratifizierung vorgelegten Verträge im Land die Unterstützung
von mindestens 70% der Bevölkerung finden.

Die CDU/CSU-Opposition ist zahlenmäßig stark. Sie nimmt im Parlament 245
Sitze ein. Dieser Block ist nach wie vor befangen nicht nur durch veraltete
Vorstellungen, sondern auch durch innere Disziplin. Obwohl in Gesprächen
einige der oppositionellen Abgeordneten zu verstehen geben, daß sie die reale
Wirklichkeit sehen und sich der Unmöglichkeit (für die BRD) eines weiteren
Lebens ohne Annahme dieser Wirklichkeit bewußt sind, findet dennoch fast keiner von ihnen (in sich) den Mut, offen die "Ostverträge" zu billigen. ...

Insofern die Verhältnisse von Mehrheit und Minderheit im Bundestag unverändert bleiben, hatte die Debatte praktisch (auf praktischer Ebene) keinen
Einfluß auf den Prozeß der Ratifizierung der Ostverträge. Entsprechend (in
Übereinstimmung mit) der parlamentarischen Prozedur sind diese Dokumente zur
weiteren Prüfung an den außenpolitischen und den Rechtsausschuß des Bundestages überwiesen worden, die diese Arbeit Anfang März beginnen werden. ...
Die Schlußabstimmung über die Verträge wird im Mai stattfinden. Die Debatte
hat gezeigt, daß eine scharfe Auseinandersetzung in der außenpolitischen
Arena der BRD bevorsteht.

2. Text:

16. April 1922. Die Regierung der RSFSR, vertreten durch Volkskommissar
Čicerin, und die Reichsregierung, vertreten durch den Reichsminister Dr.
Walther Rathenau, sind hinsichtlich der (weiter unten) folgenden Beschlüsse
übereingekommen:

Artikel 1. Beide Regierungen stimmen (darin) überein, daß (die) Meinungsverschiedenheiten zwischen der RSFSR und dem Deutschen Reich zu Fragen, die
während des Kriegszustandes zwischen Rußland und Deutschland entstanden sind,
auf folgenden Grundlagen geregelt werden:

a) Die RSFSR und das Deutsche Reich verzichten gegenseitig auf Ersatz der Kriegsausgaben. ...

Artikel 3. Die diplomatischen und konsularischen Beziehungen zwischen der RSFSR und dem Deutschen Reich werden unverzüglich wiederaufgenommen. Die Zulassung von Konsuln der einen oder anderen Seite wird durch ein Sonderabkommen reguliert (werden).

Artikel 4. Beide Regierungen stimmen ferner darin überein, daß für die gemeinsame Rechtslage der Bürger der einen Seite auf dem Territorium der anderen und für die gemeinsame Regulierung der (wechsel'seitigen) Handels- und Wirtschaftsbeziehungen das Prinzip der Meistbegünstigung gelten soll. Das Prinzip der Meistbegünstigung erstreckt sich nicht auf Vorteile, die die RSFSR einer anderen Sowjetrepublik oder einem Staat gewährt, der früher Bestandteil des Russischen Reiches war.

Artikel 5. Beide Regierungen werden in wohlwollendem Geist gegenseitig den wirtschaftlichen Bedürfnissen beider Länder entgegenkommen. Im Fall einer prinzipiellen Regelung dieser Frage auf internationaler Basis werden sie untereinander in einen vorhergehenden Meinungsaustausch treten. Die deutsche Regierung erklärt ihre Bereitschaft, (jede) mögliche Unterstützung den Abmachungen zu gewähren, die von Privatfirmen geplant werden, und ihre Verwirklichung zu erleichtern.

3. Text:

Einen wichtigen Platz im Kampf für ein friedliebendes demokratisches Deutschland nimmt das Auftreten der Sowjetregierung am 10.3.1952 mit einem Entwurf für die Grundlagen eines Friedensvertrages mit Deutschland ein. Dieser Entwurf ging von der Notwendigkeit aus, mit Deutschland einen demokratischen und gerechten Frieden abzuschließen, der seine Souveränität wiederherstellen, eine gleichberechtigte Stellung Deutschlands unter den anderen Staaten gewährleisten und keine Wiedergeburt des deutschen Militarismus zulassen würde. Der sowjetische Vorschlag sah die schnellstmögliche Bildung einer gesamtdeutschen Regierung vor, die an der Ausarbeitung des Vertrages und seiner Unterzeichnung im Namen ganz Deutschlands teilnehmen sollte. In der Note vom 9.4.1952 schlug die sowjetische Regierung vor, daß zu diesem Zweck in nächster Zeit gesamtdeutsche Wahlen durchgeführt werden sollten.

Jedoch die USA, England, Frankreich und die BRD fanden sich nicht zu einer Erörterung der sowjetischen Vorschläge bereit. Am 15.8.1953 wandte sich die Sowjetregierung an die USA, England und Frankreich mit dem Vorschlag, eine Friedenskonferenz zur Prüfung der Frage eines (über einen) Friedensvertrages mit Deutschland einzuberufen, eine provisorische gesamtdeutsche Regierung durch eine entsprechende Vereinbarung zwischen den Parlamenten der DDR und der BRD unter breiter Beteiligung der demokratischen Organisationen zu bilden, freie gesamtdeutsche Wahlen durchzuführen und die mit den Folgen des Krieges verbundenen finanziellen und wirtschaftlichen Verpflichtungen zu erleichtern.

Die Westmächte nahmen eine negative Haltung auch in bezug auf diese sowjetischen Vorschläge ein. Die führenden Kreise der USA, Englands und Frankreichs strebten vor allem danach, den Weg zur Wiedererrichtung des deutschen Militarismus freizumachen.

4. Text:

Das Münchener Komplott Englands und Frankreichs mit dem faschistischen Deutschland führte nicht nur zur Aufteilung der Tschechoslowakei, sondern versetzte auch der Sache der kollektiven Sicherheit in Europa einen Schlag (fügte .... zu). Das Münchener Abkommen schuf auch die Bedingungen für die weitere Expansion Deutschlands nach Osten - in Richtung Polen und UdSSR.

Das faschistische Deutschland und Italien nutzten den von den Westmächten betriebene Münchner Politik für die Durchführung weiterer Eroberungen. Zum Frühjahr 1939 verstärkte sich die Spannung in Europa noch mehr. Aber auch unter diesen schweren Bedingungen setzte die Sowjetunion ihre Politik der Organisation einer Friedensfront zur Abwehr der Aggression fort. Zu diesem

Zweck schlug die Sowjetregierung den Regierungen Englands und Frankreichs vor, ein Abkommen über gegenseitige Hilfe abzuschließen. Im Lauf der Verhandlungen über diesen Pakt und danach der Verhandlungen über den Abschluß einer Militärkonvention mit England und Frankreich tat die Sowjetunion alles Mögliche, um Übereinkünfte mit ihnen zu erzielen. Erst nachdem sich die Sowjetunion von der Unmöglichkeit, mit England und Frankreich einen Pakt über gegenseitige Hilfe und auch eine Militärkonvention zu schließen, überzeugt hatte, war sie gezwungen, den deutschen Vorschlag zur Unterzeichnung eines Nichtangriffspaktes anzunehmen. ....

Indem sie die UdSSR vor dem Krieg in einer so schweren Lage errettete, erfüllte die Regierung ihre Pflicht vor dem sowjetischen Volk. Zusammen damit erfüllt sie auch ihre internationale Pflicht vor dem internationalen Proletariat: sie nahm ihre Zuflucht zur einzigen zu ihrer Verfügung gebliebenen Art der Gewährleistung der Sicherheit der UdSSR - des Hauptbollwerks des Sozialismus in der ganzen Welt, des einzigen sozialistischen Landes in jener Zeit.

16. LEKTION

1. Text:

Am 25. Januar 1949 nahm die Moskauer Wirtschaftskonferenz der Vertreter der europäischen sozialistischen Staaten (Bulgariens, Ungarns, Polens, Rumäniens, der UdSSR und der Tschechoslowakei) den Beschluß über die Gründung des Rates für gegenseitige Wirtschaftshilfe, der ersten internationalen Wirtschaftsorganisation der Länder des Sozialismus, an. Der Beschluß wurde ein wichtiger historischer Meilenstein auf dem Wege der Bildung eines neuen Typs internationaler Beziehungen, die keine Analoga in der ganzen vorausgegangenen Geschichte haben.

Der territoriale Bereich der Tätigkeit des RWG weitete sich unaufhörlich aus. Im Oktober 1950 wurde in den RGW die Deutsche Demokratische Republik aufgenommen. Auf der XVI. Sitzung des RGW (Juni 1962) wurde die Mongolische Volksrepublik (sein) Mitglied und auf der XXVI. Sitzung (Juli 1972) die Republik Kuba.

Seit 1964 nimmt in Übereinstimmung mit dem Abkommen zwischen dem RGW und der Sozialistischen Föderativen Republik Jugoslawien an der Arbeit einer Reihe von Organen des RGW Jugoslawien aktiven Anteil. 1973 wurde ein Abkommen über die Zusammenarbeit zwischen dem RGW und Finnland abgeschlossen. Dies ist das erste Beispiel der Zusammenarbeit mit einem Land, das ein anderes soziales und wirtschaftliches System hat. Interesse an der Zusammenarbeit mit dem RGW bekunden auch Mexiko, der Irak, der Iran, die Demokratische Volksrepublik Jemen und andere Länder.
....

Ein sehr wichtiger Bestandteil der sozialistischen wirtschaftlichen Integration der Mitgliedsländer des RGW ist die wissenschaftlich-technische Zusammenarbeit. Ihre Bedeutung ist besonders jetzt gewachsen, da die wirtschaftlichen, produktionstechnischen und organisatorisch-rechtlichen Voraussetzungen für eine weitere Entwicklung der Integrationsprozesse auf dem Gebiet der Wissenschaft und Technik der Mitgliedsländer des RGW geschaffen werden. Bei (in) der wissenschaftlich-technischen Zusammenarbeit beginnt die Kooperation bei (in) der Durchführung wissenschaftlicher und technischer Forschungen auf der Grundlage der Abkommen und Verträge zwischen den Ministerien, Behörden, Instituten und anderen Organisationen einen immer größeren Raum einzunehmen.

2. Text:

Die Gründung der EWG zielte auf (beabsichtigte) die Organisierung eines Agrarmarktes und die Durchführung einer gemeinsamen Landwirtschaftspolitik. Sie war (dazu) berufen, zur "Harmonisierung" der Landwirtschaft der Teilnehmerländer beizutragen, zum Schutz des Agrarmarktes, zur Schaffung von Vorzugsbedingungen für den Absatz der einheimischen Produkte, zur Steigerung des gegenseitigen Warenumsatzes, zu Strukturveränderungen im Wirtschaftsbereich u. ä. Jedoch fand - entgegen den Erwartungen der herrschenden Kreise - eine "Harmonisierung" der Beziehungen zwischen den Ländern des Gemeinsamen Marktes nicht statt.

Im Gegenteil, die durch die Unterschiede in den Entwicklungsniveaus der Landwirtschaft, der sozioökonomischen Verhältnisse auf dem Lande und besonders in der agrarischen Spezialisierung der Länder der EWG bedingten Widersprüche verstärkten sich. Davon zeugen mehrfache Begegnungen der Vertreter landwirtschaftlicher Kreise der Gemeinschaft, auf denen es mit großer Mühe gelingt, über die Festsetzung einheitlicher Preise übereinzukommen. Frankreich, der Hauptproduzent und -lieferant von Getreide und Milch für den Gemeinsamen Markt, fordert besondere Aufkaufpreise für seine Produktion; die Niederlande, die sich auf Viehzucht und Gemüseanbau spezialisieren, erstreben das gleiche für ihre Waren. Die BRD ist an Vorzugspreisen für die Produktion der Getreidewirtschaft und Viehzucht interessiert, Italien für Milchprodukte, Gemüse und Obst sowie Olivenöl.

Die mit der Festsetzung einheitlicher Preise verbundenen Widersprüche verstärkten sich noch mehr in Verbindung mit dem Beitritt Englands, Dänemarks und Irlands zur EWG, deren Landwirtschaft auf Viehzucht orientiert ist. Die Lage wird noch komplizierter durch den Umstand, daß die Exportländer Frankreich und die Niederlande eine stärkere Isolierung des Agrarmarktes der EWG vom Weltmarkt erstreben als die Importländer England, BRD, Belgien und auch Irland, das eine bedeutende Menge (an) Weizen aus Drittländern einführt.

3. Text:

Ein sehr wichtiger Zug der Entwicklung der Wirtschaft der Mitgliedsländer des RGW im gegenwärtigen Fünfjahrplan ist die weitere Erhöhung der Effektivität der gesellschaftlichen Produktion - einer der notwendigen Bedingungen für die Lösung sozialpolitischer und ökonomischer Aufgaben. Der sich entfaltende Prozeß der Integration der Länder des RGW fördert die Verwirklichung dieser Aufgaben. Die Länder der Gemeinschaft verfügen über ein sehr starkes Industriepotential und haben reale Möglichkeiten für die Ausführung der Maßnahmen, die in den Plänen der Entwicklung der Volkswirtschaft für 1971-1975 und im Komplexprogramm der Integration vorgesehen sind.

Eine besonders große Rolle wird der produktionstechnischen Zusammenarbeit in den verschiedenen Industriezweigen zugewiesen. Im Rechenschaftsbericht des ZK an den XXIV. Parteitag der KPdSU wurde hervorgehoben: "Die Praxis brachte uns zu der allgemeinen Schlußfolgerung: es ist notwendig, die Spezialisierung und Kooperation der Produktion zu vertiefen und die Volkswirtschaftspläne enger zu koordinieren, mit einem Wort, sich auf dem Weg der wirtschaftlichen Integration der sozialistischen Staaten zu bewegen."

Die wechselseitige Verbindung der einzelnen Industriezweige im Rahmen (auf der Linie) der internationalen Spezialisierung und Kooperation erlaubt es, besonders umfassend (vollständig) die Vorteile der Massen- und Großserienproduktion auszunutzen und verschiedene Prozesse zu mechanisieren, was besonders wichtig für die Entwicklung des wissenschaftlich-technischen Fortschritts ist.

Auf der XXVII. Sitzung des RGW, die im Juni dieses Jahres in Prag stattgefunden hat, wurde unterstrichen, daß die maximale Ausnutzung der Möglichkeiten der sozialistischen Integration die weitere Stärkung des ökonomischen und wissenschaftlich-technischen Potentials und der Verteidigungsfähigkeit der Mitgliedsländer des RGW gewährleistet.

4. Text:

Die Mitgliedsländer des RGW gehen davon aus, daß:
1. Die schrittweise Annäherung und Angleichung der Niveaus der wirtschaftlichen Entwicklung der Länder der sozialistischen Gemeinschaft ist ein objektiver historischer Prozeß in der Entwicklung des sozialistischen Weltsystems. Dieser Prozeß ist bedingt durch den sozialistischen Charakter der Produktionsverhältnisse innerhalb der Länder des Sozialismus und durch die Entwicklung der poli-

tischen, wirtschaftlichen und wissenschaftlich-technischen Zusammenarbeit und gegenseitigen Hilfe zwischen ihnen.

Die Lösung der wichtigsten Aufgabe des sozialistischen und kommunistischen Aufbaus - die Erreichung eines höheren Niveaus der Produktivität der gesellschaftlichen Arbeit in den sozialistischen Ländern im Vergleich mit den kapitalistischen - verbindet sich organisch mit dem Prozeß der schrittweisen Annäherung und Angleichung der Niveaus der wirtschaftlichen Entwicklung der Mitgliedsländer des RGW.

Für die Mitgliedsländer des RGW wird die Aktualität der Aufgabe der Annäherung und Angleichung der Niveaus der wirtschaftlichen Entwicklung verstärkt durch die Anforderungen der wissenschaftlich-technischen Revolution, (die Erfordernisse) der weiteren Vertiefung und Vervollkommnung der Zusammenarbeit und Entwicklung der sozialistischen wirtschaftlichen Integration.

Auf dieser Grundlage entsteht die objektiv bedingte Interessiertheit sowohl der hochentwickelten als auch der in industrieller Hinsicht weniger entwickelten Mitgliedsländer des RGW an der erfolgreichen Entwicklung des Prozesses der schrittweisen Annäherung und Angleichung der Niveaus der wirtschaftlichen Entwicklung.

2. Die Hauptwege der schrittweisen Annäherung und Angleichung der Niveaus der wirtschaftlichen Entwicklung der Mitgliedsländer des RGW sind vor allem die maximale Mobilisierung und die effektive Ausnutzung der eigenen Anstrengungen und Ressourcen der Länder, aber auch die Ausnutzung des Vorteils einer internationalen sozialistischen Arbeitsteilung . ....

17. LEKTION

1. Text:

Die Bevölkerung unseres Landes. Mitteilung der Statistischen Zentralverwaltung beim Ministerrat der UdSSR.

Über Altersstruktur, Bildungsniveau, nationale Zusammensetzung, Sprachen und Erwerbsquellen (Quellen der Mittel der Existenz) der Bevölkerung der UdSSR nach den Angaben der Allunionsbevölkerungszählung vom 15. Januar 1970.

Im April 1970 wurden in der Presse kurze vorläufige Resultate der Volkszählung veröffentlicht. Zum gegenwärtigen Zeitpunkt hat die Statistische Zentralverwaltung der UdSSR die Bearbeitung einer ersten Reihe von wesentlichen Resultaten der Zählung beendet, die die Zusammensetzung der Bevölkerung nach Geschlecht, Alter, Familienstand, Bildung, Nationalität, Sprache und Erwerbsquelle charakterisieren. Im folgenden (weiter unten) werden Angaben der Zählung von 1970 im Vergleich zu den Angaben vorausgegangener Zählungen angeführt. ....

2. Die Bevölkerungszahl der Unionsrepubliken hat sich in der Zeit zwischen den letzten Zählungen folgendermaßen verändert:
Tabelle 1: (linke Spalte:) UdSSR, RSFSR, Kasachische SSR, Usbekische SSR, Weißrussische SSR, Grusinische SSR, Aserbaidschanische SSR, Moldauische SSR, Litauische SSR, Lettische SSR, Kirgisische SSR, Tadschikische SSR, Armenische SSR, Turmenische SSR, Estnische SSR.
(mittlere Spalte:) Bevölkerungszahl (tausend Menschen);
(rechte Spalte:) 1970 in Prozenten zu 1959.

12. Auf die Unionsrepubliken verteilt hat sich das Bildungsniveau der Bevölkerung folgendermaßen verändert:
Tabelle 2: (Überschrift linke Spalten:) Auf 1000 Kopf der Bevölkerung im Alter von 10 Jahren und älter entfallen Personen mit abgeschlossener und nicht abgeschlossener Hochschul- und Gymnasial("Mittelschul"-)bildung
(Überschrift rechte Spalten:) Von 1000 Beschäftigten haben abgeschlossene und nicht abgeschlossene Hochschul- und Gymnasialbildung

14. Die Bevölkerungsverteilung der UdSSR nach Nationalität und Muttersprache hat sich folgendermaßen verändert:
(linke Spalte:) Gesamtbevölkerung der UdSSR, Russen, Tataren, Deutsche, Juden Usbeken, Armenier, Litauer
(Überschrift linke Spalten:) Zahl der Personen der betreffenden Nationalität in Millionen
(Überschrift mittlere Spalten:) Von ihnen betrachten als Muttersprache eben dieser Nationalität in Prozenten
(Überschrift rechte Spalten:) Außerdem beherrschen eine zweite Sprache der Völker der UdSSR fließend in Prozenten; die russische Sprache; andere Sprachen.

Insgesamt gaben bei der Zählung als Muttersprache 141,8 Mio. Menschen die russische Sprache an, (bei der Zählung 1959 124,1 Mio. Menschen), von ihnen 128,8 Mio. Russen und 13 Mio. Angehörige anderer Nationalitäten. Außerdem nannten 41,9 Mio. die russische Sprache als zweite Sprache, die sie fließend beherrschen.

15. Die Veränderung des Bevölkerungsstands (der Anzahl der Bevölkerung) der einzelnen Nationalitäten in den einzelnen Unionsrepubliken wird durch folgende Angaben charakterisiert:
Tabelle 3: (linke Spalte:) RSFSR, Russen, Tataren; Weißrussische SSR, Weißrussen, Russen; Tadschikische SSR, Tadschiken, Usbeken, Russen; Armenische SSR, Armenier, Aserbaidschaner, Russen;
(Überschrift, rechts:) in Prozenten zum Endergebnis.

2. Text:

Die Veränderungen der sozialen und Klassenstruktur sind der Ausdruck der radikalen Wirtschaftsreformen, die in unserem Lande in den Jahren des sozialistischen Aufbaus durchgeführt (vollbracht) wurden, sind das Resultat der Verwirklichung der Politik der Industrialisierung des Landes und der Kollektivierung der Landwirtschaft. Sie geschehen unter dem Einfluß der wissenschaftlich-technischen Revolution, der schnellen Entwicklung der Produktivkräfte und des Anwachsens des Anteils der mechanisierten Arbeit. All das bedingte vor allem die bedeutende Veränderung der Korrelation vom Stadt- und Landbevölkerung. Wenn im Jahre 1913 insgesamt 18% in den Städten lebten, im Jahre 1940 33%, so waren es Anfang 1970 mehr als die Hälfte der Gesamtbevölkerung unseres Landes (57%).

Wesentliche Veränderungen gingen auch in der Beschäftigungsstruktur der Bevölkerung vor sich (s. Tab. 1).

Vor allem lenkt die klar ausgedrückte Tendenz der Senkung des Anteils der in der Landwirtschaft Beschäftigten die Aufmerksamkeit auf sich. Im Jahre 1960, ganz zu schweigen von der Vorkriegsperiode, waren in der Landwirtschaft bedeutend mehr Personen beschäftigt als in der Industrie und im Bauwesen. Nach 10 Jahren, 1970, überstieg der Anteil der in diesen Branchen Arbeitenden den Anteil der in der Land- und Forstwirtschaft Beschäftigten um 10%. Gleichzeitig mit dem Prozeß der Umverteilung der Bevölkerung zwischen den Branchen der materiellen Produktion, was besonders charakteristisch für die Übergangsperiode war, wird die Erhöhung der Anzahl der Personen, die im nichtproduktiven Bereich beschäftigt sind, zu einer immer weiter fortschreitenden Tendenz. Unter der Gesamtzahl der Werktätigen der UdSSR machten sie 1940 11,7% aus, 1965 20,1% und 1970 22,6%. Eine ähnliche Veränderung geht aufgrund des Anwachsens der Zahl der Ärzte, Lehrer, Kulturschaffenden und besonders der Wissenschaftler (Arbeiter der Wissenschaft) sowie als Ergebnis einer bedeutenden Entwicklung des Dienstleistungssektors vor sich.

Tabelle 1: Verteilung der in der Volkswirtschaft beschäftigten Bevölkerung nach Branchen ohne in der Ausbildung Stehende in % ("Die Volkswirtschaft der UdSSR im Jahre 1970", S. 507). Insgesamt beschäftigt, davon: in der Industrie und im Bauwesen, in der Land- und Forstwirtschaft (einschließlich persönlicher Nebenerwerb), im Verkehrs- und Nachrichtenwesen, im Handel, im öffentlichen Ernährungswesen, in der Material- und technischen Versorgung und im Verkauf,

in der Beschaffung, im Gesundheitswesen, in der Körperkultur und in der Sozialversicherung, im Bildungswesen, in der Kultur und Kunst, in der Wissenschaft und in der wissenschaftlichen Dienstleistung, in den übrigen Bereichen.
Tabelle 2: Klassenzusammensetzung der Bevölkerung (in %), (1970, Schätzung).
Gesamtbevölkerung (einschließlich der nichtarbeitenden Familienmitglieder); davon: Arbeiter und Angestellte, von ihnen: Arbeiter; Kolchosbauernschaft und genossenschaftlich organisierte Handwerker; Einzelbauern und genossenschaftlich nichtorganisierte Handwerker; Bourgeoisie, Großgrundbesitzer, Händler und Großbauern.

3. Text:

Ein sehr wichtiges Kriterium für die Festigung (der Bestätigung) der Prinzipien des sozialistischen Internationalismus im Bewußtsein der Intelligenz ist ihre Einstellung zu verschiedenen Aspekten der nationalen Beziehungen. Das wird zum Beispiel in der Einstellung der Intelligenz zum national gemischten Kollektiv beobachtet. Die Daten konkreter soziologischer Untersuchungen haben gezeigt, daß bei der Mehrheit der befragten Vertreter der verschiedenen sozialen Berufsgruppen der Intelligenz der lettischen, litauischen, estnischen, jüdischen, ukrainischen und anderer Nationalitäten, die in der Lettischen SSR leben, fest das Gefühl des Kollektivismus verwurzelt ist; die Notwendigkeit, in einem national gemischten Kollektiv zu arbeiten, wird eingesehen. Davon zeugen die in Tabelle 3 angeführten Daten.

So äußerten 86,7% der befragten Vertreter der Intelligenz und der Angestellten der verschiedenen sozialen Berufsgruppen und Nationalitäten der Lettischen SSR eine positive Einstellung zum national gemischten Kollektiv. Nur 7,9% von allen Befragten zeigten Schwankungen bei der Bestimmung ihres Verhältnisses zum national gemischten Kollektiv, und nur 5,4% äußerten dazu (zu ihm) eine negative Einstellung.

Die national gemischten Kollektive der Werktätigen schaffen objektive Bedingungen für die Festigung der Freundschaft zwischen Menschen verschiedener Nationalitäten. Mehr als 75% der befragten Vertreter der Intelligenz der Republik haben andere Unionsrepubliken besucht, haben Freunde, die anderen Nationalitäten angehören (haben Freunde unter Personen anderer Nationalitäten). Unter den Ingenieuren und Technikern haben Freunde anderer Nationalität 85,6% der Befragten, unter den Kunstschaffenden 82,6, unter den Ärzten 92,8, Lehrern 79,5, Agronomen 59,5, unter den an staatlichen Institutionen Beschäftigten 87,8%.
Tabelle 3: Einstellung der Intelligenz zum national gemischten Kollektiv in Prozenten.
(linke Spalte:) Berufsgruppen der Intelligenz: Ingenieure und Techniker, Kunstschaffende, Ärzte, Lehrer, Beschäftigte staatlicher Institutionen; Nationalität der Intelligenz: Letten, Russen, Weißrussen, Ukrainer, Juden.
(Überschriften, rechts:) Zustimmung; Äußerten ihre Meinung nicht; Negative Einstellung.

4. Text:

Zugleich mit der Entwicklung der modernen automatisierten Technik gehen qualitative Veränderungen in der Struktur der in den Industriebetrieben Arbeitenden vor sich. Es entsteht eine Schicht von Arbeitern eines neuen Typs - der werktätigen Intelligenz. ....

Die statistischen Daten (Tab.) zeigen (zeugen davon), daß die Gruppe der Ingenieure mit leitender Funktion in schnellerem Tempo wächst als die Gruppe der Arbeiter und Angestellten. Konkrete Untersuchungen in automatisierten Betrieben sowie vorläufige Materialien, die auf der Grundlage eines mathematischen Modells der sozialen Struktur der sowjetischen Gesellschaft berechnet sind, zeigen, daß sich dieser Prozeß fortsetzen wird.

Ein analoger Prozeß (auf einer qualitativ anderen Grundlage) geht in den hochentwickelten kapitalistischen Ländern vor sich, wo sich die Anzahl des Ingenieur- und technischen Personals und der Verwaltungsangestellten vergrößert und ihre Rolle in der Industrie sich verstärkt. In den bedeutenden kapitalistischen Ländern belaufen sie sich auf ungefähr 25% aller in der Industrie Tätigen.

Die Anwendung der automatisierten Technik der Produktion und Verwaltung führt nicht nur zu einer quantitativen Zunahme der Ingenieure und Techniker, sondern auch zu einer Veränderung des Charakters und Inhalts der Arbeit der verschiedenen Gruppen, die zu dieser Kategorie des Industriebetriebspersonals gehören. Die Resultate der konkreten Untersuchungen geben Anlaß zu behaupten, daß das Anwachsen des Apparates von Ingenieuren mit leitender Funktion die Differenzierung der Ingenieure mit leitender Funktion in Gruppen fördert. ....

Man muß auch den Umstand berücksichtigen, daß jede neue Etappe der Automatisierung bestimmte Veränderungen in der Lage verschiedener Gruppen von Arbeitenden hervorruft, und diese Veränderungen tragen nicht endgültigen, sondern vorläufigen Charakter. .... In einigen Fällen fällt der Bedarf an Arbeitern einer Reihe von Berufen weg; bestimmte Gruppen von Ingenieuren, Technikern und Angestellten können unter neuen Bedingungen nur nach einer lange dauernden Umschulung arbeiten.

Folglich impliziert die Anwendung der automatisierten Technik soziale Folgen, die in unserer Gesellschaft durch die Volkswirtschaftspläne gesteuert werden und in einer Reihe von Betrieben detaillierter durch Pläne der sozialen Entwicklung. Die Klarstellung der Haupttendenzen dieser sozialen Folgen muß die Erarbeitung konkreter Maßnahmen zur Durchführung einer planmäßigen Lenkung der sozialen Prozesse fördern. ....

Tabelle: Dynamik der Struktur der Anzahl des Industrieproduktionspersonals (IPP, in %): Gesamtes IPP, davon: Arbeiter, Lehrlinge, Ingenieure und Techniker, Angestellte.

18. LEKTION

1. Text:

Von 1928 bis 1932 erhöhte sich der zahlenmäßige Bestand der KPD auf mehr als das Doppelte. Bei den Wahlen zum Reichstag im September 1930 erhielt die Partei 4 592 Tausend Stimmen und 77 Mandate und im November 1932 5 980 Tausend Stimmen und 100 Mandate.

Jedoch verfügte die KPD zu (gegen) Beginn des Jahres 1933 nicht über ausreichende Kräfte, um die Errichtung der faschistischen Diktatur zu verhindern, da ein bedeutender Teil der Arbeiter noch der Sozialdemokratie folgte. Sie schlug wiederholt der Führung der SPD vor, die Anstrengungen für den Widerstand gegen den Faschismus zu vereinigen, aber die rechten Führer der SPD lehnten diese Vorschläge jedesmal ab.

Zur gleichen Zeit versperrten sich viele deutsche Kommunisten dadurch, daß sie die fehlerhafte stalinsche Definition der gesamten Sozialdemokratie als "Sozialfaschismus" angenommen hatten, im Grunde den Weg zu den sozialdemokratischen Arbeitern.

Mit der Errichtung der faschistischen Diktatur (am 30. Januar 1933) begannen die Nazis mit der Zerschlagung aller demokratischen Kräfte, in erster Linie der kommunistischen Partei. Ende Februar 1933 steckten die Faschisten das Reichstagsgebäude in Brand, beschuldigten dessen die Kommunisten und entfachten einen blutigen Terror. Am 3. März 1933 wurde der Führer der deutschen Arbeiterklasse, Ernst Thälmann, verhaftet und in die Folterkammern der Gestapo geworfen. Die KPD ging in tiefe Illegalität. Die Leitung der Parteiarbeit unter diesen höchst schwierigen Bedingungen übernahmen W. Pieck, W. Ulbricht und die anderen nächsten Kampfgenossen E. Thälmanns.

Der faschistische Terror brach nicht den Kampfwillen der Kommunisten. .... Auf der Brüsseler Konferenz der KPD (Oktober 1935), die sich auf die Beschlüsse des VII. Kongresses der Komintern stützte, wurden die Gründe für die Niederlage der Arbeiterklasse und die Errichtung der faschistischen Diktatur aufgedeckt, es wurde eine kritische Analyse der Tätigkeit der KPD in der vorausgegangenen Periode gegeben. Die Konferenz schlug als Hauptaufgabe der Partei die Herstellung der Aktionseinheit der deutschen Arbeiterklasse und die Vereinigung aller antifaschistischen Kräfte im Kampf für den Sturz des Faschismus vor.

2. Text:

Der Prozeß der Konzentration und Zentralisierung des Kapitals führte, indem er die freie Konkurrenz vernichtete, Anfang des 20. Jahrhunderts zur Schaffung von mächtigen monopolistischen Verbänden der Kapitalisten - der Syndikate, Kartelle und Trusts - , die entscheidende Bedeutung im gesamten wirtschaftlichen Leben gewannen, zur Vereinigung des Bankkapitals mit dem Industriekapital von riesiger Konzentration und zur verstärkten Kapitalausfuhr in fremde Länder. Die Trusts, die ganze Gruppen kapitalistischer Mächte umfaßten, begannen die ökonomische Aufteilung der Welt, die territorial schon unter den reichsten Ländern verteilt war. Diese Epoche des Finanzkapitals, die dem Kampf zwischen den kapitalistischen Staaten unvermeidbar verschärfte, ist die Epoche des Imperialismus. ....

Der imperialistische Krieg konnte von den bürgerlichen Regierungen weder durch einen gerechten Frieden noch überhaupt durch den Abschluß eines (auch nur) etwas dauerhaften Friedens beendet werden. Auf der erreichten Stufe der Entwicklung des Kapitalismus verwandelte er sich mit Unvermeidbarkeit und verwandelt sich vor unseren Augen (noch) in einen Bürgerkrieg der ausgebeuteten werktätigen Massen mit dem Proletariat an ihrer Spitze gegen die Bourgeoisie. ..

Nur die proletarische kommunistische Revolution kann die Menschheit aus der Sackgasse herausführen, die durch den Imperialismus und die imperialistischen Kriege geschaffen wurde. Welches auch immer die Schwierigkeiten der Revolution und ihre möglichen zeitweiligen Mißerfolge oder Wellen der Konterrevolution sein mögen, der endgültige Sieg des Proletariats ist unausweichlich.

Dieser Sieg der proletarischen Weltrevolution fordert vollstes Vertrauen, ein sehr enges brüderliches Bündnis und die größtmögliche Einheit der revolutionären Aktionen der Arbeiterklasse in den fortschrittlichen Ländern.

Diese Bedingungen sind nicht erfüllbar ohne einen prinzipiellen entschiedenen Bruch und (ohne) einen unerbittlichen Kampf mit jener bürgerlichen Entstellung des Sozialismus, die den Sieg in den führenden Kreisen der offiziellen sozialdemokratischen und sozialistischen Parteien errungen hat.

3. Text:

Es stellte sich die Frage nach der Beendigung des Streiks.

Das Exekutivkomitee seinerseits hält die Fortsetzung des Streiks für wünschenswert, aber es muß die Stimmung der Massen in Rechnung stellen, soweit sie aus den Mitteilungen der Deputierten hervorgeht; in einigen Fabriken sinkt die Stimmung etwas, und deshalb hält es das Exekutivkomitee für erforderlich, den Streik am Montag um 12 Uhr zu beenden, sofern natürlich in dieser Zwischenzeit die Regierung keinen neuen Anlaß zum Streik gibt (geben wird). Diese Frage ging mit 9 gegen 6 Stimmen im Exekutivkomitee durch. Das Föderativkomitee sprach sich einstimmig gegen die Beendigung des Streiks aus.

Die Debatte (russ: pl.) zu dieser Frage wird eröffnet, von 32 Rednern (die sich geäußert haben) halten es 13 für erforderlich, sofort den Termin der Beendigung des Streiks festzusetzen, die übrigen sind dagegen. Die Dringlichkeit der Terminbestimmung wird hauptsächlich damit begründet, daß in einigen Werken die Stimmung sinke (sinkt) und die andauernden Streiks die Arbeiter erschöpft hätten (haben), und nur eine genaue Terminfestlegung den Streik noch für 1-2 Tage aufrechterhalten könne (kann). Man wies darauf hin, daß der Rat der Arbeiterdeputierten riskiere (riskiert), in den Augen der Masse seine Autorität zu verlieren, wenn er wiederholte und langandauernde Streiks festsetze(n wird), ohne die Stimmung(en) seiner Wähler zu berücksichtigen. Die Unzufriedenheit mit den Streiks führt zur Vergrößerung der Reihen der "Schwarzhunderter", im Putilovwerk muß man sich schon vor ihnen durch Kampfmannschaften schützen.

Die Verteidiger der Fortsetzung des Streiks suchten leidenschaftlich zu beweisen, daß es unmöglich sei (ist), den Streik zu beenden, ohne etwas erreicht (erhalten) zu haben, - (und daß) es unbedingt notwendig sei (ist), von der Regierung eine volle Amnestie, die Aufhebung des Kriegszustandes und der Todesstrafe für die Genossen Matrosen zu erzwingen.

4. Text:
1. Über die Erweiterung der Rolle der Gewerkschaften beim wirtschaftlichen Aufbau
2. Die Verbesserung der Arbeits- und Lebensbedingungen der Arbeiter und Angestellten ist die wichtigste Aufgabe der Gewerkschaften
3. Über die Verbesserung der erzieherischen und kulturellen Massenarbeit der Gewerkschaften
4. Über die Erhöhung des Niveaus der Organisationsarbeit der Gewerkschaften
5. Die weitere Ausdehnung der internationalen Verbindungen der sowjetischen Gewerkschaften
6. Über die Verbesserung der Parteiführung der Gewerkschaften (Führung der Gewerkschaften durch die Partei)

4. ....
In den Gewerkschaftsorganisationen finden Verletzungen der Demokratie und der Normen des Gewerkschaftslebens statt: Vollversammlungen der Komitees und der Gewerkschaftsräte werden unregelmäßig einberufen, ihre Rolle als Organe der kollektiven Führung wird nicht selten herabgesetzt. Es gibt Mängel in der Auswahl und Heranbildung der Gewerkschaftskader. Viele Komitees und Gewerkschaftsräte zeigen nicht die nötige Sorge um die Heranziehung junger tatkräftiger Arbeiter zur Gewerkschaftsarbeit, die sich in der Produktion und im gesellschaftlichen Leben hervorgetan haben und die das Vertrauen der Arbeiter genießen. ....
Das Plenum des ZK der KPdSU hält es für zweckmäßig, die Funktionen der Fabrik- und Werkkomitees der Gewerkschaften zu erweitern, wobei es im Sinn hat, ihnen das Recht zu gewähren (wobei es die Gewährung des Rechts für sie ....), an der Erarbeitung der Betriebsfinanzpläne und an der Lösung der Fragen der Arbeitsnormfestsetzung und der Organisation des Arbeitslohnes teilzunehmen, die Kontrolle über die Beachtung der Arbeitsgesetzgebung und die Erfüllung der Kollektivverträge durchzuführen, ihre Meinung zu Kandidaturen zu äußern, die für leitende Wirtschaftspositionen vorgeschlagen werden, und nicht Entlassungen von Arbeitern und Angestellten ohne Zustimmung des Betri$_e$bsgewerkschaftskomitees zuzulassen. ....
Die Gewerkschaftsorgane müssen in all ihre alltägliche Arbeit den Geist der Konkretheit und hohen Verantwortung für die anvertraute Sache hineintragen. Es ist unbedingt notwendig, die Arbeit an der weiteren Vervollkommnung und Verbilligung des Gewerkschaftsapparates und an seiner Annäherung an die Massen der Gewerkschaftsmitglieder fortzusetzen. Die führenden Gewerkschaftsfunktionäre sind verpflichtet, einen größeren Teil ihrer Zeit in den Betrieben und auf den Baustellen unter den Arbeitern und Angestellten zu verbringen (sich zu befinden), ein Maximum an Initiative in der Sache der Verbesserung der Organisation der Produktion, der Arbeits- und Lebensbedingungen der Arbeiter zu zeigen. ....

19. LEKTION

1. Text:

Die Kollektivierung war ein langdauernder und komplizierter Prozeß. Sie begann sofort nach der Sozialistischen Oktoberrevolution. Maßgebend (bestimmend) in der Entwicklung des sowjetischen Dorfes wurde dieser Prozeß seit dem XV. Parteitag der RKP (B), der einen Kurs in Richtung auf größtmögliche Entfaltung der Kollektivierung verkündete. ....
Im April 1929 verurteilte die Partei entschieden die Positionen der rechtsopportunistischen Gruppe N.I. Bucharins, A.I. Rykovs und M.P. Tomskijs, die

für die Verringerung des Tempos der Industrialisierung, gegen die Entfaltung des Kolchossystems und für die Abschaffung der außerordentlichen Maßnahmen im Kampf mit dem Kulakentum eintrat.

Seit dem Herbst 1929 verstärkt sich deutlich die Tendenz zu einer übermäßigen Forcierung der Kollektivierung, die I.V. Stalins Position zum Ausdruck bringt. Dieser Position lag die Geringschätzung der Stimmung(en) des Bauern, seiner Verbundenheit mit der Individualwirtschaft, die Ignorierung der Hinweise F. Engels' und V.I. Lenins und der Parteibeschlüsse zugrunde. In dieser Zeit werden die gerade erst verabschiedeten Pläne überprüft. In den Hauptgetreidegebieten werden Beschlüsse verkündet über die Erfüllung der Aufgaben des Fünfjahrplans zur Kollektivierung innerhalb eines Jahres. Gleichzeitig mit einem gesunden - den objektiven Verhältnissen und wirklichen Veränderungen der bäuerlichen Stimmung(en) entsprechenden - Wachstum der Kolchosbewegung begann sich die Anwendung administrativer Methoden zu verstärken. ...

Das Spezifikum der umfassenden Kollektivierung ist die Konzentration aller Kräfte auf die Lösung der Aufgaben der Vereinigung der Bauern in Kolchosen. Die Entwicklung der Bewegung "in die Tiefe" blieb hinter der Bewegung "in die Breite" zurück. Das Tempo (russ: pl.) der Kollektivierung übertraf die Aufgaben (Planziele) des Fünfjahrplans um das 3-4fache, das Tempo der Mechanisierung der Landwirtschaft entsprach jedoch nur den Planaufgaben. 1932 war die Zugkraft der Landwirtschaft zu 19,6% mechanisiert, die MTS versorgten (bedienten) 34% der Kolchosen. Die Hauptmasse der Kolchosen befand sich im "Manufaktur"stadium der Entwicklung und konnte einen bedeutsamen Aufschwung der Produktion nicht gewährleisten. Ein starker Mangel an qualifizierten Kadern war spürbar (wurde empfunden).

2. Text:

Die prinzipiellen Grundlagen der Industrialisierungspolitik, die den Sieg des Sozialismus in der UdSSR gewährleisten, waren erbitterten Angriffen von seiten der antileninistischen Gruppierungen in der Partei ausgesetzt. Die Trotzkisten traten 1925-1927 mit der abenteuerlichen Losung der sog. "Überindustrialisierung" auf, die durchgeführt sei (durchgeführt wird) ohne Berücksichtigung der Möglichkeiten des Dorfes ausschließlich auf Kosten der Bauernschaft. Die Rechtsopposition, die sich zum XV. Parteitag gebildet hatte, schlug vor, das Tempo (russ: pl.) der Industrialisierung zu senken und die Mittel aus der Schwer- in die Leichtindustrie umzulenken. Die Rechtsopportunisten brachten die Losung der "Kattun"verbindung mit der Bauernschaft vor (heraus). Sie behaupteten, daß das Dorf vor allem Massenbedarfsartikel brauche und es deshalb nötig sei, in erster Linie Textil- und Konfektionsfabriken zu bauen und nicht Gießereien und Maschinenfabriken. Die Vorschläge der Opposition wurden abgelehnt, und die Leninschen Richtlinien zur Grundlage des auszuarbeitenden Fünfjahrplans gemacht.

Die UdSSR begann die Industrialisierung mit (von ... her) einer forcierten Entfaltung der Produktion, was durch die Notwendigkeit diktiert wurde, in kürzester Frist die gesamte Volkswirtschaft mit der neuesten Technik auszurüsten, die wirtschaftliche Abhängigkeit von der kapitalistischen Welt zu beseitigen und die Verteidigungsfähigkeit des Landes sicherzustellen. Der Aufbau der Schwerindustrie forderte besonders große Kapitalinvestitionen. Das Auffinden von Mitteln war eine der schwierigsten Aufgaben. Die sozialistische Industrialisierung wurde in (unter den Bedingungen) einer feindlichen kapitalistischen Umwelt verwirklicht. Dies erforderte ein besonders schnelles Tempo (russ: pl.) der Industrialisierung.

Das sowjetische Volk konnte die Industrialisierung durchführen mit Hilfe (aufgrund) innerer Quellen der Akkumulation, der Gewinne aus der verstaatlichten Industrie, aus dem Transportwesen, dem Außen- und Binnenhandel, den Banken. Aber das erschöpfte nicht das Problem der Akkumulation.

3. Text:

Die Weltwirtschaftskrise von 1929-1933 war die tiefste Wirtschaftskrise in der Geschichte des Kapitalismus. Die Krise, die angesichts einer weiteren

Vertiefung der allgemeinen Krise des Kapitalismus vor sich ging, hatte im
Herbst 1929 mit dem Börsenkrach in den USA begonnen und schnell fast alle
kapitalistischen Länder erfaßt.
   Nachdem die Krise ihre größte Schärfe 1932 erreicht hatte, führte sie zu
einem deutlichen Rückgang der Industrieproduktion; in der ganzen kapitalistischen Welt hatte sich diese seit 1929 um 44%, d.h. auf den Stand von
1908/09, verringert.
   Die Krise in der Industrie verflocht sich mit einer Agrarkrise, nachdem
sie letztere (sie) bis zum äußersten verstärkt und die Landwirtschaft einer
Reihe von kapitalistischen Ländern zum Verfall gebracht hatte. ... Die Krise
rief eine Entwertung fast aller kapitalistischen Währungen, den Verzicht auf
den Goldstandard, Massenkonkurse und einen deutlichen Preisverfall hervor.
   ... Die Krise wirkte sich äußerst schwer auf die Lage der Werktätigen aus
und verstärkte ihre Verelendung. In 32 kapitalistischen Ländern, die von der
Krise erfaßt worden waren, belief sich 1932 die Zahl der Arbeitslosen auf
26,4 Mio. Menschen. ... In dieser Situation begann das Monopolkapital (das
monopolistische) einen Ausweg in der Errichtung faschistischer und halbfaschistischer Regimes zu suchen (die Errichtung der faschistischen Diktatur
in Deutschland 1933, der Versuch eines faschistischen Putsches in Frankreich
1934 u.ä.).
   Eine andere Folge der Krise war die Verschärfung der Gegensätze zwischen
den imperialistischen Mächten und den kolonialen Ländern, auf Kosten derer
die Monopolisten versuchten, aus der Krise herauszukommen, indem sie die
"Preisschere" ausnutzten. ... Die Wirtschaftskrise zog auch eine weitere Verschärfung der zwischenimperialistischen Widersprüche nach sich, die den 2.
Weltkrieg hervorriefen. Die Krise ging über in eine schwere und langandauernde
Depression, die (akk f sg) im Unterschied zu früheren Industriezyklen 1937/38
eine neue Wirtschaftskrise ablöste.

4. Text:

   Die Kapitaleinfuhr nach Rußland in Form von Staatsanleihen war schon im
17. Jahrhundert bekannt. Die Anleihen wurden in der Regel nicht für die produktive Konsumtion, sondern für den Unterhalt der Armee und der Flotte und
für die Kriegführung (F. von Kriegen) benutzt. ...
   Seit den 90er Jahren des 19. Jahrhunderts begann die Epoche eines intensiven Zustroms von ausländischem Kapital in seiner produktiven Form in die
Kohlen-, Hütten- und Erdölindustrie, in das Transportwesen und in andere Bereiche. Wenn früher die ausländischen Kapitalisten Anleihen den Vorzug gaben,
so erlangten Ende des 19. und Anfang des 20. Jahrhunderts Investitionen
große Bedeutung. Die ausländischen Kapitalisten investierten jetzt lieber
Geld in die Industrie als in Staatsanleihen, da sie dabei ungleichlich
höheren Profit erzielten (erhielten): mehr als 10% für das eingesetzte (aufgewendete) Kapital. Anleihen hingegen erbrachten ungefähr die Hälfte dieser
Rendite. ... Jedoch die Kapitaleinfuhr nach Rußland in Form von Anleihen an
die Regierung, die Eisenbahn(gesellschaft)en und an einzelne Städte war dennoch dominierend.
   Der Kapitalexport vollzog sich auch in der Epoche des Industriekapitalismus, aber in der Periode des Imperialismus erlangte er eine sehr große (wichtige) Bedeutung. In den führenden kapitalistischen Ländern entstand ein riesiger "Kapitalüberfluß", der einen Wirkungskreis für profitable Verwendung
suchte.
   Die Kapitalausfuhr aus Rußland fand keine weite Verbreitung. Im Gegenteil,
es (Rußland) führte in bedeutendem Ausmaß (russ: pl.) Kapital aus weiter entwickelten Ländern ein. Eine relativ schwache Entwicklung der Produktivkräfte,
das Vorhandensein vieler feudaler Überreste und riesiger kolonialer Grenzgebiete bei einem (gleichzeitigen) Mangel an Kapital (russ: pl.) im Lande
hatte nicht die Bedingungen für eine Kapitalausfuhr aus Rußland in einem solchen Ausmaß wie in einigen anderen Ländern geschaffen. In der Wirtschaft Rußlands überwog auch in der Epoche des Monopolkapitalismus der Warenexport den
Kapitalexport stark. ... Das Kapital aus Rußland wurde überwiegend in östliche

Länder gelenkt.

20. LEKTION

1. Text:

Vor fast drei Jahren traten in Bukarest die Teilnehmerstaaten des Warschauer Paktes mit dem Vorschlag über die Einberufung einer gesamteuropäischen Konferenz zur Erörterung von Fragen der europäischen Sicherheit und friedlichen Zusammenarbeit hervor. Die seither bestehenden Kontakte haben gezeigt, daß keine einzige europäische Regierung sich gegen die Idee einer gesamteuropäischen Konferenz ausspracht und daß reale Möglichkeiten für ihre Durchführung bestehen. Nach dem zweiten Weltkrieg haben sich die Staaten Europas noch nicht ein einziges Mal (alle zusammen) versammelt, obwohl es eine Menge von Fragen gibt, die auf eine Prüfung am ("hinter") Verhandlungstisch warten. Wenn man von den Interessen der Festigung des Friedens ausgeht, so gibt es keinerlei gewichtige Gründe, die Einberufung einer gesamteuropäischen Konferenz aufzuschieben.

Eine solche Konferenz würde den Interessen aller europäischen Staaten entsprechen. Sie würde die Möglichkeit geben, gemeinsam Wege und Mittel zu finden, die zur Beseitigung der Spaltung Europas in Militärblöcke und zur Verwirklichung der friedlichen Zusammenarbeit zwischen den europäischen Staaten und Völkern führen würden. ....

Die Teilnehmerstaaten des Warschauer Paktes bekräftigen ihre Vorschläge, die gegen die Aufteilung der Welt in Militärblöcke, gegen das Wettrüsten und die Gefahren gerichtet sind, die sich daraus für den (die Sache des) Frieden und die Sicherheit der Völker ergeben, und (sie bekräftigen) die anderen Maßnahmen und Grundsätze, die in der im Jahre 1966 in Bukarest angenommenen Deklaration über die Festigung des Friedens und der Sicherheit in Europa enthalten sind.

Für die europäischen Völker liegt eine Lebensnotwendigkeit in der Verhütung neuer kriegerischer Konflikte, in der Festigung der politischen, ökonomischen und kulturellen Verbindungen zwischen allen Staaten auf der Grundlage der Gleichberechtigung, der Achtung der Unabhängigkeit und Souveränität der Staaten. Ein festes System der europäischen Sicherheit schafft die objektive Möglichkeit und Notwendigkeit, mit gemeinsamen Anstrengungen bedeutende Projekte auf dem Gebiet der Energiewirtschaft, des Transportwesens und des Gesundheitswesens durchzuführen, die unmittelbaren Bezug zum Wohlstand der Bevölkerung des ganzen Kontinents haben. Gerade dieses Gemeinsame kann und muß zum Fundament der europäischen Zusammenarbeit werden . ....

2. Text:

Laut Vertrag über die Begrenzung der Raketenabwehrsysteme (Systeme der Antiraketenverteidigung) nahmen die UdSSR und die USA die Verpflichtung auf sich, nicht solche Systeme zu entwickeln, die einen Schutzschirm gegen einen Raketenangriff schaffen würden, der das Territorium des ganzen Landes bedeckt. Jedem der Länder wird erlaubt, nicht mehr als zweihundert Antiraketen für die Abschirmung zweier Bezirke zu haben, der Hauptstadt und eines Stützpunktes von interkontinentalen ballistischen Raketen. Begrenzt werden einige andere wesentliche Komponenten der Raketenabwehrsysteme, insbesondere die Zahl und die Leistungsfähigkeit der Radarstationen, die für die Beobachtung des Fluges der Raketen des Gegners und für das Lenken der eigenen Antiraketen notwendig sind. Die verbotenen Raketenabwehrsysteme oder ihre Teile werden entweder demontiert oder vernichtet. Die Kontrolle über die Durchführung aller Verpflichtungen wird mit Hilfe nationaler Beobachtungsmittel, darunter (mit Hilfe) künstlicher Satelliten durchgeführt. Der Vertrag gilt unbefristet (wird gelten).

.... Die Frage nach den Folgen des unbegrenzten Wettrüstens wurde im Verlauf vieler Jahre aktiv und in maßgebenden internationalen Wissenschaftskreisen diskutiert. Die Schlußfolgerung war einmütig: die Schaffung von Raketenabwehrsystemen vergrößert die Gefahren, die durch dieses (unbegrenzten)

Wettrüsten hervorgerufen werden. ....
    Aber die dialektische wechselseitige Abhängigkeit, die zwischen der Raketenabwehr und anderen Arten strategischer Waffen (russ: sg.) besteht, gestattet es, auch ein umgekehrtes Resultat zu erzielen: eine beliebige Begrenzung der Raketenabwehr garantiert gegenwärtig (unter den gegenwärtigen Bedingungen) ein Aufhalten des strategischen Wettrüstens überhaupt, sowohl der Verteidigungs- als auch der Angriffsaufrüstungen. Gerade ein solches Ziel wird auch durch den sowjetisch-amerikanischen Vertrag erreicht, der am 26. Mai in Moskau unterzeichnet wurde. Äußerst wichtig ist der Umstand, daß sich laut Vertrag die Partner (Seiten) verpflichtet haben, "die aktiven Verhandlungen über die Begrenzung der strategischen Angriffswaffen fortzusetzen".

3. Text:

    Die Frage der (nach der) Nichtweiterverbreitung von Kernwaffen nahm einen zentralen Platz bei der Erörterung des Problems der Abrüstung auf der 20. Sitzung der Generalversammlung der UNO ein (1965). Auf der Sitzung der (General)versammlung schlug die UdSSR vor, einen entsprechenden Vertrag abzuschließen, der die Staaten, die Kernwaffen besitzen, verpflichtet, diese Waffen - (weder) direkt oder (noch) indirekt - (nicht) in den Besitz zu geben oder zur Verfügung zu stellen an Staaten oder Gruppen von Staaten, die solche Waffen nicht besitzen; Staaten, die keine Kernwaffen besitzen, wurden ihrerseits durch den sowjetischen Entwurf verpflichtet, nicht zu entwickeln, nicht herzustellen und nicht die Produktion von Kernwaffen vorzubereiten sei es (sowohl) selbständig oder (als auch) gemeinsam mit anderen Staaten, aber auch solche Waffen von anderen Staaten nicht in Besitz, Verfügung oder zur Nutzung anzunehmen. Der sowjetische Vertragsentwurf unterschied sich prinzipiell vom entsprechenden amerikanischen Entwurf dadurch, daß er alle Wege für irgendeine Weiterverbreitung von Kernwaffen (russ: sg.) verschloß, eine Grenze für die Zahl der Staaten, die diese Waffen besitzen, festsetzte und gleichzeitig den Grundstein legen konnte für einen Prozeß der schrittweisen Vernichtung der Kernwaffenarsenale. Die Generalversammlung billigte die Idee des Abschlusses eines Vertrages über die Nichtweiterverbreitung von Kernwaffen und empfahl dem Komitee der 18, den Entwurf eines solchen Vertrages vorzubereiten. Die 20. Session der Generalversammlung billigte auch eine Resolution über die Einberufung einer Weltabrüstungskonferenz (weltweiten Konferenz über Abrüstung) bis Mitte 1967, wogegen die Westmächte lange Zeit Einwände erhoben hatten. Jedoch wurde dieser Beschluß wegen (in Verbindung mit) der fortdauernden Obstruktion der Westmächte nicht verwirklicht.

4. Text:

    30. November 1927: Ungeachtet der skeptischen Haltung der Regierung der UdSSR zur Arbeit (zu den Arbeiten) des Völkerbundes akzeptierte sie die Einladung vom 12. Dezember 1925, an der zukünftigen Abrüstungskonferenz (Konferenz über Abrüstung) teilzunehmen, wenn nur der (die Existenz des) sowjetisch-schweizerische Konflikt, der durch die Ermordung des Bevollmächtigten Vertreters der UdSSR, Herrn Vorovskij, und den nachfolgenden Freispruch des Mörders durch ein schweizerisches Gericht hervorgerufen worden war, nahm die UdSSR die Möglichkeit, an den vorausgegangenen Sitzungen der Vorbereitungskonferenz teilzunehmen.
    Die Regierung der UdSSR, die jetzt ihre Delegation auf die IV. Sitzung der Vorbereitungskommission über Abrüstung schickte, beauftragte sie, einen Plan zur allgemeinen und vollständigen Abrüstung vorzulegen.
    Die Delegation der UdSSR ist von ihrer Regierung ermächtigt, die vollständige Abschaffung aller Land-, See- und Luftstreitkräfte vorzuschlagen. Zur Verwirklichung dessen schlägt die Regierung der UdSSR folgende Maßnahmen vor:
a) die Auflösung des gesamten Personalbestandes der Land-, See- und Luftstreitkräfte und das Verbot ihrer Existenz in welcher versteckten Form auch immer;
b) die Vernichtung aller sowohl bei den Truppen als auch in den Militärdepots

und den Depots allgemeiner Bestimmung befindlichen Waffen, Munition, Mittel chemischer Kriegführung und anderen Rüstungsmittel und Vernichtungswerkzeuge; ....
o) Beseitigung aller gesetzgeberischen Akte sowohl staatlicher als auch zwischenstaatlicher Bedeutung, die den oben dargestellten Grundsätzen widersprechen, oder das Einbringen von entsprechenden Veränderungen (in ihnen). ...

Wir haben Ihnen unser Abrüstungsprogramm dargelegt, aber wir verstehen, daß es in seiner Radikalität und in seinem allumfassenden Charakter auf den ersten Blick kompliziert, schwer durchführbar und sogar utopisch scheinen mag (kann). Aber das rührt daher, daß man sich mit dem Problem der vollständigen Abrüstung noch niemals wirklich beschäftigt hat, da man sie als verbotenes Gebiet betrachtet hat. Wir verstehen ausgezeichnet, daß die Verwirklichung dieses Programms nicht bestimmten politischen Interessen hauptsächlich der Großmächte entspricht, den Interessen der Rüstungsindustrie und zahlreicher Gruppen von Spekulanten, aber ich behaupte, daß das Problem der vollständigen Abrüstung an und für sich keinerlei Schwierigkeiten verursacht und schnell und leicht gelöst werden kann. Es ist in jedem Fall viel einfacher und erfordert bedeutend weniger Zeit für seine detaillierte Ausarbeitung als die Schemata, die bis heute (bis zu dieser Zeit) die Grundlage der Arbeit (der Arbeiten) der Vorbereitungskommission gebildet haben.

21. LEKTION

1. Text:

Die Sozialdemokratie spielt eine nicht unbedeutende Rolle im gesellschaftlichen und politischen Leben des Westens. Nach Angaben (laut Behauptung) der Führung der Sozialistischen Internationale zählen die sozialistischen und sozialdemokratischen Parteien, die dieser Organisation zuneigen, insgesamt 14,4 Mio. Mitglieder und haben 75,8 Mio. Wähler hinter sich (führen hinter sich) (Angaben vom 1.7.1972). Natürlich bedürfen diese Zahlen, besonders die erste, einer kritischen Einschätzung (Einstellung). ....

Das Hauptaugenmerk der sozialdemokratischen Führer ist auf die Probleme der wirtschaftlichen Integration Westeuropas gerichtet. Die Mitwirkung an der Entwicklung der Integration und der Ausweitung des Gemeinsamen Marktes sehen sie als ihre Hauptaufgabe an.

Allen ist klar, daß ein "vereinigtes" Westeuropa - ein kapitalistisches, monopolistisches Europa ist. Im Grunde (letzten Endes) leugnen die sozialdemokratischen Führer das auch nicht. Sie führen zu ihrer Rechtfertigung zwei Argumente an.

Das erste besteht darin, daß die Integration von ökonomischen Gesetzen diktiert werde (wird). "Wenn die kommunistischen Theoretiker", sagte einer der Hauptredner auf dem Wiener Kongreß, "tiefer und intensiver die erprobten marxistischen Methoden (!) anwenden würden, würden sie feststellen, daß die Europäische Wirtschaftsgemeinschaft das Resultat einer Entwicklung ist, die dem jetzigen Stand der Produktivkräfte entspricht."

Keinerlei ökonomische Gesetze können erklären, warum Menschen, die sich Sozialisten nenne, jene konkrete Form der Integration rechtfertigen, verteidigen und verwirklichen müssen, die durch die Herrschaft des Großkapitals bedingt ist und seinen Interessen dient.

Das zweite Argument ist folgendes (dergestalt): die Integration erlaube (erlaubt) es, eine Kontrolle über die internationalen Monopole einzuführen. Die Sozialdemokraten versprechen, die Integration mit "sozialistischem" Inhalt anzufüllen. Deshalb lautete der zentrale Punkt der Tagesordnung des XII. Kongresses der Sozialistischen Internationale: "Sozialistische Politik für Europa".

Die Heuchelei dieser Formel wurde aufgedeckt in den Reden einer Reihe von Delegierten auf dem Kongreß selbst. Das Verhältnis einiger Länder Westeuropas zu ihren ehemaligen Kolonien und zu anderen Ländern, die sich befreit haben, bleibt neokolonialistisch, erklärte z.B. O'Brian (Irland). Die Politik der sozialdemokratischen Regierungen gegenüber (in bezug) der "dritten Welt" hat ein Fiasko erlitten. Die Hauptagenten der Ausbeutung der armen Länder sind die gigantischen internationalen Gesellschaften, deren Reichtum, Macht und Unverantwortlichkeit sich weiter ausdehnen (fortfahren, sich auszudehnen) unabhängig davon, welche Ideologie die Parteien haben, die an der Spitze der Regierung stehen.

2. Text:

Die Einheit der kommunistischen Weltbewegung - (das) ist ein wichtiger Faktor für den Erfolg des Kampfes jeder kommunistischen Partei. Sie zementiert auch das Bündnis aller antiimperialistischen Kräfte. In der letzten Zeit ist ein bestimmter Fortschritt dieser Einheit erreicht worden. Die sowjetischen und französischen Kommunisten werden entschieden anstreben die Festigung der politischen und ideologischen Geschlossenheit aller kommunistischen Parteien der Welt auf der Basis des Marxismus-Leninismus, des proletarischen Internationalismus, der Ziele und Prinzipien, die von der Konferenz von 1969 (von der Konferenz des Jahres 1969) gemeinsam festgelegt worden sind. Die imperialistische Propaganda sowie die rechten und "linken" Revisionisten und Opportunisten versuchen, den proletarischen Internationalismus der Unabhängigkeit, Souveränität und Gleichberechtigung der kommunistischen Parteien gegenüberzustellen. Mit diesem Ziel schufen sie den Mythos von der sogenannten Theorie der begrenzten Souveränität. Die sowjetischen und französischen Kommunisten kämpfen und werden kämpfen gegen diese verleumderischen Erfindungen.
Da die Kommunisten keineswegs die Unabhängigkeit, Souveränität und Gleichberechtigung und das Prinzip der Nichteinmischung in die inneren Angelegenheiten sowohl der Nationen als auch der kommunistischen Parteien leugnen und geringschätzen, betrachten sie die Achtung und konsequente Einhaltung dieser Prinzipien für sich als Gesetz gerade deshalb, weil sie zusammen mit Solidarität und gegenseitiger Hilfe organisch in den Inhalt des proletarischen Internationalismus eingehen.
Sie sind überzeugt, daß die Unterschiede in den Kampfbedingungen der kommunistischen Parteien, die verschiedenen Wege (Einstellungen) zur Lösung der entstehenden Aufgaben und die Divergenzen in einzelnen Fragen keinesfalls führen dürfen zum Nationalismus, zur Isolation, zur Spaltung der kommunistischen Weltbewegung, zum Verzicht auf den gemeinsamen Kampf gegen den Imperialismus.

3. Text:

Die wissenschaftlich-technische Revolution ruft besonders große Veränderungen in der Lage der Geistesarbeiter hervor. Ihre Zahl wächst sehr schnell, und gleichzeitig vollzieht sich ein Prozeß breiter (tiefer) Differenzierung dieser sozialen Schicht. Ein unbedeutender Teil der Intelligenz, der höhere Positionen im Bereich der Wirtschaft einnimmt, wird im Grunde organischer Bestandteil der herrschenden Klasse. Die immer stärker wachsende Zahl der Intelligenz verwandelt sich in Lohnarbeiter, deren soziale Lage sich allmählich der Lage der Arbeiter annähert, obwohl ihre Ansichten und Stimmungen sich häufig in vielem von den Ansichten und Stimmungen des Proletariats unterscheiden.
Diese strukturellen Veränderungen rufen komplizierte soziale und ideologische Folgen hervor. Gleichzeitig (in Verbindung) mit der Vergrößerung des Anteils der als Ingenieure, Techniker und in der Verwaltung Tätigen, der Angestellten und mit dem Anwachsen der Studentenschaft machen sich die Prozesse, die sich im Bewußtsein dieser Schichten vollziehen, immer mehr auf vielen Gebieten des gesellschaftlichen Lebens bemerkbar. ...
Es gibt einen Teil der Intelligenz, der eine Möglichkeit der Verbesserung seiner Lage nur in (auf dem Wege) einem gemeinsamen Kampf mit der Arbeiterklasse sieht. Dieser Prozeß wird begleitet von einem Einbringen kleinbürgerlicher Vorstellungen in das Arbeitermilieu. ...

Es ist natürlich, daß die sich in der Gesellschaft vollziehenden Prozesse ihre Widerspiegelung auch in den kommunistischen Parteien selbst finden. Auf dem Januarplenum des ZK der Italienischen Kommunistischen Partei 1970 wurde hervorgehoben, daß in die Partei Kräfte eingeströmt sind, die die unterschiedlichen Niveaus des Klassenbewußtseins widerspiegeln, Werktätige, die darauf bestehen, daß die Partei ihre elementaren Forderungen verteidige, und für die Sozialismus immer noch (nur) ein unklares Streben ist, aber auch Menschen, die sich eine fortschrittliche Ideologie zu eigen gemacht haben und die eine klare Vorstellung vom Sozialismus haben.

4. Text:

Es wurde offensichtlich, daß die Führer der Linksföderation (Mitterrand, Defferre u. a.) die antikommunistische Hysterie für ihre Zwecke ausnutzen wollen. Nachdem die Linksföderation auf das Bündnis der linken Kräfte, auf dem immer und besonders nach dem 13. Mai die kommunistische Partei bestanden hatte, und auf die Idee einer Volksregierung des demokratischen Bündnisses, in der die Kommunisten einen gebührenden Platz eingenommen hätten, verzichtet hatte, brachte sie äußerst zweideutige Pläne einer Gruppierung verschiedener politischer Richtungen um Mendès-France vor. Am 28. Mai sprach Mitterrand auf einer Pressekonferenz davon, daß im Falle einer negativen Abstimmung beim Referendum am 16. Juni oder wenn "die Regierung selbst geht", ihren Platz eine "provisorische administrierende Regierung" mit Mendès-France an der Spitze einnehmen solle.

Den Führern der kommunistischen Partei war klar, daß die Rede von dem Versuch einer antikommunistischen und proamerikanischen Ablösung des Regimes ist, von der Rückkehr Mitterrands und seiner Anhänger zur alten Praxis der 4. Republik, als man im Namen der linken Kräfte eine rechte Politik machte (durchführte), wobei man die Arbeiterklasse und die kommunistische Partei von der Teilnahme an der Führung der Angelegenheiten des Landes entfernte. In der Erklärung von Waldeck Rochet hieß es (wurde gesagt): "Wir ... beabsichtigen nicht, einem Regime den Weg freizumachen, das sich in feudaler Abhängigkeit von der amerikanischen Politik befindet. ... Es ist eine durch Tatsachen belegte Erfahrung, in Frankreich kann es keine linke Politik und keinen sozialen Fortschritt ohne aktive Unterstützung der Kommunisten geben. Und in einem breiteren Kontext ist es unseriös, Anspruch auf ein Fortschreiten zum Sozialismus ohne Kommunisten zu erheben und noch weniger seriös, wenn man Antikommunismus praktiziert."

22. LEKTION

1. Text:

Zum Schluß fasse ich einige konkrete Vorschläge von unterschiedlichem Wichtigkeitsgrad, die im Text erörtert wurden, zusammen. Diese Vorschläge, die an die Führung unseres Landes gerichtet sind, erschöpfen nicht den Inhalt des Artikels.

1. Es ist unbedingt notwendig, die Strategie der friedlichen Koexistenz und Zusammenarbeit so weit wie möglich zu vertiefen. Es müssen wissenschaftliche Methoden und Prinzipien der internationalen Politik erarbeitet werden, die auf der wissenschaftlichen Voraussicht weit in der Zukunft liegender (sehr weit entfernter) und unmittelbarer (sehr naher) Folgen gegründet sind.

2. Es muß Initiative gezeigt werden in der Ausarbeitung eines breiten Programms für den Kampf mit dem Hunger.

3. Es ist unbedingt notwendig, ein "Gesetz über Presse und Information" zu erarbeiten, breit zu diskutieren und anzunehmen, das die Ziele verfolgt, nicht nur die verantwortungslose ideologische Zensur zu beseitigen, sondern auch in größtmöglichem Maße das Lernen aus Eigeninitiative in unserer Gesellschaft und den Geist des furchtlosen Diskutierens und Suchens nach der Wahrheit zu fördern. Das Gesetz muß die materiellen Quellen der Gedankenfreiheit in Betracht

ziehen.
4. Es ist unbedingt notwendig, alle antikonstitutionellen Gesetze und Instruktionen, die die "Menschenrechte" verletzen, abzuschaffen.
5. Es ist unbedingt notwendig, die politischen Häftlinge zu amnestieren sowie eine Reihe von Prozessen, die in der letzten Zeit stattgefunden haben, zu überprüfen (zum Beispiel von Daniél' und Sinjavskij, Galanskov-Ginzburg). Die Lagerordnung für politische Häftlinge ist unverzüglich zu erleichtern.
6. Es ist unbedingt notwendig, die Entlarvung des Stalinismus zu Ende zu führen - zur vollen Wahrheit und nicht zu einer auf der Waage der Kastenzweckmäßigkeit abgewägten Halbwahrheit. Es ist unbedingt notwendig, tatkräftig den Einfluß der Neostalinisten auf unser politisches Leben einzuschränken. ....
7. Es ist unbedingt notwendig, tatkräftig die Wirtschaftsreform voranzutreiben (zu vertiefen), den Bereich der Erprobung zu erweitern und alle Schlußfolgerungen aus seinen Resultaten zu ziehen.
8. Es ist unbedingt notwendig, nach breiter wissenschaftlicher Erörterung ein "Gesetz über Geohygiene" zu beschließen, das später mit den weltumfassenden Bemühungen auf diesem Gebiet vereinigt werden muß. ....

Mit diesem Artikel wendet sich der Autor an die Führung unseres Landes, an alle Bürger, an alle Menschen guten Willens auf der ganzen Welt. Der Autor begreift die Strittigkeit vieler Thesen des Artikels, sein Ziel ist eine offene, aufrichtige Erörterung in (unter den Bedingungen) der Öffentlichkeit.

2. Text:

Besondere Aufmerksamkeit verdient gegenwärtig (unter den gegenwärtigen Bedingungen) das Problem der Beurteilung der wirtschaftlichen Folgen der Veränderung der Qualität der Umwelt. Die Notwendigkeit der Verhütung der Umweltverschmutzung (des Verfalls der Umwelt, die den Menschen umgibt), wird bekanntlich von Gründen unterschiedlichster Ordnung diktiert, angefangen von medizinisch-biologischen bis zu moralisch-philosophischen (endend mit moralisch-philosophischen Gründen).

Es ist allgemein anerkannt, daß sich unter diesen Gründen auch wirtschaftliche Erwägungen befinden - es wird zugegeben, daß in einigen Fällen der Umweltschutz auch einen rein ökonomischen, in Rubeln meßbaren Effekt (er)geben kann. Jedoch die ökonomischen Aspekte des Problems des Umweltschutzes bleiben in unserem Land bis zum gegenwärtigen Zeitpunkt im Hintergrund, und als entscheidende Faktoren, die die Schärfe dieses Problems bedingen, treten "außerökonomische" Erwägungen auf: die Sorge um die Gesundheit der Werktätigen, die Notwendigkeit der Erhaltung einer unberührten ("wilden") Natur in all ihrer Mannigfaltigkeit für künftige Generationen usw. Natürlich muß man sich zu den außerökonomischen Faktoren der Erhaltung der Qualität der Umwelt mit nicht weniger Ernsthaftigkeit verhalten als zu den ökonomischen. Darüber hinaus sind viele Aspekte des Naturschutzes zweifellos wichtiger als irgendwelche ökonomischen Erwägungen. Es wäre zumindest unseriös, von Positionen des ökonomischen Nutzens zum Beispiel an das Problem heranzugehen, den Baikal-Naturkomplex zu erhalten oder zu vernichten, - sein Wert ist dermaßen groß, daß in diesem Sinne beliebige Aufwendungen für seine Erhaltung gerechtfertigt sind (etwas anderes ist es, daß man die Aufgabe der Erhaltung des Baikalkomplexes mit maximaler Sparsamkeit von Volksmitteln lösen muß). So ist von (etwas) anderem die Rede: ist die Verbesserung der Qualität der Umwelt ein Faktor, der die ökonomische Effektivität der gesellschaftlichen Produktion erhöht (dabei nicht nur aus der Sicht (von den Positionen) einer fernen Zukunft (weiten Perspektive), sondern auch für die nächste zu planende Periode), oder sind Umweltschutz und ökonomische Effektivität etwa Antagonisten und müssen einander zum Opfer gebracht werden. Von der Antwort auf diese Frage hängt die Wahl der Strategie und Taktik der Naturschutztätigkeit ab: Entweder ist es notwendig, in erster Linie außerökonomische Kriterien für die Begründung der Naturschutzmaßnahmen zu suchen und diese Maßnahmen selbst durchzuführen gegen die ökonomischen Stimuli, indem man sich völlig auf moralische und rechtliche

Normen verläßt, oder man muß umgekehrt die ökonomische Effektivität als eines der entscheidenden Kriterien für die Planung der Qualität der Umwelt anerkennen, und (dann) werden die Naturschutzmaßnahmen sich auf das betriebswirtschaftliche Rechnungssystem des Vergleichs von Aufwendungen und Resultaten stützen. ....

Gleichzeitig (in Verbindung damit) entsteht das ökonomische Kardinalproblem einer Festlegung von optimalen Maßstäben zum Umweltschutz (für Maßnahmen zum Schutz der Umwelt) in Zukunft (in der Perspektivperiode), die ein Maximum an ökonomischem Effekt von der Verbesserung der Qualität der Umwelt gewährleisten. Für die Lösung dieses Problems ist die Erarbeitung einer Methodologie der Bewertung der ökonomischen Folgen der Veränderung der Qualität der Umwelt unbedingt nötig, wofür die Durchführung komplexer Untersuchungen in verschiedenen Bereichen der Wirtschaft, die von der Verschlechterung dieser Qualität Schaden erleiden, erforderlich ist.

3. Text:

Das Fehlen einer allgemeinen Theorie der gesellschaftlichen Entwicklung in der bürgerlichen Wissenschaft treibt die Wissenschaftler auf eine endlose Suche (russ: pl.) nach einer solchen Lehre, die man dem historischen Materialismus entgegenstellen könnte. Große Hoffnungen werden in dieser Hinsicht in die sogenannte Konflikttheorie gesetzt, ihr wird die Rolle eines gewissen Universalschemas zugedacht, das gleichermaßen auf alle Konflikte anwendbar ist, die in der Gesellschaft und in der Natur vorkommen, auf alle Typen des internationalen Konflikts, unabhängig von ihrem konkreten historischen Inhalt und sozialen und politischen Charakter.

Bei der Konstruierung einer solchen Theorie wird die Kategorie des Konflikts dem marxistischen Begriff des Widerspruches gegenübergestellt. Dabei wird all das auf äußerst abstrakte Überlegungen über die "Identität" der Natur des Konfliktes innerhalb einer einzelnen Persönlichkeit, eines Staates, eines Systems von Staaten usw. aufgebaut. In der sowjetischen Literatur wurde schon darauf hingewiesen, daß ähnliche Versuche insofern zum Scheitern verurteilt sind, als in solchen a(ußer)historischen Konstruktionen der bürgerlichen Autoren jenes nicht unwichtige Faktum vollkommen ignoriert wird, daß in einen Konflikt auf internationaler Ebene souveräne Staaten geraten (eintreten) mit ihrer (je) eigenen sozialen und politischen Struktur, mit dieser oder jener Korrelation von Wirtschafts- und Militärpotentialen, mit bestimmten internationalen Verpflichtungen bilateralen oder multilateralen Charakters. Berücksichtigt werden weder das globale Kräfteverhältnis (das K. in der Weltarena) noch die internationale Lage, angesichts dessen jeder konkrete Konflikt entsteht und sich entwickelt. All das bleibt außerhalb der Untersuchung in Richtung auf eine "allgemeine Konflikttheorie" und wird den Zügen des "Allgemeinen" zum Opfer gebracht. Daß zum gegenwärtigen Zeitpunkt keine "allgemeine Konflikttheorie" existiert, erkennen auch die Autoren des Buches an. Aber es ist charakteristisch, wie sie sich deren (ihre) Bildung (Schaffung) vorstellen (denken). "Sie wird in sich einbeziehen müssen", schreiben die Autoren, "einzelne Elemente aus der Biologie, Psychologie, Sozialpsychologie, Soziologie, Anthropologie, der Geschichte, Politikwissenschaft, Geographie, Ökonomie, der Informations- und Organisationstheorie, der Spiel- und Rollentheorie (Theorie der Imitationen), der Theorie der Strategie und Entscheidungsfindung (Theorie der Treffung von Entscheidungen), der System- und Integrationstheorie und sogar der ethischen Philosophie und der religiös-theologischen Reflexion."

Die zitierte (angeführte) Äußerung zeugt davon, daß die Autoren völlig die Illusionen vieler bürgerlicher Erforscher des internationalen Konfliktes teilen, die meinen, daß die Schaffung einer Konflikttheorie möglich ist mit Hilfe einer eklektischen Vereinigung einzelner Ideen, Begriffe und Termini aus den verschiedensten Gebieten der Wissenschaft und sogar der religiösen Lehren.

4. Text:

Die Volkswirtschaft der UdSSR entwickelt sich erfolgreich nach einem ge-

samtstaatlichen Plan, der die Tätigkeit aller Unternehmen und Organisationen und die Kollektivarbeit des sowjetischen Volkes sichert und lenkt.
Die sozialistische Industrie ist die Grundlage unserer Wirtschaft, die Basis der Stärke unseres Landes. Vom Niveau und den Maßstäben ihrer Entwicklung, von den Ergebnissen ihrer Arbeit hängt das erfolgreiche Wachstum aller Branchen der Volkswirtschaft ab,(und) die Erhöhung des Wohlstands des sowjetischen Volkes. Im Zuge (Lauf) der Erfüllung des Siebenjahresplanes ist eine bedeutende Vergrößerung des Ausmaßes der Produktion erreicht worden, hat sich ihre Struktur verbessert: die führenden (vordersten) Branchen wachsen in überproportionalem (überholendem) Tempo (russ: pl.). Die Industrieproduktion entwickelt sich auf der gesunden und festen Grundlage der sozialistischen Produktionsverhältnisse.

Die Durchführung der gestellten Aufgaben zur Schaffung der materiell-technischen Basis des Kommunismus und zur unablässigen Hebung des materiellen und kulturellen Lebensstandards des Volkes erfordert die Sicherstellung eines hohen Entwicklungstempos (russ: pl.) der Industrieproduktion, die Einführung der neuesten Errungenschaften von Wissenschaft und Technik in der Volkswirtschaft (russ: Richtung, akk.), die wissenschaftliche Organisation der Arbeit, die Verbesserung der Qualität der Produktion und die Erhöhung der Effektivität der gesellschaftlichen Produktion.

Wichtigste Bedingung zur Lösung dieser Aufgaben ist eine umfassendere Ausnutzung der Vorzüge des Systems der sozialistischen Wirtschaft und die weitere Verbesserung der planerischen Lenkung der Industrie.

Die bestehenden Methoden und Formen der Planung und der Stimulierung in der Industrie haben große Mängel und entsprechen nicht den neuen Anforderungen des wirtschaftlichen Aufbaus, den gegenwärtigen technisch-ökonomischen Bedingungen und dem Entwicklungsstand der Produktivkräfte.

In der planenden Lenkung der Industrie nehmen einen übermäßig großen Raum die administrativen Formen und Methoden ein, jedoch ist die Rolle ökonomischer Methoden herabgesetzt. Die Planaufgaben orientieren die Betriebe hauptsächlich auf die Erfüllung der quantitativen Kennziffern. Die Selbständigkeit der Betriebe in der Produktionsentwicklung und im Auffinden wissenschaftlicher Verfahren zur Erfüllung der Staatspläne ist unbegründeterweise begrenzt.

Es ist nicht die notwendige materielle Interessiertheit der Arbeiter an der Verbesserung der Gesamtresultate der Arbeit des Betriebs geschaffen, an der Ausnutzung ihrer eigenen inneren Reserven und an der Erhöhung der Rentabilität der Produktion. Unzureichend ist die Verantwortung der Betriebe für die Nichteinhaltung der Lieferfristen (der Produktion) an die Abnehmer (Verbraucher) und für den Produktionsausstoß von geringer Qualität. Der Wirtschaftsvertrag hat noch nicht den gebührenden Platz in den Beziehungen zwischen den Betrieben eingenommen. Die wirtschaftliche Rechnungsführung in den Betrieben ist in hohem (bedeutendem) Maße formal. Gewinn, Prämien, Kredit und andere ökonomische Hebel werden in der Planung und in der Wirtschaftstätigkeit kaum (schwach) genutzt. Es gibt bedeutende Mängel in der Preisbildung.

23. LEKTION

1. Text:

Die Völker der "dritten Welt" überzeugen sich immer mehr davon, wie tief die Kluft zwischen den "r-r-revolutionären" Worten der Pekinger Führer und ihren reaktionären Taten ist. Der Gang der Ereignisse zeigt auch den wahren Wert der "friedenstiftenden Bemühungen" der Maoisten in der Organisation der Vereinten Nationen.

Alle Winkelzüge der Pekinger Vertreter in der UNO gingen bei der Diskussion des Konfliktes in Hindustan von einem Ziel aus - Leidenschaften zu entfachen und den Konflikt zu vertiefen. Indem sich die Pekinger Führer mit den USA solidarisierten, ermunterten sie faktisch die amerikanischen Imperialisten zur bewaffneten Einmischung in Hindustan unter der Flagge einer Erfüllung der Bündnisverpflichtungen aus CENTO- und SEATO (-pakt). Und die Position Chinas war zweifellos einer der Faktoren, die die 7. amerikanische Flotte in den Indischen Ozean in Marsch setzten.

Die gegenwärtige militärische Demonstration der USA im Indischen Ozean ist nicht nur ein Versuch, Druck auf Indien und andere Länder auszuüben, die den gerechten nationalen Befreiungskampf des Volkes von Ostbengalen unterstützen, sondern auch ein weiterer (noch ein) Versuch, "Eindruck" auf die arabischen Länder "zu machen" und Israel zu unterstützen. Schwerlich können sich naive Menschen finden, die glauben, daß der amerikanische Imperialismus, der die israelische Aggression gegen die arabischen Länder unterstützt, daß das nicht derselbe Imperialismus ist, der das Volk in Ostbengalen unterdrücken möchte. Die Koinzidenz der Positionen der chinesischen Führer und Washingtons im Kampf gegen Bangla-Desh ist eine faktische Übereinstimmung der Positionen im Kampf gegen die Völker der arabischen Länder, gegen die Völker Indochinas, Afrikas und Lateinamerikas. ....

Im Verlauf des indisch-pakistanischen Konfliktes wurden noch einmal die Prinzipienlosigkeit und die Abenteuerlust der Politik Mao Tse-tungs deutlich (enthüllt). Der Konflikt hat gezeigt, daß die Maoisten, die sich als "Verbündete" und sogar als "Führer" der nationalen Befreiungsbewegung darstellen, sie (die nationale Befreiungsbewegung) verraten, wenn sie glauben, daß ihre eigennützigen nationalistischen Interessen die Abkommen mit der Reaktion erzwingen.

2. Text:

Die politischen Kräfte der "dritten Welt", die für eine sozialistische Orientierung eintreten, werden außerordentlich viel Wertvolles für sich finden in der praktischen Erfahrung der Pioniere der nichtkapitalistischen Entwicklung in der Mongolischen Volksrepublik und im sowjetischen Mittelasien auf dem Gebiet der Industrialisierung, der Kollektivierung der bäuerlichen Wirtschaft, der Überwindung der kulturellen Rückständigkeit und des Kampfes mit den den Fortschritt hemmenden Überresten der feudalen und der Stammesbeziehungen, im Bereich einer Lösung des nationalen und religiösen Problems (russ: pl.). Die Erfahrung der Mongolischen Volksrepublik und der Sowjetrepubliken Mittelasiens zeugen unbestreitbar von der überaus großen Flexibilität der Theorie, Taktik und Strategie des wissenschaftlichen Sozialismus, von der dialektischen Verbindung allgemeiner Gesetzmäßigkeiten und nationaler Besonderheiten in ihr, und das macht sie auch außerordentlich wichtig für die Entwicklungsländer. Diese Erfahrung zu propagieren ist sehr wichtig, da die progressiven Kräfte Afrikas und Asiens vieles aus ihr werden entlehnen und (vieles) sich zunutze machen können. Aber man darf nicht vergessen, daß sich die Entwicklung (Bewegung) zum Sozialismus unter Umgehung des Kapitalismus in der Mongolischen Volksrepublik und in den Sowjetrepubliken Mittelasiens unter anderen Bedingungen vollzogen hat als in den afroasiatischen Ländern heutzutage (des heutigen Tages), unter einer anderen Verteilung der Klassen- und politischen Kräfte, folglich war ihre Strategie in vielem und Wesentlichem eine andere.

Die Hauptbesonderheit besteht darin, daß in den Sowjetrepubliken Mittelasiens die Lenkung des Übergangs vom Feudalismus zum Sozialismus konsequent sozialistische Kräfte durchführten innerhalb (im Rahmen) eines Landes der proletarischen Diktatur, die (die Kräfte) fest auf den Positionen des wissenschaftlichen Sozialismus standen, die sich auf die allseitige Hilfe und Unterstützung der siegreichen sozialistischen Revolution gestützt haben.

3. Text:

Angesichts der Verschärfung der Klassengegensätze und der sozialen Konflikte, die mit der Wahl des Entwicklungsweges verbunden sind, wird die Verstärkung der Organe des unmittelbaren Zwanges eines der Mittel zur Gewährleistung der Bewegung des einen oder anderen Staates in der vorgegebenen sozialen Richtung. Die Nichtabgeschlossenheit des Prozesses der nationalen Konsolidierung, die ethnische Zersplitterung, die Stammesfehde, die künstlich

von den Kolonisatoren entfacht wird, der Kampf um die Macht, der in (im Rahmen) der Elite der afrikanischen Gesellschaft vor sich geht, und das Sichstützen der Führer unmittelbar auf die Streitkräfte rufen auch eine Verstärkung der Organe des unmittelbaren Zwanges hervor.
Außer den politischen und ethnischen Faktoren erklärt sich das Anwachsen des Apparates des unmittelbaren Zwanges und die Verstärkung seiner Rolle in der gegenwärtigen Entwicklungsetappe der jungen afrikanischen Staaten auch durch eine Reihe anderer Gründe. Unter ihnen (in ihrer Zahl) gehört nicht der letzte Platz der Nichtabgeschlossenheit der Prozesse der Klassenbildung und der Nichtabgeschlossenheit der Herausbildung einer Staatsbürger-Gesellschaft selbst als solcher. Angesichts des Fehlens organisierter politischer Kräfte in einigen afrikanischen Staaten und des Fehlens einer effektiven sozialen, ökonomischen und politischen Kontrolle der Staatsbürger-Gesellschaft über den Staat wird letzterer zu einer Kraft, die in gewissem Maße frei von der Gesellschaft ist und die über ihr ihre autoritative Macht mit Hilfe vor allem des Apparates des unmittelbaren Zwanges ausüben kann. Angesichts der Unterentwicklung der Produktivkräfte in den Ländern Afrikas wächst die Rolle des Staates auch als des Haupthebels außerökonomischen Zwanges, das heißt, zusätzlich wächst auch die Rolle der Organe, die ihn (den Zwang) anwenden. ....
Die ARMEE. Aus einem Militär- und Polizeianhängsel des Mechanismus der imperialistischen Herrschaft in der kolonialen Periode verwandelt sich die Armee in den afrikanischen Staaten allmählich in ein Werkzeug zum Schutz der Gesellschafts- und Staatsordnung, in ein Symbol der nationalen Souveränität.

4. Text:

Die Oktoberrevolution der Arbeiter und Bauern begann unter dem gemeinsamen Banner der Befreiung vom Joch.
Die Bauern befreien sich von der Macht der Gutsbesitzer, denn es gibt kein Gutsbesitzereigentum an Boden mehr - es ist abgeschafft. ....
Die Arbeiter befreien sich von den Launen und von der Willkür der Kapitalisten, denn von nun an wird eine Kontrolle der Arbeiter über die Werke und Fabriken hergestellt sein. ....
Es bleiben nur die Völker Rußlands, die Knechtschaft und Willkür erlitten haben und erleiden, zu deren Befreiung unverzüglich geschritten werden muß, deren Befreiung entschieden und endgültig durchgeführt werden muß. ....
Der unwürdigen Politik des Zarismus und der kadettischen Bourgeoisie auf dem Gebiet der nationalen Beziehungen muß ein Ende gesetzt werden. Von nun an muß sie durch eine offene und ehrliche Politik ersetzt werden, die zu vollem gegenseitigen Vertrauen der Völker Rußlands führt.
Erst als Ergebnis eines solchen Vertrauens kann sich ein ehrliches und dauerhaftes Bündnis der Völker Rußlands herausbilden.
Erst als Ergebnis eines solchen Bündnisses können die Arbeiter und Bauern der Völker Rußlands fest zu einer revolutionären Kraft zusammengeschlossen werden, die fähig ist, jeglichen Anschlägen von seiten der imperialistisch-annexionistischen Bourgeoisie standzuhalten.
Von diesen Thesen ausgehend (....) und den Willen der Rätekongresse erfüllend (....), hat der Rat der Volkskommissare beschlossen, folgende Prinzipien zur Grundlage seiner Arbeit in der Nationalitätenfrage Rußlands zu machen:
1) Gleichheit und Souveränität der Völker Rußlands.
2) Das Recht der Völker Rußlands auf freie Selbstbestimmung bis zur Loslösung und Bildung eines selbständigen Staates.
3) Abschaffung aller und jeglicher nationaler und national-religiöser Privilegien und Beschränkungen.
4) Freie Entwicklung der nationalen Minderheiten und ethnographischer Gruppen, die das Territorium Rußlands bewohnen.
Die sich hieraus ergebenden konkreten Dekrete werden unverzüglich nach der Konstituierung einer Kommission für Angelegenheiten der Nationalitäten ausgearbeitet werden.

Rachmaninov: Ein neuer Dokumentenband zur Außenpolitik der UdSSR

Im 16. Band der Dokumente zur (der) Außenpolitik der UdSSR, deren Mehrzahl erstmals veröffentlicht worden ist, wird der allseitige Kampf der SU für Frieden und internationale Sicherheit im Jahre 1933 beleuchtet....
Am 15. Juli des Jahres 1933 unterzeichneten England, Frankreich, Italien und Deutschland den "Viererpakt", dessen Spitze gegen die SU gerichtet war. Gleichzeitig bedrohte dieser Pakt die Selbständigkeit der kleinen Staaten Europas. Gegen ihn traten starke (breite) gesellschaftliche Kreise in den europäischen Ländern (der europ.Länder) auf, insbesondere in Frankreich, das den Pakt nicht ratifizierte und eben dadurch sein Inkrafttreten verhinderte.
Eine große Rolle bei der Hintertreibung des Komplotts der vier Mächte spielte die Sowjetdiplomatie, die seine für die Sache des Friedens gefährlichenFolgen aufdeckte. In dem erschienenen Band sind erstmals Dokumente veröffentlicht, die eine Reihe neuer Momente des Kampfes der UdSSR gegen den Viererpakt aufzeigen, was unsere Vorstellung von diesem wichtigen Kapitel (Seite) in der Geschichte der sowjetischen Außenpolitik wesentlich vervollständigt.
Die Zunahme der Spannung der internationalen Situation begünstigte die Errichtung der faschistischen Diktatur in Deutschland, die Agression Japans in China und die provokatorische Handlungsweise (pl.) der japanischen Militärclique gegenüber der SU. In diesem schwerwiegenden historischen Augenblick (A. der Geschichte) stellte die UdSSR der imperialistischen Politik der Vorbereitung und Entfesselung eines neuen Weltkrieges einen konsequenten Kurs für Erhaltung des Friedens und zur Zügelung der Agressoren (Kurs auf die ...) durch die Schaffung (auf dem Wege der Schaffung) eines Systems der kollektiven Sicherheit entgegen. ...
Im Bestreben, die Entfesselung einer Agression aufzuhalten (zu behindern), legte die SU am 6. Februar 1933 der Abrüstungskonferenz den Entwurf einer Deklaration zur (über) Definition des Agressors (der angreifenden Seite) zur Prüfung vor. Er enthielt eine Aufzählung (Verzeichnis) der Handlungen, deren Begehung als Verletzung des Friedens und als Agression angesehen (anerkannt) werden sollte. ...
Der sowjetische Entwurf war von dem Gedanken (darüber) durchdrungen, daß jegliche Anwendung von Gewalt als eines Mittels zur Lösung von Streitigkeiten zwischen Staaten als ungesetzlich angesehen werden sollte. Um diese sehr bedeutsame Idee zu entwickeln und zu konkretisieren (indem die SU ...entwickelte und konkretisierte), schlug die SU der Weltwirtschaftskonferenz im Juni 1933 vor, den Entwurf eines Protokolls über wirtschaftlichen Nichtangriff zu prüfen.
Die kommunistische Partei und die Sowjetregierung haben im Jahre 1933 eine Gesamtkonzeption der kollektiven Sicherheit als einer Methode zur (der) Sicherung des allgemeinen Friedens und zur Einhaltung (der Beachtung) der Prinzipien der friedlichen Koexistenz formuliert. Ausgehend von der Unteilbarkeit des Friedens wurde vorgeschlagen, auch regionale Abkommen in den am meisten bedrohten Gebieten - in Europa und Asien - zu schließen. Am 19. Dezember 1933 faßte das ZK der RKP(B) einen besonderen Beschluß über die Entfaltung des Kampfes für die kollektive Sicherheit. Darin war die Möglichkeit des Eintritts der UdSSR - unter bestimmten Bedingungen - in den Völkerbund (Liga der Nationen) und des Abschlusses eines regionalen Paktes zur (der) gegenseitigen Verteidigung gegen eine Agression unter (mit) Teilnahme eines weiten Kreises europäischer Staaten vorgesehen. ...
Die von der SU vorgebrachte Idee des Abschlusses regionaler Pakte hatte nichts mit der Konzeption des Gleichgewichts der Kräfte, mit der Politik der Blöcke gemein, sie sah den Einschluß (zielte auf die Erfassung) aller Staaten der jeweiligen (gegebenen) geografischen Region vor und war nicht gegen irgendein Land oder eine Gruppe von Ländern gerichtet. Zugleich wurden den Teilnehmern des Abkommens gleichartige Sicherheitsgarantien gegeben, ihnen wurden gleiche gegenseitige Verpflichtungen des Verzichts auf einen Überfall auferlegt.
Die Verschärfung der imperialistischen Widersprüche und das Anwachsen der Bedrohung der amerikanischen Interessen durch Japan (von Seiten Japans), aber auch durch Deutschland beschleunigte die Herstellung diplomatischer Beziehungen der USA zur SU. ((16.Dezember 1933)) In dem Band sind eine Reihe wichtiger Dokumente aufgenommen (i.Bd. ... sind untergebracht),die die sowjetisch-amerikanischen Verhandlungen zu dieser Frage betreffen. In einem Gespräch M.M. Litvinovs mit dem Präsidenten der USA Roosevelt wurde der Gedanke des Abschlusses eines regionalen Pakts im Stillen Ozean ausgesprochen. ...

Im Jahre 1933 komplizierten sich wegen (aus Schuld) Hitler-Deutschlands die
sowjetisch-deutschen Beziehungen. Im Laufe eines Jahres richtete die Sowjetregierung an das deutsche Außenministerium mehr als 200 Protestnoten im Zusammenhang
mit provokatorischen Akten, die von der Polizei und Mitgliedern faschistischer
paramilitärischer Organisationen gegen sowjetische Einrichtungen und Bürger in
Deutschland begangen wurden.
Im selben Jahr zeigten sich die ersten Anzeichen einer Annäherung des gutsherrlichen Polen an Hitler-Deutschland, was die vorher begonnene Stabilisierung der
sowjetisch-polnischen Beziehungen behinderte. Die polnische Regierung lehnte (es)
ab, die Baltische Deklaration zu unterzeichnen, die Ende des Jahres 1933 von der
SU vorgeschlagen wurde und auf die Festigung des Friedens in Zentral- und Osteuropa im Zusammenhang mit der Verstärkung der aggressiven Absichten Deutschlands gerichtet war. (Os.Ma.)

Preobraženskij: Bürgerliche und marxistische Sozialwissenschaft

Die Forschungsarbeit in der bürgerlichen Gesellschaft wird, teilweise mit Ausnahme der experimentellen Wissenschaften und des Bereichs der Technik, systemlos und anarchisch geführt, wie im Bereich der Wirtschaft der gesamte Prozeß
der bürgerlichen Produktion und die Verteilung insgesamt anarchisch verläuft.
Der Wissenschaftsbereich, mehr noch als der Produktionsbereich, bleibt eine
Arena der Herrschaft der Privatinitiative der Kommandospitzen der Wissenschaft,
die übrigens in notwendigem Maße die Monopolstellung der verschiedenen "anerkannten" Schulen und Gruppen zu erhalten, auf jegliche Art, wenn es nötig ist,
die Keime eines neuen Gedankens zu ersticken (hemmen) und die ganze Masse der
Durchschnittswissenschaftler in sklavischer geistiger Abhängigkeit von den
Führern der Schulen zu halten vermögen.
Aber am chaotischsten verläuft die Forschungsarbeit auf dem Gebiet der Gesellschaftswissenschaften. Während (wenn) die Mathematik, die Naturwissenschaften
(sg.) und die Technik in jeder gegebenen Periode in bestimmter Weise festgelegte
Forschungsmethoden und allgemein anerkannte Denkweisen (grundlegende Schlußfolgerungen) haben, die kein einziger Forscher ignorieren kann, so existiert
auf dem Gebiet der Gesellschaftswissenschaften eine "unbegrenzte Produktion von
Ideen" und eine ständige Konkurrenz zwischen den "Ideenproduzenten", eine instinktive Feindschaft der Wissenschaftler gegenüber der Durchsetzung (Aufstellung) von allgemeinverbindlichen Grundlagen in dieser oder jener Gruppe der
Gesellschaftswissenschaften. Hier gilt als Merkmal des guten Tons und als Gipfel der Wissenschaftlichkeit die Fähigkeit des Wissenschaftlers, sich von anderen auf demselben Gebiet der Forschung stark zu unterscheiden. ...
Der Marxismus in Rußland ist die offizielle Ideologie des siegreichen (gesiegt
habenden) Proletariats; die Sozialistische Akademie ist das oberste wissenschaftliche Forschungsinstitut marxistischer Prägung (marxistischen Denkens).
Sie ist auch kompromißlos. Sie erkennt keine Gesellschaftswissenschaft an, die
sich nicht auf den Marxismus stützt. Sie wird einen verstärkten Kampf für eine
echte Gesellschaftswissenschaft unter dem Banner des Marxismus führen, und in
dieser Beziehung wird sie keiner einzigen analogen Institution der bürgerlichen
Gesellschaftswissenschaft ähnlich sein, deren wissenschaftliche Toleranz nur
die Kleinkindperiode der von ihnen vertretenen Wissenschaft selbst charakterisiert. Die Physik kennt keine "Toleranz" in bezug auf "Wissenschaftler", die
die Fallgesetze der Körper leugnen, (so) wie die Astronomie nicht als Gelehrten
auf ihrem Gebiet den anerkannt, der zu beweisen anfangen würde, daß die Sonne
sich um die Erde dreht. Dabei stellt aber die Theorie des historischen Materialismus für die Gesellschaftswissenschaften eine noch wichtigere Grundlage
dar als die Gesetze Keplers und Newtons für die Astronomie.
Die Sozialistische Akademie hat als (ihre) Aufgabe, ein Zentrum der wissenschaftlichen Forschungsarbeit auf dem Gebiet der Gesellschaftswissenschaften
zu werden, die entsprechende wissenschaftliche Forschungsarbeit, die in den
einzelnen Kommissariaten und in den einzelnen wissenschaftlichen Forschungsinstituten an den Hochschulen betrieben wird, zu vereinigen, ein bestimmtes
System und einen Plan in die Ausarbeitung der Ideologieprobleme zu bringen
(einzuführen), zur Ausbildung neuer wissenschaftlicher marxistischer Kräfte

beizutragen und die Ergebnisse ihrer Arbeiten einem breiten Publikum zugänglich zu machen, d.h. sie setzt sich die wissenschaftliche Propagierung des Marxismus zum Ziel. (Hi.Ma.)

Chruščev

Das ZK, das zahlreiche Fakten zu seiner Verfügung hat, die die grobe Eigenmächtigkeit gegenüber den Parteikadern beweisen, hat eine Parteikommission unter der Kontrolle des ZK-Präsidiums eingesetzt; ihr wurde die Untersuchung der Gründe übertragen, die die Durchführung von Massenrepressionen gegen die Mehrzahl der Mitglieder und Kandidaten des ZK, die auf dem XVII. Parteitag der KPdSU (Bol'ševiki) gewählt worden waren, möglich gemacht hatten.
Diese Kommission sichtete (machte sich bekannt mit) eine große Menge von Materialien aus den Archiven des Innenministeriums und auch andere Dokumente und stellte viele Fälle der Fabrikation von Beweismaterial gegen Kommunisten fest, (Fälle) falscher Beschuldigungen, zum Himmel schreiender Mißbräuche der sozialistischen Gesetzlichkeit, deren Resultat der Tod unschuldiger Menschen war.
Es stellte sich heraus (wurde offenbar), daß viele Mitarbeiter aus Partei, Sowjets und Wirtschaft, die 1937/38 als "Feinde" gebrandmarkt worden waren, in Wirklichkeit niemals weder Feinde noch Spione, noch Schädlinge usw. waren, sondern stets aufrichtige Kommunisten; sie wurden nur verleumdet, und da sie oft nicht imstande waren, die barbarischen Foltern auszuhalten, beschuldigten sie sich selbst - auf Befehl von wahrheitsfälschenden Untersuchungsrichtern - aller Arten der schrecklichsten und unwahrscheinlichsten Verbrechen. Die Kommission legte dem Präsidium des ZK umfassende und stichhaltige (begründete) Materialien vor über die Massenrepressionen (Materialien, die die Massenrepressionen betrafen) gegen die Delegierten des XVII. Parteitages und gegen die Mitglieder des ZK, die auf diesem Kongreß gewählt worden waren. Diese Materialien wurden vom Präsidium des ZK sorgfältig geprüft (studiert).
Es wurde festgestellt, daß von 139 auf dem XVII. Parteitag gewählten Mitgliedern und Kandidaten des ZK der Partei 98 Personen, d.h. 70%, verhaftet und erschossen wurden - die Mehrzahl in den Jahren 1937/38. (Ausrufe der Entrüstung). Wie war die Zusammensetzung der Delegierten des XVII. Parteitages? 80% der stimmberechtigten Teilnehmer (die das Recht auf eine entscheidende Stimme hatten) waren in den Jahren des Untergrunds, vor der Revolution und während des Bürgerkriegs in die Partei eingetreten; mit anderen Worten, vor (bis zum) dem Jahr 1921. Der sozialen Herkunft nach war die Hauptmasse der Parteitagsdelegierten Arbeiter (60% der Stimmberechtigten).
Nur allein schon deswegen wäre es unmöglich gewesen, daß ein so zusammengesetzter Parteitag ein ZK wählte, dessen Mehrheit Feinde der Partei waren. Der einzige Grund, weshalb 70% der Mitglieder des ZK und der Kandidaten, die auf dem XVII. Parteitag gewählt worden waren, als Feinde der Partei und des Volkes gebrandmarkt wurden, war der, daß aufrichtige Kommunisten auf der Grundlage gegen sie fabrizierter Anschuldigungen verleumdet wurden, wodurch die revolutionäre Gesetzlichkeit grob verletzt worden ist.
Dieses (selbe) Schicksal traf nicht nur die ZK-Mitglieder, sondern auch die Mehrzahl der Delegierten des XVII. Parteitages. Von 1956 Delegierten mit Stimmberechtigung oder beratender Stimme wurden 1103 Personen unter der Beschuldigung konterrevolutionärer Verbrechen verhaftet, d.h. die offensichtlich erdrückende Mehrheit.
Wir müssen uns daran erinnern, daß der XVII. Parteitag in der Geschichte als "Parteitag der Sieger" bekannt ist. Die Parteitagsdelegierten waren aktive Teilnehmer am Aufbau unseres sozialistischen Staates; viele von ihnen litten und kämpften (bereits) in den vorrevolutionären Jahren im Untergrund und an den Fronten des Bürgerkriegs für die Interessen der Partei; sie kämpften tapfer gegen die Feinde und sahen oft unerschrocken dem Tod in die Augen. Wie können wir glauben, daß sich diese Menschen in der Epoche der politischen Liquidierung der Zinov'ev-Anhänger, Trotzkisten und rechten Abweichler und auch nach den großen Errungenschaften des sozialistischen Aufbaus (Bauten pl.) als heuchlerisch und dem Lager der Feinde des Sozialismus nahestehend (sich angeschlossen habend) erweisen konnten? (Os.)

M. N. Pokrovskij (1868-1932)

Pokrovskij, Michail Nikolaevič (1868-1932) - sowjetischer Historiker und Staatsmann, Akademiemitglied (seit 1929). Beendete 1891 die historisch-philosophische Fakultät der Moskauer Universität. Nahm 1903-1904 an der liberalen Zemstwobewegung teil. 1905 trat er in die bolschewistische Partei ein, nahm aktiv teil an der Revolution von 1905-1907, war Mitglied des Moskauer Komitees der Bolschewiki, arbeitete an bolschewistischen Presseorganen mit. Auf dem Londoner (V.) Parteitag der RSDRP wurde er zum Kandidaten für die Mitgliedschaft des Zentralkomitees gewählt. 1908-1917 befand er sich in der Emigration. 1909-1911 trat er in die Antiparteigruppe "Vorwärts" ein. Im August 1917 kehrte er nach Rußland zurück; er nahm aktiv teil an der Vorbereitung und Durchführung der Großen Sozialistischen Oktoberrevolution, von November 1917 bis (einschließlich) März 1918 war er erster Vorsitzender des Moskauer Sowjets der Arbeiter- und Soldatendeputierten. Von Mai 1918 bis zum Ende seines Lebens arbeitete Pokrovskij als Stellvertreter des Volkskommissars für Bildung der UdSSR. 1918 schloß er sich den "linken" Kommunisten an, aber bald trennte er sich von ihnen. 1923-1927 nahm er am Kampf gegen (mit) den Trotzkismus teil, er trat gegen die trotzkistischen "Konzeptionen" des historischen Prozesses auf. Pokrovskij führte die große wissenschaftliche und organisatorische Arbeit auf dem Gebiet der historischen Wissenschaft und Bildung. ...
Die historischen Ansichten Pokrovskijs bildeten sich unter dem Einfluß der bürgerlichen Historiographie. ...
Nach der Großen Sozialistischen Oktoberrevolution trat Pokrovskij in vielen seiner Arbeiten im Grunde genommen mit liquidatorischen Konzeptionen in bezug auf die Geschichte als objektiver Wissenschaft hervor. Das einseitige Studium des konkreten historischen Materials, die grobe Soziologisierung der Geschichte, das nihilistische Verhalten zur Vergangenheit, die Negierung der Rolle des Patriotismus der Volksmassen in der vorrevolutionären Vergangenheit Rußlands, das vulgarisatorische Prinzip der Betrachtung historischer Ereignisse "vom Standpunkt des heutigen Tages" (These Pokrovskijs darüber, daß die Geschichte "in die Vergangenheit zurückgeworfene Politik" sei) machen die charakteristischen Züge der Ansichten Pokrovskijs aus. In seinen Arbeiten übertrieb Pokrovskij stark die Rolle des Handelskapitals, indem er die Entwicklung des Handelskapitals mit der Entwicklung des Kapitals identifizierte und dem Handelskapital die Rolle des führenden Faktors in der Entwicklung Rußlands vom 16. Jahrhundert bis zur Februarrevolution 1917 beimaß. Die zaristische Selbstherrschaft (acc.) betrachtete Pokrovskij als Diktatur des Handelskapitals. Deshalb begriff Pokrovskij nicht die objektiven ökonomischen Ursachen, die den bürgerlich-demokratischen Charakter der Revolution, die in Rußland bevorstand, bedingt haben.
Pokrovskij hat die Leninsche Theorie des Imperialismus nicht verstanden, er ignorierte die ökonomische Entwicklung des Landes und die Rolle der Finanz- und Industriemonopole, die sich gebildet hatten, und sah den Imperialismus in Rußland nur in der Eroberungspolitik des Zarismus.
Pokrovskij verstand die progressive Bedeutung des Anschlusses der Völker Rußlands nicht, da er sich auf den Hinweis auf die negativen Seiten der Kolonialpolitik des Zarismus beschränkte. In den Fragen der Außenpolitik der zaristischen Selbstherrschaft und besonders der Geschichte des ersten Weltkrieges von 1914-1918, mit der sich Pokrovskij viel beschäftigte, ignorierte er die hauptsächlichen, wichtigsten Widersprüche zwischen den europäischen Mächten und sah im zaristischen Rußland den Hauptschuldigen des imperialistischen Krieges.
Pokrovskij ließ ernsthafte Fehler in der Beurteilung des Charakters auch der Triebkräfte der ersten russischen bürgerlich-demokratischen Revolution von 1905-1907 und der bürgerlich-demokratischen Februarrevolution zu.
Die Tätigkeit Pokrovskijs spielte eine gewisse positive Rolle im Kampf mit der bürgerlichen Historiographie, aber damit in Zusammenhang fügte sie der Entwicklung der sowjetischen Historiographie und der Heranbildung der marxistischen Historiker bedeutenden Schaden zu. ... (Hi.)

Stalinismus und Architektur

In der letzten Zeit führten Partei und Regierung eine Reihe von auf eine grundlegende Verbesserung des Bauwesens gerichteten Maßnahmen durch. Es wurden qualifizierte Kader von Arbeitern, Ingenieuren und Architekten ausgebildet, die ihre Aufgaben richtig verstehen - (nämlich die Aufgabe) der Errichtung von wirtschaftlichen Gebäuden und Anlagen, die den gegenwärtigen Anforderungen entsprechen, und der Einführung von Industriekonstruktionen und progressiven Arbeitsmethoden in das Bauwesen.
Unsere Erfolge in dieser Sache wären noch bedeutender, wenn nicht die bestehenden großen Mängel und Fehler in der Projektierung und in der Bauausführung dies verhinderten. ...
Die durch nichts gerechtfertigten Turmaufbauten, zahlreiche Zierkolonnaden und Säulenhallen und andere architektonische Maßlosigkeiten, die aus der Vergangenheit entlehnt sind, sind zu einer Massenerscheinung beim Bau von Wohn- und öffentlichen Gebäuden geworden, in dessen Ergebnis in den letzten Jahren für den Wohnungsbau große (viele) staatliche Mittel verschwendet (zuviel ausgegeben) worden sind, für die mehr als eine Million Quadratmeter Wohnfläche für die Werktätigen zu bauen möglich gewesen wäre.
Erhebliche Maßlosigkeit(en) wurde bei der Projektierung und beim Bau von Hochhäusern toleriert (zugelassen). So wurden zum Beispiel für den Bau des Hotels "Leningradskaja" am Kalančevskij-Platz in Moskau (Architekten Poljakov und Boreckij) für 354 Zimmer ebensoviel Mittel ausgegeben wie für den Bau eines ökonomisch geplanten Hotels mit 1 000 Zimmern nötig gewesen wären. ...
Das Zentralkomitee der KPdSU und der Ministerrat der UdSSR stellen fest, daß ein bedeutender Teil der Wohnhäuser der Bürger (im Russ. adjektiv.) und der größere Teil der Industriegebäude immer noch nach Einzel- (individuellen) Plänen gebaut wird, was einer der Hauptgründe ist, die Verschwendung zur Folge haben. Ungeachtet der unbestrittenen technisch-ökonomischen Zweckmäßigkeit des Bauens nach Standardplänen (i.e. mit vorgefertigten, standardisierten Bauelementen) halten viele Ministerien und Behörden die Ausarbeitung von Standardplänen für eine zweitrangige Angelegenheit und erfüllen die Pläne der Standardprojektierung nicht. ...
Ein ernsthafter Mangel in (der Angelegenheit) der Standardprojektierung ist die Verzettelung (das Streuen) der Planungsarbeiten auf zahlreiche Organisationen. Die Standardprojektierung von Wohn- und öffentlichen Gebäuden wird gegenwärtig von mehr als 40 Planungsorganisationen der verschiedenen Ministerien und Behörden durchgeführt, was eine einheitliche methodologische Leitung der Standardprojektierung, eine Vereinheitlichung der Projektierungs- und Konstruktionslösungen sowie eine hohe Qualität der Ausarbeitung von Musterentwürfen nicht zu gewährleisten vermag (erlaubt).
Das Vorhandensein großer Mängel und Widernatürlichkeit(en) in der Architektur erklärt sich in bedeutendem Maße dadurch, daß die ehemalige Akademie für Architektur der UdSSR (Präsident Genosse Mordvinov) die Architekten hauptsächlich auf die Lösung der äußeren Seiten der Architektur hin orientierte zum Nachteil der Qualität (pl.) der Planung, der technischen Zweckmäßigkeit, der Baurentabilität und der Gebäudeausnutzung. Diese fehlerhafte Ausrichtung fand ihre Widerspiegelung in der Arbeit vieler Architekten und Planungsorganisationen und begünstigte die Entwicklung ästhetisierender (ästhetischer) Neigungen und des Archaismus in der Architektur. Die ehemalige Akademie der UdSSR für Architektur und ihre wissenschaftlichen Forschungsinstitute gaben dem Auftreten von Formalismus und den anderen bedeutenden Mängeln in der Architektur nicht rechtzeitig eine kritische Beurteilung, sie verloren die Verbindung mit dem Leben (rissen sich los vom ...). In vielen ihrer Arbeiten war diese Akademie Träger eines einseitigen ästhetisierenden Verständnisses der Architektur, sie übertrieb und entstellte die Rolle des klassischen Erbes und bewirkte eine unkritische Einstellung ihm gegenüber.
Große Verantwortung für das Loslösen der Architektur von den wesentlichen Aufgaben des Bauwesens fällt auf den Verband der sowjetischen Architekten der UdSSR, dessen ehemalige Leiter (die Genossen Černyšev, Rzjanin, Zacharov) die

Notwendigkeit der Beseitigung von Verschwendung (russ. pl.) im Bauwesen nicht
begriffen haben und unter der Flagge des Kampfes gegen (mit) den Konstruktivismus zur Verbreitung dieser Verschwendung beitrugen. Der Verband der sowjetischen Architekten der UdSSR widmete den Fragen der Massenfertigung nicht die
notwendige Aufmerksamkeit und richtete die Mitglieder (Architekten-Mitglieder)
des Verbandes nicht auf eine aktive Teilnahme an der Ausarbeitung der Musterentwürfe aus.
Bei der Projektierung und beim Bau von Gebäuden und Anlagen müssen die Architekten und Ingenieure die Hauptaufmerksamkeit den Fragen der Ökonomik des
Bauens, der Schaffung größter Bequemlichkeiten für die Bevölkerung, der guten
Einrichtung der Wohnungen, Schulen, Krankenhäuser und anderen Gebäude und Anlagen sowie der Grünbepflanzung von Wohngebieten und Stadtvierteln widmen.
Um Verschwendung und Handwerkelei zu vermeiden, müssen unsere Architekten und
Ingenieure zu Wegweisern alles Neuen, Progressiven in der Projektierung und in
der Bauausführung werden. Der Bau muß nach den ökonomischsten Musterentwürfen,
die unter Berücksichtigung der besten Leistungen des einheimischen und ausländischen Bauwesens ausgearbeitet wurden, auf der Grundlage industrieller
Produktionsmethoden durchgeführt werden.
Für die sowjetische Architektur muß Einfachheit, Strenge der Formen und Rentabilität der Lösungen charakteristisch sein. Gefälliges Aussehen der Gebäude
und Anlagen muß geschaffen werden nicht mit Hilfe der Anwendung gekünstelter,
teurer dekorativer Verzierungen, sondern aufgrund der organischen Verbindung
der architektonischen Formen mit dem Verwendungszweck der Gebäude und Anlagen,
aufgrund ihrer guten Proportionen sowie eines richtigen Einsatzes (Verwertung)
der Materialien, Konstruktionen und Details und aufgrund einer hohen Qualität
der Arbeiten. ...
Das Zentralkomitee der KPdSU und der Ministerrat der UdSSR beschließen:
1. das Staatskomitee des Ministerrats der UdSSR für Angelegenheiten des Bauwesens ... sowie die Architekten zu verpflichten, in kürzester Zeit ihre
Arbeit der Projektierung und der Bauausführung gründlich umzugestalten, in
weitem Umfang Musterentwürfe im (in das) Bauwesen einzuführen (einzubringen),
sich mutiger der fortschrittlichen Errungenschaften des einheimischen und ausländischen Bauwesens anzuzeigen, einen täglichen kompromißlosen Kampf mit den
Erscheinungen des Formalismus in der Architektur und mit der Verschwendung in
der Bauausführung zu führen. ...
3. die Minister und Leiter der Behörden, die Ministerräte der Unionsrepubliken
und die Leiter der Planungsorganisationen zu verpflichten, eine unbedingte Erfüllung der aufgestellten Pläne der Musterprojektierung zu garantieren und
notwendige Maßnahmen zur Beseitigung des in dieser Angelegenheit bestehenden
Rückstandes zu ergreifen.
4. dem Staatskomitee des Ministerrats der UdSSR für (Angelegenheiten des) Bauwesen(s) die Durchführung von Wettbewerben zur Ausarbeitung der besten Musterentwürfe von Gebäuden, Anlagen und Betrieben, der ökonomischsten Industriekonstruktionen und -details sowie für die beste Bauausführung von Objekten nach
Musterentwürfen zu übertragen. ...
6. zum Zweck der Beseitigung großer Mängel in der Ausbildung der Architektenkader das Ministerium für Hochschulbildung der UdSSR und das Staatskomitee des
Ministerrats der UdSSR für (Angelegenheiten des) Bauwesen(s) zu verpflichten,
Vorschläge zu einer radikalen Verbesserung (der Angelegenheit) der Ausbildung
von Architekten auszuarbeiten und dem ZK der KPdSU und dem Ministerrat der
UdSSR bis zum 1. März 1956 vorzulegen.
7. in anbetracht dessen, daß die Architekten (Autoren) des Entwurfs des Hotel
"Leningradskaja" nach der Verleihung des Stalinpreises (an sie) für den Vorentwurf bei der nachfolgenden Ausarbeitung des Entwurfs große Verschwendung
bei den planerischen Lösungen hinsichtlich des Umfangs und in der architektonischen Ausstattung der Gebäude tolerierten, den Architekten Poljakov und
Boreckij den Ehrentitel des Stalinpreisträgers, der ihnen für den Entwurf
dieses Gebäudes verliehen worden war, zu entziehen. ... (Hi. Ma.)

Der Absolutismus in der sowjetischen Historiographie

ABSOLUTISMUS (von lat. absolutus - unabhängig, unbeschränkt), absolute Monarchie, letzte Form des feudalen Staates, entstehend in der Periode des Niedergangs des Feudalismus und der Entstehung der kapitalistischen Verhältnisse. Vom formalen juristischen Gesichtspunkt wird der Absolutismus dadurch charakterisiert, daß das Staatsoberhaupt, der Monarch, als Hauptquelle der legislativen und exekutiven Gewalt betrachtet wird (letztere wird ausgeübt von einem von ihm abhängigen Apparat); er setzt die Steuern fest und verfügt über die Staatsfinanzen. Zur Zeit des Absolutismus wird die höchste Stufe (unter den Bedingungen des Feudalismus) der staatlichen Zentralisierung erreicht, ein (stark) verzweigter bürokratischer Apparat geschaffen (Gerichts-, Steuerapparat usw.), ein großes stehendes Heer und Polizei; die Tätigkeit der für die ständische Monarchie typischen Organe der Ständevertretung wird entweder eingestellt oder verliert ihre frühere Bedeutung. Die soziale Stütze des Absolutismus bildet der Adel. Zugleich erlangt der Staat im Absolutismus eine gewisse Unabhängigkeit von der herrschenden Adelsklasse, indem er die Gegensätze zwischen ihr und der entstehenden Bourgeoisie ausnutzt, die noch nicht auf die Machtergreifung Anspruch erhebt, aber ökonomisch stark genug ist, um ihre Interessen den Interessen der Feudalherren entgegenzustellen. ...

In einer bestimmten historischen Etappe spielte der Absolutismus im wesentlichen eine progressive Rolle, indem er gegen (mit) den Separatismus des Feudaladels kämpfte, die Kirche dem Staat unterordnete, die Überreste der politischen Zersplitterung vernichtete und indem er auf diese Weise objektiv zur wirtschaftlichen Einheit des Landes, zur erfolgreichen Entwicklung neuer kapitalistischer Verhältnisse und zum Prozeß der Bildung von Nationen und Nationalstaaten beitrug. Die absolute Monarchie, die die Politik des Merkantilismus realisiert, die Handelskriege geführt und die direkt oder indirekt den Prozeß der sog. ursprünglichen Akkumulation gefördert hat, wurde in dieser Periode von der entstehenden Bourgeoisie unterstützt. Der Absolutismus wirkte jedoch zum Nutzen der Bourgeoisie nur insofern, wie das im Interesse (pl.) des Adels war. ...

Der Absolutismus in Rußland besaß im Vergleich zum Absolutismus Westeuropas eine Reihe von Besonderheiten. Zu ihnen (zu ihrer Zahl) gehört die Schwäche der russischen Bourgeoisie, die durch zahlreiche Gründe hervorgerufen wurde (Verzögerung in der Entwicklung der Städte infolge der Mongolen- und Tatareneinfälle, Versklavung der Hauptmasse der Dorf- und Stadtbevölkerung, die die langsame Entwicklung des Kapitalismus u.a. bedingt hat), die sie vom ersten Augenblick ihrer Entstehung an in eine große Abhängigkeit vom Staat gebracht haben. Die Besonderheiten des russischen Absolutismus werden auch dadurch bestimmt, daß in Rußland im Unterschied zu Westeuropa im Verlauf des ganzen 18. und in der 1. Hälfte des 19. Jahrhunderts die Leibeigenschaft (Leibeigenschaftsordnung) und die politische Herrschaft des Adels erhaltenblieben, dessen Macht die auf der Leibeigenschaft basierenden Latifundien im europäischen Rußland ausmachten. Diese und eine Reihe anderer Faktoren führten dazu, daß in Rußland die Evolution des Absolutismus in Richtung einer bürgerlichen Monarchie langsam vor sich ging. ...

Die Frage des Absolutismus in Rußland ist bei weitem noch nicht erforscht. Bis heute (bis zu diesen Zeiten) dauert der Streit um eine Reihe sehr wichtiger Probleme (sozialökonomische Voraussetzungen, Zeit des Übergangs zum Absolutismus, seine Klassenstruktur u.a.) unter den sowjetischen Wissenschaftlern an. So ist zur Frage über die Gründe des Übergangs zum Absolutismus in Rußland eine Reihe von Historikern der Ansicht, daß dieser Übergang mit der Verschärfung des Klassenkampfes der breiten Volksmassen gegen die Klasse der Feudalherren verbunden war. Nach Meinung anderer Historiker ist der Absolutismus in Rußland das Produkt des Kampfes innerhalb der herrschenden Klasse, zwischen der feudalen Aristokratie (dem Bojarentum) und dem Adel. Es gibt auch keine einheitliche Meinung (Einheit der Meinungen) zur Frage der sozialen Natur des russischen Absolutismus. Neben dem unter der Wissenschaftlern bestehenden Standpunkt, daß der Absolutismus in Rußland die Interessen nicht nur des Adels widerspiegelte, sondern auch die der im Entstehen begriffenen Bourgeoisie, hält ein Teil der Historiker den Charakter der Entstehung und das Wesen des russischen Absolutismus

für rein feudal. Auf unterschiedliche Weise wird auch eine Reihe anderer Fragen, die mit dem Problem des russischen Absolutismus verbunden sind, gelöst.
(Hi.)

Stolypinsche Agrarpolitik 1907

Durch unser Manifest vom 3. November 1905 wird ab 1. Januar 1907 die Einziehung der Loskaufzahlungen von den Bauern für Anteilland abgeschafft. Von diesem Zeitpunkt an werden die erwähnten Ländereien von den aufgrund der Loskaufschuld auf ihnen lastenden Beschränkungen befreit, und die Bauern erwerben das Recht des freien Austritts aus der Bauerngemeinde (obščina) zugleich mit der Überschreibung (Korroboration) der Grundstücke aus dem Gemeinde- (Mir-) Anteil in das Eigentum jener (der) Hofbesitzer, die zum persönlichen (privaten) Besitzstand übergehen.
Jedoch wird die faktische Ausübung dieses vom Gesetz anerkannten Rechts in der Mehrzahl der ländlichen Gemeinden auf Schwierigkeiten stoßen wegen (in der) Unmöglichkeit, den Umfang (der Grundstücke) zu bestimmen und die Herauslösung jener (der) Landstücke durchzuführen, die den aus der obščina ausscheidenden Hofbesitzern zustehen. Andererseits ist im Gesetz keine Verfahrensregelung (Ordnung zum Abschluß von Übereinkünften) über die Enteignung von im Hofbesitz befindlichen Grundstücken des Anteillandes festgesetzt, für die es bei deren Besitzern keine gesonderten Besitztitel (Kaufdokumente) gibt.
Da wir es infolgedessen für notwendig erachtet haben, eben jetzt die in den geltenden gesetzlichen Bestimmungen bestehenden Hindernisse für die faktische Ausübung der den Bauern zustehenden Rechte (Ausübung der ihnen zustehenden Rechte durch die Bauern) auf Anteilland zu beseitigen und nachdem wir den zu diesem Thema erfolgten Bericht (in Form eines Protokollauszuges) des Ministerrats gebilligt haben, befehlen wir auf der Grundlage des Artikel 87 (des Gesetzbuches) der staatlichen Grundgesetze (in) der Ausgabe von 1906:
I. in Ergänzung des Artikel 12 der gesetzlichen Bestimmungen (russ. sg.) über die Bauern und der Anmerkung zu diesem Artikel (zu ihm) (Sammlung der Gesetze, Sonderbeilage zu Bd. IV, Ausgabe 1902) folgende Vorschriften zu verordnen:
1. Jeder Hofbesitzer (= Familienoberhaupt), der nach dem Gemeinderecht Anteilland besitzt, kann zu jeder Zeit die Überschreibung (Korroboration) des ihm vom obengenannten Land zustehenden Teils in sein persönliches Eigentum fordern.
2. In Gemeinden, in denen es im Laufe der 24 Jahre, die der Absichtserklärung (Erklärung ... über den Wunsch) der einzelnen Hofbesitzer - (nämlich) vom Gemeindebesitz zum privaten überzugehen - vorausgegangen sind, keine allgemeinen Umteilungen gegeben hat, (in diesen Gemeinden) werden jedem solchen Hofbesitzer in sein persönliches Eigentum außer der Hofparzelle(n) alle Anteile am Gemeindeland überschrieben, die sich in seiner ständigen (nicht Pacht-) Nutzung befinden.
3. In Gemeinden, in denen es im Laufe der 24 Jahre, die der Absichtserklärung der einzelnen Hofbesitzer über den Übergang vom Gemeinde- zum privaten Besitz vorausgegangen sind, allgemeine Umteilungen stattgefunden haben, (in diesen Gemeinden) werden jedem Hofbesitzer, der eine solche Erklärung abgegeben hat, neben seinem Hofland alle jene Stücke des Gemeindelandes in persönliches Eigentum überschrieben, die ihm von der Gemeinde zu ständiger Nutzung bis zur nächsten allgemeinen Umteilung überlassen worden sind. Wenn aber in der ständigen Nutzung desjenigen Hofbesitzers, der zum privaten Besitz überzugehen wünscht, mehr Land ist, als ihm anteilmäßig auf der Grundlage der letzten Verteilung nach Zahl der Zuteilungseinheiten in seiner Familie zum Zeitpunkt der erwähnten Erklärung zustände, so wird in sein persönliches Eigentum jene Menge Gemeindeland überschrieben, die ihm nach der erwähnten Rechnung zusteht. Ein danach verbleibender Rest wird nur korroboriert unter der Bedingung der Zahlung seines Gegenwertes an die Gemeinde, der bestimmt wird nach dem ursprünglichen durchschnittlichen Loskaufspreis für die Desjatine jener der jeweiligen Gemeinde zur Aufteilung zur Verfügung gestellten Grundstücke, die mit Loskaufzahlungen belegt waren. Andernfalls geht der gesamte erwähnte Rest in die Verfügung der Gemeinde über. ... (Hi. Ma. Os.)

Vitte: Memorandum

Streng geheim

Die Maßnahmen, die von der Regierung ergriffen werden mit dem Ziel der Einflußnahme auf die Entwicklung der heimischen Industrie und des Handels, haben zum gegenwärtigen Zeitpunkt für Rußland eine weitaus tiefere und breitere Bedeutung als irgendwann zuvor. Tatsächlich hat sich die gesamte Wirtschaftsordnung des Reiches im Verlauf der zweiten Hälfte unseres (des gegenwärtigen) Jahrhunderts hauptsächlich in der Richtung gewandelt, daß der Markt mit seinen Preisen die gemeinsamen Interessen der Gesamtheit der einzelnen Privatbetriebe, die unsere Volkswirtschaft ausmachen, auf sich konzentrierte. Kauf und Verkauf verschiedener Waren und Lohnarbeit haben sich jetzt in weitaus tieferen Schichten unseres Volkslebens verbreitet, als es in jener Zeit der leibeigenen Wirtschaft (der Fall) war, zu der der Gutsbesitzer mit seinem Dorf eine in sich geschlossene kleine Wirtschaftswelt darstellte, die ein selbständiges, vom Markt fast unabhängiges Leben führte. Die Arbeitsteilung, die Spezialisierung der Gewerbezweige, die Belebung des Produktaustausches unter der Bevölkerung, die sich auf die Städte, Dörfer, Fabriken und den Bergbau aufgeteilt hat, die Verkomplizierung der Bevölkerungsbedürfnisse selbst, - all diese Prozesse, die sich in unserem Vaterland beschleunigt unter dem Einfluß der Aufhebung der Leibeigenschaft, des Aufbaus des Eisenbahnnetzes, der Kreditentwicklung und des ungewöhnlichen Wachstums der ausländischen Handelsverbindungen entwickelt hatten, führten dazu, daß heute ein allgemeines, einheitliches Wirtschaftsleben alle Organe und Funktionen unserer Volkswirtschaft beherrscht, und all ihre einzelnen Teile wurden weitaus spürbarer und empfänglicher für die Erscheinungen des gesamten Wirtschaftslebens des ganzen Staates. ...
Dank einer solchen Veränderung der ökonomischen Grundinteressen des Landes beeinflußt jede mehr oder weniger bedeutende Maßnahme der Regierung das Leben des gesamten volkswirtschaftlichen Organismus. ...
Angesichts dessen muß der Finanzminister der Ansicht sein, daß das Land, das ohnehin von der Handels- und Industriepolitik seiner Regierung lebt (großgezogen wird), vor allem dessen bedarf, daß diese Politik nach einem bestimmten Plan mit strenger Konsequenz und Systematik durchgeführt wird. ...
Zum gegenwärtigen Zeitpunkt gilt in Rußland ein protektionistisches System, dessen Hauptgrundlagen durch den Tarif von 1891 gelegt wurden.
Welche Aufgaben verfolgt das protektionistische System? Rußland ist (bleibt) auch bis zur heutigen Zeit im wesentlichen noch ein Agrarland. All seine Verpflichtungen gegenüber Ausländern bezahlt es mit der Ausfuhr von Rohstoffen, hauptsächlich landwirtschaftlichen Erzeugnissen, vorzugsweise von Getreide. Seine Bedürfnisse an Fabrikerzeugnissen und Metallprodukten deckt es in bedeutendem Maße durch die Einfuhr aus dem Ausland. Die wirtschaftlichen Beziehungen Rußlands zu Westeuropa sind völlig gleich mit den Beziehungen von Kolonien zu ihren Mutterländern: letztere sehen auf ihre Kolonien wie auf einen gewinnbringenden Markt, wo(hin) sie beliebig (frei) die Erzeugnisse ihrer Arbeit und ihrer Industrie absetzen und wo sie mit mächtiger Hand die für sie notwendigen Rohstoffe (sg.) gewinnen (ausschöpfen) können. Darauf gründen die Staaten Westeuropas ihre wirtschaftliche Macht, und die Erhaltung oder Eroberung von Kolonien dient ihnen (dazu) als Haupthilfsmittel (ero - poss. pron.). Rußland war (auch) bis jetzt, und in gewissem Grade ist es (noch) eine solche gastfreundliche Kolonie für alle industriell entwickelten Staaten, wobei es sie freigebig mit Erzeugnissen seines Bodens versorgt und teuer für die Produkte von deren Arbeit bezahlt. Aber es gibt einen radikalen Unterschied zur Lage der Kolonien: Rußland ist ein politisch unabhängiger Staat; es hat auch das Recht und die Kraft, nicht ewiger Tributpflichtiger der wirtschaftlich weiter entwickelten Staaten sein zu wollen; es muß den Wert seiner Rohstoffe (sg.) und natürlichen Reichtümer kennen, die im Schoß seiner reichen Erde verborgen sind, es spürt die große, noch nicht voll entfaltete Arbeitskraft seines Volkes, es besitzt eine feste und stolze Macht, die eifersüchtig nicht nur über die politische, sondern auch die wirtschaftliche Selbständigkeit des Reiches wacht, es will selbst Metropole sein, und, auf dem Boden der sich von den Leibeigenschaftsfesseln befreit habenden Volksarbeit begann bei uns unsere eigene nationale Industrie zu wachsen, die zu einem zuverlässigen Gegengewicht zur aus-

ländischen Industrieherrschaft zu werden verspricht.
Die Schaffung unserer eigenen Industrie ist auch jene grundlegende nicht nur wirtschaftliche, sondern auch politische Aufgabe, die den Grundstein unseres protektionistischen Systems bildet. ...
Das allmähliche Wachstum der verarbeitenden Industrie im Lande, das immer von einer Verbilligung seiner Produkte begleitet wird, wird auch dem Handel die Möglichkeit geben, für den Export nicht vorzugsweise Rohstoffe (sg.) zu benutzen wie jetzt, sondern auch Industrieerzeugnisse, und unsere jetzigen Verluste im europäischen Handel können ersetzt werden durch Gewinne im asiatischen Handel. (Hi.)

Mel'nikov, Černaja: Einige Probleme der Geschichte des deutschen Faschismus

... In der westdeutschen historischen Literatur findet eine scharfe Auseinandersetzung über die Frage der Wechselbeziehungen zwischen dem faschistischen Regime und den deutschen Industriellen statt. (geht ein scharfer K.). Als einen gewissen positiven Beitrag zur Untersuchung dieses Problems muß man das Buch G. Hallgartens "Hitler, Reichswehr und Industrie" ansehen. Sie (die Untersuchung) endet jedoch mit dem Jahr 1933, und die gesamte Periode der faschistischen Herrschaft bleibt außerhalb des Forschungsfeldes. An Hallgarten lehnen sich einige junge Historiker an, die ebenfalls meinen, daß die Industriellen eine besonders wichtige Rolle bei der Machtergreifung des Faschismus (beim An-die-Macht-Kommen d.F.) spielen und mit ihm die Schuld für Agression und Verbrechen teilen. ...
Eine ausweichende Position nimmt in dieser Frage eine Gruppe von Historikern ein, die meinen (meint), daß sich die Beziehungen zwischen Hitler und den Industriellen während dessen (seiner) Herrschaft (und zwar lange Zeit bevor sich die Konturen der Niederlage des faschistischen Reichs abzeichneten) in grundlegender Weise änderten. Bis 1936, behaupten sie, gab es tatsächlich ein Bündnis zwischen den Industriellen und Hitler. In den ersten Jahren der faschistischen Diktatur, als Schacht an der Spitze des Wirtschaftsministeriums stand, bewahrten die Industriellen noch (ihre) Selbständigkeit und Macht bei der Lösung der wichtigsten wirtschaftlichen und politischen Fragen, es gab eine gewisse Interessenharmonie zwischen den herrschenden Gruppen - der nazistischen Partei, der staatlichen Bürokratie, der Wehrmacht und der Industrie - die gemeinsam etwas in der Art eines "Systems des organisierten Kapitalismus" geschaffen haben. Jedoch sei diese Harmonie im Jahre 1936 angeblich gestört worden durch die Usurpation der Macht durch Hitler, der sich insbesondere auch des wirtschaftlichen Lebens des Landes bemächtigt habe, die Industriellen hingegen hätten angeblich ihren Einfluß verloren. ...
Manche westdeutsche Historiker bemühen sich, den Eindruck zu erwecken, daß je mehr die monopolistischen Giganten Macht ansammelten, (je mehr) sie Macht und Einfluß im ökonomischen Bereich vergrößerten, desto hilfloser und schwächer seien sie in der politischen Sphäre geworden. Dieses dem gesunden Menschenverstand und der elementaren Logik widersprechende Schema hat in der reaktionären westdeutschen Literatur ziemlich festen Fuß gefaßt. Das Hauptargument der Verfechter (Anhänger) dieses (eines derartigen) Schemas liegt darin, daß sich mit der Festigung der faschistischen Macht die Einmischung des Staates in die Wirtschaft des Landes soweit (bis dahin) stärkte, daß die staatliche Lenkung der Industrie offenbar die Selbstverwaltung der Industriellen, und der faschistische Beamte den Industriellen ersetzte. Das Jahr 1936 spielte angeblich dabei insofern die entscheidende Rolle, als sich Hitler zu dieser Zeit angeblich endgültig die Industriellen unterworfen hatte, nachdem er den Vierjahresplan eingeführt und eine eigene (spezielle) Behörde zur Verwirklichung dieses Planes eingerichtet hatte. (Os. Ma.)

Basov: "Gebundene Hilfe"

Im Bericht der Komission der Weltbank zu Fragen der internationalen Entwicklung unter Vorsitz L. Pearsons werden die industrialisierten (industriell entwickelten) kapitalistischen Staaten und die jungen Entwicklungsländer zu "Partnern im Prozeß der Entwicklung" erklärt. Die Verfasser des Berichts behaupten, daß das Motiv (pl.) das die entwickelten kapitalistischen Staaten bei der Gewährung von "Hilfe" leitet, die von ihnen erkannten "moralischen Verpflichtungen" seien (sind), einen Teil ihrer Reichtümer mit jenen zu teilen, die keine besitzen (und) das Streben, "möglichst vollständig alle Weltressourcen zu nutzen, sowhl die menschlichen wie die physikalischen" usw.

Wieweit die wirkliche Lage der Dinge sich von diesen Deklarationen unterscheidet, kann man am Beispiel der sogenannten "gebundenen Hilfe" sehen. ...

Die "Bindung" bedeutet, daß ein entwickelter kapitalistischer Staat die Gewährung dieser oder jener (jener oder anderer) Formen von Finanzressourcen an ein Entwicklungsland an die Bedingung knüpft (mit der Verpflichtung bedingt von seiten des letzteren ...zu erwerben oder ... zu verausgaben), daß letzteres eine entsprechende Menge (Umfang) von Waren oder Dienstleistungen im Kreditgeberland erwirbt oder diese Mittel (Ressourcen) für vorher abgesprochene Zwecke (in vorher vereinbatte Richtungen) verbraucht, z.B. für den Bau eines bestimmten Objekts.(Auf) besonders deutlich(e Art) tritt die "gebundene Hilfe" in den Fällen hervor, in denen (wenn) in einem Abkommen zwischen den Ländern direkt vereinbart wird, wie (auf welche Weise) die gewährten Mittel ausgegeben werden müssen.
...

Zu äußerst verhüllten (gänzlich maskierten) Formen von "gebundener Hilfe" nimmt die BRD Zuflucht. In diesem Land wird auf Kosten der "Hilfs"-Fonds der Export nur jener Waren oder der Bau solcher Objekte finanziert, bezüglich derer von vorn herein klar (bekannt) ist, daß die Industrieunternehmen der BRD entscheidende Vorteile gegenüber ihren Konkurrenten bei Lieferungen oder internationalen Ausschreibungen haben werden. Nicht selten wird vorher (vor diesem) im Entwicklungsland von Emissären der westdeutschen Monopole eine vorbereitende "Arbeit" durchgeführt: Sie geben dessen führenden Kreisen auf irgendeine Art zu verstehen, daß "die Chancen für den Empfang äußerer Hilfe erheblich wachsen", wenn die jeweilige (örtliche) Regierung auf "entsprechende Weise" ihre Auswahl auf das notwendige Projekt oder (entsprechende) Waren konzentriert.
...

In den letzten zehn Jahren hat sich der Raum einer nicht gebundenen (freien) Gewährung von staatlichem Kapital durch die kapitalistischen Staaten an Entwicklungsländer erheblich verengt. Nach den Angaben der Pearson-Komission waren im Jahr 1967 nur 16 % (des Umfangs) der "Hilfe" frei von "Bindung".

Die Hauptaufgabe der "gebundenen Hilfe" ist es, den (die Forcierung des) Waren- und Dienstleistungsexports der größten imperialistischen Mächte auf die Märkte der Entwicklungsländer zu fördern. Diese Funktion nähert die "gebundene Hilfe" den gewöhnlichen Exportkrediten an, die von alters her von den imperialistischen Staaten im Kampf (für den Kampf) um die Absatzmärkte angewandt worden sind.In einigen Fällen gingen die Einrichtungen, die zur "Hilfe"leistung bestimmt waren (die dazu bestimmt waren, sie zu leisten) , sogar organisatorisch aus (auf der Basis von) Institutionen (Organen) hervor, die sich mit der Kreditierung von Exportoperationen befaßt haben.

Vom Gesichtspunkt der Schaffung zusätzlicher Außenabsatzmärkte für die Kreditgeberländer übertrifft die "Bindung" entschieden (scharf) die Effektivität staatlicher (Regierungs-)Geldanweisungen zur "Hilfe" für Entwicklungsländer. Die Berechnungen zeigen, daß jede Million Dollar, die von der amerikanischen Regierung in Form von "Hilfe", die von irgendwelchen eingrenzenden Bedingungen frei ist, ausgegeben wird, zusätzliche Möglichkeiten für den Absatz von Produkten (Produktion) in Höhe (auf eine Summe) von ungefähr 360tausend Dollar schafft, jedoch dank der "Bindung" steigt der Exportzuwachs bis auf 760tausend Dollar. (Os. Ma.)

Frolov, Droht der Welt eine ökologische Krise?

Die Gefahr einer "ökologischen Krise", die in der kapitalistischen Welt Wirklichkeit wird, gibt Anlaß, nicht nur über technologische Maßnahmen, die auf die Gesundung der Umwelt gerichtet sind, ernsthaft nachzudenken, sondern auch über viele sozial-politische Probleme. Deshalb ist es durchaus (bei weitem) nicht zufällig daß dies auch auf der internationalen Ausstellung "EXPO-74" in einer Reihe wissenschaftlicher Symposia seinen Ausdruck fand. Das erste von ihnen - "Das Dilemma, vor dem die Menschheit steht" - hatte zum Ziel, die allgemein-theoretischen, die weltanschaulichen Zugänge zur Lösung des ökologischen Problems aufzudecken. Auf dem Symposion wurden die unterschiedlichsten Zugänge vorgestellt - von der "technokratisch-optimistischen" bis zur religiös-mystischen. Auch der marxistisch-leninistische Standpunkt wurde vorgestellt, die Errungenschaften gezeigt, die es bei der Lösung des ökologischen Problems in der Sowjetunion (Sowjetland) und in anderen sozialistischen Ländern gibt.
Nach der marxistisch-leninistischen Theorie ist es notwendig, um optimale Lösungsvarianten für die Frage (Varianten der L. der Fr.) des Umweltschutzes, der rationellen Nutzung der natürlichen Ressourcen zu finden, das ökologische Problem in engem Zusammenhang mit den grundlegenden (kardinalen) Prozessen der gesellschaftlichen Entwicklung, des Wachstums der modernen Produktion, des wissenschaftlichen Fortschritts zu betrachten. Kurz (kürzer) gesagt, man muß es in einem bestimmten sozialen Kontext betrachten. Dabei erweisen sich gerade die sozial-politischen Faktoren als ausschlaggebend (bestimmend) bei der Lösung dieses in seinem Kern sozialen Problems (als eines sozialen Problems seinem Wesen nach).
Gegenwärtig existieren zahlreiche, mitunter detailliert ausgearbeitete und wohlbegründete (genügend begründete) Entwürfe technologischer Maßnahmen, die auf die Beseitigung schädlicher Folgen der Entwicklung einzelner Produktionsarten (Arten von Produktion) und die Verhütung ihrer verderblichen Wirkung auf die Gesundheit des Menschen, auf die Beseitigung der katastrophalen Ausschöpfung der natürlichen Ressourcen usw. gerichtet sind. Die wissenschaftlich-technische Revolution schafft zweifellos bestimmte Voraussetzungen für die Durchführung (Umsetzung ins Leben) ähnlicher Maßnahmen. Aber manchmal wird im Zusammenhang damit behauptet, daß die "ökologische Krise" überhaupt nur (ausschl.) auf dem Wege ähnlicher (von ähnlicher Art) technologischer Verbesserungen (Vervollkommnungen) überwunden werden kann. Solch eine Vorstellung entsteht dann, wenn die Ursprünge der "ökologischen Krise" nur in dem Bereich der Technik selbst gesehen werden, in den Besonderheiten der industriellen Produktion. ...
Heutzutage wird immer klarer, daß das ökologische Problem seinem Ursprung und seiner Dimension (Maßstäben) nach ein gesamtmenschheitliches ist und daß es für seine Lösung die Konzentration der Bemühungen nicht nur im nationalen Rahmen erfordert, sondern auch eine bilaterale wie multilaterale internationale Zusammenarbeit der Länder, unabhängig von ihrer sozialen Struktur. Eine positive Rolle spielen hierbei die zwischenstaatlichen Abkommen, die von der UdSSR mit den Mitgliedländern des RGW, mit Schweden, Frankreich, den USA und anderen Ländern geschlossen wurden (und) die gemeinsamen Arbeiten zur Reinhaltung (Verhütung der Verschmutzung) und zur Säuberung gemeinsamer natürlicher Objekte, (wie) z.B. der Ostsee. Es wurde bekanntlich (wie bekannt ist) eine ständige gemischte sowjetisch-amerikanische Kommission für Umweltschutz (für das Problem der natürlichen Umwelt) geschaffen.
...
Die Entwicklung von Wissenschaft und Technik schafft die Möglichkeit zur Lösung des ökologischen Problems, die nur unter bestimmten sozialen Bedingungen - im Sozialismus und Kommunismus - in die Wirklichkeit umgesetzt wird. Das Fortschreiten (die Vorwärtsbewegung), die Veränderung der Welt und des Menschen, seiner Lebensform, seines Bewußtseins - darunter auch des ökologischen - das ist die Perspektive der "Aufhebung" des ökologischen Dilemmas, vor dem die Menschheit steht. (Os. Ma.)

E. Žukov, Sowjetische Asienpolitik

Im Lichte der großen positiven Wandlungen, die in den letzten Jahren in bezug auf die auf dem Weltschauplatz tätigen politischen Kräfte vor sich gegangen sind, erlangte die Frage der Festigung der erreichten Erfolge im antiimperialistischen Kampf der Völker auf dem größten und am dichtesten bevölkerten Kontinent unseres Planeten, in Asien, besondere Aktualität.
Die Idee der Herstellung eines dauerhaften Friedens und der Sicherheit auf dem asiatischen Kontinent ist vor verhältnismäßiger langer Zeit aufgetaucht. Sie fand ihre Widerspiegelung in den Beschlüssen der Bandung-Konferenz der Länder Asiens und Afrikas, die 1955 stattgefunden hat. ...
Auf dem XV. Kongreß der sowjetischen Gewerkschaften sagte der Genosse L. I. Brežnev: "Es wird immer klarer, daß der wirkliche Weg zur Sicherheit in Asien nicht der Weg der Militärblöcke und Gruppierungen, nicht der Weg der Gegenüberstellung von Staaten (der einen ... den anderen) ist, sondern der Weg der gut nachbarschaftlichen Zusammenarbeit aller daran interessierten Staaten. ...
Sehr lebhaftes Interesse an der Realisierung dieser Idee wurde auf einer Reihe internationaler Foren, auf dem Weltkongreß der friedliebenden Kräfte in Moskau, auf der Konferenz der friedliebenden Kräfte Asiens in Dakka, auf der internationalen Begegnung, die in Samarkand stattgefunden hat und der Erörterung der Probleme des Kampfes für Frieden und Sicherheit in Asien gewidmet war, demonstriert.
Die Teilnehmer der Samarkander Begegnung, Vertreter von 30 Ländern, verfaßten einen Aufruf an die Öffentlichkeit und die Völker Asiens, in dem sie zu aktivem Handeln (pl.) aufforderten, das auf die Herstellung einer Atmosphäre des Vertrauens und der guten Nachbarschaft gerichtet ist, auf die Entwicklung der Zusammenarbeit zwischen den Ländern des Kontinents auf wirtschaftlichem, kulturellem, auf dem Bildungs- und anderen Sektoren. Der Aufruf fordert zur Gewährleistung einer dauerhaften Sicherheit auf dem Kontinent auf unter Berücksichtigung des Interesses der ganzen Menschheit an dessen (seiner) friedlichen Entwicklung.
Für die Festigung des Friedens in Asien traten auf ihrer vierten Konferenz in Algier die Länder ein, die eine Politik der Blockfreiheit verfolgen. Für kollektive Sicherheit auf dem asiatischen Kontinent sprachen sich zu verschiedenen Zeitpunkten der Premierminister Indiens, Frau Indira Gandhi, der Präsident Afghanistans Mohammed Daud, der Präsident des Iraks, Achmed Hassan al-Bakr und andere aus.
In dem Kommuniqué über die Ergebnisse der Verhandlungen der Delegationen der Kommunistischen Partei der Sowjetunion und der Sozialistischen Partei Japans im Oktober 1974 wurde hervorgehoben, daß die Vertreter beider Parteien ihre positive Einstellung zur Schaffung eines Systems zur Gewährleistung des Friedens und der Sicherheit in Asien zum Ausdruck gebracht haben. Man darf sich nicht wundern, daß die imperialistischen Kreise und ihre Nachbeter, die durchaus nicht an der Herstellung eines dauerhaften Friedens in Asien interessiert sind, sich der sowjetischen Initiative gegenüber negativ verhalten. Besonders eifrig tritt gegen sie die maoistische Führung Chinas auf. Hier, wie in einer Reihe anderer außenpolitischer Aktionen Pekings findet die Abneigung der chinesischen Führer ihre Widerspiegelung, sich durch Verpflichtungen zu binden, die sei es nur in einem gewissen Grade die Durchführung ihres chauvinistischen Großmachtkurses behindern würden.
Die Idee der Schaffung eines Systems der kollektiven Sicherheit in Asien wird nicht selten von ihren Gegnern als etwas Undurchführbares dargestellt. Es ist selbstverständlich, daß für ihre Realisierung bestimmte Anstrengungen und die Überwindung dieser oder jener Schwierigkeiten erforderlich sind. Jedoch im Prinzip kann man unmöglich die Durchführbarkeit der kollektiven Sicherheit in Asien wie auch in Europa bezweifeln (einem Zweifel unterwerfen).
An dieser Idee selbst ist nichts Außergewöhnliches. Sie geht von einer realen Tatsache aus - der allgemeinen Anerkennung des Prinzips der friedlichen Koexistenz von Staaten mit unterschiedlicher Sozialstruktur. Und sie ist für alle Staaten annehmbar.
Was ist eine solche friedliche Koexistenz, wenn nicht Verzicht auf die Anwendung von Gewalt in den Beziehungen zwischen den Staaten, Verzicht auf einander gegenüberstehende Blöcke und Gruppierungen und die Lösung aller internationalen Streitigkeiten mit friedlichen Mitteln? An der Verwirklichung (dieses = der friedlichen Koexistenz) sind alle Völker unseres Planeten lebhaft interessiert. Die Schaffung

eines Systems der kollektiven Sicherheit geht von der unbedingten Achtung der Souveränität, von der territorialen Unversehrtheit und der Unantastbarkeit der Grenzen der Staaten aus, die an einem solchen System teilhaben.
Von hier aus ist es klar, daß die Schaffung eines Sicherheitssystems auf kollektiver Grundlage niemandes Rechte verletzt, keinerlei Eingriff in politische, soziale und wirtschaftliche Verhältnisse, die in jedem Land existieren, enthält. Das eröffnet die Möglichkeit einer Einbeziehung aller Staaten ohne Ausnahme in das System der kollektiven Sicherheit. Und gerade eine solche Universalität kann der Sicherheitsorganisation hohe Effektivität verleihen und alle möglichen Hintertüren für potentielle Friedensstörer schließen. (Hi. Ma.)

Zur Entführung von Peter Lorenz

Die Westberliner und die westdeutsche Presse fahren (russ: sg.) fort, die "größte Ermittlungsoperation in der Nachkriegsgeschichte" zu kommentieren, die in Westberlin nach der Entführung von P. Lorenz unternommen und die, wie es auch bei ähnlichen Aktionen üblich ist, ungewöhnlich und geheimnisvoll "X plus 60" genannt wurde, was bedeutet: 60 Minuten sind seit dem Augenblick X vergangen", als der befreite Lorenz zu (nach) Hause anrief, und bis zu dem Augenblick, als Tausende von Polizisten sich über die Stadt verteilten und alle und alles überprüften. Die Zeitungen nennen Details der "schonungslosen Jagd" (Springers "Bild") und sprechen von gröbster Verletzung der elementaren Bürgerrechte und von Verwüstung, die von der Polizei angerichtet wurde. "Die Polizisten handelten wie Vandalen", schreibt die "Deutsche Zeitung".
Jedoch alle Anstrengungen erwiesen sich bis jetzt als vergeblich; "ein Schlag ins Wasser" - so tauften Westberliner Zeitungen diese Aktion. Eigentlich war von Anfang an nicht recht klar, was man suchen müsse, denn der "entführte und zurückgekehrte" Vorsitzende der Westberliner CDU konnte weder sinnvoll über die Entführer noch über den Aufenthaltsort seiner Gefangenschaft berichten, da er sich auf "betäubende Injektionen" beruft, denen er ununterbrochen unterworfen wurde. Wenn auch die Polizei eine Beschreibung des Aufenthaltsortes von Lorenz verbreitete, so äußerte sie sogleich Zweifel (sg.) an seiner Glaubwürdigkeit.
Einige Presseorgane äußerten schon früher eine vorsichtige Vermutung: könnte sich nicht die sogenannte Entführung des CDU-Vorsitzenden am Vorabend der Wahlen nur als Trick erweisen? Kürzlich erinnerte die "Deutsche Zeitung" an eine "Affäre, die im April 1971 stattgefunden hat": gerade am Vorabend der Wahlen in Schleswig-Holstein wurden der Chef des "Kreises der Freunde der CSU" B. Rubin sowie sein Stellvertreter R. Metzger "entführt". Die Zeitung gibt keine Einzelheiten wieder und zieht nicht allzu geradlinige Schlußfolgerungen, aber ein Vergleich der Details beider Entführungen zwingt zum Nachdenken. Professor B. Rubin und R. Metzger nahmen am 21. April 1971 an einer Diskussion an der Universität Köln teil, wo sie die "Ostpolitik" der Regierung Brandt heftig angriffen. Dann setzten sie sich in ein Auto und verschwanden. (P. Lorenz setzte sich am Morgen des 27. Februar 1975 in einen Personenwagen und verschwand.) Es wurde allerdings bald ihr Auto aufgefunden, (dasselbe geschah im zweiten Fall). Nach zwei Tagen wurde folgende handgeschriebene Notiz heimlich zugespielt: "Rubin und Metzger sind in unseren Händen. Wir fordern, die gerichtliche Untersuchung im Prozeß (gegen) Mahler[*] und diejenigen, die zusammen mit ihm festgenommen wurden, einzustellen und ihnen freie Ausreise in ein (beliebiges) Land nach ihrer Wahl zu gewähren. Die Ausführung (Erfüllung) im Fernsehen mitzuteilen, (genau diese (solche) Forderungen wurden gestellt und im Fall von P. Lorenz (auch) erfüllt). ... Bei Nichterfüllung unserer Bedingungen werden die Faschisten der CSU hingerichtet (werden)." 1971 gingen die Behörden auf die Drohungen der "Entführer" nicht ein, es ging (russ: präs.) offensichtlich darum, daß die Handschrift, mit der die Notiz geschrieben war, sich als die Handschrift ... von Rubin selbst herausstellte. (1975 wurde die Notiz schon mit der Maschine geschrieben.) Die Springer-Presse erhob damals ein wildes Geschrei: "Es sind (bleiben) nur 48 Stunden bis zur Ermordung", "Die Staatsanwaltschaft

---

[*] in die Sache der Baader-Meinhof-Gruppe verwickelter Rechtsanwalt

rührt sich nicht". Nach vier Tagen klingelte in einem Straßenausbesserungsbüro das Telefon: Hilfe, Hilfe, schicken Sie die Polizei!" Das ist Rubins Gefährte Metzger; ohne die Einmischung der Behörden abzuwarten, "konnte er sich von den Fesseln befreien", erreichte mit Mühe das Telefon und rief um Hilfe. Die Polizei "befreite" Metzger und B. Rubin, gab ihnen heißen Kaffee zu trinken, und dann verhörte sie sie ausführlich. Rubin erwies sich als ungenügend vorbereitet, er geriet in Verwirrung und gestand schließlich, daß die ganze "Entführung" nur (nicht mehr als) eine Vortäuschung war. Dabei wurden nach seiner Erklärung zwei Ziele verfolgt: "den Volkszorn gegen die Linken zu entfachen" und "Einfluß auf die Wahlen in Schleswig-Holstein auszuüben".

Der Organisator der "Entführung" Rubins, der Westberliner Unternehmer und Strauß-Anhänger Plöckinger wurde mit 3 000 Mark bestraft. Die Organisatoren der Entführung von Lorenz sind nicht gefunden worden. Jedenfalls aber, schreibt die "Deutsche Zeitung", breitet sich die "vergiftete Atmosphäre, die jetzt zunimmt, aus und erfüllt alles - sie war von vornherein als vollkommen unumgänglich schon damals in jenem keineswegs harmlosen Spiel kalkuliert". (Hi. Ma.)

Usenko: Rechtliche Aspekte des Komplexprogramms der sozialistischen Integration

Das Komplexprogramm ist ein internationaler Vertrag besonderer Art ((pactum sui generis)). Die Besonderheit dieses (eines solchen) Vertrages liegt vor allem darin daß hier die Koordinierung des Willens (der Willen, pl.) der souveränen Staaten nicht auf dem Wege direkter Verhandlungen zwischen ihnen erreicht wird, sondern mittels einer internationalen Organisation, und daß die formelle Unterzeichnung eines Dokumentes nicht stattfindet (keinen Platz hat).
Wir fassen kurz den Mechanismus der Normensetzung bei der Schaffung eines solchen Vertrages zusammen: Die Vertreter der Länder arbeiten in den Organen des Rates ein Dokument aus, das Grundsätze normativen Charakters enthält, die (dazu) bestimmt sind, die Beziehungen zwischen den Mitgliedsländern zu regeln. Danach wird dieses (ein solches) Dokument, das vom RGW als /seine/ Empfehlung angenommen ist, den entsprechenden Ländern zur Prüfung zugeleitet. Die Tatsache (jenes Faktum), daß der Vertreter eines Landes im Rat für die Annahme des entsprechenden Dokumentes gestimmt hat, bindet noch nicht den Willen des Staates, an den die Empfehlung gerichtet ist, weil sein Vertreter lediglich an der Willensbildung einer internationalen Organisation teilgenommen hat. Das Land, an das sich die Empfehlung richtet, ist verpflichtet, innerhalb einer 60-tägigen Frist dem Sekretär des Rates vom Resultat (über die Resultate) der Prüfung der Empfehlung Mitteilung zu machen. Der Sekretär des Rates bringt die erhaltenen Mitteilungen den anderen Mitgliedsländern zur Kenntnis. Wenn alle Länder eine positive Antwort gegeben haben, so wird hiermit die Koordinierung des Willens souveräner Staaten vollzogen. Es entsteht ein internationaler Vertrag. Und insofern die Länder selbst einen solchen Vertrag als rechtlichen Akt ansehen, steht sein international-rechtlicher Charakter außer Zweifel (kann...keinen Zweifel hervorrufen). Unter anderem wurde in einer Resolution der 23. Sondersitzung(speriode) des RGW, die den Beschluß zur (über die) Ausarbeitung des Komplexprogramms gefaßt hatte, direkt bestimmt, daß es - nach Art eines rechtlichen Dokumentes - in die gehörige Form gebracht werden sollte, was die 25. Session des RGW auch einlöste (erfüllte).
In Ökonomen- und Juristenkreisen der Mitgliedsländer wurde die Frage diskutiert: Wäre es nicht einfacher, den Beschlüssen des RGW Wirkung und Rang (Kraft und Bedeutung) verbindlicher Beschlüsse zu geben (beizulegen)? Dazu ist vor allem zu bemerken (muß man), daß der RGW entsprechend seiner Satzung (dazu) bestimmt ist, die Zusammenarbeit zwischen den Mitgliedsländern zu fördern oder sie zu organisieren durchaus nicht (nur) in technischen, sondern in solchen Fragen, deren Lösung in den Bereich der souveränen Rechte der sozialistischen Staaten gehört. Mit Rücksicht darauf (mit Berücksichtigung dieses) ist offensichtlich, daß eine Empfehlung des RGW einem Beschluß den Vorzug voraus hat (vor einem B. den Vorzug hat), daß sie die Grundlage für ein internationales Abkommen sein kann, daß ein Beschluß aber ein Abkommen nicht (unmittelbar) werden kann. Im Bereich der Beziehungen zwischen souveränen Staaten jedoch gibt es keine und kann es keine stärkere Verpflichtung geben, als eine auf freiwillige Übereinkunft der sich selbst Verpflichtenden gegründete. Ferner kann eine Empfehlung nicht nur ein wirksameres Mittel zur (der) Zusammenarbeit der sozialistischen Länder sein als ein Beschluß, sondern es ist auch ein demokratischeres Mittel, das dem Charakter der Beziehungen zwischen souveränen sozialistischen Staaten adäquat ist - Beziehungen, die auf deren gegenseitige Interessiertheit und gegenseitige Zustimmung gegründet sind.
Etwas anderes (eine andere Sache) ist die Europäische Wirtschaftsgemeinschaft und andere ähnliche Vereinigungen kapitalistischer Staaten, wo es keine dauerhafte Interessengemeinschaft (Gemeinsamkeit der Interessen) gibt und wo die Beschlüsse übernationaler Organe als juristische Grundlage für die Durchsetzung (Verwirklichung) der Interessen der stärkeren Partner dienen müssen. Der größte Vorzug der Mitgliedsländer des RGW liegt aber gerade darin, daß sie die Möglichkeit haben, die engsten wirtschaftlichen Beziehungen auf der Grundlage voller Freiwilligkeit und Achtung der Souveränität zu entwickeln. Dieser Vorzug braucht keinen Vergleich mit jenem scheinbaren (scheinenden) Vorteil zu scheuen (kann keinen Vergleich mit...eingehen), den eine größere Einfachheit der Beziehungen auf der Grundlage von für die Staaten verbindlichen Beschlüssen einer internationalen Organisation bieten (geben) könnte. (Os. Ma.)

Bogdanov: Abrüstungsrecht: Ergebnisse und Perspektiven

Das bereits existierende und gültige Abrüstungsrecht enthält sowohl konkrete Normen als auch einige wichtige allgemeine Grundsätze, die den Inhalt des Abrüstungsprinzips im gegenwärtigen (gegebenen) Entwicklungsstadium enthüllen. Derartige Grundsätze ((vor allem vertragsmäßige)) haben, wie uns scheint (wie es sich uns darstellt), entscheidende Bedeutung für die Präzisierung des Inhalts dieses Prinzips. Wenden wir uns einigen Vertragsformulierungen zu. Zum Beispiel sind die Grundsätze des Artikels 6 des Vertrages über die Nichtweiterverbreitung von Kernwaffen interessant:"Jeder Teilnehmer des vorliegenden Vertrages verpflichtet sich, im Geiste guten Willens Verhandlungen zu führen über effektive Maßnahmen zur Beendigung des Wettrüstens in nächster Zukunft und zur Kernwaffenabrüstung, und ebenso über einen Vertrag über allgemeine und vollständige Abrüstung unter strenger und effektiver internationaler Kontrolle." Inhaltlich ganz ähnliche (dem Inhalt nach ganz nahe) Formulierungen fanden auch in andere internationale Dokumente Eingang (wurden ... einbezogen); als neuestes (frischestes) Beispiel kann der Vertrag zwischen der UdSSR und den USA über die Begrenzung der Raketenabwehrsysteme (der Systeme der Antiraketenverteidigung) dienen. Die Präambel dieses Vertrages enthält einen direkten Hinweis auf Artikel 6 des Vertrags über die Nichtweiterverbreitung von Kernwaffen und gibt im weiteren der Absicht der Seiten Ausdruck, "möglichst schnell die Beendigung des Kernwaffenwettrüstens zu erreichen und effektive Maßnahmen in Richtung auf eine Kürzung der strategischen Rüstungen der Kernwaffenabrüstung und der allgemeinen und vollen Abrüstung zu ergreifen."
Ähnliche Formulierungen decken, wie uns scheint, den Inhalt des Abrüstungsprinzips im gegenwärtigen Stadium seiner Entwicklung (Formierung, Herausbildung) auf. In allgemeiner Form läuft es auf die Verpflichtung hinaus ((die von vielen Staaten auf sich genommen wurde, insofern sie in multilateralen Verträgen niedergeschrieben ist)), die zügigste Ausarbeitung effektiver Maßnahmen sowohl zur teilweisen als auch zur vollständigen Abrüstung zu fördern. Es ist wichtig hervorzuheben, daß eine solche Verpflichtung keineswegs toter Buchstabe ist - das Zustandekommen (Erscheinen) immer neuer Verträge zu Abrüstungsfragen illustriert anschaulich den Prozeß ihrer Verwirklichung (Umsetzung ins Leben). All dies spricht dafür (davon), daß bereits ein bestimmtes System völkerrechtlicher (international-rechtlicher) Verpflichtungen im Bereich der Abrüstung entstanden ist und daß es real im internationalen Leben in Erscheinung tritt. Natürlich wäre es falsch, den Gang der allmählichen und im allgemeinen ziemlich komplizierten Entwicklung in diesem Bereich zu vereinfachen. Dies muß man deswegen sagen, weil in der jüngeren Vergangenheit in der sowjetischen Literatur Tendenzen dieser Art anzutreffen waren, die den wirklichen Gang der Entwicklung bedeutend überholten.
Die Hauptsache (das Hauptsächliche) liegt darin, daß Resultate der Gültigkeit des Abrüstungsprinzips offensichtlich sind - der Bereich der Abrüstung wird unaufhörlich durch eine immer größere Zahl internationaler Verträge bereichert. Darunter (unter ihnen) sind auch Verträge über das vollständige Verbot einzelner Arten von Waffen; ein solcher Vertrag ist z.B. die Konvention über das Verbot der Entwicklung, Herstellung und Lagerung (Ansammlung von Vorräten) bakteriologischer ((biologischer)) und toxischer Waffen und über ihre Vorräten. Die Vorbereitung ähnlicher Dokumente ist ein bemerkenswerter Beitrag zur Entwicklung des Abrüstungsrechts, der von der immer weiter zunehmenden Reife dieses Rechts zeugt.
Man muß auch davon sprechen, daß man nicht solche Begriffe wie Abrüstungsprinzip einerseits und Abrüstungsrecht andererseits verwechseln darf. Das erwähnte Prinzip formuliert in allgemeiner Weise die Verpflichtungen der Staaten im Bereich der Abrüstung, während sich das Abrüstungsrecht als die Gesamtheit der gültigen Verträge und Normen in diesem Bereich darstellt. Es ist natürlich dem Inhalt nach viel umfassender (weiter) als das Abrüstungsprinzip, das ebenfalls in den Begriff eines solchen Rechtes eingeht. Das Abrüstungsrecht schließt überhaupt alle juristischen Normen und Prinzipien, die sich auf die Abrüstung beziehen, ein. Es stellt sich folglich als die Gesamtheit der Prinzipien und Normen dar, die die Abrüstung betreffen. Das Abrüstungsprinzip hingegen drückt in konzentrierter und am stärksten verallgemeinerter Form den Inhalt des Abrüstungsrechts aus und zeigt Tendenzen seiner Entwicklung auf. Insofern sich das Abrüstungsrecht ständig entwickelt, entwickelt sich auch das Abrüstungsprinzip. Wenn von der allgemeinen Richtung dieser Entwicklung die Rede ist, so geht sie zweifellos auf dem Wege der immer breiteren Erfassung verschiedener Arten von Waffen und des Verbots ((manch-

mal des vollständigen, d.h. einschließlich der Vernichtung)) der gefährlichsten
Spielarten von Waffen voran. Eine solche Tendenz muß letztendlich zur allgemeinen
und vollen Abrüstung führen, und dann wird sich das Abrüstungsprinzip mit dem ra-
dikalsten und weitestgehendsten Inhalt erfüllen - es wird die Abschaffung der
Rüstung(en) vorsehen. Aber dieses Stadium liegt noch in der Zukunft (voraus).
Einstweilen ist die immer entfaltetere Anwendung des Systems der Begrenzung und
des Verbots moderner Waffen aktuell (an der Reihe). (Os. Ma.)

Israeljan, UNO

Am 18. Dezember wurde in New York die XXIX. Sitzungsperiode der UNO-Vollver-
sammlung beendet. Auf der Konferenz wurde eine bedeutende Arbeit geleistet: ein
großer Kreis von politischen, wirtschaftlichen, sozialen, internationalen
Rechts- und anderen Problemen wurde untersucht. Die Tagesordnung der Konferenz
umfaßte 112 Fragen, die innerhalb von drei Monaten behandelt wurden im Verlauf
von ungefähr 450 Sitzungen der Vollversammlung und ihrer Hauptausschüsse. Groß
war auch die Zahl (Bestand) der Teilnehmer der zu Ende gegangenen Sitzungsperiode. Die Zahl der Mitgliedsstaaten der UNO erreicht jetzt 138. ...
Jede Sitzungsperiode der Vollversammlung der UNO hat ihre eigene Spezifik, die
mit der internationalen Lage, wie sie vorliegt, verbunden ist. Die gerade erst
zu Ende gegangene war keine Ausnahme - ein frischer Wind der Änderungen in der
Weltpolitik kam auch in ihrer Arbeit zum Ausdruck. Als roter Faden zogen sich
durch die ganze Sitzungsperiode die Fragen der internationalen Entspannung und
der Festigung des Friedens. Sie dominierten bei der Behandlung der verschiedensten Fragen der Tagesordnung. Das ist auch verständlich. Die UNO kann nicht ab-
seits von der Generallinie der Entwicklung der Weltpolitik stehen. Die Entspannung schuf günstigere Voraussetzungen für die Ausnutzung der Möglichkeiten der
UNO zur Verwirklichung der Thesen des Friedensprogramms des XXIV. Parteitages
der KPdSU. "In ihrem Verhältnis zur Organisation der Vereinten Nationen",
unterstrich der Chef der sowjetischen Delegation, Politbüromitglied des ZK der
KPdSU und Außenminister der UdSSR, A. A. Gromyko, "geht die Sowjetunion davon
aus, daß sie eine wichtige Rolle in der Entwicklung und Erhaltung der positiven
Prozesse, die für die gegenwärtige Weltsituation charakteristisch sind, spielen
kann und muß." ...
Die Gegner der internationalen Entspannung gerieten im Grunde in völlige Isolation. Unter ihnen befanden sich auch die Maoisten, die, wie auch in den vergangenen Sitzungsperioden, mit antisowjetischen Angriffen hervortraten. Ihnen
stimmten nach Kräften die Vertreter der chilenischen Junta zu. Diese verein-
zelten "falschen" Stimmen klangen jedoch als scharfe Dissonanz auf dem konstruktiven Hintergrund der politischen Diskussion, die unter dem Zeichen einer breiten Billigung der positiven Änderungen in der internationalen Lage verlief. ...
Ein Zeichen (Widerspiegelung) der gestiegenen (gewachsenen) Aufmerksamkeit der
Staaten für Abrüstungsfragen, (Zeichen) ihres Verständnisses für die Notwendigkeit, die politische Entspannung durch eine militärische Entspannung zu ergän-
zen, war die Einbeziehung der 12 Abrüstungsfragen in die Tagesordnung der Vollversammlung; vier von ihnen wurden erstmals der UNO zur Erörterung vorgelegt. ...
Verständlicherweise konnte die Vollversammlung nicht an den "Brennpunkten" des
gegenwärtigen internationalen Lebens vorübergehen. Die Positionen der Staaten
zur Frage der Lage im Nahen Osten wurden sowohl im Laufe der allgemeinen politischen Diskussion als auch bei der Erörterung der Palästinafrage und einer
Reihe anderer Fragen dargelegt. ...
Mit einer entschiedenen Unterstützung der Rechte des arabischen Volkes von
Palästina, in erster Linie ihres (muß eigentl. heißen: seines) Rechtes auf
Selbstbestimmung bis zur Schaffung einer eigenen staatlichen Organisation,
traten die Vertreter der Länder der sozialistischen Gemeinschaft auf. Sie unterstrichen, daß nur der Verzicht Israels auf eine aggressive Politik gegenüber
den arabischen Staaten und dem palästinensischen Volk, der Abzug der israeli-
schen Truppen von allen 1967 besetzten Gebieten und die Garantie der gesetzlichen Rechte des arabischen Volkes von Palästina den Frieden und die Sicherheit
im Nahen Osten gewährleisten können. Aktiv unterstützten die blockfreien Staaten
die Position der Vertreter des palästinensischen Volkes. ...

Wichtigster Beschluß der Konferenz wurde eine einmütig angenommene Resolution, in der die Definition der Aggression enthalten ist. So (auf solche Weise) wurde die große politische Initiative, deren Grundstein schon 1933 von der Sowjetunion gelegt wurde, mit einem Erfolg beendet. Man kann nicht sagen, daß alle Beschlüsse der zu Ende gegangenen Sitzungsperiode der Vollversammlung dem Geist der Zeit und den in der gegenwärtigen Weltpolitik vorherrschenden Tendenzen entsprechen. Jedoch insgesamt hat die Konferenz gezeigt, daß die UNO eine wichtige Rolle in der Entwicklung und Festigung der Entspannungsprozesse und in der weiteren Gesundung der internationalen Lage spielen kann. ... Die Endergebnisse der XXIX. Sitzungsperiode der Vollversammlung haben bestätigt, daß man mit gemeinsamen Anstrengungen der sozialistischen Länder, der blockfreien Staaten und aller friedliebenden Kräfte die Annahme von wichtigen Beschlüssen in der UNO, die zur Festigung des Friedens und der internationalen Sicherheit beitragen, erreichen kann. (Hi.)

I. Kon, "Soziologie", aus: Filosofskaja ėnciklopedija

Die Entwicklung der marxistischen Soziologie ist organisch mit der Praxis des sozialistischen Aufbaus in der UdSSR und den anderen sozialistischen Ländern verbunden. Die sozialistische Gesellschaft braucht die Soziologie wie keine andere. Der planmäßige Aufbau einer neuen Struktur ist unmöglich ohne vielseitige Information über die sozialen Prozesse, ohne sorgfältige soziale Experimente und langfristige Prognosen. Daneben eröffnen die sozialistischen Umgestaltungen ungewöhnlich weite Perspektiven für die Soziologie als Wissenschaft: Die Wissenschaftler können nicht nur sich spontan vollziehende Prozesse konstatieren, sondern auch selbst an der Schaffung einer neuen Sozialstruktur teilnehmen. Dies setzt die richtige Verbindung eines allgemeintheoretischen Zugangs und empirischer Sozialforschungen voraus. Schon im Mai 1918 notierte Lenin sich, als er den Entwurf einer Verordnung des Rats der Volkskomissare (i.e. des Kabinetts) "Über die sozialistische Akademie der Gesellschaftswissenschaften" vorbereitete: "eine der erstrangigen Aufgaben ist es, eine Reihe sozialer Forschungen anzustellen"(ebda., Bd.27, S.368).

Sowjetische Wissenschaftler führten in den 20er und 30er Jahren eine große Zahl von Untersuchungen zu verschiedenen Seiten (verschiedener Seiten) des gesellschaftlichen Lebens durch (Veränderung der Arbeits- und Lebensbedingungen unter dem Einfluß der Revolution: A.I. Todorskij, E.O. Kabo, Vl. Zajcev u.a.; Freizeitbudget und -struktur der Werktätigen: S.G. Strumilin, L.E. Minc, V. Micheev, Ja. V. Vidrevič u.a.; Ehe und Familie: S.Ja. Vol'fson; Probleme der Sozialpsychologie: V.M. Bechterev, L.S. Vygotskij; der Sozialmedizin: N.A. Semaško, B.Ja. Smulevič u.s.w.). Die soziologischen Forschungen entwickelten sich in engem Zusammenhang mit philosophischen, ökonomischen, statistischen, demographischen, ethnographischen u.a. Einige Arbeiten dieser Periode bewahren ihren wissenschaftlichen Wert auch heute, obwohl sie ihrem Datenmaterial (faktischen Material) nach auch veraltet sind. Jedoch wurde die Entwicklung der sowjetischen Soziologie am Ende der 30er Jahre unter dem Einfluß des Stalin'schen Personenkultes zum Stehen gebracht. Empirische Untersuchungen der sozialen Wirklichkeit wurden entweder ganz und gar eingestellt, oder auf Einzelfragen beschränkt, die von speziellen Wissenschaften zu bearbeiten waren. Manche organisch mit der Soziologie verbundene gesellschaftliche Disziplinen (Sozialpsychologie, Demographie, Sozialmedizin, Anthropologie) hörten auf sich zu entwickeln oder erhielten eine einseitige Ausrichtung. Theoretische Forschgg. die im Rahmen des historischen Materialismus konzentriert waren, in sich auch die Theorie des wissenschaftlichen Kommunismus einbezog, wurden gehemmt (gebremst). Die schöpferische Untersuchung aktueller Probleme wurde öfter durch schlichtes Kommentieren (einfache Kommentiererei) ersetzt.

Ein rascher Fortschritt der Soziologie begann in der UdSSR und in den Ländern der Volksdemokratie in den 1950er und besonders in den 60er Jahren. Drei Gruppen von Umständen begünstigten dies: Erstens die Überwindung des Personenkultes und des mit ihm verbundenen Dogmatismus; zweitens die Komplizierung der Praxis von Planung und Lenkung, die Notwendigkeit, politische Entschlüsse nicht auf subjektive Wünsche und Stimmungen, sondern auf wissenschaftliche Information und Prognostizierung sozialer Prozesse zu gründen; drittens der Fortschritt der sozialistischen Gesellschaft selbst, die Erhöhung der Aktivität der Massen und der Rolle des "menschlichen Faktors" in allen sozialen Prozessen, die das Ungenügen eines eng-ökonomischen Zugangs selbst zu wirtschaftlichen Erscheinungen gezeigt hatten, schon ganz zu schweigen von Politik und Kultur. Die Entwicklung der marxistischen Soziologie ging auf zwei Wegen (vor sich): erstens auf dem Wege der Konkretisierung und Bereicherung der fundamentalen Problematik des historischen Materialismus (nicht umsonst bildeten den Hauptkern des 1958 gegründeten Rates der soziologischen Assoziation Personen, die eine philosophische Ausbildung hatten); zweitens auf dem Wege der Soziologisierung benachbarter Gesellschaftswissenschaften, in erster Linie der ökonomischen.

Dem marxistischen Denken ist die dem Positivismus eigene Tendenz zutiefst fremd, die Soziologie einerseits der Philosophie, andererseits der Geschichte gegenüber-

zustellen. Die Entwicklung und Differenzierung der empirischen Sozialforschung(en) komplizieren die Formen der Interdependenz der verschiedenen Sozialwissenschaften, heben aber nicht ihre innere Einheit auf. In der marxistischen Literatur, sowohl in der sowjetischen wie auch der ausländischen, wurden verschiedene Ansichten über die Wechselbeziehung zwischen historischem Materialismus und der Soziologie vertreten (ausgesprochen). Strittig ist die Frage nach dem Verhältnis,zwischen Soziologie und wissenschaftlichem Kommunismus. Wie auch die Frage der Klassifizierung der Wissenschaften gelöst werden mag - alle Marxisten stimmen darin überein, daß eine wissenschaftliche Soziologie nur auf der Basis des historischen Materialismus möglich ist. Das Endziel jeglicher Sozialforschung, darunter auch der soziologischen, ist die Erarbeitung von Wegen und Mitteln zum Aufbau (Erbauen) der kommunistischen Gesellschaft. Dies wurde besonders in dem Beschluß des ZK der KPdSU "Über Maßnahmen zur weiteren Entwicklung der Gesellschaftswissenschaften und zur Stärkung (Erhöhung) ihrer Rolle im kommunistischen Aufbau"(1967) unterstrichen, in dem (wo) die Aufgabe der Entwicklung des historischen Materialismus als einer allgemein-soziologischen Theorie organisch mit dem Aufruf zur breiten Entfaltung der konkreten Sozialforschung(en) verbunden ist.
Das Erkennungsmerkmal der marxistischen Soziologie ist die Einheit ihrer konstruktiven und sozialkritischen Funktion. In der sowjetischen LiTeratur lassen sich drei Ebenen der soziologischen Forschung unterscheiden (aussondern): 1. die allgemeine Theorie (historischer Materialismus), 2. soziale Theorien, die manchmal Theorien der mittleren Ebene genannt werden, und 3. konkrete Sozialforschungen; wobei sie alle voneinander abhängig sind. Die Forschungen sowjetischer Soziologen sind in ihrer Mehrzahl direkt auf die Bedürfnisse der staatlichen und gesellschaftlichen Planung gerichtet, die Soziologen zieht man zur Vorbereitung wichtiger gesellschaftlicher Maßnahmen heran. Der XXXIII.Parteitag der KPdSU unterstrich die Bedeutung der Soziologie in der Reihe der anderen Gesellschaftswissenschaften für die Gewährleistung der wissenschaftlichen Leitung der Gesellschaft. Die Untersuchung gegenwärtiger (laufender) sozialer Prozesse erlaubt, entstehende Widersprüche rechtzeitig zu überwinden, gibt der Führung wertvolle Sachinformation (sachliche I.).
Subjekt der Geschichte waren und werden immer die Volksmassen sein, und Aufgabe der marxistischen Soziologie ist nicht nur die Erarbeitung von Verfahren wirksamer Beeinflussung von Menschen (Steuerung), sondern auch die Erhellung möglicher Zielsetzungen (Ziele) und Mittel von deren eigener schöpferischer Tätigkeit beim Aufbau des Kommunismus. Diese humanistische Einstellung unterscheidet die marxistische Soziologie prizipiell von der bürgerlichen. Bei der Untersuchung der realen Lebensbedingungen und Möglichkeiten der sozialistischen Gesellschaft ist die marxistische Soziologie ein Feind jeglichen Utopismus, Romantismus und kleinbürgerlichen "Revoluzzertums". (Os. Ma.)

Burlackij: Systemanalyse der Weltpolitik und Friedensplanung

In dem von Dynamik überreichen Jahrhundert des wissenschaftlich-technischen Revolution bedürfen die internationalen Beziehungen in höherem Maße als irgendein anderer Bereich des gesellschaftlichen Lebens eines allseitigen Zugangs (approaches). Deshalb erweist sich als zur Untersuchung neuer Erscheinungen am fruchtbarsten die Systemanalyse der (ganzen) Gesamtheit der Internationalen Beziehungen, der Tätigkeit klassenmäßiger und anderer sozialer Gruppen im globalen Maßstab (in der Weltarena), (die Systemanalyse) des Charakters und der Quelle von Konflikten, der Herausbildung von Zielen, (die Analyse) konkreter Situationen, sozialpsychologischer Faktoren, die jene beeinflussen, die Entscheidungen treffen, der Prognostizierung und Planung u.s.w. ....
Im Unterschied zur Interpretation bürgerlicher Soziologen verstehen die Marxisten den system(analytischen) approach dialektisch. Das erfordert nach unserer Meinung nicht nur die Herauslösung des Systems aus der Umwelt, die Klarlegung der Elemente, die es (das System) ausmachen, die Bezeichnung der Hauptvarianten, die Strukturierung des Problems, die Definition der Ziele, der Alternativen effektivster Entscheidungen und der Tätigkeit des gesamten Mechanismus als Sy-

stem, sondern - erstens - die Abgrenzung von End- und Zwischenzielen, - zweitens - die Betrachtung des Systems als einer Einheit widersprüchlicher Elemente und - drittens - die Analyse des Systems in seiner Entwicklung. Von diesem Standpunkt aus stellen sich die internationalen Beziehungen als ein spezielles Feld dar, wo unterschiedliche Kräfte - soziale, politische, staatliche, militärische, wirtschaftliche und geistige - aufeinanderstoßen und zusammenwirken im Rahmen eines Weltsystems. Ein solcher Zugang gestattet zu prognostizieren politische Veränderungen und planmäßig auf den Gang der Weltereignisse einzuwirken. Planung wird in diesem Falle nicht so verstanden, wie in den inneren Verhältnissen, sagen wir (wie) im Bereich der Wirtschaft, wo der Plan ein Gesetz, eine (verbindliche) Pflicht ist. Unter Planung des Friedens wird verstanden eine regulierende Einwirkung in diesen oder jenen Grenzen auf den Prozeß der internationalen Entwicklung in einem globalen Maßstab, die auf eine wissenschaftliche, in maximaler Weise objektive Analyse der Haupttendenzen der sozialen Realität gegründet ist. Entsprechend ihren Zielen ist sie eine aktive Einwirkung auf das System internationaler Beziehungen, ein Kampf für die Durchsetzung kollektiver Maßnahmen zur Sicherung des allgemeinen Friedens. Eine geplante Einwirkung auf die Weltpolitik stellt zur (als) Aufgabe die Realisierung einer der Prognosen der internationalen Entwicklung, die unausweichlich viele Varianten hat ("vielvariantig" ist), denn sie hängt von der Aktivität der an den internationalen Beziehungen Beteiligten ab. Anders gesagt, im Unterschied zu (von) einer Prognose, die eine übersehbare Perspektive mit vielen Varianten darstellt, und zur Phantastik, die eine vorgestellte (imaginierte) Perspektive zeichnet, bedeutet der Plan eine regulierende Perspektive innerhalb eines bestimmten zeitlichen Rahmens. Eine allseitige Analyse der Wechselwirkungen des Systems internationaler Beziehungen mit der Umwelt hilft zu bestimmen die objektiven Kriterien für die Untersuchung der inneren Struktur dieses Systems. Sein Gerippe (Skelett) bilden nicht willkürliche Verflechtungen im diplomatischen Bereich - wie die bürgerlichen Soziologen meinen -, sondern mehr oder weniger beständige Verbindungen außenpolitischer Wertorientierungen und -ziele, die durch ökonomische und soziale Faktoren, vor allem die Besonderheiten der Gesellschaftsordnung, bedingt sind.

Anhand welcher Kriterien kann man Subsysteme aus dem Gesamtsystem der internationalen Beziehungen herauslösen? Hauptkriterium der Herauslösung internationaler Systeme ist in der modernen Welt das sozial-klassenmäßige. Im (im Rahmen des) Gesamtsystem der internationalen Beziehungen gibt es zwei hauptsächliche sozial-klassenmäßige Systeme - das der sozialistischen und der kapitalistischen Staaten. Diese (die gegebene) Unterteilung bringt die gegenwärtige Differenzierung der Staaten entsprechend (in Übereinstimmung mit) ihrer sozial-ökonomischen Struktur, dem Niveau und der Richtung ihrer (der) sozialen und politischen Entwicklung zum Ausdruck. Eine derartige Teilung gibt in allgemeinen Zügen hinreichend vollständig das globale Bild des Kräfteverhältnisses in der gegenwärtigen Weltpolitik wieder. Das bedeutet selbstverständlich nicht, daß sie (die Teilung) zur Gänze auf die in jedem gegebenen Augenblick existierende Gesamtheit der außenpolitischen Gruppierungen angewendet (auferlegt) wird. Neben (gleichzeitig mit) den hauptsächlichen sozial-klassenmäßigen internationalen Systemen (sozialistisches, kapitalistisches) kann man auch andere bemerken, die den Charakter von Subsystemen haben (tragen). Zu ihnen (ihrer Zahl) gehören militärisch-politische Subsysteme (NATO), ökonomische ("Gemeinsamer Markt"), regionale und sozio-kulturelle (Lateinamerika). Mehr oder weniger stabile, nicht ausgeformte Systeme und Koalitionen entstehen auf dem Boden gemeinsamer Interessen und Einstellungen zu den bedeutenden internationalen Problemen. Als Beispiel können dienen die Beziehungen zwischen vielen "blockfreien" Ländern, aber auch zwischen ihnen und den sozialistischen Ländern, wenn sie (die) gemeinsame politische Aktionen zum Schutz der Völker vor Aggression, Neokolonialismus und im Kampf für die Festigung des allgemeinen Friedens durchführen. (Ma.)

TUMANJAN: Das Problem der Zweisprachigkeit (Nach einigen Angaben zur Wechselwirkung der Sprachen in der Armenischen SSR)

Auf dem zweiten Platz nach der armenischen (Sprache) steht die russische Sprache, die eine inter-nationale Sprache ist und in vielen Fällen die zweite Muttersprache der Armenier darstellt. Bestimmte Schichten der städtischen Bevölkerung beherrschen vollkommen ebenso wie die armenische Muttersprache auch die russische Sprache. Hierbei muß man festhalten (bemerken), daß viele Hochschulen und Technika der Republik russische Fakultäten haben, in denen (wo) der Unterricht in russischer Sprache abgehalten (geführt) wird (parallel zu ebensolchen Fakultäten in armenischer Sprache).

Der Grad der Verbreitung (-heit) der Zweisprachigkeit unter der ländlichen Bevölkerung und unter der städtischen ist nicht identisch. In den Dörfern und entlegenen Bergflecken der Republik - mit Ausnahme (ohne ... einzubeziehen) einzelner Dörfer mit russischer Bevölkerung - sinkt die kommunikative Funktion der russischen Sprache erheblich ab. (geht zurück, fällt) ...

Ein anderes Bild bietet sich (wird beobachtet) unter der städtischen Bevölkerung. Hier beherrscht die Mehrzahl neben der armenischen Sprache aktiv die russische, der aktive Typ von Zweisprachigkeit überwiegt den passiven. Interessant ist, daß die russische und armenische Sprache gleichermaßen die Hauptsprache sein kann, je nachdem (in Abhängigkeit davon), welche Zwischenschicht der städtischen Bevölkerung sie gebraucht. So ist z.B. bei einem Teil der Intelligenz und der städtischen Bevölkerung überhaupt die wichtigste Umgangssprache sowohl zu Hause wie auch in der Öffentlichkeit (an öffentl. Orten) die russische Sprache. ...

Worin liegen diese spezifischen Bedingungen (beschlossen), die nicht nur Zwei- sondern auch Drei- und sogar hin und wieder auch Viersprachigkeit hervorbringen? Halten wir uns ausführlicher bei der Betrachtung der Zusammensetzung der Bevölkerung der Republik auf.

1. In der Republik lebt von alters her eine fremdsprachige Beölkerung (Kurden, Aserbajdschaner). Neben ihrer Muttersprache sprechen sie ganz gut auch armenisch (kennen sie ... die arm. Sprache) und öfter (nicht selten) sogar auch die russische.

2. In den letzten Jahren ist die Bevölkerung der Republik wegen des Zustroms von Armeniern von außerhalb der Republik (hat sich auf Grund des äußeren Zustroms von Armeniern vergrößert) bedeutend gewachsen, in der Hauptsache durch jene, die aus den verschiedenen Städten der SU kommen (aus den aus verschiedenen Städten der SU Kommenden) und die russische Sprache ausgezeichnet beherrschen, und durch die Rückwanderer (Repatriierte) (parallel: aus den Kommenden - aus den Repatriierten) aus verschiedenen Ländern (der Welt). Letztere beherrschten anfangs die russische Sprache nicht. In ihrer Mehrzahl (Masse) beherrschen die Rückwanderer irgendeine Fremdsprache, öfter sogar zwei. Als Ergebis (im Resultat) dieser Umstände ergibt sich auf dem Territorium Armeniens ein etwas eigen-artiges Bild der Verteilung der kommunikativen Funktion auf die (zwischen den) verschiedenen Sprachen. Das sieht ungefähr so aus:

1. In den Bezirken, in denen (wo) von alters her Kurden oder Aserbajdschaner in armenischer Umgebung leben, drückt sich die Zweisprachigkeit in der Form von aktiver Beherrschung der Muttersprache und praktischer Vertrautheit (Wissen) (mit) der armenischen Sprache aus, die beim Umgang mit der armenischen Bevölkerung benutzt wird. Armenier, die sich in engem und langandauerndem Kontakt (Umgang) mit dieser fremdsprachigen Bevölkerung befinden, eignen sich ihrerseits deren Sprache an, die von ihnen für den Umgang benutzt wird. ... Aber als inter-nationale Sprache kann man hier, bei einer solchen beiderseitigen Zweisprachigkeit doch nur die armenische ansehen.

2. Die Bevölkerung, die aus Armeniern besteht, die in den letzten Jahren aus verschiedenen Städten Rußlands und des Kaukasus nach Armenien übergesiedelt sind. In der Regel beherrschen sie aktiv die russische Sprache (manchmal gleichzeitig auch die Sprache der Republik, von wo sie nach Armenien übergesiedelt sind, z.B. die grusinische (georgische), aserbajdschanische). Wenn sie aktiv die russische Sprache beherrschen (aktiv d. russ. Sprache beherrschend), kennen sie nicht selten ihre armenische Muttersprache (nur) passiv. ...

3. Der große Zustrom von verschiedensprachigen armenischen Repatrianten (Rückwanderern) (einer Masse arm. Repatr.) aus verschiedenen Ländern (der Welt) führte

dazu, daß neben der armenisch-russischen Zweisprachigkeit und der armenisch-kurdischen oder aserbajdschanischen auch eine armenisch-fremdsprachliche (gemeint: Fremdsprachen außerhalb der SU) Zweisprachigkeit entstand, und in einigen Fällen auch Dreisprachigkeit. Viele Rückwanderer, die die armenische (gesprochene) Sprache in der Öffentlichkeit benutzen, sprechen öfter in der Familie und untereinander (unter sich) in der Sprache des Landes, aus dem sie (her)gekommen sind. Darüberhinaus kennen die Rückwanderer (repatriierten Armenier) aus arabischen Ländern neben der arabischen Sprache oft auch die französische, d.h. bei ihnen ist sogar Dreisprachigkeit zu beoabchten (wird ... beobachtet). Interessant ist, daß in den Straßen Erevans und anderer Städte Armeniens überhaupt verschiedene Sprachen zu hören sind (man verschiedensprachige Sprachen -i.S. einer gesprochenen Sprache - hören kann): Man spricht armenisch, russisch, türkisch, arabisch, französisch, griechisch, rumänisch und andere Sprachen.
In der Gegenwart haben viele der Rückwanderer in verschiedenem Maß auch russisch gelernt. Die ältere Generation und manchmal auch die Jugend unter den Rückwanderern spricht auch ausgezeichnet türkisch (kennen, können ... die türkische Sprache). Dies läßt sich damit erklären, daß die Hauptmasse der armenischen Rückwanderer am Anfang des XX. Jhts. aus Türkisch-Armenien in verschiedene Länder (der Welt) auswanderte, d.h. aus jenen Gebieten des ehemaligen historischen Armenien, die heutzutage auf dem Territorium der Türkei verblieben sind. ...
Die Verbreitung der russischen Sprache und ihr Einfluß auf das gesellschaftliche und politische Leben der Republik begrenzt nicht nur nicht die weitere Entwicklung und das Aufblühen der armenischen Sprache, sondern fördert sie auch.(Os.Ma.)

M.M. Kovalevskij (1851-1916)

Kovalevskij, Maksim Maksimovič (27. August 1851 - 23. März 1916) - russischer Soziologe, Historiker, Rechtsgelehrter und Politiker bürgerlich- liberaler Richtung. Absolvierte die juristische Fakultät der Universität Char'kov (1872). Setzte die Ausbildung in Berlin, Paris und London fort, wo er Marx und Engels kennenlernte. Nachdem er nach Rußland zurückgekehrt war (1877) und den Magister- (1877) und Doktorgrad ("Die gesellschaftliche Struktur Englands am Ende des Mittelalters", 1880) erworben hatte, lehrte er Recht an der Moskauer Universität. Zusammen mit V. F. Miller redigierte er die Zeitschrift "Kritische Rundschau" 1879-1880. Einer der Begründer der Moskauer psychologischen Gesellschaft (1884). Von der Universität beurlaubt (1887), reiste er ins Ausland. Teilnehmer vieler internationaler Soziologen- und Historikerkongresse. Kehrte 1905 nach Rußland zurück, lehrte an der Petersburger Universität, am Psycho-Neurologischen und Polytechnischen Institut. Herausgeber der Zeitschrift "Bote Europas" (1909-16), einer der Redakteure des Enzyklopädischen Wörterbuchs Granat (1910-1916). Seit 1899 korrespondierendes, seit 1914 wirkliches Mitglied der Akademie der Wissenschaften. Nahm aktiv am politischen Leben teil: Gründer der Partei "demokratischer Reformen", Deputierter der 1. Reichsduma, seit 1907 Mitglied des Staatsrates.
Die philosophischen Ansichten Kovalevskijs bildeten sich im wesentlichen unter dem Einfluß des Positivismus von Comte und Spencer. Die Neigung zum Positivismus bewahrte Kovalevskij zeit seines Lebens (im Verlauf des ganzen Lebens), während er sich kritisch gegenüber dem Neokantianismus und dem Neuhegelianismus verhielt. Ungeachtet der Bekanntschaft Kovalevskijs mit Marx und Engels und ihrer Lehre, die eine gewisse Widerspiegelung in seinen Arbeiten gefunden hat (Interesse an der Geschichte des Grundbesitzes, an ökonomischen Problemen), blieb er Gegner des Marxismus; in ihm sah Kovalevskij eine einseitige Erklärung der Geschichte, die gleichsam vom Positivismus überwunden werde. Bedeutenden Einfluß übten auf Kovalevskij Theorien aus, die den sozialen Prozeß biologisierten (Sozialdarwinismus u.a. - s. Biologische Richtung in der Soziologie).
Einen zentralen Platz in den Arbeiten Kovalevskijs nehmen Probleme der Soziologie ein. Spezielle Arbeiten Kovalevskijs zur Soziologie sind hauptsächlich der Analyse soziologischer Lehren gewidmet ("Zeitgenössische Soziologen", 1905;

"Soziologie", Bd. 1-2, 1910). Seine Aufgabe sah Kovalevskij in der Annäherung
der verschiedenen Lehren von der Gesellschaft, in der Überwindung der Einseitigkeit der psychologischen, biologischen, ökonomischen, geographischen und
anderen Schulen der Soziologie auf dem Boden der "Theorie des sozialen Fortschritts". Das Wesen des Fortschritts besteht laut Kovalevskij in der Entwicklung der Solidarität und Einheit unter den Gruppen, Klassen und Völkern, d.h. in
der sozialen Harmonie. Die Soziologie ist nach Kovalevskij dazu bestimmt (berufen), " ... die Vergangenheit und Gegenwart der verschiedenartigsten Formen
der menschlichen Solidarität und ihre (letzterer) Natur selbst zu erklären."
("Zeitgenössische Soziologen", SPb, 1905, S. 286). Die Herstellung einer gesellschaftlichen Solidarität entsteht aus dem Einwirken einer Vielzahl von
Gründen, unter denen man nicht irgendeinen Einzelfaktor als grundlegenden und
bestimmenden herauslösen darf (s. ebenda, S. XIV). Der Historiker muß sich auf
die Feststellung auch der Korrelativität in der Entwicklung der gesellschaftlichen Erscheinungen beschränken. Zugleich wies Kovalevskij auf das Bevölkerungswachstum als "Hauptkraft (-motor) der ökonomischen Evolution hin". ("Entwicklung der Volkswirtschaft in Westeuropa", SPb, 1899, S. 2), die unmittelbaren Einfluß auch auf andere Seiten der gesellschaftlichen Evolution ausübe.
Da er sich auf seine "Theorie des sozialen Fortschritts" stützte und unter dem
Einfluß des bürgerlichen Ökonomismus und des "Kathedersozialismus" stand, propagierte Kovalejskij die Ablehnung revolutionärer Methoden zur Veränderung der
Gesellschaft und die Harmonie der Klasseninteressen. Im Staat sah Kovalevskij
den Ausdruck der Klassensolidarität, in der Revolution eine pathologische Erscheinung und einen künstlichen Zustand.
In seinen Werken arbeitete Kovalevskij die historisch-vergleichende Methode
aus und wandte sie an, deren charakteristische Besonderheit nach Kovalevskij
das "parallele Studium der gesellschaftlichen Evolution verschiedener Völker,
alter und moderner ist (bildet), das letzten Endes eine allgemeine Formel der
Vorwärtsbewegung der gesellschaftlichen Lebens geben muß" ("Abriß des Ursprungs und der Entwicklung der Familie und des Eigentums", 1939, S. 19). Indem Kovalevskij dem ethnographischen und historisch-legendenartigen Material
eine historisch-vergleichende Charakteristik gab (es ... charakterisierte),
zeigte er, daß die kollektiven Formen der Bodennutzung nicht an die Volkspsychologie der Slaven oder Germanen gebunden, sondern allen Völkern gemeinsam
sind. Kovalevskij widerlegte die Erklärung der Geschichte durch den "Nationalgeist", den "Volkscharakter" und ähnliche Prinzipien. In der Arbeit "Von der
direkten Volksregierung zur repräsentativen und von der patriarchalischen
Monarchie zum Parlamentarismus",(Bd. 1-3, 1906) versuchte Kovalevskij (im
Unterschied zu den in jener Zeit in Rußland herrschenden Lehren, in denen die
Geschichte der politischen Lehren von moralischen und metaphysischen Grundlagen abgeleitet wurde), die Geschichte der politischen Ideen als Produkt der
politischen Praxis darzustellen (zu zeigen). Jedoch das Fehlen (bei Kovalevskij) eines objektiven Kriteriums zur Bestimmung der Zugehörigkeit zu vergleichender Erscheinungen zu ein und demselben Entwicklungsstadium und der Verzicht auf die Herauslösung bestimmender gesellschaftlicher Erscheinungen
machten seine Konzeption philosophisch eklektizistisch. In der Zeit der bürgerlich-demokratischen und der sozialistischen Revolution des 20. Jahrhunderts
begannen die Ideen Kovalevskijs eine reaktionäre Rolle im politischen Leben
Rußlands zu spielen. Auf dem Gebiet der Politik bemühte sich Kovalevskij, den
bürgerlichen Liberalismus und die Versöhnung der Demokratie mit der Monarchie
theoretisch zu begründen. (Hi. Os. Ma.)

I.S. Kon, "Soziologie"

Die Veränderung des Gegenstandes und der Methoden der Soziologie und ihre Umwandlung in eine empirische Wissenschaft, die durch die Erfordernisse der gesellschaftlichen Praxis, vor allem durch die Bedürfnisse der Verwaltung hervorgerufen wurde, weiteten die Möglichkeiten ihrer praktischen Anwendung im
Vergleich zur alten, "philosophischen", Soziologie beträchtlich aus. In den
kapitalistischen Ländern wird die empirische Soziologie (besonders die ange-

wandte) in weitem Maße von den Monopolen und vom bürgerlichen Staat ausgenutzt (selbst ihre Entstehung ist hier eng mit der Entwicklung der sozialen Organisation verbunden, die für den staatsmonopolistischen Kapitalismus charakteristisch ist und die der Sozialwissenschaft einen besonderen "Auftrag" erteilt: die Erforschung der öffentlichen Meinung durch die Soziologen wird für die Ausarbeitung praktischer Maßnahmen zur Erhöhung der Effektivität der Propaganda benutzt, die Ergebnisse der Industriesoziologie sind zur Grundlage des sog. Systems "der menschlichen Beziehungen" in der Industrie gemacht, das von kapitalistischen (Aktien-)gesellschaften in großem Umfang angewendet wird, usw. Für die empirischen soziologischen Untersuchungen werden große Mittel ausgegeben (besonders in den USA). Die Untersuchungen der westlichen Soziologen enthalten, unabhängig von ihren philosophischen Ansichten, eine wichtige Information über die verschiedenen Seiten des Lebens der kapitalistischen Gesellschaft, von ihnen wurde eine Reihe wertvoller technischer Verfahren und Forschungsmethoden ausgearbeitet. Jedoch die Spontaneität der Entwicklung und die Klassenantagonismen der bürgerlichen Gesellschaft erzeugen einen Widerspruch zwischen der "konstruktiven" Funktion der Soziologie, die eine Verbesserung des bestehenden Systems von Beziehungen voraussetzt, und ihrer sozialkritischen Funktion. Die Entwicklung der marxistischen Soziologie ist organisch verbunden mit der Praxis des sozialistischen Aufbaus in der UdSSR und in anderen sozialistischen Ländern. Die sozialistische Gesellschaft braucht wie keine andere die Soziologie. Der planmäßige Aufbau einer neuen Ordnung ist nicht möglich ohne vielseitige Information über soziale Prozesse, ohne exakte soziale Experimente und langfristige Prognosen. Die sozialistischen Veränderungen eröffnen weite Perspektiven für die Soziologie als Wissenschaft. Der schnelle Fortschritt der marxistischen Soziologie in der UdSSR und anderen sozialistischen Ländern begann in (seit) der zweiten Hälfte der 50er Jahre und besonders in den 60er Jahren (in der UdSSR entwickelte sich die soziologische Forschung (pl.) erfolgreich schon in den 20er und zu Beginn der 30er Jahre, aber später wurde sie gebremst). 1958 wurde die Sowjetische Soziologische Gesellschaft gegründet (sie ist Mitglied der 1949 gegründeten Internationalen Soziologischen Gesellschaft) sowie eine Reihe von Forschungseinrichtungen und -gruppen: das Institut für konkrete Sozialforschung(en) der Akademie der Wissenschaften der UdSSR, das Wissenschaftliche Forschungsinstitut komplexer Sozialforschung(en) der Leningrader Universität, die Abteilung Soziologie des Instituts für Ökonomie der Sibirischen Zweigstelle der Akademie der Wissenschaften der UdSSR (Novosibirsk) u.a. Da die sowjetischen Soziologen die Entwicklung konkreter soziologischer Forschungen mit der Ausarbeitung allgemeiner Probleme des historischen Materialismus verbanden, vermochte sie einen bedeutenden Platz in der Internationalen Soziologischen Gesellschaft einzunehmen; das trat klar zutage auf den soziologischen Weltkongressen in Evian (1966) und besonders in Varna (1970). (Hi. Ma.)

Blonskij, Pavel Petrovič

Blonskij, P.P. (1884-1941) - sowjetischer Pädagoge und Psychologe. Nach der Absolvierung der historisch-philologischen Fakultät der Kiever Universität 1907 unterrichtete er Pädagogik und Psychologie in Moskauer Mittelschulen für Mädchen (Frauenmittelschulen). Als Blonskij 1913 die Magisterprüfung(en) bestanden hatte, begann er als Privatdozent Vorlesungen in Psychologie und Philosophie zu halten (zu lesen). Er hierlt auch Vorlesungszyklen in Pädagogik und Psychologie in der Sanjavskij-Universität und an der höheren pädagogischen Lehranstalt für Frauen (in den höheren pädagogischen Frauenkursen). In den Jahren 1915-1916 schrieb er (wurden von ihm geschrieben) originelle pädagogische Werke, in denen er hervorhob (bekräftigte), daß die Schule nicht nur eine Organisation für das Lernen (des Lernens), sondern auch für das ganze Leben (des ganzen Lebens) eines Kindes sei. Blonskij forderte, "auf entschiedenste Weise die verhaßte Absonderung der Schule vom Leben abzulehnen", er nannte die vorrevolutionäre Schule ein "Kloster" und eine "Kaserne". In seinen (den) Arbeiten "Schule und Arbeiterklasse", "Schule und Gesellschaftsordnung", die im Februar- Oktober 1917 veröffentlicht wurden, versuchte Blonskij, den Klassencharakter der Erziehung offenzulegen, die Abhängigkeit der Schule von der Gesellschaftsstruktur, und die Perspektiven der Schaffung einer sozialistischen Arbeitsschule aufzuzeigen. Er meinte, daß eine neue Schule ohne aktive, schöpferische Tätigkeit der Kinder undenkbar sei. Von den ersten Tagen der Sowjetmacht an spielte Blonskij eine aktive Rolle bei (in) der revolutionären Umgestaltung der Schule. Die Gedanken, die Blonskij in seinem (dem) Buch "Die Arbeitsschule" 1919 äußerte (die von B. geäußert worden waren) hatten einen großen Einfluß auf die Herausbildung der Ideen der polytechnischen Arbeitsschule, aber erfiel ungerechtfertigterweise über die festen (stabilen) Stundentafeln, Lehrpläne und das Unterrichtssystem mit Klassen und Unterrichtsstunden her. 1921 war Blonskij Mitglied (ging in den Bestand ein) in der wissenschaftlichen pädagogischen Sektion des Staatlichen wissenschaftlichen Rates des Volksbildungsministeriums (des Volkskomissariates für das Bildungswesen) der RSFSR und nahm an der Erarbeitung neuer Lehrpläne teil, die -nach der Absicht (gemäß dem Gedanken) der Autoren- eine enge Verbindung der Schule mit dem Leben, mit den Aufgaben des sozialistischen Aufbaus gewährleisten sollten. Bei der Befassung mit Fragen der Vermittlung von Theorie und Geschichte der Pädagogik (erarbeitend die Fragen des Unterrichts der Th. und Gesch. d. Päd.) schrieb Blonskij von der Notwendigkeit, die Untersuchung des klassischen Erbes mit der Lösung der aktuellen Probleme des Bildungswesens zu verbinden. Viel Aufmerksamkeit widmete Blonskij der sittlichen Erziehung der Schüler. Er protestierte gegen die handwerkelnde, eng berufliche Einstellung zur Erziehung der Kinder, wandte sich an den Lehrer: "Lehrer, werde Mensch!", "Nur eine lebendige Seele belebt die Seelen". Die pädagogischen Werke Blonskijs sind einprägsam, temperamentvoll geschrieben.
In den 20-30er Jahren war Blonskij einer der hervorragenden Vertreter der Pädologie. 1925 wurde sein Buch "Pädologie" gedruckt. Blonskij ist Verfasser einer Reihe von Schriften zur allgemeinen und Kinderpsychologie. Anfang der 20er Jahre trat er aktiv gegen die idealistische Psychologie G.I. Celpanovs auf und nahm gleichzeitig mit K.N. Kornilov den Kampf für eine marxistische Psychologie auf. Blonskij übte eine vielseitige Lehrtätigkeit an der 1. und 2. Moskauer Universität aus, war einer der Gründer und Leiter der N.K. Krupskaja- Akademie der kommunistischen Erziehung (Akademie namens N.K. Krupskaja), nahm an der Ausbildung von Wissenschaftlern (wissenschaftlicher Kader) teil, leitete ein Kollektiv von jungen Psychologen und Aspiranten (=Doktoranden) im Moskauer Institut für Psychologie. Die Versuchs- und Experimentierarbeit in der Schule war ein nicht wegzudenkender Teil der wissenschaftlichen Tätigkeit Blonskijs. (Ma.)

Šackij, Stanislav Teofilovič

Šackij, S.T. (1878-1934) - sowjetischer Pädagoge. Er absolvierte die Moskauer Universität und das landwirtschaftliche Institut. Seine (die) pädagogische Tätigkeit nahm er 1905 unter Arbeiterkindern und Heranwachsenden der Randbezirke Moskaus auf, wo von ihm zusammen mit A.U. Zelenko u.a. Pädagogen die ersten Kinderclubs in Rußland organisiert wurden. Für die Einrichtung der Clubs und anderer außerschulischer Einrichtungen für Kinder organisierten Šackij und Zelenko die Gesellschaft "Settlement". Nachdem diese Gesellschaft von der zaristischen Regierung wegen des Versuchs der "Einführung des Sozialismus unter den Kindern" geschlossen worden war, setzten Šackij und andere Aktive der Gesellschaft die von ihnen begonnene Arbeit in der Gesellschaft "Kinderarbeit und -erholung" fort. Šackij schloß eine Gruppe progressiver Pädagogen fest zusammen, machte (verwirklichte) den Versuch der Organisierung außerschulischer Arbeit mit Kindern, die auf die Achtung der (zur) Persönlichkeit des Kindes gegründet und auf die Erziehung der Kinder im Geiste des Kollektivismus gerichtet war. 1911 organisierte Šackij zusammen mit seiner Frau V.N. Šackaja im Gouvernement Kaluga mit gesellschaftlichen (d.i.: nicht-staatlichen) Mitteln die Sommerarbeitskolonie "Munteres Leben", wohin für den Sommer 60-80 Kinder (angereist) kamen (60-80 Personen aus der Zahl der Kinder), die die Kinderclubs besuchten. Die Grundlage des Lebens der Kinder in der Kolonie war die physische Arbeit.

Nach der Großen Sozialistischen Oktoberrevolution nimmt Šackij aktiv am Aufbau der sowjetischen Schule teil. 1919 gründete er (wurde durch ihn gegr.) die Erste Versuchsstation der Volksbildung, die experimentelle Einrichtungen einschloß - Kindergärten und Schulen der 1. und 2. Stufe. Unter der Leitung Šackijs wurden in diesen Einrichtungen erarbeitet und in der Praxis überprüft Organisation, Inhalt und Methoden der Unterrichts-, Erziehungs- und der gesellschaftlichen Arbeit der sowjetischen Schule und Fragen der Ausbildung von Lehrern im Prozeß ihrer pädagogischen Tätigkeit. Šackij verstand Erziehung als eine Organisierung des Lebens der Kinder, die sich aus physischer Arbeit, aus Spielen, Beschäftigung(en) mit Kunst, aus geistigerTätigkeit, aus dem Zusammenleben (sozialen Leben) (heraus)bildet. Er glaubte, daß Arbeit dann den größten erzieherischen Wert hat, wenn die Schüler ihre Notwendigkeit für das Kinderkollektiv begreifen, ihre Arbeit als kleines Teil der allgemeinen Arbeit betrachten. Die Vereinigung des Unterrichts mit der Arbeit, mit gesellschaftlich nützlicher Arbeit verleiht dem ganzen Unterricht einen realen (Lebens-) Charakter, macht den Prozeß des Lernens einsichtiger und das Wissen (die Kenntnisse) bewußt und wirksam.

Šackij erarbeitete eine Methodik der Organisierung gesellschaftlich nützlicher Arbeit von Schülern, nach der die gesellschaftlich nützliche Arbeit für die Kinder selbst sinnvoll (voll Sinnes) sein mußte, ihren Kräften und Fähigkeiten entsprechen, sie emotional erheben mußte. Nur unter solchen Bedingungen ist die gesellschaftliche Arbeit der Schüler ein starkes Mittel der sozialistischen Erziehung.

Größe Bedeutung maß (legte bei) Šackij der Berücksichtigung der Umwelteinflüsse (des Einflusses der Umwelt) auf die Herausbildung der kindlichen Persönlichkeit (der Pers. des Kindes) zu. Die Schule stellt seiner Meinung nach einen Organisator der Massenerziehung der Kinder dar, ein Zentrum, das die Erziehungsarbeit, die von der Familie, dem Komsomol und anderen gesellschaftlichen Organisationen geleistet (erfüllt) wird, die Richtung gibt.

Šackij betonte (unterstrich), daß es im Unterrichtsprozeß (Pr. d. U.) notwendig sei, solche Methoden anzuwenden, die die Möglichkeit gäben, sich auf die reale Erfahrung des Kindes zu stützen. Eine große (wichtige) Bedeutung maß Šackij der Erziehung der Schüler zur Fähigkeit zu arbeiten (Erz. d. Fähigkeit bei den Schühlern), selbständig Wissen zu erwerben, bei.

Große Aufmerksamkeit schenkte (widmete) Šackij der Aus- und Weiterbildung der Lehrer. Er glaubte, daß diese Arbeit - wie auch die Arbeit der Pädagogischen Hochschulen - in drei Richtungen vor sich gehen müsse: wissenschaftlich-forschend, im Kursbetrieb (d.h. in der Lehre, lehrend) (in der Ausbildung von Studenten und Weiterbildung von Lehrern) nnd praktisch (in der Leitung von Schulen).

Ab 1932 leitete Šackij das Zentrale pädagogische Experimentallaboratorium des Volksbildungsministeriums der RSFSR, das die Erfahrung(en) der Muster- und Versuchsschulen der Republiken verfolgte (Gleichzeitig war er Direktor des Moskauer Staatlichen Konservatoriums). (Ma.)

Beruflich-technische Bildung

Der Eintritt unseres Vaterlandes in die Phase (Periode) des entfalteten Aufbaus des Kommunismus machte (erforderte) eine ernstliche Änderung des Systems der beruflich-technischen Bildung erforderlich. Die Grundlage für diese Umgestaltung wurde mit dem Gesetz "Über die Festigung der Verbindung der Schule mit dem Leben und über die weitere Entwicklung des Volksbildungssystems (Systems der Volksbildung) in der UdSSR" geschaffen (gelegt).
Durch das Gesetz (in Übereinstimmung mit dem G.) wurde ein neuer Typ von Berufsschule (beruflicher Lehranstalt) geschaffen - die beruflich-technischen Schulen in der Stadt und auf dem Lande auf der Basis der achtjährigen allgemeinbildenden Schule. Im Laufe der Jahre 1958-1963 wurden alle Formen (Typen) von beruflichen Lehranstalten und Schulen des Systems der Arbeitsreserven und die überwältigende Mehrzahl der behördlichen stationären (gemeint: Schulen, die den staatlichen Behörden , Ministerien u.ä. unterstanden und sich außerhalb der Betriebe befanden) Lehranstalten zur Ausbildung von Arbeiterkadern in beruflich-technische Schulen umgewandelt. Die Spezialisierungen (Wissensprofile) und der Inhalt der Ausbildung qualifizierter Arbeiter werden von den Erfordernissen der neuen Entwicklungsetappe (Etappe der Entw.) von Industrie und Landwirtschaft bestimmt.

Im Zusammenhang mit dem raschen wissenschaftlich-technischen Fortschritt der komplexen Mechanisierung und Automatisierung der Produktion entstehen Berufe mit einem breiten Fächer von Fachkenntnissen (breiten Profils). ... Der Anteil derartiger (von solcher Art) hochqualifizierter Berufe .., die physische und geistige Arbeit vereinen, wird zunehmen (anwachsen). Aber gleichzeitig werden noch im Verlauf vieler Jahre neben (mit) ihnen auch engere und weniger qualifizierte Berufe (ko)existieren.
Gegenwärtig bilden die beruflich-technischen Schulen Arbeitskräfte (Arbeiterkader) in mehr als 1000 qualifizierten Berufen und Fachrichtungen für alle Zweige der Industrie, für Bauwesen, Landwirtschaft, Transportwesen, Nachrichtenwesen für den kulturellen und Dienstleistungsbereich, die kommunale Wirtschaft und den Handel aus.
Die Stundentafeln dieser Schulen (Anstalten) sehen neben einem Produktionspraktikum und speziellen Fächern einen Unterricht in allgemeiner Technologie der Produktion, technischer Mechanik, Elektrotechnik mit Grundlagen der industriellen Elektronik, Grundlagen der Organisation und Ökonomie der Produktion, Gesellschaftskunde, körperliche Ausbildung und ästhetische Erziehung des jungen Arbeiters vor. So (auf diese Weise) sind die beruflich-technischen Schulen bestrebt, in den Grenzen ihrer Möglichkeiten eine allseitige Entwicklung und kommunistische Erziehung der Jugend sicherzustellen.
Unter den heutigen Bedingungen gewinnt die systematische Erhöhung der Qualifikation der Arbeiter in der Industrie (Arbeiter der I.) und in den anderen Zweigen der Volkswirtschaft größte (wichtigste) Bedeutung, aber auch die Unterweisung und der rationelle Einsatz der Arbeiter, die im Prozeß der Mechanisierung und Automatisierung der Produktion freigestellt werden .(sich freimachen). Eine bedeutsame Rolle bei (in) der Lösung dieser Aufgabe kommt (gehört) den beruflich--technischen Abend-(Schicht-) Schulen, die die Ausbildung qualifizierter Arbeiter ohne Loslösung von der Produktion, die Weiterqualifizierung (Erhöhung der Qualifikation) der Arbeitenden und auch die Aneignung (durch sie) von benachbarten Berufen durchführen (verwirklichen).
In den Jahren 1959-1965 bildeten die beruflich-technischen Tagesschulen (i.Unterschied zu Abendschulen) 5401,6 tsd. junge Arbeiter aus, davon 1411,3 tsd. für die Industrie, 1035 tsd. für das Bauwesen, 2463 tsd. für die Landwirtschaft, 488,3 tsd. für die anderen Zweige der Volkswirtschaft. Erhöht wurde die Qualität des Unterrichts und der Erziehung der jungen Arbeiter.
Das ZK der KPdSU, das Präsidium des Obersten Sowjet der UdSSR, der Ministerrat der UdSSR haben in ihrer Großbotschaft anläßlich des 25. Jahrestages des Systems der beruflich-technischen Bildung nach Anerkennung seiner Errungenschaften zugleich betont, daß jetzt, da das Land vor den äußerst wichtigen Aufgaben (da vor den L. die ä.w. Aufgg. stehen) der weiteren Entwicklung der sozialistischen Wirtschaft, der Sicherstellung eines hohen Tempos (pl.) des technischen Fortschrittes steht, an das gesamte System der beruflich-technischen Bildung neue, noch höhere Anfor-

derungen gestellt werden. Es ist notwendig, mit allen Mitteln das Niveau des
beruflichen Unterrichts der Jugend anzuheben, mit Etnschiedenheit (entschieden)
die Qualität der Ausbildung zu erhöhen (verbessern) und die Bereitstellung (den
Ausstoß) von qualifizierten Arbeitern (-kadern) für die Volkswirtschaft zu
erweitern. (Ma.)

Duginov: Der statistische Sammelband "Volkswirtschaft der UdSSR".

Nach langer Unterbrechung nahm die Statistische Zentralverwaltung (Zentr.Stat.Verw.) beim Ministerrat der UdSSR die Veröffentlichung systematischer (systematisierter) statistischer Daten wieder auf, die den wirtschaftlichen und kulturellen Aufbau in der UdSSR charakterisieren. Es ist erschienen der statistische Sammelband "Volkswirtschaft der UdSSR".
Der Bedarf an solchen Publikationen ist außerordentlich groß. Exakte, wissenschaftlich bearbeitete statistische Angaben sind unerläßlich für eine vertiefte (tiefe) Untersuchung der Volkswirtschaft, sie stellen ein unschätzbares Material für wissenschaftliche Forschungen und für eine breite (Entwicklung der) Propagierung ökonomischer Kenntnisse dar.
...
Große Aufmerksamkeit wird in dem Sammelband den strukturellen Verschiebungen (bei) einer Reihe besonders wichtiger Indikatoren der Entwicklung der Volkswirtschaft gewidmet. Insbesondere sind die Daten über die Veränderungen der Struktur der (Industrieproduktions-)Grundfonds der Industrie nach Arten dieser Fonds und nach Zweigen von besonderem Interesse. ... Leider haben die Bearbeiter (Zusammensteller) des Sammelbandes bei weitem nicht in allen Fragen der Charakterisierung (Charakteristik) der strukturellen Veränderungen die nötige Aufmerksamkeit gewidmet. So enthält eine Tabelle über die Struktur der Kosten für die Herstellung von Industrieprodukten (H. der Industrieproduktion) Angaben, die sich nur auf das Jahr 1955 beziehen; während die Gegenüberstellung dieser Daten mit der Kostenstruktur in den vorangegangenen (vorangehenden) Jahren hilfreich wäre (helfen würde), sowohl die Errungenschaften wie auch die Mängel im Bereich der Senkung (Verringerung) der Kosten für die Produktion zu verdeutlichen und klarer den Spielraum (die Reserven) bei der Senkung der Selbstkosten der Industrieproduktion zu bestimmen. ...
Zu den Mängeln des Sammelbandes muß vor allem die Unvollständigkeit seiner Angaben gezählt werden (und) das Fehlen von Material zu einer Reihe wichtiger (Teil)bereiche der Volkswirtschaft. Viele Fragen sind ungenügend spezifiziert (detailliert), insbesondere gibt es in dem Band keine Daten zur Arbeitsproduktivität in den einzelnen Zweigen der Volkswirtschaft. Es gibt auch keine analytischen Angaben über den Grad der Ausnutzung der Produktionskapazitäten in der Industrie und ihren Zweigen (sowie) zu den Normen des Verbrauchs der Hauptarten (Grundarten) von Rohstoffen, Brennstoff (und) Baumaterialien. Ein ernster Mangel des Sammelbandes ist das Fehlen von Daten über den Arbeitsaufwand in den Kolchosen bei der Herstellung (für die H.) einzelner Arten von Produkten. Dabei haben gerade solche Angaben große Bedeutung sowohl für die wissenschaftliche Analyse wie auch für die Praxis der Planung und Mobilisierung der inneren Reserven der Volkswirtschaft. Es ist äußerst wünschenswert, daß in derartigen statistischen Sammelbänden der Beleuchtung der vorhandenen Daten über ungenutzte Reserven der Volkswirtschaft Aufmerksamkeit geschenkt wird, was die Wirksamkeit der veröffentlicht(werdend)en statistischen Materialien bedeutend erhöhen wird. In diesem Zusammenhang wären Angaben über die Erfahrung führender Unternehmen, die hohe Indikatoren in der Ausnutzung der Grundfonds an Material- und Arbeitsressourcen erreicht haben, äußerst nützlich.
Überhaupt ist hervorzuheben, daß die Bearbeiter des Sammelbandes mehr Aufmerksamkeit jenen Problemen hätten widmen müssen (widmen mußten), die auf das engste (enger als alles) mit der Planung der Volkswirtschaft zusammenhängen. Hierher gehören in erster Linie Bilanzdaten, die zeigen würden, wie Korrelationen in der Entwicklung der Volkswirtschaftszweige und zwischen den verschiedenen Teilen des gesellschaftlichen Gesamtprodukts entstehen und sich verändern. Es fehlen Indikatoren der Struktur des Nationaleinkommens.
...
Ein ernster Mangel des Sammelbandes besteht auch darin, daß in ihm eine Gegenüberstellung der Hauptindikatoren für die Entwicklung der Volkswirtschaft der UdSSR mit den entsprechenden Indikatoren der Entwicklung der Volkswirtschaft der wichtigsten kapitalistischen Länder fehlt. ... (Os. Ma.)

Nikolaev / Tarasov

Das vergangene Jahr 1974 ist zu einem wichtigen Meilenstein in der ökonomischen Entwicklung der Länder der sozialistischen Gemeinschaft geworden. Vor dem allgemeinen widerspruchsvollen Hintergrund der Weltwirtschaft zeichneten sich nur die RGW-Länder durch die Stabilität ihrer (der) Entwicklung aus, ohne dabei jene Erschütterungen durchzumachen (zu erleben), die für die kapitalistischen Länder im Zusammenhang mit Inflation, Preissteigerungen und Zunahme der Arbeitslosigkeit charakteristisch sind.
Die planmäßige Entwicklung der sozialistischen Volkswirtschaft gestattete den Ländern des RGW - wie auch in den vergangenen Jahren - alle Zweige der Wirtschaft und Kultur erfolgreich zu entwickeln. Dazu trug die Verwirklichung des Komplexprogramms der sozialistischen ökonomischen Integration bei. Die Ergebnisse der Planerfüllung (Erfüllung der Pläne) des Jahres 1974 bieten allen Anlaß (alle Gründe) für den Schluß, daß die koordinierten Fünfjahrespläne der Länder der sozialistischen Gemeinschaft erfolgreich zuende geführt werden (fut.).
Im Jahre 1974 erweiterte und vertiefte sich weiterhin der Prozeß (setzte sich die Erweiterung und Vertiefung des Prozesses ... fort) der Spezialisierung und Abstimmung (Kooperierung) der Produktion; die ökonomische und wissenschaftlich-technische Zusammenarbeit wurde durch neue Formen bereichert, und auf dieser Grundlage wuchs der Lebensstandard der Bevölkerung der Länder der Gemeinschaft beständig an. Die Mitgliedsländer des RGW zeigten im vergangenen Jahr eine starke (hohe) Dynamik (in) der Entwicklung der Volkswirtschaft. Dies drückte sich vor allem im Wachstum des Nationaleinkommens aus, das sich insgesamt in allen Ländern um 6,5% gegenüber 1973 erhöhte, und im Vergleich mit 1970 um über 29%. Unten werden Daten über das Anwachsen des Nationaleinkommens von 1974 nach den einzelnen Ländern des RGW aufgeführt - in %: Bulgarien, Ungarn, DDR, Kuba, Mongolei, Polen, Rumänien, UdSSR, ČSSR.
Dabei muß man hervorheben, daß der Zuwachs des Nationaleinkommens im Jahr 1974 insgesamt nicht nur den geplanten jahresdurchschnittlichen Steigerungsraten für den laufenden Fünfjahresplan entsprach, sondern in einer Reihe von Ländern (Ungarn, DDR, Polen u.a.) höher war als vom (gemäß) Plan vorgesehen. Die gleichbleibend hohen Steigerungsraten des Nationaleinkommens (Das stabil hohe Tempo - pl. - des Zuwachses des ...) erlauben den Ländern der sozialistischen Gemeinschaft, von Jahr zu Jahr immer mehr Mittel für die Akkumulation abzuzweigen, was sich im Endergebnis in einem Anwachsen jener (der) Kapitalinvestitionen auswirkt, die auf eine Entwicklung aller Volkswirtschaftszweige (Zw. der Volksw.) abzielen. Dieses wird durch folgende Daten untermauert (unterstützt) - in %: jährlicher Durchschnittszuwachs für den Zeitraum 1971-1973 ... (Zuwachs) 1974 (im Vergleich) zu 1973 ...
Der steile Anstieg der Steigerungsraten (Die scharfe Vergrößerung des Tempos des Zuwachses) der Kapitalinvestitionen in Polen während der letzten Jahre erklärt sich in erster Linie durch die Erhöhung des Anteils des Akkumulationsfonds am (im) verausgabten Nationaleinkommen. Betrug er im Jahr 1960 (noch) 24,2%, so 1973 bereits 34,6%.
Das Jahr 1974 ist durch ein hohes Entwicklungstempo (Tempo - pl. - der Entwicklung) der Industrie gekennzeichnet, die eine bestimmende Rolle in der Vorwärtsbewegung aller Mitgliedsländer des RGW spielt. Der Zuwachs der industriellen Produktion insgesamt betrug 1974 im Vergleich zu 1973 8,5%, und im Vergleich zu 1970 35%.
In den einzelnen Mitgliedsländern des RGW wird der Zuwachs der Bruttoproduktion der Industrie durch folgende Daten charakterisiert - in %: (s.o.).
Am schnellsten entwickelten sich wie in den vorangehenden Jahren des laufenden Fünfjahrplans (die Bereiche) Maschinenbau, Funkelektronik, Elektrizitätswirtschaft und chemische Industrie, was sich in erster Linie in einer Verbesserung der Struktur und Erhöhung der Effektivität der ganzen Volkswirtschaft ausdrückt. Die Entwicklung moderner Branchen wird durch den Bau (auf dem Wege des ...) neuer und die Modernisierung bestehender Unternehmen erreicht, wobei die Modernisierung und Umgestaltung bestehender Unternehmen in den letzten Jahren das Wachstum der Arbeitsproduktivität in der Industrie gewährleistet haben. So wurden aufgrund dieses Faktors in Bulgarien 75%, in Ungarn 89, in der DDR fast

100, in Polen über 80, in Rumänien 73, in der UdSSR 84 und in der ČSSR 87% des
gesamten Zuwachses der Industrieproduktion erzielt. 1974 wurde in allen Ländern
des RGW der Prozeß der Inbetriebnahme neuer Kapazitäten fortgesetzt, die es ge-
statten, nicht nur in der Industrie, sondern auch in anderen Zweigen der Volkswirtschaft das Tempo zu erhöhen. ...
Der Bau neuer, die Modernisierung, Umgestaltung und Erweiterung bestehender
Unternehmen gestattete den Ländern des RGW, die Produktion in fast allen Gruppen
der Industrie zu steigern (erhöhen), eine stabile Entwicklung der Volkswirtschaftszweige zu gewährleisten. Hierzu trug in erster Linie die alljährliche
Steigerung der Produktion von Elektroenergie bei, die in allen Ländern des RGW
zusammen 1974 über 1300 Mio. Kilowattstunden betrug, was fast 10mal soviel ist
wie 1950. Steil angestiegen ist die Stahlproduktion (Schmelzung von Stahl), die
1974 über 185 Mio. Tonnen erreicht hat. ...
Die Entwicklung der maßgebenden (führenden) Zweige der Industrie erlaubte es,
die Versorgung der Landwirtschaft mit Elektroenergie, Maschinen, Anlagen (Aus-
rüstung) und Düngemitteln zu verbessern, was sich auf ihr Wachstumstempo aus-
wirkte. Im Vergleich zu 1973 wuchs die Bruttoproduktion der Landwirtschaft in
Ungarn um 3,7%, in der DDR um ca. 7, in der Mongolei um 3,8, in Polen um fast 2,
in der ČSSR um 3%; in Rumänien war ihr Umfang ungefähr auf dem Niveau von 1973
und in Bulgarien und in der UdSSR etwas niedriger als (das Niveau von) 1973.
Eine Besonderheit der Entwicklung der Landwirtschaft der RGW-Länder in den
letzten Jahren ist die Verbesserung der Agrotechnik, die Stärkung der materiellen Basis, was ihnen ermöglicht (erlaubt), auch bei schlechten Wetterbedingun-
gen stabile Ernteerträge der wichtigsten landwirtschaftlichen Kulturen zu erhalten. Charakteristisch für fast alle Länder des RGW erwies sich die überpro-
portionale (überflügelnde) Entwicklung der Viehzucht im Vergleich zum Pflanzenbau. ...
Die Rolle des vergesellschafteten Sektors in der gesamten landwirtschaftlichen
Produktion ist angewachsen. Seine Bruttoproduktion erhöhte sich allein innerhalb
eines Jahres um 12,3% - in Festpreisen -, darunter der Pflanzenbau (die Bruttoproduktion des Pflanzenbaus und der Viehzucht) um 7,8 und die Viehzucht um
17,7%. 1974 stieg die Menge der auf die Anbauflächen ausgebrachten künstlichen
Düngemittel stark an - (es waren) 9,3% mehr als im Jahr 1973. In Umrechnung auf
1 ha landwirtschaftliche Nutzfläche (pl.) vergrößerte sich der Düngemittelver-
brauch von 158 kg 1973 auf 173 kg 1974. (Os.)

Fursov, Lohnsystem und Wirtschaftsreform

Das neue Entlohnungs-(Bezahlungs-)System ist in der Volgaer Automobilfabrik als
(in der Art und Weise eines) Experiment seit 1970 eingeführt worden und kann
allgemein (im allgemeinen Aspekt) als Arbeitszeit-Prämien-System mit Elementen
des Akkordsystems, mit einer Zusatzzahlung für die Erfüllung normierter (Plan-)
Aufgaben definiert werden. Letztere werden festgesetzt auf der Grundlage tech-
nisch begründeter Zeit- und Bedienungsnormen.
Nach seiner Zusammensetzung besteht der (Arbeits-)Lohn des Arbeiters aus drei
Hauptteilen:
Erster Teil des Arbeitslohnes - der Zeitlohn(teil) - wird proportional zur faktisch gearbeiteten Zeit berechnet und umfaßt eine Zahlung nach Tarif (Tarifsatz), einen Zuschlag (Zuzahlung) für professionelles Können und einen Zuschlag
für die Arbeitsbedingungen.
Zahlung nach Tarif: im Unterschied zu dem für die Maschinenbauunternehmen üb-
lichen System, das einen breiten Fächer von Tarifstaffelungen umfaßt, wird im
Volgaer Autowerk eine sechsstufige Tarifstaffelung angewendet, die alle Arbeiter umfaßt mit Ausnahme einiger Kategorien des Hilfspersonals, dessen Tarifsätze um 10% niedriger sind. Darüber hinaus fehlen in den Fabriktarifsätzen der
Zuschlag für Arbeitsbedingungen und die Differenzierungen bei der Einschätzung
von Zeit- und Akkordarbeit(en). Der Unterschied zwischen den Stufen beträgt in
den Tarifsätzen 12%, d.h. das Verhältnis zwischen den Sätzen der ersten und
sechsten Stufe verhält sich wie 1:1,8.
Zuschlag für berufliches Können: Die Lohnstufe ist ein zu allgemeiner und wenig

beweglicher Indikator. Personen, die eine Stufe haben, arbeiten nicht gleich, (sie arbeiten) mit unterschiedlichem Grad an Intensität, an Fleiß, an Genauigkeit. Vieles hängt von den individuellen Fähigkeiten, Gewohnheiten, von der Einstellung zur Arbeit ab. Das darf man nicht außer acht lassen, umso weniger in einer Massenproduktion, wo der Fächer der Qualifizierung der Arbeiten (in einem konkreten Betriebsabschnitt) auf in der Regel 1-2 Stufen begrenzt ist. ... Um die Ungleichheit (der Arbeit) zu beseitigen und eine faktische Differenzierung der Arbeit zu gewährleisten, ist in dem Autowerk ein Zuschlag für berufliches Können eingeführt worden. Er wird auf Vorschlag des Werkmeisters einmal im Jahr festgesetzt und beträgt 4, 8, 12% vom Tarifsatz der entsprechenden Stufe. Wenn im Laufe des Jahres die Qualität sinkt, kann der Werkmeister einen Vorschlag machen und dem Arbeiter den Zuschlag streichen oder in seinem Umfang kürzen. ...

Zuschlag für Arbeitsbedingungen: Die im Maschinenbau geltenden Tarifsätze berücksichtigen drei Arten von Arbeiten: kalte, heiße und (solche) mit gefährlichen Arbeitsbedingungen. ... Die Erfahrung zeigt, daß eine solche Differenzierung allgemeinen Charakter hat (trägt). Insbesondere wird der Grad der Arbeitsintensität bei kalten Arbeiten nicht berücksichtigt, nicht hinreichend wird der "Korridor" zwischen gefährlichen und besonders gefährlichen Arbeitsbedingungen berücksichtigt, nicht vorgesehen sind unterschiedliche Kombinationen der Intensität, der Schwere und Gefährlichkeit. ...

Die Tarifsätze in der Fabrik sind nicht mit den Arbeitsbedingungen verknüpft, stattdessen ist ein System von Zuschlägen eingeführt worden. Die Zuschläge berücksichtigen die Arbeitsbedingungen wie auch den Intensitätsgrad der Arbeit. Sie betragen 4, 8, 12, 17, 22, 27% des tariflichen Satzes für die Arbeitsbedingungen jedes (einzelnen) Arbeiters. Das System hat eine Reihe von Vorzügen. Die Bezahlung des Arbeiters hängt von der Intensität der Arbeit, von ihren Bedingungen, der faktischen Arbeitszeit ab. Daneben erlaubt sie, frei mit der Arbeitskraft zu manövrieren ohne Verletzung des Prinzips der Bezahlung entsprechend der Arbeit, (und) das durchschnittliche Lohnniveau und seine Dynamik in engster Verbindung mit den Indikatoren der Produktivität zu kontrollieren. Folglich ist der erste Teil des Lohns im wesentlichen ein tariflicher Satz, der sich in differenzierter Weise mit der Zunahme der Fähigkeit des Arbeiters (und) des physischen und emotionalen Einsatzes (russ: pl.) erhöht, der zur Erfüllung der Arbeitsfunktionen erforderlich ist. Wie die Erfahrung zeigt, schwächen nicht nur die erwähnten Zuschläge nicht die Bedeutung des tariflichen Satzes, sondern verleihen ihm Dynamik, indem sie ein Anwachsen der Fähigkeit und der Arbeitsqualität stimulieren.

Der zweite Teil des Lohnes ist ein Zuschlag für die Erfüllung der normierten (Plan-)Aufgaben, der in Prozent vom Zeitlohn berechnet wird und von der Erfüllung der Schichtleistung und der monatlichen Leistung durch die Brigade abhängt. Nach den geltenden Bestimmungen ist ihr Maximum (max. Umfang) 40%. Das System von Zuschlägen für die Erfüllung einer festgesetzten (Plan-)Aufgabe erstreckt sich auf alle Arbeiten der Haupt-, aber auch der Hilfsproduktion. Dieser Teil des Lohns stimuliert die Erhöhung der qualitativen Kennziffern, indem er den Arbeiter an der Erreichung eines optimalen Resultats interessiert. ...

Der dritte Teil des Lohns der Arbeiter ist die Prämie für die Senkung des Arbeitsaufwandes und die Erhöhung der Arbeitsproduktivität. Dieser Zuschlag verfolgt zwei Ziele: (das Ziel,) eine schnelle Erreichung der projektierten Zeitnormen zu stimulieren und (das Ziel,) die enge Verbindungen zwischen Lohn und Arbeitsproduktivität sicherzustellen. (Tabelle entfällt) ...
Wie wir sehen, nahmen die Prämien (die Umfänge der Prämien) im Maße der Senkung des Arbeitsaufwandes zu, und bei Erreichung der projektierten Größe gingen sie bis zum Maximum - 20% (des Tariflohns). ... (Ma. Os.)

L. BIBLIOGRAPHISCHE HINWEISE

BIBLIOGRAPHISCHE HINWEISE

Nach erfolgreicher Absolvierung des Lesekurses "Russisch für Historiker und Sozialwissenschaftler" sollen Ihnen die folgenden Hinweise den Zugang zu der Ihnen nun sprachlich zugänglichen Literatur erleichtern. Es handelt sich dabei nur um eine Auswahl, die sich auf das Notwendigste konzentriert. (Moskva: M.)
Der Buchimport aus Osteuropa ist nahezu völlig auf zwei westdeutsche Unternehmen konzentriert: Kubon & Sagner, 8000 München 34, Postfach 68 und Brücken-Verlag, 4000 Düsseldorf, Postfach 1928. Bei beiden Firmen können osteuropäische Publikationen direkt bezogen werden. Sie schicken Interessenten laufend eigene Kataloge (auch Antiquariat) zu.

1. Spezialwörterbücher u.a.:

ALEKSANDROV, G. u.a.: Političeskij slovar'. M. 1940

ALEKSEEV, D.I. u.a.: Slovar' sokraščenij russkogo jazyka. (12 500 Abkürzungen). M. 1963

BAGMA, L.T., BLJACH, I.S.: Russko-nemeckij obščeékonomičeskij i vnešnetorgovyj slovar'. M. 1974

BENSON, M.: Dictionary of Russian Personal Names. Philadelphia^{2}1967

DAUM, E., SCHENK, W.: Die russischen Verben. (enthält 14 000 Verben) München 1965. (1. Auflage: Leipzig 1954)

ENGELBERT, H.: Juristisches Wörterbuch Russisch-Deutsch. (17 000 Stichwörter, 2 000 Abkürzungen). Leipzig 1967

FRIEDRICH, W., GEIS, S.: Russisch-deutsches Neuwörterbuch. München 1976

HÜTER, P.: Polytechnisches Wörterbuch Russisch-Deutsch. (85 000 Fachbegriffe. Berlin (O) 1965

JURIDIČESKIJ slovar'. t.1-2^{2}M. 1956

KLAUS, G.: Wörterbuch der Kybernetik. (mit einem Stichwortregister Deutsch-Englisch- Russisch und Russisch-Deutsch)

KOTELOVA, N.Z., SOROKIN, Ju.S.: Novye slova i značenija. Slovar'-spravočnik po materialam pressy i literatury 60-ch godov. M. 1971

KOZLOV, G.A., PERVUŠIN, S.P.: Kratkij ékonomičeskij slovar'. M. 1958

KRAFT, H.: Russisch-deutsches juristisches Wörterbuch. Frankfurt a.M.,Berlin 1964

MÖCHEL, G. u.a.: Ökonomisches Wörterbuch Russisch-Deutsch. Düsseldorf 1968 (1. Aufl. Berlin-Ost 1967)

NOLTING, M. u.a.: Russisch-deutsches Militärwörterbuch. Berlin-Ost o.J.

OŽEGOV, S.I.: Slovar' russkogo jazyka. (russisch-russisch, etwa 57 000 Wörter) M.^{10}1973

PAVLOVSKIJ, I.Ja.: Russko-nemeckij slovar'. t.1-2 ^{3}Riga 1911, Nachdruck: Leipzig 1974

PETROVSKIJ, N.A.: Slovar' russkich ličnych imen. M. 1966

PONOMAREV, B.N.: Političeskij slovar'. ²M. 1958

PUSHKAREV, S.G.: Dictionary of Russian Historical Terms from the Eleventh Century to 1917. New Haven, London 1970

ROZENTAL', M.M., JUDIN, P.F.: Filosofskij slovar'. M. 1963

SCHAARSCHUH, F.-J.: Wörterbuch des Handels. Russisch-deutsch, Deutsch-russisch. München o.J.

SCHEITZ, E.: Russische Abkürzungen und Kurzwörter Russisch-Deutsch. Berlin (O) 1961

SINJAGIN, I.I. u.a.: Russko-nemeckij sel'skochozjajstvennyj slovar'. ²M.-Leipzig 1968

SMITH, R.E.F.: A Russian-English Dictionary of Social Science Terms. London 1962

TAUSCHER, E., KIRSCHBAUM, E.-G.: Grammatik der russischen Sprache. 1958, laufend neue Auflagen.

VASMER, M.: Russisches etymologisches Wörterbuch. Heidelberg 1953-1958 3 Bde

VEJS, V.E. u.a.: Russko-nemeckij škol'no-pedagogičeskij slovar'. (20 000 Wörter) M. 1967

VOLOSTNOVA, M.B.: Slovar' geografičeskich nazvanij SSSR. M. 1968

VYŠINSKIJ, A.Ja., Lozovskij, S.A.: Diplomatičeskij slovar'. t.1-2. M. 1948-50

2. Bibliographien:

ÉKONOMIČESKAJA istorija. Ukazatel' sovetskoj literatury za 1960-1969 gg. t.1-5 M. 1970

KNIŽNAJA letopis'. Hrsg. v. Vsesojuznaja knižnaja palata. M. (erscheint seit 1907, verzeichnet Neuerscheinungen, Bücher und Broschüren, seit 1960 auch Dissertationsabstracts. wöchentlich. kumulative Indizes, Sach-, Autoren-, geografische)

LETOPIS' žurnal'nych statej. Hrsg. wie oben. M. (erscheint seit 1926, verzeichnet den Inhalt von etwa 1 400 russischsprachigen Zss. wöchentlich. Autoren- und geogr. Index)

MAŠICHIN, E.A., SIMČERA, V.M.: Statističeskie publikacii v SSSR. Bibliografičeskij ukazatel). M. 1975

WORONITZIN, S.: Bibliographie der Sozialforschung in der Sowjetunion (1960-1970) Pullach 1973

3. ENZYKLOPÄDIEN allg. u. spez. Art, HANDBÜCHER:

BEZER, C.A.: Russian and Soviet Studies. A Handbook. New York 1973

BOL'ŠAJA Sovetskaja Énciklopedija. M.
 1. Auflage 1925-1947 (Bde 1-65)
 2. Auflage 1949-1958 (Bde 1-51)
 3. Auflage 1970 ff.

BROKGAUZ, F.A., EFRON, I.A.: Enciklopedičeskij slovar'. St. Peterburg 1890-1907 (Bde 1-82, Erg. Bde 1-4)

DIESS.: Novyj Énciklopediceskij slovar'. St. Peterburg 1911-1917 (Bde 1-29)

D'JAČENKO, V.P.: Finansovo-kreditnyj slovar'. M. 1961-64 (2 Bde)

EŽEGODNIK BSÉ. M. (fortlaufend)

FILOSOFSKAJA Énciklopedija. M. 1960-1970 (5 Bde)

GROMYKO, A.A. u.a.: Diplomatičeskij slovar' v trech tomach. M. 1971-1974

KOORDINATIONSAUSSCHUSS deutscher Osteuropa-Institute (Hrsg.): Länderberichte Osteuropa. I. Sowjetunion. München 1974

KRATKAJA literaturnaja Énciklopedija. M. 1962-1971. (Bde 1-6)

LITERATURNAJA énciklopedija. M. 1929-1939. (Bde 1-9, 11)

MARKERT, W., GEYER, D.: Sowjetunion. Verträge und Abkommen. Verzeichnis der Quellen und Nachweise 1917-1962. Köln 1967.

MARKERT, W.: Osteuropa-Handbuch Sowjetunion. Das Wirtschaftssystem. Köln 1965

MICKIEWICZ, E.: Handbook of Soviet Social Science Data. New York 1973

NARODNOE Chozjajstvo SSSR. Hrsg. v. Centr.Statist. Upravl. M. (1956 ff)

NARODNOE obrazovanie, nauka i kul'tura v SSSR. Statističeskij sbornik. M. 1971

PEDAGOGIČESKAJA ÉNCIKLOPEDIJA. M. 1964-1968 (Bde 1-4)

SCHÖPFLIN, G.: The Soviet Union and Eastern Europe. A Handbook. London 1970

SOJUZ Sovetskich Socialističeskich Respublik 1917-1967 gg. Énciklopedičeskij spravočnik. M. 1967

SOVETSKAJA istoričeskaja énciklopedija. M. 1961 ff (Bde 1-15)

SOVETSKAJA voennaja énciklopedija v 8 tomach. M. 1976 ff.

SOWJETSYSTEM und demokratische Gesellschaft. Eine vergleichende Enzyklopädie. Freiburg 1966-1972 (Bde 1-6)

STATISTIČESKIJ ežegodnik stran-členov SÉV. M. (fortlaufend)

ÉNCIKLOPEDIČESKIJ slovar'. (Hrsg. v. Russkij bibliografičeskij institut "Granat") M. 1910-1948 (Bde 1-55, 57-58)

4. Zeitschriften:

Čelovek i obščestvo. hrsg. v. Naučno-issledovatel'skij institut kompleksnych social'nych issledovanij. LGU. Leningrad. unregelmäßig.

Filosofskie nauki. hrsg. v. Ministerstvo vysšego i srednego special'nogo obrazovanija SSSR. M. alle zwei Monate.

Istoričeskie zapiski. hrsg. v. Institut istorii Akademii nauk SSSR (=AN). unregelmäßig.

Istoria SSSR. hrsg. v. Institut istorii AN. alle zwei Monate.

Kommunist. hrsg. v. CK KPSS. unregelmäßig, 1-2mal monatl.

Meždunarodnaja žizn'. hrsg. v. Vsesojuznoe obščestvo "Znanie". M. monatl.

Mirovaja ékonomika i meždunarodnye otnošenija. hrsg. Institut mirovoj ekonomiki i meždunarodnych otnošenij. AN. monatl.

Naučnoe upravlenie obščestvom. hrsg. v. Akademija obščestvennych nauk pri CK KPSS. M. jährlich einmal.

Novaja i novejšaja istorija. hrsg. v. Institut vseobščej istorii AN. M. alle zwei Monate.

Novyj mir. hrsg. v. Sojuz pisatelej SSSR. monatl.

Partijnaja žizn'. hrsg. v.ZK der KPdSU. monatl.

Planovoe chozjajstvo. hrsg. v. Gosplan. alle zwei Monate

Problemy naučnogo kommunizma. hrsg. v. Akademija obščestvennych nauk pri CK KPSS. M. jährlich einmal

Social'nye issledovanija. hrsg. v. Institut konkretnych social'nych issledovanij AN und Sovetskaja sociologičeskaja associacija. M. unregelmäßig.

Sociologičeskie issledovanija. hrsg. v. Institut sociologičeskich issledovanij AN. M. 1974 ff. Fortsetzung von vorigem, vierteljährlich.

Sovetskaja ėtnografija. hrsg. v. Institut ėtnografii Miklucho-Maklaja AN M. alle zwei Monate.

Sovetskaja pedagogika. hrsg.v. Akademija pedagogičeskich nauk SSSR. monatlich

Voprosy ėkonomiki. hrsg. v. Institut ėkonomiki AN. M. monatlich.

Voprosy filosofii. hrsg. v. Institut filosofii AN. alle zwei Monate

Voprosy istorii. hrsg. v. Institut istorii AN. monatlich.

Das russische Alphabet

Druckschrift	Schreibschrift	Aussprache wie	Beispiele		Druckschrift	Schreibschrift	Aussprache wie	Beispiele	
А а	*А а*	a	Аме́рика	Arbeit	Р р	*Р р*	r	рабо́та	Arbeit
Б б	*Б б*	b	ба́зис	Basis	С с	*С с*	wie s in *essen*	сове́т	Rat
В в	*В в*	w	война́	Krieg	Т т	*Т т*	t	те́ма	Thema
Г г	*Г г*	g	го́род	Stadt	У у	*У у*	u	Ура́л	
Д д	*Д д*	d	де́ло	Sache; Akte	Ф ф	*Ф ф*	f	Федера́ция	Föderation
Е е	*Е е*	je, weicher Mitlaut + e	Ерева́н	Hauptstadt Armeniens	Х х	*Х х*	ch	ха́ос	Chaos
Ё ё	*Ё ё*	jo, weicher Mitlaut + o	Орёл	russ. Stadt	Ц ц	*Ц ц*	z	цита́т	
Ж ж	*Ж ж*	wie j in *Journal*	журна́л	Zeitschrift	Ч ч	*Ч ч*	tsch	челове́к	Mensch
З з	*З з*	wie s in *sausen*	зако́н	Gesetz	Ш ш	*Ш ш*	sch	шко́ла	Schule
И и	*И и*	i	Ита́лия	Italien	Щ щ	*Щ щ*	langes, weiches sch	совеща́ние	Beratung
Й й	*Й й*	j	райо́н	Bezirk	ъ	*ъ*		съезд	Kongreß
К к	*К к*	k	коммуни́зм		ы	*ы*	wie e in *Tisch*	ры́нок	Markt
Л л	*Л л*	l	ли́га		ь	*ь*		статья́	Artikel
М м	*М м*	m	Минск	Hauptstadt Weißrußlands	Э э	*Э э*	wie e in *Geld*	э́ра	Ära
Н н	*Н н*	n	Но́вгород	russ. Stadt	Ю ю	*Ю ю*	ju, weicher Mitlaut + u	юри́ст	
О о	*О о*	o	Оде́сса	Stadt am Schw. Meer	Я я	*Я я*	ja, weicher Mitlaut + a	Я́лта	Stadt am Schw. Meer
П п	*П п*	p	поли́тика						

ÜBERSICHT ÜBER DIE KONJUGATION

	(с)де́лать uv./v. machen	реши́ть(ся) v. (sich) entscheiden	сле́довать uv. folgen	вести́ uv. führen
inf.	(с)де́лать	реши́ть(ся)	сле́довать	вести́
präs.	(с)де́ла-ю	реш-у́(сь)	сле́ду-ю	вед-у́
	(с)де́ла-ешь	реш-и́шь(ся)	сле́ду-ешь	вед-ёшь
	(с)де́ла-ет	реш-и́т(ся)	сле́ду-ет	вед-ёт
	(с)де́ла-ем	реш-и́м(ся)	сле́ду-ем	вед-ём
	(с)де́ла-ете	реш-и́те(сь)	сле́ду-ете	вед-ёте
	(с)де́ла-ют	реш-а́т(ся)	сле́ду-ют	вед-у́т
fut.	бу́ду де́лать	---	бу́ду сле́довать	бу́ду вести́
	бу́дешь де́лать	---	бу́дешь сле́довать	бу́дешь вести́
	бу́дет де́лать	---	бу́дет сле́довать	бу́дет вести́
	бу́дем де́лать	---	бу́дем сле́довать	бу́дем вести́
	бу́дете де́лать	---	бу́дете сле́довать	бу́дете вести́
	бу́дут де́лать	---	бу́дут сле́довать	бу́дут вести́
prät.	(с)де́лал,-ла, -ло; -ли	реши́л(ся),-ла(сь), -ло(сь); -ли(сь)	сле́довал,-ла, -ло; -ли	вёл, вела́, вело́; вели́
konj.	(с)де́лал бы	реши́л(ся) бы	сле́довал бы	вёл бы
imp.	(с)де́ла-й, -йте	реш-и́(сь), -и́те(сь)	сле́ду-й, -йте	вед-и́, -и́те
adv.part. gl.ztg.	де́ла-я	---	сле́ду-я	вед-я́
part.präs. akt.	де́ла-ющий,-ющая, -ющее; -ющие	---	сле́ду-ющий, -ющая, -ющее; -ющие	вед-у́щий,-у́щая, -у́щее; -у́щие
adv.part. vorztg.	де́ла-в	реши́-в(шись)	сле́дова-в	ведши́
part.prät. akt.	(с)де́ла-вший,-вшая, -вшее; -вшие	реши́-вший(ся),-вшая(ся), -вшее(ся);-вшие(ся)	сле́дова-вший,-вшая, -вшее; -вшие	вёд-ший,-шая, -шее; -шие
part.präs. pass.	де́ла-емый,-емая, -емое; -емые	---	---	вед-о́мый,-о́мая, -о́мое; -о́мые
part.prät. pass.	(с)де́ла-нный,-нная, -нное; -нные	решё-нный,-нная, -нное; -нные	---	ведё-нный,-нная, -нное; -нные

DEKLINATION DER ADJEKTIVE UND PARTIZIPIEN

	HART			WEICH		
S I N	я́дерный /я́дерное	свя́занный /свя́занное	свя́занная	по́здний /по́зднее	руководя́щий /руководя́щее	руководя́щая
N	я́дерного	свя́занного	свя́занной	по́зднего	руководя́щего	руководя́щей
G	я́дерному	свя́занному	свя́занной	по́зднему	руководя́щему	руководя́щей
U	я́дерную	свя́занный,-ого /свя́занное	свя́занную	по́здний,-его /по́зднее	руководя́щий,-его /руководя́щее	руководя́щую
L A	я́дерное					
R	я́дерным	свя́занным	свя́занной	по́здним	руководя́щим	руководя́щей
	я́дерной	свя́занном	свя́занной	по́зднем	руководя́щем	руководя́щей
P	я́дерные	свя́занные		по́здние	руководя́щие	
L	я́дерных	свя́занных		по́здних	руководя́щих	
U	я́дерным	свя́занным		по́здним	руководя́щим	
R A	я́дерные,-ых	свя́занные,-ых		по́здние,-их	руководя́щие,-их	
L	я́дерным	свя́занными		по́здними	руководя́щими	
	я́дерных	свя́занных		по́здних	руководя́щих	

Kern-	verbunden	spät	führend

-611-

Übersicht über die DEKLINATION (Substantive)

	Feminina			Maskulina			Neutra	
sg.								
nom.	работа	партия	неделя	власть	закон	строй	деятель	общество	решение	сырьё
gen.	работы	партии	недели	власти	закона	строя	деятеля	общества	решения	сырья
dat.	работе	партии	неделе	власти	закону	строю	деятелю	обществу	решению	сырью
akk.	работу	партию	неделю	власть	закон	строй	деятеля	общество	решение	сырьё
instr.	работой	партией	неделей	властью	законом	строем	деятелем	обществом	решением	сырьём
präp.	работе	партии	неделе	власти	законе	строе	деятеле	обществе	решении	сырье
pl.								
nom.	работы	партии	недели	власти	законы	строи	деятели	общества	решения	сырья
gen.	работ	партий	недель	властей	законов	строев	деятелей	обществ	решений	сырей
dat.	работам	партиям	неделям	властям	законам	строям	деятелям	обществам	решениям	сырьям
akk.	работы	партии	недели	власти	законы	строи	деятелей	общества	решения	сырья
instr.	работами	партиями	неделями	властями	законами	строями	деятелями	обществами	решениями	сырьями
präp.	работах	партиях	неделях	властях	законах	строях	деятелях	обществах	решениях	сырьях
	Arbeit	Partei	Woche	Macht	Gesetz	System	Tätiger	Gesellschaft	Entscheidung	Rohstoff

DEKLINATION DER PRONOMEN

Nom.	Gen.	Dat.	Akk.	Inst.	Präp.
я	меня́	мне	меня́	мной (мно́ю)	мне
ты	тебя́	тебе́	тебя́	тобо́й (тобо́ю)	тебе́
он	(н)его́	(н)ему́	(н)его́	(н)им	нём
оно́	(н)его́	(н)ему́	(н)его́	(н)им	нём
она́	(н)её	(н)ей	(н)её	(н)ей (е́ю)	ней
мы	нас	нам	нас	на́ми	нас
вы	вас	вам	вас	ва́ми	вас
они́	(н)их	(н)им	(н)их	(н)и́ми	них

мой	моего́	моему́	мой (моего́)	мои́м	моём
моё	моего́	моему́	моё	мои́м	моём
моя́	мое́й	мое́й	мою́	мое́й (-е́ю)	мое́й
мои́	мои́х	мои́м	мои́ (мои́х)	мои́ми	мои́х

ebenso: твой, твоё, твоя́, твои́; свой, своё, своя́, свои́

наш	на́шего	на́шему	наш (на́шего)	на́шим	на́шем
на́ше	на́шего	на́шему	на́ше	на́шим	на́шем
на́ша	на́шей	на́шей	на́шу	на́шей	на́шей
на́ши	на́ших	на́шим	на́ши (на́ших)	на́шими	на́ших

ebenso: ваш, ва́ше, ва́ша, ва́ши

э́тот	э́того	э́тому	э́тот (э́того)	э́тим	э́том
э́то	э́того	э́тому	э́то	э́тим	э́том
э́та	э́той	э́той	э́ту	э́той	э́той
э́ти	э́тих	э́тим	э́ти (э́тих)	э́тими	э́тих

тот	того́	тому́	тот (того́)	тем	том
то	того́	тому́	то	тем	том
та	той	той	ту	той	той
те	тех	тем	те (тех)	те́ми	тех

весь	всего́	всему́	весь (всего́)	всем	всём
всё	всего́	всему́	всё	всем	всём
вся	всей	всей	всю	всей (-е́ю)	всей
все	всех	всем	все (всех)	все́ми	всех

сам	самого́	самому́	сам (самого́)	сами́м	само́м
само́	самого́	самому́	само́	сами́м	само́м
сама́	само́й	само́й	самоё (саму́)	само́й (-о́ю)	само́й
са́ми	сами́х	сами́м	са́ми (сами́х)	сами́ми	сами́х

са́мый	са́мого	са́мому	са́мый (са́мого)	са́мым	са́мом
са́мое	са́мого	са́мому	са́мое	са́мым	са́мом
са́мая	са́мой	са́мой	са́мую	са́мой (-ою)	са́мой
са́мые	са́мых	са́мым	са́мые (са́мых)	са́мыми	са́мых

кто	кого́	кому́	кого́	кем	ком
что	чего́	чему́	что	чем	чём
–	себя́	себе́	себя́	собо́й (-о́ю)	себе́

ÜBERSICHT ÜBER DIE PRÄPOSITIONEN

Kasus	mit einem Kasus	mit 2 Kasus				mit 3 Kasus
G	у от до из bei von bis aus без для против ohne für gegen	с von, seit				
D	к zu					по gemäß
A	через durch	на auf	в in	за hinter	под unter	по bis
I	перед над между vor über zwischen	с mit		за hinter	под unter	
P	при о bei über	на auf	в in			по nach

ERKENNUNGSMERKMALE FÜR PARTIZIPIEN

	PRÄSENS	PRÄTERITUM
Aktiv	-u-Laut -a-Laut + щ-	-вш-, -ш-
Passiv	-ЕМ- -ИМ-	-НН- -ЕНН-/ -ЁНН- -Т-

Die häufigsten KONSONANTENWECHSEL

восто́чный	- восто́к	östlich/Osten	
энергети́ческий	- энерге́тика		
нау́чный	- нау́ка	wissenschaftl./Wissenschaft	К
велича́йший	- вели́кий	der größte/groß	Ч <
встреча́ть	- встре́тить	treffen (uv./v.)	Т
рабо́чий	- рабо́та	Arbeiter/Arbeit	
хо́чет	- хоте́ть	er will/wollen	
дру́жба	- друг	Freundschaft/Freund	
напряжённость	- напряга́ть	Spannung/anspannen	
ю́жный	- юг	südlich/Süden	
дви́жет	- дви́гать	er bewegt/bewegen	Г
мо́жет	- могу́	er kann/ich kann	Ж < Г
стро́же	- стро́гий	strenger/streng	З
вижу	- ви́деть	ich sehe/sehen	
бли́же	- бли́зкий	näher/nahe	
ска́жет	- сказа́ть	er wird sagen/sagen	
выраже́ние	- вы́разить	Ausdruck/ausdrücken	
вы́ше	- высо́кий	höher/hoch	
пи́шет	- писа́ть	er schreibt/schreiben	
отноше́ние	- относи́ться	Beziehung/sich beziehen	Ш <
соглаше́ние	- согласи́ться	Abkommen/übereinkommen	
тишина́	- ти́хий	Stille/still	
разру́шить	- разру́ха	zerstören/Zerrüttung	
возвраща́ть	- возврати́ть	zurückerstatten (uv./v.)	
обраще́ние	- обрати́ть	Aufruf/richten	
допуще́ние	- допуска́ть	Zulassung/zulassen	Щ <
ча́ще	- ча́сто	häufiger/häufig	
допу́щенный	- допусти́ть	zugelassener/zulassen	
явле́ние	- яви́ться	Erscheinung/erscheinen	
заявле́ние	- заяви́ть	Erklärung/erklären	ВЛ—
устано́вленный	- установи́ть	festgestellt/feststellen	
ста́вленный	- ста́вить	hingestellt/hinstellen	
освобожда́ть	- освободи́ть	befreien (uv./v.)	
обсужде́нный	- обсуди́ть	erörtert/erörtern	ЖД—
утвержде́ние	- утверди́ть	Bestätigung/bestätigen	
друзья́	- друг	Freunde/Freund	З—
потребле́ние	- потреби́ть	Konsum/verbrauchen	БЛ—
стремле́ние	- стреми́ться	Streben/streben	МЛ—
накопле́ние	- накопи́ть	Akkumulation/akkumilieren	ПЛ—

G R U N D Z A H L W Ö R T E R

0 ноль (oder нуль)
1 оди́н, одна́, одно́
2 два, две
3 три
4 четы́ре
5 пять
6 шесть
7 семь
8 во́семь
9 де́вять

10 де́сять
11 оди́ннадцать
12 двена́дцать
13 трина́дцать
14 четы́рнадцать
15 пятна́дцать
16 шестна́дцать
17 семна́дцать
18 восемна́дцать
19 девятна́дцать

20 два́дцать
30 три́дцать
40 со́рок
50 пятьдеся́т
60 шестьдеся́т
70 семьдеся́т
80 во́семьдесят
90 девяно́сто
100 сто

200 две́сти
300 три́ста
400 четы́реста
500 пятьсо́т
600 шестьсо́т
700 семьсо́т
800 восемьсо́т
900 девятьсо́т
1000 ты́сяча

BIBLIOTHEKARISCHE TRANSKRIPTION

russ. Buch-stabe	LC	deutsche Umschrift	russ.	dt.
а		a	арабский	arabskij
б		b	будущее	buduščee
в		v	время	vremja
г		g	город	gorod
д		d	год	god
е		e	нефть	neft'
ё	ë	e	напряжённость	naprjažennost'
ж	zh	ž	журнал	žurnal
з		z	запад	zapad
и		i	имя	imja
й	ĭ	j	май	maj
к		k	крестьянство	krest'janstvo
л		l	личность	ličnost'
м		m	мысль	mysl'
н		n	закон	zakon
о		o	отрасль	otrasl'
п		p	президент	prezident
р		r	родина	rodina
с		s	страна	strana
т		t	теперь	teper'
у		u	усиление	usilenie
ф		f	фабрика	fabrika
х	kh	ch	хаос	chaos
ц	ts	c	цена	cena
ч	ch	č	час	čas
ш	sh	š	машиностроение	mašinostroenie
щ	shch	šč	общество	obščestvo
ъ	"	-	объём	ob-em
ы		y	сырьё	syr'e
ь		'	крестьянин	krest'janin
э		ė	это	ėto
ю	i͡u	ju	юг	jug
я	i͡a	ja	ясный	jasnyj

vor 1917:
  i   i
  ě   e
  ө   f

PRÄFIXE UND SUFFIXE

```
без-........................Un-, -losigkeit
бес-   см. без-
в-..........................Ein-
во-    см. в-
воз-........................Wieder-, Rück-, Ent-
вос-   см. воз-
вы-.........................Aus-, Hervor-, Er-
дву-   см. двух-
двух-......................Zwei-, Doppel-, Bi-
до-........................Zu-, Nach-, Vor-
за-........................(meist bedeutungsleer)
из-........................(Her)aus-
изо-   см. из
ис-    см. из-
на-........................(meist bedeutungsleer)
не-........................Nicht-, Un-
недо-......................Un-, Unter-
о-     см. об-
об-........................(Her)um-, Ver-, Be- (oft bedeutungsleer)
обо-   см. об-
одно-......................Ein-
от-........................Ab-
ото-   см. от-
пере-......................Über-, Um-
по-........................(meist bedeutungsleer)
под-.......................Unter-
подо-  см. под-
полу-......................Halb-
пре-   см. пере-
пред-......................Vor(her)-
при-.......................An-, Zu-
про-.......................Durch-, Ver-, Fort-
раз-.......................Aus-, Ent-, Ver-, Zer-
разо-  см. раз-
рас-   см. раз-
с-.........................Ab-, Ver-, Zusammen-, Mit-
само-......................Selbst-
со-    см. с-
съ-    см. с-
тре-   см. трёх-
трёх-......................Drei-
у-.........................Ver-, Be- (oft bedeutungsleer)
четырёх-...................Vier-


-аемость ..................-barkeit
-ание......................-ung
-ение......................-ung
-изм.......................-ismus
-ик .......................-iker
-ика.......................-ik
-имость ...................-barkeit
-ия .......................-ie
-ность ....................-igkeit, -ität
-тель......................-er
-тельница..................-erin
-ция.......................-tion, -sierung, -zierung
```

A D V E R B I A L P A R T I Z I P

Dem Adverbialpartizip entspricht im Deutschen meist ein Nebensatz. Folgende Varianten kommen in Frage:

1. eine temporale (nachdem, während)

> Прочита́в все кни́ги по те́ме, учёный начина́л писа́ть статью́.

> Nachdem der Wissenschaftler alle Bücher zum Thema durchgelesen hatte, begann er, den Artikel zu schreiben.

2. eine kausale (weil, da)

> Жела́я стать инжене́ром, он поступи́л в те́хникум.

> Da er Ingenieur werden wollte, trat er in das Technikum ein.

3. eine konzessive (obwohl, obgleich)

> Око́нчив вое́нную акаде́мию, он всё-таки не стал офице́ром.

> Obwohl er die Militärakademie absolviert hatte, wurde er dennoch nicht Offizier.

4. eine konditionale (wenn, falls)

> Найдя́ ми́нимум затра́т на но́вую програ́мму произво́дства, мо́жно определи́ть оптима́льную програ́мму произво́дства.

> Wenn man das Minimum der Aufwendungen für das neue Produktionsprogramm gefunden hat, kann man das optimale Produktionsprogramm bestimmen.

5. eine modale (indem, dadurch daß)

> Отвеча́я на вопро́сы журнали́стов, мини́стр де́лал оши́бку.

> Der Minister machte einen Fehler, indem er auf die Fragen der Journalisten antwortete.

Das Adverbialpartizip in Verbindung mit einer Verneinung kann oft durch einen Nebensatz mit "ohne zu" übersetzt werden:

> Не принима́я во внима́ние нове́йшие результа́ты нау́ки, социо́лог сде́лал далеко́ иду́щие вы́воды из своего́ иссле́дования.

> Ohne die neuesten Resultate der Wissenschaft zu berücksichtigen, zog der Soziologe weitreichende Schlußfolgerungen aus seiner Untersuchung.

MARKIERUNG DER RUSSISCHEN SUBSTANTIVFORMEN

-□	nom./akk.sg.m. gen.pl.n./f.
-А -Я	nom.sg.f. gen.sg.m./n. akk.sg.m.(beseelt) nom./akk.pl.n
-АМ -ЯМ	dat.pl.m./n./f.
-АМИ -ЯМИ	instr.pl.m./n./f.
-АХ -ЯХ	präp.pl.m./n./f.
-Е	nom./akk.sg.n. dat.sg.f. präp.sg.m./n./f.
-ЕВ siehe -ОВ	
-ЕЙ	gen.pl.m./n./f. akk.pl.m.(beseelt) instr.sg.f.
-ЕМ siehe -ОМ	
-ЕЮ siehe -ОЙ	
-Ё siehe -О	
-ЁМ siehe -ОМ	
-И siehe -Ы	dat.sg.f. präp.sg.f./n.
-Й	nom./akk.sg.m. gen.pl.n./f.
-О -Ё	nom./akk.sg.n.
-ОВ -ЕВ	gen.pl.m. akk.pl.m.(beseelt)
-ОЙ -ЁЙ -ЕЙ -ОЮ -ЕЮ	instr.sg.f.
-ОМ -ЁМ -ЕМ	instr.sg.m./n.
-ОЮ siehe -ОЙ	
-У -Ю	dat.sg.m./n. akk.sg.f.
-Ы -И	gen.sg.f. nom./akk.pl.m./f.
-Ь	nom./akk.sg.m./f.
-ЬЮ	instr.sg.f.
-Ю siehe -У	
-Я siehe -А	
-ЯМ siehe -АМ	
-ЯМИ siehe -АМИ	
-ЯХ siehe -АХ	

ENDUNGSKOMBINATIONEN

adjektivische Endung	substantivische Endung	Bestimmung

-ая / -яя ⎯⎯⎯ -а / -я / -ь   nom.sg.f.

-его siehe -ого
-ее siehe -ое
-ей siehe -ой
-ему siehe -ому
-ие siehe -ые
-ий siehe -ый
-им siehe -ым
-ими siehe -ыми
-их siehe -ых

-ого / -его ⎯⎯⎯ -а / -я   gen.sg.m./n.
                              akk.sg.m. (beseelt)

-ое / -ее ⎯⎯⎯ -о / -е / -ё   nom./akk.sg.n.

-ой siehe -ый

-ой / -ей:
 ⎯ -и / -ы   gen.sg.f.
 ⎯ -е / -и   dat.sg.f.
                  präp.sg.f.
 ⎯ -ой / -ей / -ёй / -ью   instr.sg.f.

-ом / -ем ⎯⎯⎯ -е / -и   präp.sg.m./n.

-ому / -ему ⎯⎯⎯ -у / -ю   dat.sg.m./n.

-ую / -юю ⎯⎯⎯ -у / -ю / -ь   akk.sg.f.

-ые / -ие:
 ⎯ -ы / -и   nom./akk.pl.m./f.
 ⎯ -а / -я   nom./akk.pl.n.

-ый / -ий ⎯⎯⎯ -- / -ь / -й   nom./akk.sg.m.

-ым / -им:
 ⎯ -ом / -ём / -ем   instr.sg.m./n.
 ⎯ -ам / -ям   dat.pl.m./f./n.

-ыми / -ими ⎯⎯⎯ -ами / -ями   instr.pl.m./f./n.

-ых / -их:
 ⎯ -- / -ь / -ей / -й   gen.pl.f.
 ⎯ -ов / -ев / -ей   gen.pl.m./akk.pl.m.
 ⎯ -ей / -- / -й   gen.pl.n. (beseelt)
 ⎯ -ах / -ях   präp.pl.m./f./n.